[第3版]
国際法から世界を見る
市民のための国際法入門
松井芳郎

東信堂

第3版へのはしがき

　本書の初版の刊行からちょうど10年が、第2版からでも6年が経過しました。この間、第2版は皆さんのおかげで広くご利用いただき増刷を重ねてきましたが、取り上げている事例にしても基礎的なデータにしても、そして考え方の上でも古さが目立つようになりました。それに、第2版には思い違いや不注意による誤記など、冷や汗ものの間違いも散見されます。あれやこれやで何とか改訂をと思いながら2、3年が過ぎたのですが、このたび、やっとその機会を得て第3版を刊行することができました。

　もっとも、基本的な考え方については、新しい事例を勉強したり若手研究者の研究を読んだりして微調整を行い、あるいは重点移動を行った個所などがありますが、頭が固くなりだした老人のことゆえ全面的な改訂には至りませんでした。ただし、取り上げる事例や数字等の基礎的なデータについては出来るだけの更新を行っており、このような改訂はすべての回に及んでいます。最大の改訂点は、国際法における空間秩序を扱う**第5回**の新規追加です。この追加は、入門講座といっても教科書としての使用も少なくないことを考えれば、領域や空間の説明がないというのはいくらなんでも不十分と考えたためで、この回の執筆については法科大学院の国際法の解釈・適用に関する講義の準備が役に立ちました。このほか、比較的大きな改訂を行ったのは、**第4回**のグローバリゼーションと国家の役割に関する記述（これについては、2010年度の世界法学会研究大会で行った報告「グローバリゼーションの時代における『世界政府の思想』」の準備が有益でした）、**第6回**では人権の「主流化」をめぐる最近の動きを取り入れたこと、**第7回**ではICCの活動を踏まえてその評価を若干「辛口」にしたこと、**第8回**では自著『国際環境法の基本原則』を踏まえて説明の重点をやや変えたこと（ただし、スペースの関係で自著の考えを十分に

展開することは出来ませんでした)、**第10回**で自衛権と平和維持活動についての説明を改めたこと、などです。

　各回の【参考文献】については加えるべきものが少なくないのですが、スペースの関係もあって最低限の追加・入れ替えにとどめました。また、初版の「はしがき」で全般的な参考文献として挙げた田畑先生と山本先生の体系書は現在でも古典的価値を失っていませんが、より新しいものとしては次のものを加えておきます。

　　藤田久一『国際法講義〔Ⅰ〕(第2版)』『国際法講義〔Ⅱ〕』『国連法』東京大学
　　　出版会、2010年、1994年、1998年
　　杉原高嶺『国際法学講義』有斐閣、2008年

　また、本書では引用の条約や判例については最低限の説明しかできなかったので、もう少し勉強したいという読者には以下の文献の参照をお勧めします。

　　松井芳郎(編集代表)『ベーシック条約集2011』東信堂、2011年(本条約集は
　　　年度版で、2012年度版からは編集代表が交代します。)
　　松井芳郎(編集代表)『判例国際法(第2版)』東信堂、2006年

　今回の改訂にあたっては、上に触れた様々な機会における議論でいろいろとお教えいただき、また刺激を与えていただいた友人、知人の皆さんに厚くお礼を申し上げなければなりません。また、予定通りに進まない原稿のためにご迷惑をおかけした下田勝司社長をはじめとする東信堂の皆さん、とくに秋学期に刊行を間に合わせるために夏休みを棒に振っていただいた松井哲郎さんに、お詫びとお礼を申し上げます。

　　　2011年8月、酷暑の夏に

　　　　　　　　　　　　　　　　　　　　　　　　　松井　芳郎

はしがき

　この講義のねらいは、市民の目線から国際法を学ぶこと、私たち1人ひとりのより平和でよりよい暮らしを実現するために、国際法を活用し国際法に働きかける観点から国際法を学ぶことにあります。したがって、この講義がおもな対象として念頭においているのは、たとえば1999年春のNATOによるユーゴ空爆を見て、いったいどうなっているのだろうと疑問を持つ、あるいは2000年秋の気候変動枠組条約第6回締約国会議の失敗について、その原因はどこにあったのだろうと考える、つまり国際関係や国際法に関心を持つ一般の市民の方々、大学でいえば一般教育の過程で国際関係や国際法の入門講義を受講する学生さんたち、こういった人たちです。

　この講義の各回のテーマはこの観点から選ばれており、一般の教科書のように国際法のすべての問題をカバーするものでもなければ、体系的な叙述を心がけるものでもありません。国際法全体をカバーする体系的な勉強は、大学でいえば専門教育つまり法学部の講義の任務ですから、読者が一般教育の過程の学生さんなら、改めて専門教育の段階でこれに取り組むこととなります。その段階で、この講義では必ずしも相互の関係が明確でなかった諸問題を、体系的に理解していただきたいと思います。また、いっそうの勉強を志す市民の方なら、この「はしがき」の後半に示す標準的な教科書をお読みいただきたい。これらの教科書は取っつきやすいものではありませんが、この講義で国際法の発想になれていただいた方なら、それなりの努力によって理解が可能だと思います。

　このように一風かわったこの講義の成り立ちについて、一言説明をしておきましょう。この講義のもととなったのは、私が1999年10月から2000年8月まで合計11回にわたって、国際法律家協会（国法協）の主催で行った「国際法

連続講座」です。国法協は私もそのメンバーなのですが、弁護士さんを中心とする法律家のNGOで、人権や平和の問題について国際連帯の活動を行っています。このような性格の団体なので、活動上国際法の基礎的な知識が必要なことが少なくなく、かねてよりいくつかのテーマを挙げて連続講座のための講師の紹介を依頼されていました。ところが、何分手弁当の運動団体なので謝礼や交通費を十分には手当できないとのことで、テーマからして適任な友人・知人は何人も思い浮かぶのですが、ちょっと頼みにくくてそのままになっていました。

話変わって、本書の出版社である東信堂の下田勝司社長が、編集上の相談で私の研究室に寄られたことがあります。話が一通り終わった後で、では軽くやりましょうということになって、名古屋の中心街の栄にある沖縄料理店に繰り込んだ。この店は料理もお酒もなかなかいける、とくに泡盛の古酒というのは口当たりがよい割には大変よく効きます。酔うほどに下田さんがいうには、自分の社は国際法に力を入れているが若い社員は国際法のことを知らないので、先生、一、二度東京に来て彼らに国際法入門の話をしてくれませんか。ここで酔眼朦朧とした私が答えていうには、先の連続講座、全部私が引き受けましょう、貴社の社員はこれに参加すればよい、その代わり下田さん、貴社で交通費の半分を持って下さい、そうすれば国法協は交通費半分の負担で済む、私は謝礼はいらない、講座が終わったら貴社で本にしよう、本が売れれば原稿料をはずんでいただく、売れなければ原稿料も不要……。酒を過ごしてはいけません。この日は私はどうやって帰宅したか記憶がなく、下田さんは「のぞみ」に乗る代わりに各駅停車に乗ったとのこと。

＊　＊　＊

このような経過でできた本書ですから、もともとの対象はおもに国際関係に関心を持つ弁護士さんで、国際法には素人だといっても法律については専門家です。したがって、もとの講義はとても市民向けというわけにはいかなかった。そこで、本にするについては話の順番を組み替えたり、基本的には新しく書き下ろした第3回を加えたり、理論的な説明を具体的な事例を例に取った話に置き換えたり、といくつかの工夫を行いました。脚注で用語の解説を行ったり、判例を中心として各回の末尾に簡単な説明を付け加えたのも、

こうした工夫の一環です。また、引用文献については注は付けずに、やはり各回の末尾に【参考文献】として一括して掲げることにしたので、多少の不便をおかけすることをお許し下さい。

条約や国連決議、判例などについては、必要最小限の説明しかしていないので、詳しくは、条約などについては、山手治之・香西茂・松井芳郎(編集代表)『ベーシック条約集』(第5版)東信堂、2004年、を、また、判例については、田畑茂二郎・竹本正幸・松井芳郎(編集代表)『判例国際法』東信堂、2000年を、それぞれ参照して下さい。

講義全体を通じて参照した文献については、【参考文献】欄には挙げなかったので、おもに参照した日本語の教科書を挙げておきますと、

　　田畑茂二郎『国際法新講上・下』東信堂、1990年・1991年、
　　山本草二『国際法』(新版)有斐閣、1994年、
　　松井・佐分・坂元・小畑・松田・田中・岡田・薬師寺『国際法』(第4版)
　　　有斐閣、2002年、

などがあります。

この講義で取り上げた国際法の諸問題のすべてについて、私は必ずしも十分な専門的勉強をしているわけではありませんので、いくつかの回については親しい友人に原稿の点検をしてもらいました。また、連続講座を主催していただいた国法協の関係者、とくに山本真一弁護士、終始熱心に受講していただいた参加者の皆さん、出版についてお世話になった東信堂の下田社長と二宮義隆さん、そして校正と索引の作成に協力していただいた名古屋大学大学院法学研究科の院生の比屋定泰治さんにも、厚くお礼を申し上げたいと思います。

　　2001年1月3日

　　　　　　　　　　　　　　　　　　　　　　　　　　松井　芳郎

目次／国際法から世界を見る【第3版】

第3版へのはしがき　　　　　　　　　　　　　　　　　　iii
はしがき　　　　　　　　　　　　　　　　　　　　　　　v
図表一覧　　　　　　　　　　　　　　　　　　　　　　　xvi

第1回　国際法はどのように発展してきたのか？……… 3
　　　——伝統的国際法の性格——
1. なぜ国際法の歴史から始めるのか　　　　　　　　　　3
2. 国際社会はどのように組み立てられているか　　　　　4
3. ヨーロッパ国際社会の誕生　　　　　　　　　　　　　7
4. 非ヨーロッパ世界の「国際」秩序観　　　　　　　　　10
　(1)「イスラームの家」と「戦争の家」：イスラーム世界の秩序観　10
　(2) 華夷秩序の重層構造：東アジア世界の秩序観　　　　12
　(3) 異なった「国際」秩序の間の交流はどのように行われていたか　15
5. 伝統的国際法の構造はどうなっていたのか　　　　　　17
　(1)「文明国」と「非文明国」　　　　　　　　　　　　17
　(2) 伝統的国際法では戦争はどのような地位を占めていたのか　20
　(3) 伝統的国際法への批判　　　　　　　　　　　　　23

第2回　現代国際法はどのような特徴を持っているか？… 27
1. 「伝統的国際法」と「現代国際法」　　　　　　　　　27
2. 武力行使禁止原則の確立　　　　　　　　　　　　　　28
　(1) 連盟規約から不戦条約へ　　　　　　　　　　　　29
　(2) 国連憲章と武力行使禁止原則の確立　　　　　　　31
　(3) 武力行使禁止原則の影響　　　　　　　　　　　　33
3. 自決権の承認　　　　　　　　　　　　　　　　　　　35
　(1)「外的自決権」の確立　　　　　　　　　　　　　　35
　(2)「内的自決権」の展開　　　　　　　　　　　　　　38
4. 国際社会の一般的利益：その光と影と　　　　　　　　40
　(1) 国際社会の一般的利益の確立　　　　　　　　　　40
　(2)「国の国際犯罪」をめぐって　　　　　　　　　　　43

(3)「国際社会の一般的利益」の落とし穴　　　44

第3回　国際法はどのように創られ、どのように適用されるか？ …… 49
　1. 国際法はどのように創られるのか　　49
　　　(1) 国際法の能動的主体と受動的主体　　49
　　　(2) 国際法の形成過程と国家の役割　　50
　　　(3) 具体例：大陸棚制度の慣習法化　　53
　　　(4) 国際法の形成過程と国際機構・NGOsの役割　　55
　2. 国際法はどのように適用されるか　　57
　　　(1) 国際関係における国際法の適用　　57
　　　(2) 国内における国際法の適用　　62
　　　(3) 具体例：国連海洋法条約の日本による適用　　64
　3. 国はなぜ国際法を守るのか　　67

第4回　主権国家はどうなるの？ …… 71
　　　──現代国際法と国家の位置──
　1. 主権批判論の系譜　　71
　　　(1) 第1次・第2次世界大戦後の主権批判論　　71
　　　(2) 主権制限論の現実的な役割　　74
　2. 「主権国家の黄昏」論の現在　　75
　　　(1) 「グローバリゼーションは国家の能力を縮減した」　　76
　　　(2) 「国家は全地球的問題の解決にとって障害となっている」　　78
　3. 主権国家はどこに行くのか　　80
　　　(1) 多国籍企業と主権国家　　80
　　　(2) 環境・人権の国際的保護と主権国家　　83
　　　(3) 国際機構と国家主権　　86
　　　(4) それでは国家に何ができるか？　　88
　4. 「主権国家の黄昏」と「民主主義の赤字」　　90

第5回　地球の空間はどのように配分されているか？ … 95
　1. 国際法における空間秩序の構成　　95

(1) 国家領域と国際公域　　　　　　　　　　　95
　　(2)「陸が海を支配する」　　　　　　　　　　96
 2. 陸地領域　　　　　　　　　　　　　　　　　　98
　　(1) 領域主権　　　　　　　　　　　　　　　　98
　　(2) 伝統的な領域権原：実効性の原則　　　　　99
　　(3) 正統性の原則の登場　　　　　　　　　　　100
 3. 空の国際法　　　　　　　　　　　　　　　　　102
　　(1) 領空主権と国際航空運輸　　　　　　　　　102
　　(2) 宇宙法　　　　　　　　　　　　　　　　　104
 4. 海の国際法　　　　　　　　　　　　　　　　　106
　　(1) 海洋法の歴史と現状　　　　　　　　　　　106
　　(2) 航行利用の制度　　　　　　　　　　　　　109
　　(3) 資源開発の制度　　　　　　　　　　　　　112
　　(4) 汚染防止の制度　　　　　　　　　　　　　118

第6回　東と西？　南と北？……………………………123
　　――人権の国際的保護の発展――

 1. 人権問題の国際化：人権はどこまで「国内問題」ではなくなったか　123
　　(1) 人権はどのように発展してきたのか　　　　123
　　(2) 人権問題はいつ国際問題となったか　　　　125
　　(3) 人権問題はどこまで国際問題となったか　　128
 2. 人権概念の普遍化：人権問題における東と西、南と北　130
　　(1) 自由権の時期：世界人権宣言　　　　　　　130
　　(2) 自決権の時期：国際人権規約　　　　　　　133
　　(3) 社会権と新しい人権の時期：発展の権利に関する宣言　136
　　(4) 人権の「主流化」の時期：ウィーン宣言から人権理事会の設置へ　137
 3. 人権の国際的な実施手続き：人権の実効的な国際的保護のために　139
　　(1) 個人通報の処理その他の国連内の手続　　　139
　　(2) 人権条約の実施手続　　　　　　　　　　　144
 4. 条約機関の正統性をどのように確保するか――結びに代えて――　146

第7回　国際法で個人を裁く？ ……………………………… 151
——国際刑事裁判所設立の意義——

1. ニュルンベルグと東京：おぼつかない序曲　　　　　　　　　151
   - (1)「国際犯罪」とは何か　　　　　　　　　　　151
   - (2) ニュルンベルグと東京への道　　　　　　　153
   - (3) ニュルンベルグと東京の国際軍事裁判　　　153
2. イェルサレム：過去への間奏曲　　　　　　　　　　　　　　156
   - (1) ニュルンベルグ諸原則の成立　　　　　　　156
   - (2) その後の条約上の発展　　　　　　　　　　157
   - (3) アイヒマン裁判　　　　　　　　　　　　　158
3. ハーグとアルーシャ：急速な転調　　　　　　　　　　　　　160
   - (1) 条約上の発展　　　　　　　　　　　　　　160
   - (2) 旧ユーゴとルワンダの国際刑事裁判所　　　161
   - (3) 二つの裁判所の活動　　　　　　　　　　　164
4. ローマから再びハーグへ：新しい楽章か？　　　　　　　　　166
   - (1) ローマへの道　　　　　　　　　　　　　　166
   - (2) ICC規程の概要　　　　　　　　　　　　　167
   - (3) ICCの活動　　　　　　　　　　　　　　　169
   - (4) ICC設置の意義と課題　　　　　　　　　　171

第8回　国際法を緑にする？ ……………………………… 177
——地球環境の国際的な保護——

1. 国際環境法の成立　　　　　　　　　　　　　　　　　　　　177
   - (1) 国際環境法の前史　　　　　　　　　　　　177
   - (2) 画期としてのストックホルム人間環境会議　179
   - (3) リオ宣言と国際環境法の確立　　　　　　　180
2. 国際環境法の特徴　　　　　　　　　　　　　　　　　　　　181
   - (1) ソフト・ローと枠組条約　　　　　　　　　181
   - (2) 国際環境法における国の義務　　　　　　　186
   - (3) 被害者の救済　　　　　　　　　　　　　　188
3. 持続可能な発展と国際環境法　　　　　　　　　　　　　　　189
   - (1) 発展と環境保全の統合　　　　　　　　　　189

(2) 共通に有しているが差異のある責任の一つの帰結:「二重基準」　191
　　　(3) 共通に有しているが差異のある責任のもう一つの帰結:
　　　　　途上国の持続可能な発展への援助　194
　4. 国際環境法の課題　195
　　　(1) 生産・消費様式の変更　195
　　　(2) 予防原則　197
　　　(3) 環境条約の履行確保　198

第9回　国際社会の司法権？ ……………………… 205
　　　——国際紛争の平和的解決と国際裁判——

　1. 紛争の平和的解決義務と国際裁判　205
　　　(1) 紛争の平和的解決義務の成立　205
　　　(2) 紛争の平和的解決の諸手段　206
　　　(3) 仲裁裁判と司法的解決　209
　　　(4) 手段選択の自由　210
　2. 国際司法裁判所の成立と仕組み　212
　　　(1) 常設国際司法裁判所から国際司法裁判所へ　212
　　　(2) 国際司法裁判所の仕組み　213
　3. 国際司法裁判所の働き　215
　　　(1) 争訟事件　215
　　　(2) 勧告的意見　218
　4. 国際裁判に対する諸国の態度　219
　　　(1) 消極から積極へ:アジア・アフリカ諸国と(旧)社会主義国　219
　　　(2) 積極から消極へ:西側先進国　221
　5. 国際社会における国際裁判の役割　222
　　　(1) 国際紛争解決のために　222
　　　(2) 国際機構の活動のコントロールのために　224
　　　(3) 国際法の発展のために　225

第10回　どのように戦争をなくすか？ ……………… 229
　　　——安全保障の考え方——

　1. 伝統的国際法と勢力均衡　229

2.「戦争のモラトリアム」と集団安全保障の登場：国際連盟　231
      (1) 集団安全保障とは何か　231
      (2) 国際連盟の集団安全保障の仕組み　232
      (3) 国際連盟の集団安全保障の働き　233
   3. 武力行使の違法化と集団安全保障の発展：国際連合　234
      (1) 国際連合の集団安全保障の仕組み　234
      (2) 国際連合の集団安全保障の働き　236
      (3) 国際連合の集団安全保障の問題点　238
   4. 集団安全保障と自衛権　240
      (1) 武力行使の禁止と自衛権　240
      (2) 集団安全保障と自衛権　243
   5. 集団安全保障と平和維持活動　245
      (1) 平和維持活動の登場　245
      (2)「第二世代」の平和維持活動　246
   6. 新しい安全保障を求めて　249

第11回　戦闘中でもルールはあるの？ ……………… 253
   ── 国際人道法の発展 ──

   1. 戦争法から国際人道法へ　253
      (1) 戦争法の発展　253
      (2) 武力行使の違法化と武力紛争法　257
      (3) 国際人道法とは何か　259
   2. 国際人道法の適用　260
      (1) 武力紛争法の適用拡大：とくに民族解放戦争と内戦について　260
      (2) 国際人道法の平等適用　263
   3. 国際人道法の基本原則　264
      (1) 国際人道法の基本原則の位置づけ　265
      (2) 区別原則　266
      (3) 不必要な苦痛を与える兵器の禁止　268
      (4) 人道法の基本原則と核兵器の使用　269
   4. 国際人道法の履行確保　273

第12回　世界の中で日本はどうする？ ………………… 277
――国際法と日本の立場――

1. 伝統的国際法と日本　　　　　　　　　　　　　　　277
   - (1) 日本の国際社会への参加　　　　　　　277
   - (2) 近代日本、戦争、そして国際法　　　　282
   - (3) 戦争違法化と日本　　　　　　　　　　284
2. 国際社会における日本国憲法　　　　　　　　　　　286
3. 安保体制の展開　　　　　　　　　　　　　　　　　288
   - (1) 52年安保体制　　　　　　　　　　　　288
   - (2) 60年安保体制とその展開　　　　　　　289
   - (3) 安保体制の現段階　　　　　　　　　　291
   - (4) 安保体制と国連憲章　　　　　　　　　292
4. 現代国際社会における日本の役割　　　　　　　　　294
   - (1) 基準としての日本国憲法　　　　　　　294
   - (2) 集団安全保障と日本　　　　　　　　　295
   - (3) 平和維持活動と日本　　　　　　　　　298
5. 平和構築と日本――結びに代えて――　　　　　　　300

第13回　私たちに何ができるの？ …………………… 303
――国際法と市民の役割――

1. 市民の暮らしと国際法　　　　　　　　　　　　　　303
2. 市民が国際法を活用する　　　　　　　　　　　　　305
   - (1) 国の戦争政策に抗して　　　　　　　　306
   - (2) 核兵器の廃絶のために　　　　　　　　307
   - (3) 人権の擁護のために　　　　　　　　　309
3. 市民が国際法を創る　　　　　　　　　　　　　　　312
   - (1) オタワ・プロセス　　　　　　　　　　312
   - (2) 京都議定書　　　　　　　　　　　　　314
   - (3) 国際刑事裁判所ローマ規程　　　　　　315
4. 市民と国際法をつなぐもの：NGOsの国際法上の地位　317
   - (1) NGOsの経済社会理事会における協議的地位　317
   - (2) NGOsの国際法主体性をめぐる問題点　　　　319

5. 私たちの課題——結びに代えて——　　　　　　　　　　322

———————

一般索引　　　　　　　　　　　　　　　　　　　　326
条約・国連決議索引　　　　　　　　　　　　　　　335

図表一覧

表1・1	国際社会の拡大	6
図1・1	イスラーム世界の秩序観	11
図1・2	華夷秩序	13
図1・3	異なった「国際」秩序間の交流:「境域都市」の役割	15
図1・4	伝統的国際法の二元的構造	21
表2・1	伝統的国際法から現代国際法へ	27
表2・2	武力行使禁止原則の成立と展開	29
図3・1	慣習法の形成過程	52
表3・1	国際法上の義務の分類と国によるその履行方法	63
図4・1	国が推進したグローバリゼーション	81
図5・1	国際法から見た地球の空間の配分	97
表5・1	国際法における空間と資源の法的地位	98
表5・2	宇宙空間と天体の軍事利用の規制	105
図5・2	国連海洋法条約における海域の区分	108
図5・3	ICJ・黒海海洋境界画定事件判決	117
表6・1	国連が採択した人権文書	131
表6・2	地域人権条約	140
表7・1	国際犯罪の類型	152
表7・2	国際刑事裁判所の系譜	154
図7・1	ICCによる裁判の仕組み	170
表8・1	国際環境法の発展	182
図8・1	気候変動枠組条約における「共通に有しているが差異のある責任」	193
図8・2	モントリオール議定書の不遵守手続	199
表9・1	仲裁裁判所と司法的解決の区別	209
表9・2	PCIJとICJの判決および勧告的意見の数の推移	213
表9・3	ICJの裁判官の配分と歴代所長数	214
図9・1	ICJにおける裁判手続の進行	217
表10・1	安保理事会による「強制措置」の数的な変遷	238
表10・2	冷戦終結後におけるPKOの拡大	247
表11・1	武力紛争法の発展	254
図11・1	内戦への国際法の適用	262
図11・2	兵器使用の合法性の三段階の評価	271
表12・1	伝統的国際法期の日本と武力の行使	278
図13・1	国際立法におけるNGOsの役割	319

国際法から世界を見る

——市民のための国際法入門——

【第3版】

第1回
国際法はどのように発展してきたのか？
―― 伝統的国際法の性格 ――

　この講義の口火を切る今回は、国際社会の成立と展開を概観した上で、第1次世界大戦頃までの国際関係を規律した伝統的国際法の特徴を考えます。次回は、まず過渡期に当たる両大戦間の時期について素描した後で、第2次世界大戦後の現代国際法について検討しますから、この二回で国際法の400年近い歴史を振り返ることになるわけです。

1. なぜ国際法の歴史から始めるのか

　最初に、なぜ国際法の歴史からお話を始めるのかを説明しておきたいと思います。
　まず第1に、これは社会科学のイロハですが、どのような社会制度でも現在の仕組みや役割を正しく理解するためには、その歴史的な発展の跡を振り返る必要があります。国際法の場合も、もちろんその例外ではありません。たとえば、**第2回**では現代国際法の特徴の一つとして武力行使禁止原則を取り上げますが、この原則が確立したのはせいぜい数十年前のことで、それ以前の国際法では戦争は禁止されていませんでした。したがって、現代国際社会における武力行使禁止原則の役割を正しく理解し、この原則の妥当な解釈を得るためには、この原則の誕生と発展の歴史を振り返ってみることが必要となります。
　第2に、国際法では「時際法」という考え方があります。ある出来事の法的な評価は、評価を行う時点ではなくてその出来事が生じた時点で効力を有していた法に照らして行わなければなりません。つまり、法の遡及効を否定するわけで、このことは法的安定性を維持するためには必要なのですが、これ

をあまりに厳格に適用すると国際法が歴史の発展を妨げることになりかねません。そこで権利の成立と権利の存続を区別し、権利の成立については成立が主張される時点の法に従って判断するが、それが存続しているかどうかについてはその後の法の発展に照らして判断するという、より柔軟な立場も主張されています。

　つまり、現在の法を基準として過去の出来事を裁断することはできませんが、他方で過去の法にだけ固執すれば歴史の発展に背を向けることになり、ここに微妙なバランス感覚が求められます。たとえば尖閣諸島をめぐる紛争[1]では、日本は同諸島は1895(明治28)年の閣議決定で沖縄県に編入され、先占〔⇒5.(1)〕によって日本領になったと主張していますが、この日本の主張の当否は当時の国際法に照らして判断されねばなりません。しかし、たとえこの日本の主張が法的には正しいとしても、19世紀末の国際法を盾に取った主張だけで尖閣紛争が公正に解決されるとは思えません。そのためには、現在から見てそのような処理が果たして妥当だったのかどうかを真摯に考え、そのことを解決に反映させる必要があるでしょう。

　さて、歴史を取り上げる第3の理由は、この講義に特有のものです。「はしがき」で述べたように、この講義は市民の立場に立って国際法を活用し国際法に働きかけるという観点から国際法を学ぶことを目的としています。このような観点は、国際法を何か「不磨の大典」のような固定したものと捉えるなら、そもそも成り立たないものです。この講座では、国際法に働きかけてそれを発展させるという、ダイナミックな捉え方がどうしても必要になる。したがって、これまでの国際法の発展がどのような力によって担われてきたのかを知ることは、この講義にとってはとりわけ重要な課題となるのです。

2. 国際社会はどのように組み立てられているか

　国際関係論や国際政治学の立場から国際社会はどのように組み立てられているのかという問題を考える場合には、国際関係における行為体は何かという形で議論をすることが多い。現実にわれわれの目の前にある国際関係に働きかけてこれを動かし、これに影響を与える実体を国際関係の行為体と呼び、

その例としては国、国際機構、民族または人民、多国籍企業、NGOs、個人など多様なものを挙げるのです。つまり、国際関係に現実に影響を及ぼすものは何でも行為体に含まれるわけで、かつては国が行為体としても決定的に重要だったのですが、最近では多国籍企業やNGOsなどの新しい行為体が登場して、国の影は薄くなりつつあります〔⇒**第4回2.**〕。

　これに対して、国際法の主体とは国際法上の権利義務を有し、国際的な手続を通してそれを実現することができる実体のことをいいます。伝統的には国際法主体は国だけだとされ、したがって国際法とは国家間の関係を規律する法だと定義されていました。現在では国の他に国際機構、人民および個人にも一定の国際法主体性が認められるようになっていますが、国が国際法主体として中心的な役割を果たすことには変わりはありません。つまり、行為体が多様化した現在の国際社会でも、国際法の観点からは国がもっとも重要な位置を占めているのです。

　ところで、**第5回1.(1)**で詳しく見るように、地球上の土地と空間は国家領域と国際公域に区分され、国家領域に対しては当該の国が原則として排他的な統治を行うことができます。このような統治の権限を構成する立法、司法、行政といった要素を「管轄権」と呼びますが、国による管轄権の行使をまったくその国の自由に委ねたなら、国際関係の円滑な展開は期待できません。そこで、国は国際法を通じて管轄権の行使の仕方についてお互いに約束をすることになります。たとえば、国は通商航海条約を結んでお互いに相手国の国民や企業などに一定の待遇を与えることを約束します、また人権条約では、国は自国の管轄権内のすべての人に対して一定の基本的人権を保障することを約束します。国際法はこのような形で国境を越えた人間活動の保護、安定および予測可能性を確保するのです。

　国を基本的な構成単位とするこのような国際社会は、昔から今のような形で存在してきたわけではありません。**表1・1**は、いくつかの国際会議や国際機構を例にとって、国際社会がどのように拡大し、その構成がどのように変化してきたかを示したものです。1899年の第1回ハーグ平和会議*の参加

***第1回ハーグ平和会議**：ロシア皇帝ニコラス2世のイニシアチブにより、オランダ政府の招請によってハーグで開催された。軍備制限、戦争法の法典化および紛争の平和的解決手

表1・1　国際社会の拡大

年	会議・国際機構名	参加国数	（うちAA諸国）
1989年	第1回ハーグ平和会議	26	(5)
1907年	第2回ハーグ平和会議	44	(5)
1920年	国際連盟原加盟国	42	(7)
1945年	国際連合原加盟国	51	(12)
1960年	国際連合加盟国	99	(48)
1990年	〃	159	(93)
2000年	〃	189	(111)
2010年	〃	192	(112)
2011年	〃	193	(113)

1) 国際連盟原加盟国のAA諸国7は、英帝国構成国1（インド）を含む
2) 国際連合加盟国では、イスラエルおよび南アフリカ(1960年まで)はAA諸国に含めていない。
出典：田畑茂二郎編『新しい国際法をめざして』（訂正版）（有信堂高文社、1978年）6頁の表1を参考に作成した。

国は26、そのうちアジア・アフリカ(AA)諸国は5（中国、日本、トルコ、ペルシャ、シャム）ですが、これらの多くは5.(1)で見るように一人前の国際法主体とは認められていませんでした。また、これら以外の非ヨーロッパの参加国は2か国(米国、メキシコ)だけでした。1907年の第2回ハーグ平和会議では参加国は44と激増しますが、これは第1回には不参加だったラテン・アメリカ諸国が大量に参加したからで、この間に国際社会を構成する国の数が増えたわけではありません。この頃から国連の成立までは国際社会のメンバーもAA諸国の数も、目立った増加は示していません。AA諸国の数が激増するのは1960年、この年は新しく独立したアフリカ諸国が大量に国連加盟を果たし、「アフリカの年」と呼ばれました。2011年現在の国連加盟国は193に達しましたが、これは非植民地化の進行の他、冷戦終結後の東欧旧社会主義国の解体をも反映しており、AA諸国は加盟国の過半数を制するようになっています。

続の整備を目的とし、国際紛争平和的処理条約、ハーグ陸戦条約などを採択した。1907年には第2回ハーグ平和会議が開かれ、上記二つの条約を改正したほかこれらの分野で多くの新しい条約を採択した。

3. ヨーロッパ国際社会の誕生

　それでは、国際法の歴史は何時始まったのでしょうか。この点については、古代のメソポタミヤやエジプト世界に、あるいは古典期のギリシャやローマにも、アジアでは中国の春秋時代にも、ある種の国際法があったという説があります。しかし、現在われわれが見ている国際法に直接につながる国際法の起源は、中世的な秩序の崩壊の後に現れた近代ヨーロッパ国際社会の誕生の頃にこれを求めるのが、国際法史学の通説です。

　中世封建制社会のもとでは、ヨーロッパは現実には多数の領邦や都市に分裂していましたが、観念的にはヨーロッパ全体はキリスト教世界（*Respublica Christiana*）という一つの統一的世界を構成するものと見なされ、精神的にはローマ法皇が、世俗的には神聖ローマ皇帝が、その頂点に位置するものとされました。諸々の国王や領主たちは、この頂点の下にピラミッド状に構成される権力構造に組み込まれていたのです。したがってそこでは、現在知られているような独立主権国家も国際社会も、存立の基盤を持ちませんでした。

　しかし、封建制の胎内に次第に商品経済が成長してくると、中世的な封建的割拠はその発展のための大きな障害として意識されるようになります。領邦ごとに異なる法律、司法制度、行政手続、貨幣単位、度量衡。境界を越えるたびに通関手続と関税とが必要となる。広範な交通通信網や信用制度は整備されていない。このような状況では、商人が商品を携えて自由に移動し商売をする、あるいは工場を起こすために広く資本や労働力を求める、といったことは極端に困難です。そこで、これらの障害を打破して一つの統一的な国内市場を形成し、その円滑な働きを保障することができる中央集権国家を建設することが要求されるようになりました。そして、ヨーロッパにおけるこのような経済発展の必要性は、外に対してはローマ法皇と神聖ローマ皇帝の権威を否定し、内にあっては封建的割拠を打破して中央集権国家の建設をめざしていた、絶対王制＊の要求と結びついたのです。

＊**絶対王制**：無制約の権力を持つ君主が強力な国家機構を用いて専制的な統治を行う政治形態。典型的には封建制から資本主義的な近代国家の過渡期に存在し、16〜18世紀の英国、フランスなどに見られる。

このような動きに一つの明確な表現を与えたのが、30年戦争＊を終わらせたウェストファリア講和条約(1648年)でした。もちろん、この条約によって近代ヨーロッパ国際社会が突然魔法のように誕生した、というわけではありません。この条約は、それまで徐々に発展してきた歴史過程を、初めて目に見える条約文に書き下ろしたものと見るべきで、この観点からは以下の二点に注目する必要があります。第1に、この条約は新教と旧教の平等を承認することにより、宗教改革を完成させ国家の世俗化を実現しました。法皇は条約の宗教規定の無効を宣言しましたが、条約はそのすべての部分において実施され、こうしてローマ法皇の国際的権威は公に否定されたのです。

　第2に、神聖ローマ帝国の領邦は主権国家に近い地位を与えられ、神聖ローマ皇帝の対外行動は構成国の同意を要するものとされました。ウェストファリア条約自体について、皇帝は自分だけが帝国を代表してこれに署名すると主張しましたが、実際には皇帝に加えて15の領邦の代表が条約に署名することになりました。こうして、神聖ローマ帝国の地位もまた壊滅的な打撃を受けたのです。この他スイスやオランダの独立を承認したウェストファリア条約は、中世的秩序の終わりと、主権国家から構成される国際社会の登場を告げるものだったとされます。独立・平等の主権国家から構成される国際社会のことをしばしば「ウェストファリア体制」と呼ぶのは、こうした理由によるのです[2]。

　他方、ヨーロッパにおける同じ経済的発展はもはや一国の枠には収まりきらないようになり、世界市場の形成がめざされました。絶対王政が取りつつあった重商主義政策＊＊は、「地理上の発見」とあいまって経済関係の網の目を世界的規模に拡大したのです。国境を越えたこのような人間、商品および資本の移動を可能とするためには、最低限の秩序、予測可能性および安定が要

＊**30年戦争(1618〜48年)**：ハプスブルグ・ブルボン両王家の対立を背景に、神聖ローマ帝国内の旧教・新教の諸侯間の戦争にフランス(旧教)、スウェーデン(新教)などの外国が参加した。最後の宗教戦争であるとともに国家利益の衝突に起因する近代戦争のはしりだったとされる。神聖ローマ帝国の皇帝および領邦を一方とし、フランス(ミュンスターで締結)およびスウェーデン(オスナブリュックで締結)をそれぞれ他方とする二つの講和条約(ウェストファリア講和条約はこれらの総称)によって終結した。

＊＊**重商主義政策**：16世紀から18世紀前半にかけてヨーロッパ諸国が採用した経済政策。国家の介入と保護によって輸出を促進し、得られた貿易差額が国の富となると考えた。

求され、この目的のために、すべての国が通常は従うような公的な規範、つまり国際法が必要となりました。現実の国家実行の中に条約や慣習法の形でこのような規範がまだ成熟していなかった当時において、この要求を満たすための素材はヨーロッパ諸国にとっては共通の伝統だったキリスト教神学に根ざす自然法思想＊とローマ法＊＊に求められることになります。この時代には、こうした素材に依拠して国際関係の法的なあり方を説いたグロティウス[3]らの法学者が大きな役割を果たし、したがって伝統的国際法の誕生期は「国際法の英雄時代」と呼ばれています。

　もっとも、ウェストファリア条約によってその姿を明確にする領域主権国家は、まだ近代的な国民国家ではなく、身分制を色濃く残した絶対主義的な君主制国家であり、18世紀後半までのヨーロッパの国際関係はおもに王朝間の関係として推移しました。戦争と講和、外交関係などの国際関係は君主の専権に属し、王位継承戦争が戦われたり、王家の女性の結婚の嫁資として領域の移転が行われることもしばしばありました。オーストリア・ハンガリー帝国のハプスブルグ家は結婚で領土を増やしたといわれ、「汝戦をせよ、余は結婚する」というのがハプスブルグ家の家訓だったそうです。

　国民国家の基礎を据えることによって旧い王朝間の法から新しい国際法への移行の出発点を記したのは、アメリカ独立革命（1776年）やフランス革命（1789年）のようなブルジョア革命でした。ブルジョア革命の国際法思想を代表するのはスイスのヴァッテル（1714〜67年）で、彼はラテン語ではなくて現代語（フランス語）で国際法の著述を行った初めての人です。ヴァッテルは、市民的自由に基づく国民国家の主権と独立の考えを基礎として国際法理論を展開し、内政不干渉の原則を強調しました。彼はまた、暴君に抵抗して分離を求める国民の権利も承認します。彼の著作はアメリカ独立革命の際に大い

＊自然法思想：人間の本性（＝自然：nature）に基礎をおく普遍的・永続的な法が存在し、実定法に優越するという考え。古代ギリシャに端を発し、中世にはキリスト教神学と結びついたが、近世になると人間理性に基礎をおく合理的自然法論が支配的となった。

＊＊ローマ法：古代ローマに起源を有するローマ法は、中世における再興を経てゲルマン法とともに大陸ヨーロッパ諸国の近代法形成に大きな影響を与えた。ローマ私法は抽象的なヒトを主体とするところから、その類推はクニを主体とする国際法の発展にも大きな役割を果たしたといわれる。

に愛読されたそうですが、このような国際法思想が直ちに実定法＊の上で実現したわけではありません。しかし、産業革命を経て国際関係がますます緊密化するヨーロッパ国際社会では、ますます多くの条約が締結されるようになっただけでなく、国際関係における国家実行も積み重ねられ、そのような中から国の主権・平等を基礎とし、国家間の合意によって形成される実定国際法が次第に明確にその姿を現すようになります。こうして、19世紀の初めから半ばの頃には、伝統的国際法がほぼ確立するのです。

4. 非ヨーロッパ世界の「国際」秩序観

　19世紀の半ば頃までに確立するヨーロッパ国際社会の秩序は、普遍的なものではありませんでした。当時の世界では、これと並んでこれとは異質の秩序観を有するいくつかの「国際」社会が存在し、その内部でも相互間でも活発な交流が行われていたのです。そのような非ヨーロッパ世界の「国際」秩序から、イスラーム世界と東アジア世界のそれを取り上げましょう。なお、このような「国際」秩序は必ずしも国を単位とするものではなかったので、ここではこれらに関する限り「国際」とカッコをつけて呼ぶことにします。

(1)「イスラームの家」と「戦争の家」：イスラーム世界の秩序観

　かつてイスラーム世界は、オスマン帝国を中心にアラブ世界だけではなくバルカン半島から北アフリカまで、さらには一時はイベリア半島の一部をも支配下に収めていました。また、イスラーム商人たちはヨーロッパからアフリカ、アジアにまで広がる、しばしば「イスラーム・ネットワーク」と呼ばれる広範な交易網を展開していました。

　図1・1を見て下さい。このようなイスラームの「国際」秩序観は、国を単位とする国際秩序ではなく、宗教を単位とする人際秩序、つまり宗教共同体間の関係でした。そこにおいては、人が住む世界はイスラーム教徒（ムスリム）が支配しイスラーム法が行われる「イスラームの家」と、異教徒が支配しイ

＊**実定法**：自然法に対して、国によって制定された法を実定法と呼ぶ。国際法の場合は、条約および慣習法などの形で国の合意によって形成される法がこれに当たる。

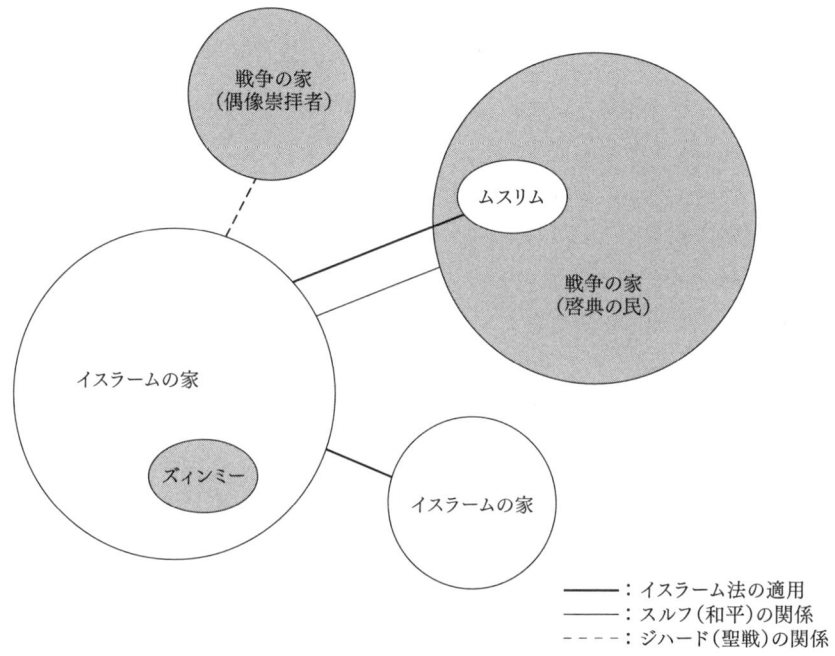

図1・1 イスラーム世界の秩序観

スラーム法が行われない「戦争の家」とに区別されました。「イスラームの家」と「戦争の家」の間は不断の戦争——ムスリムの立場からは「聖戦（ジハード）」——の関係にあるとされましたが、実際にはもちろんこれらが常に戦争関係にあったわけではなく、戦争を休む論理も用意されていました。

「戦争の家」は、さらに二つに分けられます。一つは「偶像崇拝者」が住む地域で、これに対しては「コーランか剣か」ということで、イスラームに改宗しないならジハードが戦われることになります。もう一つは一神教を信じる「啓典の民」、つまりキリスト教徒やユダヤ教徒が住む地域です。コーランによると、モーセもイエスも預言者と認められるのですが、ムハンマド（モハメット）が最後のかつ最高の預言者だということになります。そして、「啓典の民」に対しては「コーランか貢納か剣か」、つまり改宗するか貢納を納めてムスリムと平和に共存するか、それともジハードの対象となるかの選択が認められました。こうして「啓典の民」の国とは和平（スルフ）によるジハードの中断が

可能とされており、一定の「国際法」的関係が成立したのですが、これは平等な主体間の関係ではなく、ムスリムの側の一方的な行為規範、下位のものに対する恩恵と見なされており、したがってヨーロッパ的な意味での国際法上の関係とはもちろん異質のものでした。

「イスラームの家」に居住する「啓典の民」は、人頭税と土地税を支払い一定の行動制限に服することを条件に、保護を与えられた被保護民（ズィンミー）として宗教と法と慣習を維持したままイスラーム法が認める範囲で自治生活を営むことを認められました。つまり、「イスラームの家」の中で異教徒に自分たちの宗教を信じながら自治を行うことを認めるのです。この制度は、後で見る領事裁判制度の一種であるキャピチュレーション＊の起源となり、ヨーロッパ先進国によるイスラーム諸国、とりわけオスマン帝国の主権制限を象徴することになりますが、もともとはイスラーム法に内在する法の属人主義＊＊に由来することに注意する必要があります。また、スルフの関係にある国の「啓典の民」は、安全保障（アマン）を得て被安全保障者（ムスタミン）として「イスラームの家」に来訪することを認められ、一定の行動制限に服するという条件で身体と財産の安全を保障されました。このような形で、イスラーム世界と外部の世界との交流が可能とされていたのです。

(2) 華夷秩序の重層構造：東アジア世界の秩序観

中国を中心とする東アジア世界の伝統的秩序はしばしば朝貢関係と表現されますが、朝貢関係は全体としての華夷秩序の一部を構成するものでした。華夷秩序の基礎には、中華思想があります。皇帝が徳による統治を体現し、その威光が四囲（東夷・南蛮・西戎・北狄）に及んでいて、その恩恵に浴したも

＊**キャピチュレーション**：オスマン帝国に居住するキリスト教国の臣民に対して、居住、旅行、営業の自由、領事裁判権、最恵国待遇などを認めるもので、オスマン帝国は当初これを一方的に付与する恩恵と理解していたが、相手国は条約上の義務として扱い、同帝国の衰退に伴ってその主権の重大な侵害の根拠となった。

＊＊**属人主義**：国と人との法的繋がりを根拠として法の適用を行う考え。現代国際法における属人主義は国籍の繋がりを根拠とするが、イスラーム法における属人主義は宗教の繋がりを根拠とした。これに対して、領域を基礎として法を適用することを属地主義といい、本文でも述べたように現代国際法では属地主義が原則である。

のが自発的に貢納を行う、という考え方です。

　中華帝国の統治関係の類型は、中央との関係の粗密を基準として同心円状に編成され、以下のような構造を持っていたといわれます（**図 1・2**、参照）。「地方」は中央から派遣される総督・巡撫によって統治され、ここまでがいわば本来の中国の一部だったといえるでしょう。その外側の「土司・土官」は少数民族の指導者を「土司・土官」として地方官に任命する一種の間接統治で、その次に理藩院という役所が管轄する異民族統治である「藩部」がきます。その外側がさらに緩やかな関係である「朝貢」で、これについては後で説明します。そして最外周には「互市」が配されており、これとは実質的には相互的関係の色彩が強い貿易関係が結ばれていましたが、中国側からは形式的には上下関係にあるものと見なされていました。日本は明代中期以降、「朝貢」国から「互

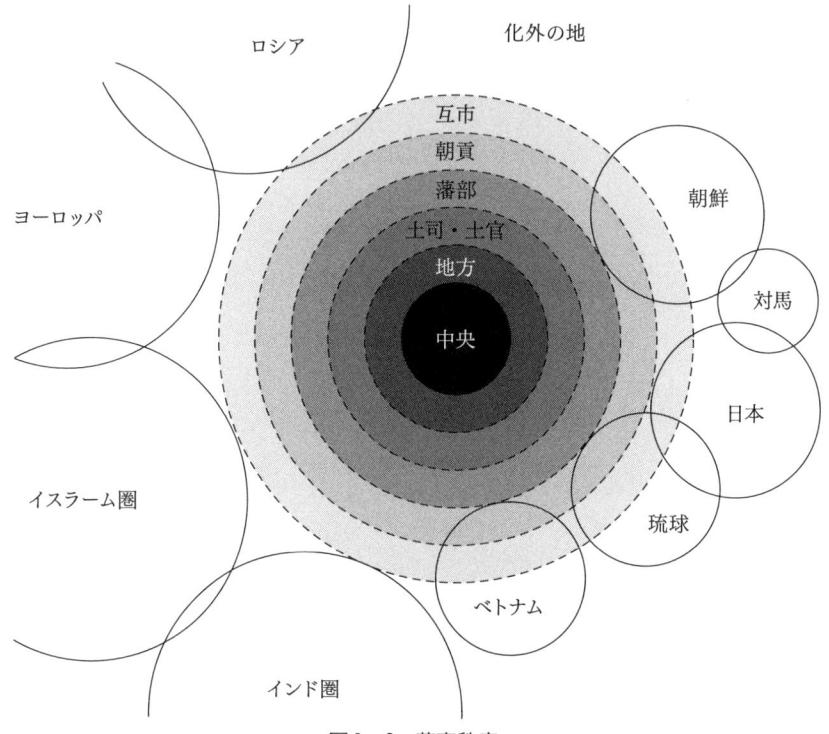

図 1・2　華夷秩序

出典：濱下武志「東アジア国際体系」『講座国際政治①：国際政治の理論』東京大学出版会、1989年、61頁、
　　　図2-2、をもとに作成。

市」国へ移行したといわれます。さらにその外側は、皇帝の徳が及ばない「化外の地」となります。

さて、われわれが東アジア「国際」秩序を象徴すると考えてきた朝貢関係では、朝貢国は中国に向けて朝貢使を派遣して朝貢を行うことにより皇帝に対する恭順の意を表し、これに対して中国の側では返礼(回賜)を行うとともに、朝貢国の新しい君主の即位に際しては冊封使を送ってこれを国王として認知することが行われていました。朝貢国は、皇帝の徳に服することの象徴として、中国の暦を用います(これを「正朔を奉じる」といいました)。朝貢―回賜は実際にはある種の国家貿易で、朝貢使に随行した商人による私貿易も活発に行われましたから、朝貢関係は事実上は貿易関係に近かったのですが、制度の建前としては、あくまで華夷秩序の一環をなす朝貢関係だったわけです。

中華帝国が支配する地域はヨーロッパ国際秩序の意味における「領域」ではなく、「版図」だったという指摘があります。「領域」は明確な境界＝国境を持ち、その内部では国家権力が均質に行き渡る、つまり政府による実効的支配が行われるのに対して、「版図」は皇帝に慕い寄りその統治の恩恵に浴する者が住む空間であって、明確な境界を持つわけではなく皇帝の権力があまねく行き渡るわけでもなかった。「版図」の中にも、「化外の民」が住んでいたのです。また、華夷秩序は同心円状をなしていましたが、単一の同心円ではなく、各地に「中華」を自称する、たとえば日本やベトナムのような「小中華」が存在していたことにも注意しなければなりません。

このように見ると、尖閣紛争における日中の対立の背景の一端を理解できます。日本が先占によって尖閣諸島を領有したと主張するとき、それはヨーロッパ国際秩序の「領域」観を前提として、そこがいずれの国の実効的支配も及ばない「無主地」であったとの理解に立っています。これに対して中国は当時尖閣諸島はすでに中国領だったから先占は不可能だと主張し、その根拠として中国から琉球王国に派遣される冊封使が尖閣諸島を航路標識としたこと、明の時代には和寇の跳梁に対して設けられた沿岸防衛区域に尖閣諸島が含まれたこと、中国の漁民が同諸島を荒天時の避難所として利用したことなどの事実を挙げます。このような事実は、ヨーロッパ国際秩序における実効的支配には当たりませんが、華夷秩序において尖閣諸島が中国の「版図」であった

という理解を正当化することはできるでしょう。つまり、尖閣紛争はある意味では「国際」秩序観の衝突だったのです。

(3) 異なった「国際」秩序の間の交流はどのように行われていたか

以上のような諸「国際」秩序は閉じられた相互に孤立したものではなく、それらの相互間で活発な交流が行われていました。たとえば江戸時代の日本は従来は「鎖国」状態にあったといわれましたが、事実は「四つの口」を通じて対外的な交流を行っていたのです。

第1に、もっともよく知られているのは「長崎口」を通じたオランダ、中国との貿易。ここからは「風説書」という形で外国の情報も流入しました。第2に「薩摩口」では琉球王国を経由して中国との貿易が行われました。琉球王国は14世紀以来中国に朝貢していましたが、1609年の島津による征服以後は日中に対して「両属」の関係にありました。第3は「対馬口」で、対馬の藩主宗氏を通じて朝鮮との貿易だけではなくて外交関係も維持されていました。17世紀から19世紀の初めにかけて朝鮮からは合計12回、朝鮮通信使と呼ばれる使節が送られてきます。対馬の宗氏も、日本と朝鮮への「両属」の関係にあったという指摘もあります。そして第4は「松前口」で、ここでは南下するロシアをにらみながら松前藩を通じて、あるいは幕府が直接に蝦夷地との関係を持ちました。蝦夷地が明確に日本の領域として認識されたのは19世紀初めのことで、それまでは同地は日本にとっては「異域」でした。このように、当時の日本は「鎖国」だったというよりは「選択的開国」だったという認識が、歴史学では有力になっているといいます。

それでは異なった「国

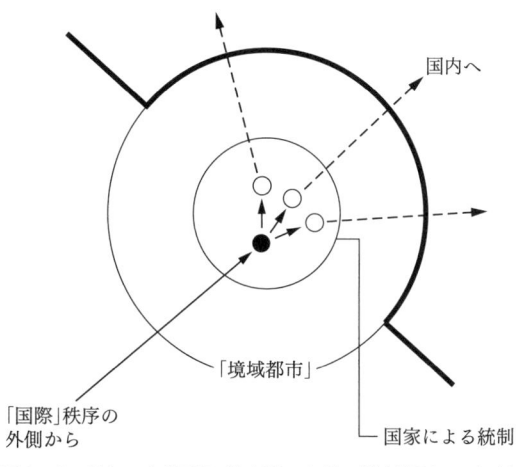

図1・3 異なった「国際」秩序間の交流：「境域都市」の役割

際」秩序に属する地域の間の交流は、どのように行われていたのか。歴史学者は、こうした交流の接点となった「境域都市」ないしは「周縁都市」の役割に注目します（図1・3を参照）。「境域都市」とは二つの秩序が交わる地点にある地域・街で、当該の秩序の外部からもたらされた商品は、ここで取り引きされます。居住外国人は一つの共同体を構成し自治が認められますが、そこでの取引は自由な取引ではなく、それに対しては当該秩序内部の法令が適用され、国家権力が厳重な管理を及ぼしました。「境域都市」で取り引きされた商品は、そこから当該秩序の内部に流通していくのですが、この流通を司ったのは当該秩序の国家であったり商人であったりで、外国人が自由な旅行や取引を認められたのではありません。

　こうした状況のもとで、一つの「国際」秩序に外部の秩序観を持ち込もうとすれば、当然二つの秩序の間の厳しい軋轢が生じます。このような軋轢の典型的な例としては、1792年から94年まで中国に派遣された英国のマカートニー使節団の経験が挙げられます。中国側はこの使節団を朝貢使として扱い、乾隆帝への謁見に際しては三跪九叩の礼＊を行うことを要求しました。このような待遇は、国家平等を基礎とするヨーロッパ的国際秩序観からは認められるものではなく、厳しい交渉の結果、マカートニーが主張した片膝をついて跪き皇帝の手に接吻をするというヨーロッパ方式――中国側の希望で接吻は省略――が受け入れられましたが、これは遠路はるばる皇帝に敬意を表しに来たのでとくに英国の礼儀を認めてやったものと見なされ、マカートニーを朝貢使として扱う中国の立場が放棄されたのではありません。なお、通商条約の締結と外交使節の派遣という使節団の本来の要求は、中国側の厳しい拒否にあってまったく実現しませんでした。

　つまり、異なった秩序の間の交流は可能だったけれども、それは相手方の秩序の論理を前提として、相手方の厳しい規制のもとでやっと可能となったのです。このような状況は、産業革命を経て生産力を飛躍的に増大させ、自由貿易を追求しつつあったヨーロッパ諸国にとっては、耐え難い障害でした。

＊三跪九叩の礼：朝貢使が謁見するときの儀式で、三度跪き九度頭を地につけて拝礼することをいう。

5. 伝統的国際法の構造はどうなっていたのか

　それでは、このような障害を打破して非ヨーロッパ世界をヨーロッパ国際関係に組み込むために、どのような仕組みが用意されていたのでしょうか。本節では、このような問題意識を持って伝統的国際法の構造を検討します。しかし、伝統的国際法の構造全体をここで見渡す余裕はありませんので、そこにおける国家の類型と戦争の位置づけについて簡単に検討するのに留めなければなりません。

(1)「文明国」と「非文明国」

　19世紀の英国のある国際法学者は、国を「文明人の国」、「野蛮人の国」、「未開人の国」の三種類に区別しました。これは現在から見れば偏見に満ちた考えですが、呼び名はともかく、この三種類の分類は当時の国際法のあり方を正確に反映したものだったといえます。

　第1のグループは「文明国」と呼ばれましたが、この「文明」は文明一般を意味するのではなく、伝統的国際法では次のような意味を持っていました。つまり「文明国」とは、資本主義的な経済関係が円滑に展開することを可能とする国内体制、とりわけ法と裁判と行政の制度を備えた諸国で、これら諸国だけが国際社会を構成し完全な国際法主体性を認められるものとされていました。これらの諸国がヨーロッパ国際社会のもともとのメンバーに当たるもので、ヨーロッパ諸国の他、ヨーロッパ人入植者の子孫が独立を達成したアメリカ大陸の米国やラテン・アメリカの諸国が、これに含まれます。

　第2グループは、19世紀の半ばの段階ではオスマン帝国、中国、日本などからなり、相当の社会的発展を遂げある程度強力な国家権力を確立していましたから、次に見る第3グループのように植民地にしてしまうわけにはいかない。しかしこれらの諸国は、「文明国」に匹敵する法や行政の制度を備えていなかったので、第1グループの諸国の商人がそこに出かけていって安全に商売を行うことはできなかった。そこで、これらの諸国における外国人は、自由な経済活動の保障のために不平等条約の保護のもとにおかれることになりました。不平等条約は様々な形を取りますが、基本的には三本の柱からなっ

ていました。

　第1の柱は領事裁判制度です。自国領域に対する国の主権の当然の結果として、外国人であっても滞在・居住する国の法の適用を受け、その国の裁判所で裁かれるのが原則です〔⇒**第5回1. (1)**〕。ところが領事裁判制度のもとでは、条約相手国の国民は領域国の裁判所ではなくて本国が派遣した領事によって、多くの場合は本国法を適用して裁かれることになるのです。単に領域主権の侵害というだけではなくて、これでは公正な裁判は期待できないでしょう。領事が同時に商人である場合は少なくなく、商人としての自分が関わる事件を領事としての自分が裁く、といったケースさえあったそうです。

　第2の柱は、相手国に一方的に認められる片務的最恵国待遇。最恵国待遇というのは、通商航海条約に現在でも一般に見られる方式で、GATT・WTOもこれを採用しています。これによると、条約関係を結んでいる国の間でもっとも有利な待遇が、相手国に自動的に与えられます。X国がA国との通商条約で、ある商品たとえば小型自動車の関税は20％と約束する。次にX国がB国との条約では同じ小型自動車の関税を10％と約束したとしますと、普通ならA国はX国と改めて関税引き下げを交渉しなければならないのですが、もとの通商条約に最恵国条項が含まれている場合には、10％というより有利な待遇が自動的にA国にも与えられる。現在の最恵国待遇は双務的なもの、つまりX国とA国はお互いに相手国に最恵国待遇を与えるというものです。ところが、不平等条約の最恵国待遇は片務的でした。つまり、日本は米国、英国、フランスなどにそれぞれ最恵国待遇を約束しましたが、相手国は日本をそのようには扱ってくれなかったのです。

　さて、不平等条約の第3の柱は、関税率を条約で決める協定税率です。この方式も、現在でも一般的に採用されています。GATT・WTOでは、交渉の結果合意された関税率が譲許表に記載され、締約国はこの関税率を維持する義務を負います。しかし、この義務はGATT・WTOの加盟国が等しく負う義務であるのに対して、不平等条約の場合は協定税率も片務的でした。その結果、たとえば日本はきわめて低い関税率を維持する義務を負いますから関税収入が低く、国庫の歳入を大きく地租に依存することになって農民の不満が高まり、明治維新以後になっても一揆が起こったりしました。また、殖産興

業で産業を興そうとしても、これを保護するために関税を使うことができない。こうして、明治前期には不平等条約の改正が日本にとってもっとも重要な課題となったのでした。

つまり、第2グループの諸国は不平等条約による重大な主権の制限を受ける、国際法のいわば半人前の主体だったのです。これらの諸国が不平等条約を撤廃して国際法の平等の主体として認められるためには、「文明国」としての条件を備える、つまり明治前期の日本の条約改正の経験が示すように、ヨーロッパ型の法、裁判、そして行政の制度を整備して、外国人が日本で自由に経済活動ができる条件を整える必要があったのです。第2グループの諸国がこうした条件を備えたかどうかは、国際社会の既存のメンバーが国家承認の制度を通じて判断しました。現在では国家承認は国の成立を確認し宣言する効果しか持たないとする宣言的効果説が圧倒的な支持を受けていますが、当時の国家承認はいわばヨーロッパ国際社会への入会試験として、創設的効果を持っていたのです。

第2グループの説明が長くなりましたが、第3グループはおもにアフリカの諸国からなり、たとえ人が住んでおり独自の国家形成を遂げていたとしても、国際法上は「無主地」と見なされ、先に尖閣紛争との関連で触れた先占の法理によって先進国の植民地支配の対象とされました。先占とは、当時の国際法で認められていた領域取得の方法の一つで、「無主地」、つまりヨーロッパ的な意味での国家権力が確立していない土地は、最初に領有の意思を示しかつ実効的支配を確立した国の領土となるとするものです。つまりこれらの諸国は、国際法にとっては客体に過ぎなかったのです。先占はまことにあからさまな植民地主義の法理だったわけで、地球上に「無主地」がなくなったという意味だけからしても現在では適用の余地はありませんが、1.で見た「時際法」の観点から、領域紛争では今なおその適用が問題となることがあります。

以上のように、19世紀の末から20世紀の初め頃までには世界の諸地域は様々な形でヨーロッパ国際社会に組み込まれました。第2グループの諸国は、当初は不平等条約のもとでヨーロッパ国際社会の外側に片足をおいていたのですが、やがて国家承認を介して国際社会への仲間入りを認められました。第3グループの諸国は、独立国としてではなくて先進国の植民地としてヨー

ロッパ国際社会に組み込まれます。こうして、それまで存在してきた独自の「国際」秩序観を持った非ヨーロッパ世界は、基本的にはこの段階でその存在を終えました。しかしこのことは、ヨーロッパ国際社会が真の意味で普遍化したことを意味するのではなく、単にヨーロッパ国際社会の外延が拡大したことを意味するに過ぎません。多様な社会経済体制や文化的伝統を持つ諸国が平和に共存するという意味での国際社会の普遍化が実現するのは、20世紀の後半のことです。

(2) 伝統的国際法では戦争はどのような地位を占めていたのか

今見たように、ヨーロッパ国際社会の諸国が非ヨーロッパ世界に進出してその諸国を植民地や勢力圏として獲得するためには、戦争は不可欠の手段でした。したがって、伝統的国際法は戦争に訴えるという国の行為を規制できず、いったん戦争が発生した場合にそのやり方を規律するという、限られた役割に甘んじなければなりませんでした。

もっとも、伝統的国際法形成期の自然法学者たちは、一定の正当原因を持つ戦争だけを正しいとする正戦論を採っていました〔⇒**第11回1.(1)**〕。正戦論は、もともとはキリスト教神学の理論でした。絶対的な非戦論を採った原始キリスト教がやがて国家権力と結びついて国家宗教になると、国家権力が起こす戦争を正当化する必要に迫られます。そこで、一定の正当原因、たとえば相手方の君主が不正を行った、あるいは不正を行った家臣を処罰しなかったとき、これを処罰する戦争は正戦であって、キリスト教徒の君主がこれを行い家臣がこれに参加することは正しい、このように論じられたのです。こういった正戦論は、宗教上の考え方としては首尾一貫したものでした。正しい戦争かそうでないかは教会が判断してくれるし、その背後にはローマ法皇が、さらには神がいます。正しい戦争を行えば祝福され、正しくない戦争を行えば破門されるというのが、その効果でした。

しかし正戦論は、法律学に持ち込んで国際社会に適用しようとすると、たちまち重大な困難に直面します。当時その姿を明確にしつつあった「ウェストファリア体制」、つまり平等な主権国家から構成される国際社会では、ある戦争において正と不正の側を客観的に判断する第三者が存在しないからで

す。そこで、伝統的国際法の形成期の法学者たちは、「克服し得ざる無知」の理論——不正な側がやむを得ない事情によって不正であることを知らず、自ら正しいと信じている場合には双方正しいと見なすという理論——を提唱したり、戦争の正当原因の問題とその法的効果は切り離すという議論を展開したりします。つまり正戦論は宗教論としては可能でも、現実の国際社会に適合する理論ではなかったのです。

しかも、正戦論を適用しようとすれば、様々な現実的問題が生じます。まず第1に、戦争が残虐化します。不正を懲らすためにはあらゆる手段が許されるという議論になりがちだからです。また第2に、戦争は拡大しがちです。正と不正の間に中立はなく、第三国は正しい側を支援しなければならないわけですが、正と不正の客観的判断ができない現実の世界で各国がてんでに自分で正しいと思う側を支援すれば、戦争は必然的に拡大します。さらに、同じ理由によって中立制度が成り立つ余地がなくなります。おりからヨーロッパで商業経済が発展してきますと、戦争はこれに参加しない第三国に絶好の商売の機会を提供しますが、このような戦時における第三国の貿易を中立商業と認めてこれに一定の保護を与えるためには、正戦論を克服することが必要でした。

このような背景のもとに、伝統的国際法において実定法上認められていたのは、戦争に訴えるという国の行為を規制せず、いったん戦争が起これば——戦争は国が明示的・黙示的に戦意を表明することによって生じる状態だとされていました——戦争原因の如何を問わず、また先に攻撃したのがどちらであるかを問わず、戦時国際法を平等に適用するという無差別戦争観でした。こうして伝統的国際法は平時において国家間関係を規律する平時国際法と、戦時に適用される戦時国際法とで構成される二元的構造を持ち、戦時国際法はさらに交戦国間に適用される交戦法規と、交戦国と中立国との間を規律する中立法規に二分されていましたが、これらの戦時国際法はいずれも交戦者を平等に扱うことを大

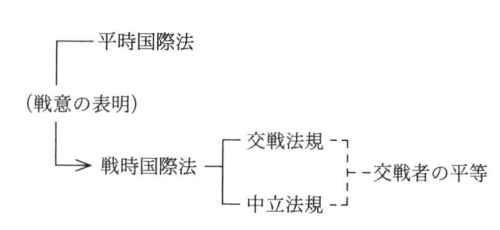

図1・4　伝統的国際法の二元的構造

前提としていました(**図1・4**、参照)。

　もっとも、伝統的国際法の時期にも一部の学者は、法学的正戦論とでも呼ぶべき考えを主張しました。国際法では法執行の手続が存在しないから、戦争は侵害された権利を回復するための自助の手段として認められ、このような目的の戦争だけが合法的だというのです。この立場から、戦争は「恐ろしい訴訟だ」と述べた学者もあります。では、このような理解が国家実行によって証明されるのか、日清戦争*を例にとって考えてみましょう。

　日清戦争における1894(明治27)年の日本の宣戦の詔勅は、中国が朝鮮の独立を無視したことが日本の「権利利益」を侵害するものだと述べました。「権利利益」の侵害が戦争原因だったとすれば、正戦論が正当化されるように思えます。たしかに、1876(明治9)年の日鮮修好条規[4)]は「朝鮮国ハ自主ノ邦ニシテ日本国ト平等ノ権ヲ保有セリ」(第1款)と規定していました。しかし、この条約が第三国である中国を拘束するわけではなく、当時はなお華夷秩序のもとにあった中国は、朝鮮は自国の朝貢国だと見なしていましたから、中国との関係で朝鮮の独立が日本の法的な「権利利益」だったとはいえません。またこの戦争で勝利した日本は、1895(明治28)年の日清講和条約で、侵害された権利だという朝鮮の独立の承認の他、台湾と澎湖列島の割譲、軍費賠償金2億両、西欧諸国との不平等条約にならった新しい通商条約の締結など多くの新しい権利を獲得しました。

　とくに興味深いのは賠償の交渉過程で、中国は日本の戦争目的が朝鮮の独立にあったなら、賠償は自国が朝鮮の独立を承認した時点までの戦費分に限るべきだと主張しました。これは戦争が侵害された権利の回復のための「恐ろしい訴訟」だとすれば当然の主張なのですが——「訴訟費用は、敗訴の当事者の負担とする」(民事訴訟法第61条)——、もちろん日本が容れるところとはなりませんでした。こうして、当時の戦争は侵害された権利の回復だけでなく、新しい権利の獲得のためにも戦われていたことは明らかでしょう。

***日清戦争(1894〜95年)**：朝鮮進出をめざす日本がこれを朝貢国と見なす中国(清国)と戦った戦争。この戦争を終結させた日清講和条約(下関条約)は、日本のアジア大陸進出の足がかりとなっただけでなく、先進諸国による中国分割の出発点ともなった。

(3) 伝統的国際法への批判

　一握りの欧米先進国による国際社会における力の支配を認める、以上のような伝統的国際法に対しては、当時から様々な批判が行われていました。ここで取り上げた伝統的国際法の特徴のうち、「文明国」だけを国際法主体とすることに対する批判が本格化するのは第2次世界大戦後のことですから、ここではもう一つの特徴である戦争の地位に関する、19世紀末から20世紀初め頃の批判を紹介して今回の講義を締めくくりましょう。

　このような批判の第1は、中小国からの批判です。もっとも、オスマン帝国や日本などの不平等条約改正の要求は国際法のあり方への批判を含まず、それを前提として一人前の国際法主体性を確立することを目的としましたから、こうした批判には含まれません。この点で伝統的国際法に対する批判の口火を切ったのは、ラテン・アメリカ諸国でした。1902〜03年に英・独・伊の三国が公債の支払い強制のために行った対ヴェネズエラ武力干渉に反発した当時のアルゼンチン外相ドラゴーは、公債はいかなる場合にもヨーロッパ諸国によるアメリカ諸国に対する干渉または領域占領をもたらすことはできないと主張し、この考え方は部分的に1907年の第2回ハーグ平和会議が採択した「契約上ノ債務回収ノ為ニスル兵力使用ノ制限ニ関スル条約」に反映されました。この条約は、契約上の債務を回収するために兵力に訴えることを禁止しましたが、債務国が仲裁による紛争解決に協力しない場合を例外とするという、限られた内容のものでした。しかし、武力行使禁止原則の確立にとって第一歩を記したものであり、また部分的にではあれラテン・アメリカ諸国による伝統的国際法への批判を反映していたという、その歴史的意義は否定できません。

　第2に、ヨーロッパ国際社会の内部でも、戦争の犠牲を一身に背負わされることになる国民から批判の声が挙がりました。労働運動、社会主義運動、平和運動などによる批判がそれです。たとえば、マルクスやエンゲルスが指導した国際労働者協会(第1インターナショナル)の普仏戦争に関する呼びかけ(1870年)は、「経済的窮乏と政治的狂気をともなう旧世界」と対照して、労働が支配する「新しい世界の国際的なおきては平和であろう」と謳いました。第1次世界大戦の開始と同時に構成組織の大部分が戦争支持に回ることになる

第2インターナショナルも、開戦までは積極的に反戦運動を展開しており、そのコペンハーゲン大会が採択した「軍国主義反対決議」(1910年)は、すべての国際紛争における強制的な仲裁裁判、究極的には全面軍縮、当面は海軍軍備の制限と海上捕獲権＊の廃止を目的とする会議の招集、秘密外交の廃止と現在および将来のすべての条約の公刊、そして人民の自決権を擁護しそれを武力攻撃と力による抑圧から防衛すること、を要求しました。このような要求の多くは、後の社会主義国の主張に受け継がれていくことになります。

　第3に、ヨーロッパ国際社会を構成する諸国の間にも戦争を制限しようという動きが現れます。1899年と1907年に開催されたハーグ平和会議では、常設的な国際裁判所設置の試みは失敗に終わりますが、不十分ながら国際紛争の平和的解決手続を規定した国際紛争平和的処理条約が採択されます。他方、米国が1913年から14年にかけていくつかの国と締結したブライアン諸条約は、常設事実審査委員会を設けて外交的手段で解決できなかったすべての紛争を審査させることとし、委員会の報告が出るまでは敵対行為に訴えないことを義務づけました。ブライアン諸条約は、**第10回**に取り上げる国際連盟規約における「戦争のモラトリアム」の先駆けをなすものとして注目されます。

＊**海上捕獲権**：戦時において交戦国軍艦が、公海上または交戦国領海において外国船舶を拿捕しその積み荷を没収する権利。捕獲が認められるのは、敵船および敵船中の敵貨ならびに戦時禁制品である中立貨、中立船中の戦時禁制品とされていた。

[注]
1) **尖閣紛争**：尖閣諸島は沖縄島と台湾の中間の台湾寄り、八重山列島の北に位置する四つの無人島(最大の魚釣島には戦前は入植者があった)と三つの岩礁からなり、1895年に沖縄県に編入されてから日本が実効的支配を行ってきたが、第2次世界大戦後は琉球列島の一部として米国の施政下に入り、1971年の沖縄返還協定によって日本に復帰した。同諸島に対しては、かつては日本以外のいずれの国も領有権を主張したことがなかったが、同諸島近辺の大陸棚に豊富な石油資源埋蔵の可能性が指摘されたことを契機に、沖縄復帰の前後から中国(と台湾)がその領有権を主張して紛争が生じた。中国は本文で紹介した歴史的権原の他、同諸島は日清講和条約で日本に割譲された台湾の一部だから、ポツダム宣言とカイロ宣言に従って中国に返還されねばならないと主張している。他方日本は、たとえ先占が有効に成立しなかったとしても、その後長年にわたって日本の領

有に対する中国の抗議がなかった事実を、領有権の確定の根拠として援用できよう。
2) 本文に述べたようなウェストファリア条約の位置づけを、【参考文献】欄に挙げた明石欽司の近著は「神話」として厳しく批判し、同条約は神聖ローマ帝国の国制を基本的には維持したのであって、それを近代的な主権国家体制の始まりとみるのは現代の目から歴史を解釈する「歴史実用主義」だと論じた。同条約の条文の具体的な分析と帝国国制への周到な目配りを特徴とする明石の議論は説得力に富むが、これに照らして本文に述べたような理解を再検討することは今後の課題としたい。
3) **グロティウス(Hugo Grotius, 1583～1645年)**：オランダの法学者、政治家・外交官であった他、文学、歴史学、神学などの分野でも多彩な才能を発揮した。後半生には政争に関与して逮捕、投獄され、脱走の後に亡命生活を送ったが、この間、駐仏スウェーデン大使を務めている。国際法に関する主著は『戦争と平和の法』(1625年)で、ここで彼は「国際」関係はおもに自然法と意思法である「諸国民の法(*jus gentium*)」によって規律されると考えたが、ここにはなお中世的な普遍的思考が残存しており、彼の「諸国民の法」は必ずしも主権国家の関係を規律する国際法ではなかった。
4) **日鮮修好条規**：沿岸測量中の日本軍艦雲揚が淡水補給を理由に派遣したボートが沿岸砲台による砲撃を受けた事件(江華島事件)を契機に、日本が艦隊の威嚇のもとに朝鮮に締結を強要した開国条約。本文に引用のように第1款は朝鮮の独立を規定したが、日本はこれによって中国との朝貢関係を否定することにより、朝鮮進出の手がかりとすることを目的とした。典型的な不平等条約で、日本の朝鮮進出の第一歩となっただけでなく、朝鮮の欧米諸国への開国の口火ともなった。なお、「日鮮修好条規」という呼び方は適切ではないが、本書では外務省編『日本外交年表竝主要文書1840～1945』などで用いられている当時の呼び方に従った。

【参考文献】

田畑茂二郎『国際法』(第2版)岩波全書、1966年。
松井芳郎「近代日本と国際法」『科学と思想』第13号、第14号、1974年。
同「条約改正」福島正夫編『日本近代法体制の形成・下』日本評論社、1982年、所収。
同「国民国家と国際社会のなりたち」岩波講座『現代の法2：国際社会と法』岩波書店、1998年、所収。
マカートニー、坂野正高訳注『中国訪問使節日記』東洋文庫、1975年。
有賀・宇野・木戸・山本・渡辺編『講座国際政治①：国際政治の理論』東京大学出版会、1989年、より、濱下武志「東アジア国際体系」、鈴木薫「イスラム国際体系」。
芹田健太郎『普遍的国際社会の成立と国際法』有斐閣、1996年。
茂木敏夫『変容する東アジアの国際秩序』山川出版、1997年。
太壽堂鼎『領土帰属の国際法』東信堂、1998年。
石本泰雄『国際法の構造転換』有信堂高文社、1998年。
柳原正治『グロティウス』清水書院、2000年。
明石欽司『ウェストファリア条約――その実像と神話』慶應大学出版会、2009年。

第2回
現代国際法はどのような特徴を持っているか？

　前回は、国際社会の成立と伝統的国際法の形成について考えた上で、伝統的国際法の二つの特徴を検討し、これに対してどのような批判が行われていたのかを紹介しました。こうした国際法の歴史を踏まえて、第2次世界大戦以後次第にその姿を明確にする現代国際法の特徴について考えることが今回の課題です。

1.「伝統的国際法」と「現代国際法」

　本論に入る前に、前回から用いてきた「伝統的国際法」と、今回その特徴を考える「現代国際法」について、その言葉の意味を整理しておきましょう（**表2・1参照**）。

　伝統的国際法は近代国際法、古典的国際法などとも呼ばれますが、17・18世紀のヨーロッパ国際社会に起源を有し、19世紀の半ば頃までにほぼ完成して第1次世界大戦までの国際関係を規律していました。その社会的基盤はヨーロッパ国際社会であり、したがってその形成と発展を担ってきたのは、

表2・1　伝統的国際法から現代国際法へ

	伝統的国際法　⇒	現代国際法
国際法の社会的基盤	ヨーロッパ国際社会	国際社会全体
戦争（武力行使）の地位	国が戦争に訴えることは規制されない→国際法の二元的構造	武力行使が禁止される→国際法の構造の一元化
国際法主体	「文明国」だけが一人前の国際法主体	すべての国が国際法主体と認められる他、国際機構、人民、個人も一定の法主体性を認められる
国際法が保護する利益	国の個別的利益だけ	国の個別的利益の他、国際社会全体の利益も

おもに西欧諸国を中心とする先進資本主義国でした。その結果として、伝統的国際法はこれらの諸国の利益を色濃く反映したものとなり、「文明」の程度によって国を差別する、戦争に訴えるという国の行為を規制しないといったその特徴は、この事実を明確に示すものに他なりません。また、これは今回 4.で検討しますが、伝統的国際法が保護した利益は個々の国の個別的利益だけで、そこでは法関係はすべてある国の権利には別の国の義務が対応するという形で、二国間関係に分解されました。

　第1次世界大戦を経て、一方では伝統的国際法を担ってきた先進資本主義国とは異質の社会主義国ソ連が登場することにより、他方では国際連盟規約による戦争違法化の出発という形で前回の最後に見たような伝統的国際法への批判が具体化の一歩を踏み出すことによって、国際法は過渡期を迎えます。そして第2次世界大戦後、国連憲章によって武力行使禁止原則が確立し、民族解放運動の高揚と大量の新独立国の誕生によって国際社会の構造が転換するにつれて、現代国際法が次第にその姿を明確にすることになります。

　現代国際法を構成する個々の国際法規の成立の時点は異なりますが、この講義では現代国際法を一応、第2次世界大戦以後の国際社会を規律する国際法と定義したいと思います。この国際社会は、もはやかつてのように狭いヨーロッパの枠に閉じこめられたものではなく、社会経済体制や文化的伝統などの違いに関わりなく、すべての国を平等な構成員として地球全体をおおう社会です。そしてこの講義では、現代国際法の特徴を武力行使禁止原則の確立、人民の自決権の承認と人権の国際的保護の進展、そしてこれらを通じての国際社会の一般的利益の出現といった点に求めますが、これらの点については以下の各節で具体的に検討することにしましょう。

2. 武力行使禁止原則の確立

　武力行使禁止原則は、一方ではその実効性を確保するための集団安全保障の仕組みと、他方ではその例外としての自衛権と、密接に関連しながら発展してきたものです。しかし、今回は現代国際法の特徴として武力行使禁止原則を考えることが目的ですから、あえてこの点を切り離して後者の問題は**第**

表2・2　武力行使禁止原則の成立と展開

年	事 項	内 容
1907年	開戦に関する条約	開戦に宣戦布告または最後通牒を要求
	ポーター条約	契約上の債務を回収するための武力を制限
1913年-14年	ブライアン諸条約	紛争を国際審査に付託、審査中は武力を禁止
1914年-18年（第1次世界大戦）		
1919年	国際連盟規約	戦争に訴える権利を制限
1925年	ロカルノ条約	ドイツなど5か国が締結、攻撃・侵入を禁止
1928年	不戦条約	侵略戦争禁止、紛争の平和的解決義務を規定
1933年	侵略の定義に関する条約	ソ連など8か国が締結、侵略を定義
	ラテン・アメリカ不戦条約	侵略戦争と力による領域取得を禁止
1939年-45年（第2次世界大戦）		
1945年	国連憲章	武力行使・武力による威嚇を禁止
1946年	ニュルンベルグ裁判	侵略戦争を国際犯罪と認定
1947年	東京裁判	同上
1949年	ICJコルフ海峡事件判決	武力干渉を違法と認定
1969年	条約法条約	武力の強制による条約を無効と規定
1970年	友好関係原則宣言	総会決議、武力復仇・武力干渉を違法と規定
1974年	侵略の定義決議	同上、侵略を定義
1986年	ICJニカラグア事件判決	武力行使禁止原則の慣習法化を確認
2003年	ICJオイルプラットフォーム事件判決	自衛権行使を主張する国に厳格な挙証責任を課す
2010年	ICC規程改正	侵略犯罪を定義

10回に譲ることにします。なお、武力行使禁止原則の発展については、表2・2を参照して下さい。

(1) 連盟規約から不戦条約へ

　国際連盟規約は歴史上初めて国が戦争に訴えることを制限し、集団安全保障の仕組みを設けました。その背景には第1次世界大戦における戦勝国のヴェルサイユ体制維持の政策や、新たに誕生した社会主義国ソ連を封じ込めようという先進資本主義国のおもわくがありましたが、前回に述べたように、戦争を野放しにする伝統的国際法のあり方に対する中小国や先進国国民の批判があったことも忘れてはなりません。

　さて、連盟規約は前文で締約国が「戦争ニ訴ヘサルノ義務ヲ受諾」すると述

べますが、すべての武力行使を禁止したのではありません。連盟国は国交断絶に至るおそれがある紛争を裁判または連盟理事会に付託しなければならず、判決または理事会の報告の後3か月を経るまでは戦争に訴えることを禁止され(第12条1)、また、判決や理事会の報告に従う国に対しては戦争に訴えることを禁止されます(第13条4、第15条6)。しかし、これは基本的には「戦争のモラトリアム」で、いくつかの大きな抜け穴がありました。

第1に、上記の反対解釈として、裁判の判決や理事会の報告に従わない国に対しては、判決・報告の後3か月を経れば戦争に訴えることは自由でした。第2に、連盟理事会は全会一致制を採っており、理事会が紛争当事国を除いて全員一致の報告を得ることができなければ、連盟国は「正義公道(right and justice)ヲ維持スル為必要」な措置を執る、つまり戦争に訴える権利を明文で認められました(第15条7)。そして第3に、規約が「戦争」という国際法の技術用語を意図的に使用したことも、抜け穴になりました。「戦争」とは、宣戦布告などの形で戦意を表明することによって生じる状態と理解されていましたから、武力を行使しても戦意の表明を避ければ規約上の禁止を免れるという解釈が可能だったのです。

両大戦間において行われた、連盟規約のこのような「抜け穴」をふさいで武力行使禁止原則を発展させるための努力のうち、もっとも注目されるのが1928年の不戦条約です。不戦条約は第1条において、「国家ノ政策ノ手段トシテノ戦争ヲ抛棄スルコト」を宣言しました。ここに「国家ノ政策ノ手段トシテノ戦争」、つまり侵略戦争の禁止が明記されたのです。連盟規約と同じく、ここでも「戦争」という言葉が使われていましたが、第2条がすべての紛争を「其ノ性質又ハ起因ノ如何ヲ問ハズ、平和的手段ニ依ルノ外之ガ処理又ハ解決ヲ求メザルコト」を約束したことに照らせば、武力を用いても戦意の表明を行わなければ第1条の禁止を免れることができるという解釈は、困難になりました。

不戦条約には加盟しなかった一部のラテン・アメリカ諸国も、これと同様の内容を持つ1933年のラテン・アメリカ不戦条約の締約国となりましたから、この時点で侵略戦争の禁止は当時の国際社会のすべてのメンバーに受諾されたことになります。このような状況は諸国の慣行にも大きな影響を与え、第

2次世界大戦の勃発の頃には侵略戦争の禁止は慣習国際法上も確立していたと評価されています。このような動きを踏まえて、ニュルンベルグと東京の国際軍事裁判所は侵略戦争は単に国際法上違法であるだけでなく、その責任者に対して刑事責任を生じる犯罪であると認定しました〔⇒**第7回1.(3)**〕。

(2) 国連憲章と武力行使禁止原則の確立

このような歴史を踏まえて国連憲章第2条4は、「すべての加盟国は、その国際関係において、武力による威嚇又は武力の行使を、いかなる国の領土保全又は政治的独立に対するものも、また、国際連合の目的と両立しない他のいかなる方法によるものも慎まなければならない」と規定しました。憲章上認められている例外は二つ、すなわち武力攻撃に対する個別的・集団的自衛権の行使の場合(第51条)と、安保理事会の決定による軍事的強制措置の場合(第42条)だけです。後者は国連自身による集団的措置ですから、個別国家に認められた合法的な武力行使は、自衛権の発動の場合だけだということになります。

この禁止にもかかわらず、憲章体制のもとでも個別国家による武力行使はあとを絶ちませんでした。冷戦終結後はむしろ、大国やその同盟による一方的な武力行使の事例がかえって目立つようになったともいえます。こういった武力行使で持ち出された正当化の理由は、1999年のコソボ危機を契機とするNATO諸国によるユーゴ空爆では人道的干渉＊、2001年の9・11テロ事件を理由とする米英のアフガニスタン攻撃ではテロリズムの根絶、そして2003年の米英等によるイラク攻撃では大量破壊兵器廃棄の強制でした。これらの事件では自衛権の行使や安保理事会による許可も援用されましたが、これらについては**第10回**に譲って、ここではこういった正当化理由が国連憲章のもとで認められるものかどうかについて考えましょう。

＊**人道的干渉**:自国民の待遇は原則として当該の国の国内問題であるが、自国民に対してジェノサイドに類するような大規模な人権侵害が行われているとき、これを止めさせるために外国が武力をもって介入するのは合法的だという考え。伝統的国際法の時期には、西側先進国によってオスマン帝国に対してしばしば人道的干渉が行われ、これは不干渉原則の例外だとする意見が有力だった。現代国際法では、重大な人権侵害はもはや国内問題とは見なされないから、人道的干渉は武力行使禁止原則の例外かどうかが問題となる。

以上のような武力行使正当化の主張は、国連憲章との関連ではおもに次の二つの論拠に依拠します。第1に、憲章第2条4はすべての武力行使を禁止したわけではなく、条文の後半部分によって限定された武力だけを禁止するものだと主張されます。つまり、先のような武力行使は相手国の領土を奪うものではないから「領土保全」を損なわず、相手国の従属をもたらすものではないから「政治的独立」に対するものでないだけでなく、そこで掲げられた目的は「国際連合の目的と両立しない」ものでもない、というのです。

　しかし、このような憲章解釈は学説としてごく少数であるだけでなく、大多数の国連加盟国もこれを認めていません。第2条4における「領土保全又は政治的独立」への言及は、これらを外部の侵略から擁護する積極的な義務を規定することを望んだ中小国の立場を背景に挿入されたもので、武力行使禁止の範囲を限定する趣旨のものではありませんでした。総会が採択してきた、「友好関係原則宣言」(1970年)や「侵略の定義」(1974年)などの諸決議は、武力行使禁止原則にいっさいの例外を認めていません。総会はまた、上のような理由で武力が用いられた事例において武力行使を非難し撤兵を求める決議を採択するか、そこまでは行かなくても大多数の国がこういった武力行使を非難してきました。

　さて、先のような武力行使合法論の第2の論拠は、第2条4の武力行使禁止は憲章第Ⅶ章の集団安全保障が有効に機能して集団的措置が執られることを前提としており、後者が実現しないなら一般国際法——そこでは、武力行使の制限は憲章におけるよりも緩やかだと主張されます——の適用が復活するというものです。先の事例においても、武力を用いた諸国は安保理事会が有効な措置を執らなかったからやむを得ず武力の使用に踏み切ったのだと主張しました。

　しかし、このように主張する論者たちは、二つの命題を証明できていません。第1は、第2条4の有効性が憲章第Ⅶ章の効果的な実施に依存しているという命題です。安保理事会の票決手続は憲章に明記されている(第27条)わけで、この手続が適用された結果強制措置の発動が拒否権または反対多数によって不採択に終わったとしても、憲章が有効に適用されたことに変わりはありません。理事会が拒否権によって機能麻痺に陥る可能性が予見されたか

らこそ、第51条に集団的自衛権に関する規定が入れられたのでした〔⇒**第10回4．(1)**〕。国際司法裁判所（ICJ）もコルフ海峡事件判決[1]において、武力干渉の権利はことの性質上強国にだけ留保されたものであり、「国際機構の現在における欠陥がどのようなものであろうと、国際法には占めるべき場所を持たない力の政策の表明」だと述べています。第2に、第2条4に代わって適用されると主張される一般（慣習）国際法においては武力行使がより緩やかに認められるという命題も、証明されていません。むしろ、憲章第2条4はすでに成立していた武力行使禁止原則を具現したものだというのが広く認められた理解で、ICJもニカラグア事件判決〔⇒**第9回3．(1)**〕で、憲章第2条4と慣習国際法上の武力行使禁止原則とはまったく同じ内容のものだと判示し、したがってそれは憲章の集団安全保障に関する諸規定によって条件付けられてはいないと述べたのです。

　以上のように、現代国際法または国連憲章第2条4のもとで、人道的干渉やテロ根絶のための武力行使などを合法的なものと認める余地はまったくありません。先に挙げた自衛権行使の場合と安保理事会が決定する集団的措置の場合をただ二つの例外として、現在の国際法ではすべての武力行使が違法化されていると結論できるのです。ICJも核兵器使用の合法性に関する勧告的意見〔⇒**第11回3．(4)**〕で、憲章第2条4の例外としてこの二点だけを挙げました。

(3) 武力行使禁止原則の影響

　武力行使禁止原則の確立は、国際法の様々な分野に大きな影響を与えてきましたが、ここではその二、三の例を取り上げて簡単に検討しましょう。第1に、武力行使の結果としての領域取得が、無効と解釈されるようになりました。伝統的な領域権原は、戦争に訴えることを禁止しない当時の国際法を反映して武力による領域取得を認めていましたが、現代国際法では武力による威嚇または武力の行使の結果生じた領域取得は違法なものとみなされるようになりました〔⇒**第5回2．(3)**〕。このことは原因たる武力行使が違法である場合にはよく理解できる——「違法から権利は生じない」——のですが、武力行使自体は合法である場合、例えば自衛権行使の場合にはどうでしょう

か。しかし自衛権は、相手方の違法な武力攻撃に対して、自国の領土保全と政治的独立を守るために攻撃を撃退するのに必要な限りで認められる権利です〔⇒第11回4.〕から、これを越えて相手国の領域を取得することは自衛権によっては正当化できないでしょう。

さて、武力行使禁止原則の国際法に対するもう一つの影響としては、武力によって結ばれた条約を無効とする考えの確立を挙げることができます。条約法条約の第52条は、「国際連合憲章に規定する国際法の諸原則に違反する武力による威嚇又は武力の行使の結果締結された条約は、無効である」と規定しました。「国際連合憲章に規定する」というのは日本語の公定訳ですが、この部分は英語ではembodied in the Charter of the United Nationsとされており、「国際連合憲章に具現された」と訳すほうが正確でしょう。この部分は、武力行使禁止原則は憲章以前に確立しており、憲章はそれを「具現」したものだという考えを表現しています。つまり、憲章成立以前であっても武力行使禁止原則の確立以後にこれに違反して締結された条約は、無効だと考えられるのです。

条約法条約の起草過程では、ここにいうthreat or use of forceが武力のみを意味するのか、政治的・経済的圧力も含むのかという点については鋭い意見の対立がありましたが、武力によって締結された条約を無効とする考えについては完全に意見が一致しました。伝統的国際法の時期には、武力によって押しつけられた不平等条約は当然のことながら有効なものと考えられており、このような条約は帝国主義の対外進出の常套手段だったわけですから、武力による条約を無効とする考えが確立したことの重要性は、いくら強調しても強調しすぎではないでしょう。

武力行使禁止原則の確立が国際法に対して与えたもう一つの影響として、武力による対抗措置の禁止を挙げることができます。国際法委員会(ILC)＊は国家責任法＊＊の法典化作業の中で、大国・強国による濫用の危険が大き

＊**国際法委員会(ILC)**：国際法の法典化と漸進的発達を任務とする国連総会の補助機関。総会が個人の資格で選出する34名の委員からなり、本文に述べた条約法条約や国家責任条文の他、ジュネーヴ海洋法四条約、外交関係および領事関係に関する二つのウィーン条約、国際刑事裁判所規程草案などの重要な文書を起草し、国際法の発展に大きく貢献してきた。

＊＊**国家責任法**：国際違法行為によって国に生じる責任を国家責任といい、国家責任の成立、

い対抗措置をできるだけ制限しようとしましたが、所期の成果を上げることは必ずしも出来ませんでした〔⇒**第3回2.(1)**〕。しかし討論の過程で、国連憲章に違反する武力による威嚇または武力の行使を対抗措置として用いることを禁止する点については一切異論がなく、これは成立した国家責任条文の第50条1(a)に盛り込まれました。こうして、武力行使禁止原則の確立は国際法の多くの分野に大きな影響を与え、国際社会をジャングルの法則ではなくて法の支配が貫徹する社会に変えていくための、大きな可能性に道を開いたのでした。

3. 自決権の承認

(1)「外的自決権」の確立

　現代国際法の第2の特徴としては、自決権の確立と人権の国際的保障の発展を挙げたいと思います。しかし、人権については**第6回**で詳しく取り上げるので、今回は自決権の問題を中心に取り上げ、これと関連する限りで人権問題にも触れることとします。では、なぜ自決権を現代国際法の特徴の一つとして挙げるのか。前回に見たように、伝統的国際法は「文明」の程度によって国を差別し、第2グループの諸国は部分的に、そして第3グループの諸国は全面的に主権を否定されていました。ところが自決権の確立によってすべての人民がその政治的地位を自由に決定できるようになると、この権利を行使して独立を達成した諸国は、当然のことながらすべて平等な国際法主体性を認められることになります。こうして、自決権の確立は「文明国」概念を否定し、その結果として地球の地図がどのように大きく塗り替えられることになったのかは、前回に**表1・1**で見たとおりです。

　さて、自決権の思想には二つの歴史的系譜があります。一つはフランス革命に端を発する人民主権論の系譜で、そこでは領域国家の国民を人民と見な

内容および実施に関する国際法を国家責任法と呼ぶ。1960年代以降ILCが取り組んできた国家責任法の法典化作業の結果である国家責任条文草案は、2001年に国連総会によって"**take note**"された。条約化されるかどうかは未定だが、国家実行、国際判例、学説などに相当の影響を与えている。

し、その対外的な自由と独立および対内的な人権と民主主義的権利をもって自決権が構成されました。もう一つは19世紀半ば以降のおもに中東欧における民族主義運動に起源を有するもので、そこでは共通の人種、宗教、言語、歴史的経験などによって結びあわされる民族が単一の国家を形成する権利が自決権だと理解されました。われわれになじみの「民族(nations)」自決権という言葉は後者の系譜に属する表現であるのに対して、第2次世界大戦後、非植民地化の過程で実定法となっていく自決権はむしろ前者の系譜に属するものですから、現在では国連を中心に、「人民(peoples)」の自決権という表現が一般的となっています。

このように、自決権の考えはいずれにしてもヨーロッパに起源を有するものですが、それは登場以来長年にわたって二つの限界を持ってきました。第1に、それは政治的原則であって法的権利とは認められていませんでした。そして第2に、政治的原則としてさえ、それが適用されるのはヨーロッパ諸国においてだけで、アジア・アフリカ地域の植民地への適用は論外だったのです。

このような限界を打破して、自決権を植民地も含めてすべての地域に適用される法的権利として確立するに当たって、イニシアチブを発揮したのは二つの力だったといえます。第1の力は旧ソ連を初めとするかつての社会主義国の力で、ソ連はレーニンに指導されたその初期の外交的行動において、民族自決権を植民地人民も含めたすべての人民に適用されるべき民主主義的な権利として提示しましたし、後に自決権が法的権利として確立する重要な根拠となった国連憲章における「人民の同権及び自決の原則」という表現(第1条2、第55条)も、ソ連の提案によって挿入されたものです。もちろんこのことは、ソ連がその実行において常に自決権を尊重してきたことを意味するのではありません。むしろスターリン以後のソ連は、自国民だけでなく他国の人民の自決権もしばしば力によって踏みにじり、そのことがソ連の崩壊と解体の原因の一つとなったことは歴史の皮肉だといわねばならないでしょう。

もう一つの力はいうまでもなく、第2次世界大戦後アジアからアフリカへと燃え広がった民族解放闘争の力です。たとえば、植民地人民の自決権の確立にとって重要な契機となった1960年の国連総会決議1514(XV)「植民地独立付与宣言」は、新たに独立を獲得した16のアフリカ諸国の国連加盟を背景に

採択されたもので、その第1項の「外国による人民の征服、支配及び搾取は、基本的人権を否認し、国際連合憲章に違反し、世界の平和及び協力の促進にとって障害となっている」という規定は、1955年のアジア・アフリカ諸国会議(バンドン会議)＊が採択した最終コミュニケからとられたものでした。

「植民地独立付与宣言」は、「すべての人民は、自決の権利を有する」(第2項)と規定し、同様の規定は総会が1966年に採択した国際人権規約の共通第1条や、1970年の「友好関係原則宣言」にも登場します。こうした討論の過程で、当初は自決権は政治的原則であって法的権利ではない、たとえ権利だとしてもそれは集団の権利だから個人の人権を規定する人権規約にはふさわしくない、といった理由で自決権規定の挿入に反対した西側先進国も、「友好関係原則宣言」の段階では自決権が法原則であることを認めます。国際人権規約をめぐる討論では、自決権条項に賛成する諸国は、自決権は集団としての人民の権利であって、それは人民を構成する個々の個人が人権と自由を享受する前提条件だと主張しました。このような主張が勝利して、国際人権規約に自決権の規定が加えられたことは、人権観の発展の観点からきわめて重要だと思われるのです〔⇒第6回2.(2)〕。

さて、このような過程を経て法的権利として確立した自決権は、植民地人民を中心とする、外国支配下におかれた従属人民の独立達成の権利、つまり外的自決権を意味していました。先に引用した諸文書はすべて、「すべての人民」は自決権を有すると規定しており、自決権の普遍的意味が否定されたわけではないのですが、非植民地化が最大の課題だった当時の国際社会では、従属人民の自決権の実現が重視されたのは当然の成り行きだったといってよいでしょう。むしろ、独立国の一部を構成する少数者＊＊などに自決権を認めることは、国の領土保全を損なうものとして厳しく拒否されていたのです。

＊**アジア・アフリカ会議**：インドネシアの招請によりアジア・アフリカの29か国(日本や中国を含む)が参加、反帝国主義・反植民地主義を基調とする「バンドン10原則」を採択した。国連におけるAA諸国の協力の出発点となっただけでなく、非同盟運動の基礎を据えたものとしても重要である。

＊＊**少数者(minorities)**：かつては「少数民族」と呼ばれたが、民族的にだけでなく種族、宗教、言語などの点において当該の国において支配的な多数者(数的に多数であるとは限らない)とは区別されるグループをいう。

(2) 「内的自決権」の展開

しかし他方では、集団としての人民の自決権とその集団を構成する個人の人権および自由とは、不可分の関係にあります。先に触れた自決権論の系譜から見ても、自決権が人民主権に根ざす内的自決権、つまり自らを代表する政府を持つ人民の権利へと発展することは、必然的だったといえます。実は、「友好関係原則宣言」にはこのような発展の基礎となる規定が含まれていました。同宣言は、次のように規定しています。

> 「〔宣言の自決権規定の〕各項のいずれも、上に規定された人民の同権と自決の原則に従って行動し、それゆえ人種、信条又は皮膚の色による差別なくその領域に属するすべての人民を代表する政府を有する主権独立国家の領土保全又は政治的統一を全部又は一部分割し若しくは毀損するいかなる行動をも、承認し又は奨励するものと解釈されてはならない。」

この規定は、起草時においては少数者の分離運動に対する「防壁」として意図されていたのですが、後には起草者の意図を越えて、すべての人民はいかなる差別もなしに自らを代表する政府を持つ権利を有するという逆解釈、つまり内的自決権が次第に広く認められるようになるのです。もっとも、注意しなければならないのは、独立国家の一部を構成する人民に認められようとしているのは、「外的自決権に加えて内的自決権」ではなく、「外的自決権ではなくて内的自決権」、なのです。このような考えを典型的に示したのが、カナダの最高裁判所がケベック州の分離問題に関して与えた、1998年8月20日の諮問意見[2]です。すなわち、この意見は大略次のように述べました。

> 国際法上、本国の構成部分は一方的分離の権利を持たない。国際法は国の領土保全を重視し新国家の形成については当該国の国内法に委ねているので、一方的分離が憲法と両立しない場合には国際法は人民の自決権に従うことを条件にこの結論を認めるものと思われる。人民の自決権は現在では国際法の一般原則と考えられるが、自決権は通常は内的自決権によって実現されるのであって、一方的分離の権利を含む外的自決権はもっとも極端な事例において例外的に、植民地人民とそれ以外の形で外国の支配の対象となっている人民にのみ認められる。ケベック州民は植民地人民または被抑圧人民の定義には当てはまらず、統治への有意味

なアクセスを否定されてきたともいえないから、ケベックの議会または政府は国際法上一方的な分離の権利を認められない。

　内的自決権が国際法上確立しているかどうか、確立したとしてそれはどのような内容を持つかについては、なお議論の余地があります。しかし、上のようなカナダ最高裁判所の考えは、冷戦後の世界を吹き荒れたエスニック紛争に対して国際社会が与えようとしている回答であることは確かでしょう。独立国の一部を構成する人民は、内的自決権を厳しく拒否されたなら、最後の手段として外的自決権に訴えることができるという説が、根強く存在します。この説には理論的には説得力がありますが、このような考えが実定国際法となることは望めません。国際法の立法者である国家が、自らの存在を否定することになるこのような規則に、合意するとは思われない。ある学者にいわせれば、「国際法は国家の自殺クラブではない」のです。

　さて、以上のような最近の展開に照らせば、NATO諸国によるユーゴ空爆の理由とされたコソボ問題はどのような位置を占めるのでしょうか。先に触れた自決権論の系譜の中では、コソボのアルバニア系住民の要求は第2の系譜である民族主義の典型的なものです。つまり、自分たちはユーゴの多数者であるセルビア人とは民族的に異なるという理由で、独立(＝外的自決権)が要求されてきたのです。アルバニア系住民に対するユーゴ・セルビア側からの過酷な抑圧があったのは事実だし、すでに旧ユーゴの解体の過程で国際社会とくに西欧諸国はエスニックな民族主義に相当の妥協をしていましたから、このような主張が出てくる背景は理解できるのですが、しかしこれまでの国際法が認めてきた自決権によれば、このような主張を認めることはできません。コソボ問題を取り上げてきた国際機構が、国連であれEUであれOSCE＊であれNATOであれ、一致してコソボの独立ではなく、ユーゴの領土保全とコソボの広範な自治(＝内的自決権)を解決の基礎と考えてきたことには、十分な理由があったのです。

＊**OSCE(ヨーロッパ安全保障協力機構)**：1975年に当時の東西両陣営に属するヨーロッパ諸国と米国、カナダによって設置されたヨーロッパ安全保障協力会議(CSCE)が1993年に改組・改称された国際機構。冷戦終結に一定の役割を果たし、冷戦後は安全保障、紛争の平和的解決、人権の保護などを目的として機構が強化されてきた。

ところで、スペースの関係で途中経過は省略しなければならないのですが、コソボの議会は2008年2月17日に独立を宣言し、国際社会のこれに対する受け止め方は当然のことながら鋭く対立しました。そこで国連総会は、「コソボ暫定自治機構による一方的な独立宣言は、国際法に従ったものであるか」という問題について、ICJに勧告的意見を求めました。これに対して2010年7月22日にICJが与えた意見は、コソボの独立宣言は「国際法に違反するものではなかった」というもので、独立国であるセルビアの一部を構成してきたコソボの住民が自決権を有するのかどうかという問題に関心を持ってきた多くの人々にとっては、見事に肩透かしを食わせたものだったのです。これは意見を求めた総会決議の上に引用したような表現におもな理由があることで、ICJはこの諮問と先に触れたカナダ最高裁のケベック分離に関する諮問意見——ケベック州民が自決権を行使して分離・独立を行う資格を有するかどうかが問われた——とは問題の性格が違うことを強調したのですが、せっかくの機会が生かされなかったことは残念なことだといわねばなりません。

4. 国際社会の一般的利益：その光と影と

(1) 国際社会の一般的利益の確立

以上に見てきたような現代国際法の発展は、国際法によって保護される利益、つまり国際法の保護法益の性格を次第に変えてきました。伝統的国際法が保護した利益は、個々の国の個別的利益に限られていました。たとえば、A国が通商条約によってB国国民に与えることを約束した権利を拒否したとすると、このことはB国の国際法上の権利を侵害したものと見なされ、B国が外交的保護権＊を行使してA国に対して救済を要求します。状況は、慣習法でも同じでした。たとえば、公海上の船舶はその旗国の排他的管轄権に服します〔⇒第5回4.(2)〕。そこで、公海上を航行中のA国の船舶をB国の軍艦

＊**外交的保護権**：一国が外国人に国際法上与えるべき権利や待遇を与えなかったとき、このことは当該外国人の本国の権利を侵害するものとみなされ、本国が外交経路を通じてあるいは国際裁判などの国際的手続を通じてその救済を請求する。国のこの権利を外交的保護権と呼ぶ。国はこの権利の行使について裁量権を持つから、この制度は個人の保護のためには不十分であり、他方、強国・大国による濫用の危険も少なくない。

が拿捕したなら、これはA国の国際法上の権利の侵害であって紛争はA・B両国間で処理され、同じ慣習法の適用を受けるはずの他に国にとっては知ったことではなかったのです。

　このような状況が変化し始めたのは、第1次世界大戦後のことです。国際連盟によってその第一歩を踏み出す集団安全保障の考えは、平和の維持は国際社会の一般的利益だという理解を前提とするものでした。連盟規約第11条1が「戦争又ハ戦争ノ脅威ハ、連盟国ノ何レカニ直接ノ影響アルト否トヲ問ハス、総テ連盟全体ノ利害関係事項タルコトヲ」声明したのは、この事実を明確に示すものです。したがって、連盟規約上の約束に反して戦争に訴えた連盟国は、「当然他ノ総テノ連盟国ニ対シ戦争行為ヲ為シタルモノ」と見なされた（第16条1）のです。

　連盟期にはまた、平和の維持が国際社会全体の利益と理解されるようになったことに伴って、これを侵害する侵略戦争を「犯罪」と見なす考えが登場します。たとえば連盟が作成した相互援助条約草案（1923年）やジュネーヴ議定書（1924年）、1927年の連盟総会決議などは、侵略戦争を「国際犯罪」と規定していました。ニュルンベルグ判決が、「戦争は本質的に悪事である。その結果は交戦諸国だけに限られず、全世界に影響を及ぼす。したがって、侵略戦争を開始することは国際犯罪であるだけでなく、最高の国際犯罪である」と宣言したのは、このような動向を背景としてでした。なお、ニュルンベルグ（と東京）の判決は、この「国際犯罪」を国の犯罪というよりも個人の刑事責任を伴う犯罪という意味で用いたのですが、この点については**第7回**のお話で詳しく述べることにします。

　国際社会の一般的利益を侵害する違法行為を「犯罪」と性格づけることは、国内法を考えるとよく理解できます。先に伝統的国際法では一国の権利には他国の義務が対応しており、権利義務関係は二国間の関係だったといいましたが、このような場合の違法行為責任は、国内法でいえば民事上の責任に当たります。たとえばAさんが期日になってもあなたに借金を支払わない、あるいはBさんが不注意であなたの車を壊したといった場合には、侵害されたのはもっぱらあなた個人の法益ですから、Aさんが耳をそろえて借金を返し、あるいはあなたがあの車はボロだからいいやと考えてBさんをゆるした

とすれば一件落着します。ところが、自殺し損なって苦しんでいるCさんを見たあなたが、とても助からないと考えてCさんを「楽にしてあげた」とすると、あなたは人助けをしたことにはならずに自殺関与の罪(刑法第202条)に問われることになる。この事件でかかっているのはCさん個人の法益というより、生命の尊重という社会的法益だからです。

　このような国際社会の一般的利益という考えは、第2次世界大戦後の現代国際法のもとで全面的に展開することになります。ICJはすでに1951年にジェノサイド条約留保に関する勧告的意見〔⇒**第7回注1**〕で、「このような条約においては締約国は、自国自身のいかなる利益も有するものではない。締約国はもっぱら共通の利益、すなわち条約の存在理由である高い目的の達成という利益を有するのみである。したがってこのタイプの条約においては、国にとっての個別的な利益または不利益もしくは権利と義務との間の完全な契約的バランスの維持について語ることはできない」と述べました。

　また、2. で見た条約法条約(1969年採択)の第53条は、「締結の時に一般国際法の強行規範(*jus cogens*)に抵触する条約は、無効である」と規定しました。同条は強行規範を、「いかなる逸脱も許されない規範として、〔……〕国により構成されている国際社会全体が受け入れ、かつ、認める規範をいう」と定義します。つまり、一般国際法の強行規範は国際社会の一般的利益を体現したものであるからこそ、個別国家間の合意＝条約によってはこれからの離反が認められないのです。そして、条約法条約の草案を起草したILCはこの条の草案へのコメンタリーにおいて、武力行使禁止に関する憲章の法は強行規範の「顕著な例を構成する」と述べ、ICJもニカラグア事件判決でこの箇所を肯定的に引用しました。

　この点についてとくに注目されてきたのは、ICJのバルセロナ・トラクション事件第二段階判決[3)]です。この判決で裁判所は、外交的保護の分野におけるように他国との二国間関係で生じる義務とは区別される、「国際社会全体に対する国の義務」、「その性格自体からして〔……〕すべての国の関心事であ〔り、〕含まれている権利の重要性にかんがみれば、すべての国がそれらの保護に法的利益を有していると見なすことができる義務」、つまり「対世的義務(obligations *erga omnes*)」の存在を認めたのです。

このような「対世的義務」、言い換えれば国際社会の一般的利益を守る義務は、平和の維持の他に人権、環境などの分野でも目立つようになっており、したがってこれらの分野では二国間の紛争を想定して発展してきた伝統的な紛争解決手続に加えて、あるいはこれに代わって新しい義務履行確保の方法が様々な形で編み出されている有様を、おもに**第6～8回**で見ることになります。そこでここでは、国際社会の一般的利益の考え方のいわば集大成だったといえる、ILCによる国家責任条文草案にかつて存在した「国の国際犯罪」という概念を簡単に検討しておきましょう。

(2) 「国の国際犯罪」をめぐって

　ILCは、1980年に第一読採択された国家責任条文草案の第19条において、国の国際違法行為を「国際社会の根本的利益の保護のために不可欠であるためにその違反が国際社会全体によって犯罪と認められるような国際義務の違反から生じる」国際犯罪と、それ以外の国際違法行為とに区別しました。国際犯罪としては、侵略を禁止する義務のように国際の平和および安全の維持のために不可欠の重要性を有する国際的義務、人民の自決権の保護に不可欠な国際的義務、人間の保護のために不可欠な国際的義務、および人間環境の保護・保全に不可欠な国際的義務の、それぞれ重大な違反が例示されました。このような国際犯罪の場合には、すべての他の国が被害国とみなされて対抗措置〔⇒**第3回2. (1)**〕を執る資格を認められるほか、特別の法的効果が生じるものと考えられたのです。

　上に見たような国際社会の一般的利益の概念の発展に照らせば、国の国際犯罪という考え方が、それ自体としては重要な進歩的意義を持っていたことは明らかです。この規定はILCでは全会一致で採択され、当時は国際社会で高い評価を受けていたし、学説上もおおむね好評だったといえます。しかし、ILCの審議が国の国際犯罪の具体的な実施の問題に進むにつれて、この考えが含む困難が明らかになってきました。ここで「犯罪」という言葉が使われたのは、当該の違法行為は通常の国家責任の制度とは別個の制度が適用される重大な違法行為だという意味であって、刑法上の「犯罪」を意味するとは考えられていなかったのですが、「犯罪」という言葉が一人歩きして、国自体の「刑

事責任」を問うことができるのか、その結果として加害国に「制裁」を課したなら、「犯罪」には何の責任もない一般の国民に過大な負担を負わせることになるのではないか、こういった疑問が提起されるようになりました。

　また、国の国際犯罪は国際社会の一般的利益を侵害するものですから、このような犯罪の認定は国際社会全体を代表する機関によって行われなければなりませんが、そのような機関は現在の国際社会には存在しない。国連憲章が侵略行為の認定を委ねている安保理事会は、国際法を実施する法的な機関ではなく国際の平和と安全の維持に責任を有する政治的機関であり、その判断は国際法というよりはむしろ政治的な基準によって行われます。他方、国連の主要な司法機関であるICJには強制管轄権が欠けており、国の国際犯罪の認定のような重大な問題について裁判所に強制管轄権を付与することに、国が容易に合意するとは思えません。このような状況のもとですべての国が被害国として対抗措置を執ることができるとするなら、その濫用の危険性は明らかでしょう。

　このような事情のために、また、「国の国際犯罪」の考えを強く推進していた社会主義国が崩壊し、発展途上国もかつての熱意を失うという状況のもとで、結局ILCが2001年に採択した国家責任条文からは「国の国際犯罪」の概念は姿を消すことになりました。この事実は、国際社会の一般的利益を体現する「国の国際犯罪」の理念の進歩的な性格を認める立場からすれば、残念なことだといわねばなりません。しかし、国際社会の組織化の現状は「国の国際犯罪」という高い理念を現実化できるほどには成熟していないのです。言い換えれば、「国の国際犯罪」の挫折の経験は、私たちが国際社会の一般的利益という理想の実現を追求するに当たっては、単に国際法の実体規定の漸進的発達を促進するだけでなく、そのような規定の実効的かつ公正な実施を保障することができる手続と組織の発達を図ることもまたそれに劣らず重要であることを、私たちに教えてくれたといえるでしょう。そして、この教訓を骨身にしみさせたのが、2.(2)で取り上げた近年の一方的武力行使だったのです。

(3) 「国際社会の一般的利益」の落とし穴

　2.(2)で見たように、近年における大国の一方的武力行使が掲げた目的は、

重大な人権侵害の阻止（人道的干渉）、テロリズムの根絶、核兵器や化学兵器といった大量破壊兵器の拡散の防止といったものでした。そこで指摘したように、これらは国連憲章の解釈としては武力行使を合法とする根拠とはなりませんが、しかし、こういった議論が国際社会の一般的利益の観点からは強い説得力を持っていることは否定できません。たとえば人道的干渉を根拠とするNATO諸国のユーゴ空爆について、欧米諸国では、それは国連憲章には違反するが政治的・道義的には正統化されるという議論が一般的だったのです。

　それでは、問題はどこにあったのか？　それは、各々の事例において、武力を行使する国自身が国際社会の一般的利益の侵犯を認定したところにあったというべきでしょう。コソボの事例においては、ユーゴ・セルビア側による重大な人権侵害があったのは事実ですが、それが人道的干渉を正当化できるほどの性格と規模のものだったかどうかについては、人道的干渉合法論者の間でも意見が一致しません。アフガニスタン攻撃については、たとえ米国が主張したように9・11のテロ事件がオサマ・ビン・ラディン氏とアルカイーダの責任に帰するものだったとしても、彼らの行為とアフガニスタン国家の結びつきについては、客観的な証明はついになされませんでした。そしてイラク攻撃に至っては、開戦の時点において国連の監視検証査察委員会（UNMOVIC）は同国の大量破壊兵器保持を確認していなかっただけでなく、占領後になって米国が送り込んだ調査団のデビッド・ケイ団長（2004年1月に辞任）でさえ、それは「存在しなかった」と結論したのです。

　こうしたあやふやな状況のもとで行われた一方的武力行使を正統化するために、「国際社会の一般的利益」は強力なイデオロギー的役割を果たします。コソボの時には、NATO当局者は批判に対して、「NATOが行動しなかったら、いったいどうなっていたのか？」と反問しました。アフガニスタン攻撃では、ブッシュ米大統領は「われわれにつくのか、テロリストにつくのか」の選択肢をもって国際社会に迫りました。また、イラク攻撃のさいの米国の言い分は、今行動しなければ、近い将来イラクを通じて入手した化学兵器を用いてテロリストが数十万の無辜の人々を殺すかも知れない、ということでした。このように、かかっているのは「国際社会の一般的利益」なのだと迫られた時には、

多くの人は反論の言葉を失うでしょう。

　ここで想起されるのは、武力行使違法化の歴史です。国際連盟規約に始まる戦争ないしは武力行使の違法化は一貫して、かつての正戦論のように戦争の何らかの正当原因によってではなく、平和的解決の手続を踏んだかどうか、あるいはどちらが先に攻撃・侵入を行ったのかという、手続的・形式的な基準に従って禁止される武力を定義してきました。一方では武力の正当原因について客観的に判断する第三者機関が存在せず、他方では多様な価値観を有する諸国が併存する国際社会において、国の主観的な判断によって左右される正当原因を基準に武力を禁止するとすれば、それは一部の大国・強国が有する価値観が武力をもって世界に強制されることに道を開くことになりかねないからでした。

　ところが近年の武力行使は、国連に代表される国際社会の手続的コントロールを無視し、当の国が自ら認定した正当原因を掲げて行われたのです。これは、連盟規約以来営々として続けられてきた武力行使違法化のための努力を反故にし、無差別戦争観の時代をさえ通り越して、正戦論が主張された400年前の国際関係に先祖帰りするものといわねばなりません。このような歴史の逆行に対して、国連の集団安全保障体制がなぜ無力であったのかという点については**第10回**などで検討することとして、ここで確認しておかなければならないのは、国際社会の一般的利益の観念がこうした歴史の逆行の狂言回しの役割を果したという事実です。つまりこの観念は、その積極的・進歩的な意義は明らかである一方で、こうしたイデオロギー的役割を果たすこともありうる事実を、私たちはしっかりと認識しなければならないでしょう。

[注]
1)　**コルフ海峡事件**(ICJ判決、1949年4月9日)：アルバニア領海である北コルフ海峡を航行中の英国艦隊が触雷・大破したのに対して、英国はアルバニアの抗議にもかかわらず掃海を行い機雷を回収した。裁判所は一方では国際海峡における軍艦の無害通航権を認め、領海内における触雷事故についてアルバニアの国家責任を認定したが、他方では英国の掃海活動は国際法上認めることができない干渉でありアルバニアの主権を侵害すると宣言した。
2)　**ケベック分離問題に関する諮問意見**(カナダ連邦最高裁判所諮問意見、1998年8月20日)：

住民の多数がフランス系であるケベック州ではかねてよりナショナリズムが強かったが、カナダ総督がケベック州は憲法上・国際法上一方的独立の権利を有するかという問題について、最高裁判所の諮問意見を求めた。裁判所は、憲法上はケベック州の多数派とカナダ全体の多数派は交渉の義務を有するとし、国際法上は本文に引用したような理由で、ともに一方的分離の権利を否定した。
3) **バルセロナ・トラクション事件**(ICJ判決、1970年2月5日)：スペインで営業していたカナダ会社が破産したことに関して、株主の本国ベルギーがスペインを訴えた。裁判所は企業に対する外交的保護権は原則として企業の本店所在地国または設立準拠法国が有するとしてベルギーの訴えを退けたが、外交的保護権の二国間的な性格との対比において、本文で引用したように「対世的義務」の存在を認めたことが注目されている。

【参考文献】
松田竹男「いわゆる『人道的干渉』について」『国際法外交雑誌』第73巻6号、1975年。
田畑茂二郎『現代国際法の課題』東信堂、1991年。
石本泰雄『国際法の構造転換』有信堂高文社、1998年。
村瀬信也「武力不行使に関する国連憲章と一般国際法との適用関係——NATOのユーゴ空爆をめぐる議論を手掛かりに——」『上智法学論集』第43巻3号、1999年12月、同『国際立法——国際法の法源論——』東信堂、2002年、所収。
松井芳郎「試練にたつ自決権——冷戦後のヨーロッパの状況を中心に——」石本泰雄先生古稀記念論文集『転換期国際法の構造と機能』国際書院、2000年、所収。
同「NATOによるユーゴ空爆と国際法」『国際問題』2001年4月号。
同「現代国際法における人道的干渉」藤田久一・松井芳郎・坂元茂樹編『人権法と人道法の新世紀』東信堂、2001年、所収。
最上敏樹『人道的介入——正義の武力行使はあるか——』岩波新書、2001年。

第3回
国際法はどのように創られ、どのように適用されるか？

　今回は国際法はどのように創られ、どのように適用されるか、つまり難しくいえば国際法の立法過程と適用過程のお話をします。「はしがき」では、この講義は抽象的・理論的な議論はできるだけ避けて、具体的なトピックスを中心にして展開すると約束しましたが、今回は多少抽象的な話に流れることをお許し下さい。市民が国際法を活用し国際法に働きかけるというこの講義の立場からは、国際法がどのように創られ、どのように適用されるのかを考えておくことは、不可欠だからです。なお、今回は具体例を論じる場合に海洋法の問題を例に引きますが、海洋法全般については**第5回4.**を参照してください。

1. 国際法はどのように創られるのか

(1) 国際法の能動的主体と受動的主体

　これまでも触れてきたように、伝統的国際法では国だけがその主体と考えられていたのに対して、現代国際法では国際機構や人民、そして個人にも一定の範囲で国際法主体性が認められます。それでは、国とそれ以外の行為体とは同じ意味で国際法主体だといえるかというと、決してそうではありません。国とそれ以外の行為体との間には、国際法主体としての性格に決定的ともいえる違いがあるのです。

　この問題に関しては、国連の職務中に被った損害の賠償に関する国際司法裁判所(ICJ)の勧告的意見[1]が、重要な示唆を与えてくれます。この意見で裁判所は、国際法主体の性格は国際社会の必要性に応じて変化するものであり、そのような発展の結果国際法主体性を有する国連が設置されたが、国連

が有する法主体性は国のそれと同じではなく、国は国際法上の権利義務のすべてを有するのに対して、国連のような国際機構の権利義務は加盟国がその設立文書の中で明示的・黙示的に付与し、あるいは慣行の中で認めてきたものに限られる、と述べました。

　つまり、国は国であることによって当然に、国際法上の権利義務のすべてを有する、いわば国際法の第一次的主体であるのに対して、国際機構は何らかの形で加盟国がそれに付与する国際法上の権利義務だけを有する第二次的な国際法主体だということになります。このことは、人民や個人といった国以外の国際法主体にも、同じように当てはまります。これらも、原則として国が何らかの形でこれらに付与する国際法上の権利義務だけを有する、第二次的な国際法主体なのです。

　もっとも、国が国際法上の権利義務のすべてを有するといっても、そのことは国が条約や慣習法の形で新しい国際法を定立し、それによって新しい権利を獲得したり義務を負ったりすることを否定するものではありません。つまり第一次的な国際法主体である国は、同時に自らの行動によって新しい国際法を形成することができる能動的な主体でもあるのです。これに対して、国際機構や個人は現在のところ、原則としてこれと同じ意味での国際法形成の能力を認められない、受動的な国際法主体に留まります。なお、「原則として」といったのは、国際機構の場合はその権限の範囲内において条約を締結し、さらには慣習法を形成する能力さえ認められることがあるからですが、そのもととなる当該機構の権限自体は、加盟国が何らかの形でこれに付与したものであることを忘れてはなりません。

(2) 国際法の形成過程と国家の役割

　それでは、国際法はどのように創られるのか？　国際法の成立形式あるいは法源というと、いつも引用されるのは次のように規定するICJ規程第38条1です。

　　「裁判所は、付託される紛争を国際法に従って裁判することを任務とし、次のものを適用する。
　　a　一般又は特別の国際条約で係争国が明らかに認めた規則を確立して

いるもの
　b　法として認められた一般慣行の証拠としての国際慣習
　c　文明国が認めた法の一般原則
　d　法則決定の補助手段としての裁判上の判決及び諸国の最も優秀な国際法学者の学説。但し、第五九条の規定に従うことを条件とする。」

　つまりICJは「国際法に従って」裁判するのだから、「法則決定の補助手段」とされるdを除いて、ここにいうaからcまでが国際法の成立形式だと理解されるわけです。このうち、cの「文明国が認めた法の一般原則」は、表現からしても「文明国」だけを国際法主体と認めた伝統的国際法の名残であり〔⇒**第1回5．(1)**〕、裁判所が実際にこの規定を明文で適用したことはないので、ここではaの条約とbの慣習法を取り上げることにします。

　条約は、「条約」のほか「憲章」、「協定」、「議定書」、「交換公文」など様々な名前で呼ばれますが、原則として＊国の間で文書の形で締結され、国際法によって規律される国際的な合意を意味します。国が締結する条約が国家間の合意によって成立することは、説明するまでもないでしょう。条約起草の交渉に当たるのは国の代表であり、多くの場合彼らの署名によって条約文が確定します。さらに、条約によって拘束されるという国の最終的な同意は、批准、受諾、加入などの形で表明され、近年では国際関係の緊密化を反映して交換公文のように署名だけで効力を発生する条約が増加していますが、いずれにせよ条約が拘束力を有する根拠は、このような形で国が表明する合意にあることは明らかです。

　これに対して、慣習法の成立の経緯はもっと複雑です。先に引用したICJ規程第38条1ｂによると、慣習法は二つの要素——「法として認められた」、つまり国が「認める」という主観的要素（これを「法的信念」と呼びます）と、「国際慣習」という客観的要素——からなっていることが理解されます。慣習法成立に関するこのような「二要素説」には根強い批判がありますが、ICJは一貫してこの立場を維持しており、現在でもこの立場が基本的には妥当していることは否定できません。

＊例外としては、口頭の合意に条約としての効力が認められることがあり、また、国際機構は一定の範囲で条約締結能力を認められる。

それでは、慣習法の本質は何なのでしょうか。この点については、従来は条約が国の明示の合意であるのに対して、慣習法は黙示の合意だという理解が一般的でした。国は主権を有していて相互に独立しており、国を越えた立法機関が存在しない国際社会では、国の合意によってしか国際法は成立しえないと考えられたのです。しかし、黙示的合意説に対しては根強い批判があります。この説では国際法の客観的な拘束力は証明できない、一般国際法としての慣習法にすべての国が合意を与えたというのはフィクションだ、この理解に立てば合意を与えたはずがない新独立国は既存の慣習法には拘束されないという不合理な結論になる、この立場は一部の国が伝統的国際法を固守しておれば国際法の発展が阻害されるという非民主的な結果に導く——黙示的合意説はこのように批判されるのです。

　しかし、このような批判にもかかわらず、慣習法の拘束力の根拠に関する、黙示的合意説に代わる説得力のある議論は提示されていません。そこで注目されるのが、合意の基礎を維持しながらこのような批判を克服しようとした、旧ソ連を代表する国際法学者トゥンキン(1906～93年)の新しい合意理論です。**図3・1**をご覧下さい。

　トゥンキンは、慣習法の形成過程を基本的には多数国間条約の締結過程と同じく、諸国の闘争と協力、行為規則についての合意、および法的拘束力についての合意の三段階からなるものと理解します。第1段階では、多数国間条約の場合は各国代表が集まって提案や交渉が行われるのに対して、慣習法の場合にはいずれかの国が最初に行動を起こし、これに対してその他の国が同意、批判、抗議などの反応を示します。第2段階では、多数国間条約の場合には条約文の採択という形で行為規則に関して合意が成立するのに対して、慣習法の場合には諸国の様々な行動を通じて一定の慣行が成立します。そし

	諸国間の闘争と協力	行為規則についての合意	法的拘束力についての合意
多数国間条約の場合	提　案　→　交　渉　→	条約文の採択　→	批准・加入等 (条約の発効)
慣習法の場合	最初の　→　他国の　→ 行　動　　　反　応	慣行の成立　→	法的信念 (慣習法の成立)

図3・1　慣習法の形成過程

て第3段階では、多数国間条約なら批准、受諾、加入などの形で条約に拘束されるという合意が示され、慣習法については法的信念が成立する、こうして法的拘束力ある規則が確立するわけです。

　もう少し説明を加えましょう。慣習法はすべての国を拘束する一般国際法として一挙に成立するのではなく、当初は少数の国の間で形成され、それに他の国が合意することによって一般化していくのです。この一般化の過程ではすべての国が合意を明示するわけではなく、沈黙している国の合意は推定されることになります。他方、慣習法の形成過程で一貫して反対の意思を表明し続ける国のことを「一貫した反対国」といい、このような国はたとえ慣習法が成立したとしてもそれには拘束されないと考えられています。

　慣習法形成に対する合意の可否は、当該の国がまったく自由に決めることができるものではありません。国の意思は社会的に規定された意思であり、相互に規定された意思だと考えられます。国は主権を有することの結果、意に反してある規則に拘束されることはないのですが、多くの国がある規則を定立して一定の社会関係を規律しようとするときに、一国だけが合意を拒否すれば、この国は当該の社会関係に参入できないことになります。そこでこの国は法的にではなく社会的に、合意を与えることを余儀なくされる。社会的に規定された意思とは、こういう意味です。また相互に規定された意思とは、自国がある規則に合意を与えるのは、他の諸国も合意するだろうという期待に基づいているという、いわゆる相互主義を意味します。なお、国家平等の原則からして、慣習法形成に関わる国の意思は法的には等価ですが、事実上は当該の問題に特別の利害関係を有する国の意思が大きな影響力を発揮することは否定できません。

(3) 具体例：大陸棚制度の慣習法化

　さて、以上のお話はあまりに抽象的だったので、ここで具体的に大陸棚制度〔⇒**第5回4. (3)**〕を例にとって慣習法の成立過程を見てみましょう。海底は沿岸から水深200m位までは緩やかな傾斜をなしそれ以遠では急に傾斜をまして深海底に続きますが、この緩やかな傾斜をなす棚状の部分を地理学的には大陸棚と呼び、その地下は地質学的には陸地の延長であるために石油、

天然ガスその他の鉱物資源が豊富に埋蔵されている可能性があります。伝統的な海洋法では領海の外側には公海自由の原則が適用され、そこでは沿岸国の大陸棚であってもすべての国の自由な開発が許されるはずでしたが、技術的・経済的に資源開発の可能性がなかった時代には、この問題が人々の関心を引くこともなかったのです。

　ところが第2次世界大戦の頃から領海外の海底の石油資源の開発が始まったことをきっかけに、米国大統領のトルーマンは1945年9月28日に宣言を発表し、自国の沿岸に接続する公海海底の大陸棚資源は自国の管轄と管理に属すると主張しました。このトルーマン宣言には多くの諸国が速やかに追随し、このような動きへの抗議はありませんでした。他方、地理学的な意味での大陸棚を持たないチリ、エクアドル、ペルーなどのように距岸200カイリの海域の上部水域にまで主権を主張する国も現れますが、これに対しては抗議が行われます。このような状況のもとに1958年の第1次国連海洋法会議〔⇒**第5回4.(1)**〕が採択した大陸棚条約は、海岸に接続するが領海外の海底およびその地下で上部の水深が200mまたはそれ以上でも開発可能な水深までの海底区域を大陸棚と定義し(第1条)、沿岸国はその資源開発について主権的権利を有すること(第2条)、上部水域の公海としての法的地位は影響を受けないこと(第3条)、などを規定しました。

　大陸棚条約は、採択当時は普遍的な支持を受けたわけではなく、採択に当たって日本(署名も行わず)や西ドイツ(署名はしたが批准せず)は反対し、フランスやノルウェーは棄権しました。条約発効(1964年)後、締約国が急速に増大したわけでもない。しかし他方では、大陸棚条約の締約国になることなく国内法などで大陸棚主張を行った国が相当数ありました。こうした中でICJは1969年の北海大陸棚事件判決[2]で、大陸棚条約第1～3条は採択当時、「大陸棚に関する慣習国際法の確立したかまたは少なくとも形成されつつある規則を反映するもの、もしくは具体化したものと見なされていたことは明らかである」と述べました。判決のこの部分は傍論で、これによって直ちに大陸棚制度の地位が定まったわけではないかも知れません。しかしこの判決は、その後の国の慣行に決定的ともいえる影響を与えました。たとえば日本は、遠洋漁業の利益を擁護するという観点から、大陸棚条約第2条4が定着

種族に属する生物(カニなど)をも沿岸国の主権的権利のもとにおいたことに反対してきました。しかしその日本も、この判決の後には態度を変更します。1982年(東京地裁)と1984年(東京高裁)のオデコ・ニホン・S・A事件判決[3]は、日本は慣習国際法によって大陸棚資源の開発について主権的権利を有するという理由で、これに対する日本の課税権を認めたのです。

このような大陸棚制度の慣習法化の歴史は、先に見た慣習法成立の過程を見事に例証するものだといえます。トルーマン宣言から大陸棚条約の採択まではその第1段階、つまり諸国の闘争と協力の段階に当たります。この段階で諸国の追随を生み出し抗議を受けなかった大陸棚主張は後に慣習法化し、抗議を受けた200カイリ主権の主張はそのままの形では慣習法化しませんでした。大陸棚条約の採択は第2段階、すなわち行為規則に関する合意の出発点になったといえます。そして北海大陸棚事件判決を契機として、第3段階である法的信念の確立が急速にもたらされました。日本でさえ、大陸棚資源開発に対する課税権を確保するという社会的必要性に迫られて、大陸棚制度の慣習法化を認めざるを得なかったのです。

以上のように、条約の場合と同じく慣習法もまた基本的には国の合意を基礎として成立するものと考えることができます。つまり、国際法の形成過程では、国が決定的な役割を果たすのです。しかし、国際法形成に関わる国の意思は無制約なものではなく、社会的に規定された意思でした。私たち市民も、社会の一員としてこのような国の意思に働きかけることができるのですが、この問題は最終回に考えることにしましょう。

(4) 国際法の形成過程と国際機構・NGOsの役割

次回に詳しくお話しすることになりますが、グローバル化が進む現在の国際社会では、個別国家は平和、人権、環境、発展などの全地球的問題を解決するのについて、ますますその能力の限界を露呈するようになっており、これを補うための国際機構やNGOsの役割がますます重要になりつつあります。国際法形成過程も、その例外ではありません。

まず国際機構ですが、従来の国際法の成立形式では国際社会の急速な発展に追いつかないことは明らかです。多数国間条約は締結交渉や発効までに相

当の時間を要するし、締約国以外を拘束することはできません。慣習法は一般的には条約よりもいっそう緩慢な過程を経て形成されるものであり、その内容も不明確なことが多い。こうして多くの諸国、とくに伝統的国際法に不満を有する発展途上国が、この点について国際機構の大きな役割を期待したのは、きわめて自然なことでした。

　これらの諸国は、国際機構、とくに国連総会の決議に何らかの法的拘束力を認めるべきだと主張しました。しかし、国連憲章によれば総会決議は内部組織上の問題を例外として、すべて法的拘束力を持たない勧告であり、総会は国際法の漸進的発達と法典化についても研究を発議し勧告を行うこと(第13条a)しかできません。もっとも、総会決議は法的には何の意味も持たないといえば、それは誤りになります。総会決議は、加盟国による国連憲章の新しい解釈を提示することができます。また、先に述べた慣習法形成の一要素である法的信念が、総会決議によって示される場合もあります。さらに、総会決議が出発点となって新しい条約が起草されたり、新しい慣習法が発展した例も少なくないのです。

　国際機構、とくに国連が直接に多数国間条約を起草した例も多数にのぼります。たとえば、前回にはこの点に関する国連国際法委員会(ILC)の役割についてお話ししました。この他、二つの国際人権規約や拷問等禁止条約など、人権関係の条約はおもに人権委員会*によって起草されたものであり、国連海洋法条約は総会の海底平和利用委員会による準備を踏まえて、総会が招集した第3次国連海洋法会議が起草したものです。

　このように国際機構、とくに国連は国際法の発展に大きな役割を果たすのですが、このことは国連が国際社会の立法機関となったことを意味するのではありません。たとえば慣習法の形成についていえば、国連は国の慣行に刺激を与え、その法的信念を表明する場を提供しますが、慣習法を形成するのはあくまでも国の慣行であり法的信念なのです。また条約に関しては、国連

＊**人権委員会**：経済社会理事会の補助機関で、53か国から構成された。人権に関する基準設定(条約や宣言などの起草)と、人権実施を促進する活動などを行うが、個人の人権侵害を直接救済する活動を行うわけではなかった。2006年に総会の補助機関である人権理事会に改組・改称された。両機関の活動については、第6回を参照。

機関によって草案が起草された場合でも、最終段階での起草と採択に当たるのは国家代表からなる国際会議や国連総会であり、こうして作成された条約は一般の条約と同じく国による署名、批准などの過程を経て効力を発生することになります。

同様にNGOsも、政府代表への働きかけ、専門的知識の提供、審議過程の透明性の確保などの点で、とりわけ国際会議を通じて行われる国際立法には次第に大きな役割を果たすようになっていますが、今のところそれらに認められる役割は非公式なものに限られます。このような国際会議においても正式の提案を行い採決に参加できるのは、国の代表だけなのです。NGOsの役割については個人の役割とともに、最終回でもう一度考えたいと思いますが、現状ではこれらの行為体は、国際法の発展にますます大きな実質的影響を与えるようになっているとはいえ、このような影響は国家というチャンネルを経由する必要があることをここでは確認しておきましょう〔⇒**第13回3.**〕。

2. 国際法はどのように適用されるか

次に、国際法の適用過程のお話をする順番ですが、この点について注意しておきたいのは、国際法では国内法の場合のように三権分立は確立しておらず、したがってその立法過程と適用過程は明確には区別できないということです。たとえば慣習法の場合、その内容はもちろんのこと存否さえ不確かなことが少なくないから、これに関わる国の慣行は多くの場合立法の要素と適用の要素をともに含むと見たほうが自然です。

(1) 国際関係における国際法の適用

今、国際法では三権分立は確立していないといいましたが、それでも国内法の発想になれた私たちは法の適用というと裁判所を思い浮かべます。たしかに国際法でも、国連の主要な司法機関としてのICJを初め様々な裁判所が設けられており、これらは国際法の適用を任務としています。しかし、この点については**第9回**で詳しく検討することになりますが、現状では国際裁判所は種々の制約のもとにおかれており、国際法を適用する機関としては決し

て十分なものではありません。

　国際裁判所に課せられている最大の制約は、その管轄権がすべて紛争当事国の合意に基礎づけられることにあります。ICJの前身である常設国際司法裁判所(PCIJ)の東部カレリアに関する勧告的意見[4]は、「いかなる国もその同意なしには、他国との紛争を仲介または仲裁もしくはその他の種類の平和的解決に付託するよう強制されることはないということは、国際法上十分に確立して」おり、この規則は「国際法の基本原則、すなわち国の独立の原則を受け入れ、適用したものに過ぎない」と述べました。たしかに、ICJ規程は選択条項という形である種の強制管轄権を規定しており(第36条2)、EU司法裁判所や欧州人権裁判所のように強制管轄権を付与された裁判所もあります。しかしこのような強制管轄権も、その基礎は条約という当事国の合意にあるのです。

　この他国際裁判所は、国際社会には立法機関が存在しないから、適用するべき国際法の内容が明確でないことが少なくない、特定の地域の場合はともかくICJのように国際社会全体をカバーする裁判所にあっては、国際社会全体の信頼を得ることができる裁判所を構成することが困難であるなど、少なくない弱点を抱えています。こうして、国際裁判を通じる国際法の適用は、現状では残念ながらきわめて例外的なものに留まるのです。

　それでは、裁判所が司法府に当たるとすれば、行政府に当たるともいえる国際機構による国際法の適用はどうか。この点については、私たちはジャーナリズムなどで時折、国連の安保理事会が行う「制裁」について耳にすることがあります。「制裁」というと、安保理事会は違法行為を行った国を「処罰」している、つまり国際法を適用しているように聞こえるのですが、そうでしょうか？

　国連憲章をめくってみると、この問題に対する答えはNoであることが直ちに明らかとなります。安保理事会が行う「制裁」──学者は「強制措置」と呼ぶことが多い──の目的は「国際の平和及び安全を維持し又は回復する」ことであって(憲章第39条)、国際法を適用することではありません。安保理事会の判断基準も、国際法ではなくて「国際連合の目的及び原則」です(第24条2)。もっとも、「国際連合の目的」には、国際紛争の解決を「正義及び国際法の原則

に従って実現すること」も含まれますから（第1条1）、国際法もまったく無縁だというわけではないのですが、もともと安保理は政治的機関であって、国際法の適用を目的とする法的機関ではないのです。なおこの点に関しては、近年安保理事会が憲章第Ⅶ章に基づく決議によってその補助機関として、旧ユーゴおよびルワンダの国際刑事裁判所、湾岸戦争に関するUNCC（国連賠償委員会）＊といった司法機関ないしは準司法機関を設置していることが注目されます。もっとも、これらについては設置の根拠を疑問視する見解もあり、今のところきわめて例外的なものと見るべきでしょう。

こうして、国際裁判も国際機構も当てにできないとすれば、国際関係における国際法の適用は、結局は国による他はないという結論になります。そして、国による国際法の適用の基礎は、1.(2)で見た相互主義にあります。つまり、国が国際法上の義務を引き受けるのは、相手国も同じ義務を引き受けるだろうという期待に基づいているのですから、相手国が義務を履行しないならわが方もこれを履行しない――こういうことになります。

この相互主義は、以下の二つの形で現れます。第1は「条約不履行の抗弁」と呼ばれるもので、条約法条約の第60条は、一当事国による条約の重大な違反があった場合には、他の当事国は一定の条件のもとに第65条が定める手続を踏んで、この重大な違反を条約の終了またはその全部もしくは一部の運用停止の根拠として援用することができる、と規定しています。「条約不履行の抗弁」は正確にいえば、相手方の不履行によって一方的な負担となった条約義務から逃れることを目的とし、それ自体が相手方の履行の確保を目的とするものではないのですが、相互主義の第2の現れである対抗措置は、違法行為の停止および賠償の獲得を通じて国際法遵守の確保を目的とする制度です。

対抗措置とは、伝統的国際法では「復仇」と呼ばれ、国際違法行為の被害国は違法行為を止めさせ賠償を獲得する目的で、違法行為と釣り合いがとれる範囲で加害国に対する国際義務の履行を停止することが認められるという制

＊旧ユーゴ・ルワンダ国際刑事裁判所；国連賠償委員会（UNCC）：前二者については**第7回**を参照。UNCCは、イラクによるクウェート侵攻・占領によって生じた外国の政府、国民および企業の損害賠償に関わる請求を処理するために安保理決議692(1991)によって設立された。賠償は、イラクの石油輸出の収益から拠出される基金より支払われる。

度です。分権化された国際社会では法の適用のためにはこうした自助を認めることは避けられないといわれますが、違法行為の認定も対抗措置の発動も自称被害国が一方的に行うので大国・強国による濫用の危険が大きく、ILCは国家責任法の法典化〔⇒第2回2.(3)〕の過程で、対抗措置を厳しく規制する方向を追求しました。しかし、同委員会が作成した国家責任条文第一読草案には存在した、対抗措置としての極端な政治的・経済的強制の禁止、一定の平和的解決義務の並行的な実施などの規定は、先進国からの強い抵抗のために採択された条文では削除されました。こうして対抗措置は、大国・強国と小国・弱国との関係では国際法の適用を確保するために平等には働かないという、相互主義の限界をあらわにすることになるのです。

　このような問題点を別としても、相互主義は前回に見た一国の権利には他国の義務が対応しているという、伝統的国際法の状況に適合する国際法適用の手段でした。したがってそれは「対世的な義務」、とりわけ違反があっても直接の被害国が出るとは限らない人権や環境に関する国際的義務については、履行確保のためには不適切な手段です。条約法条約第60条5は、先に述べた「条約不履行の抗弁」は「人道的性格を有する条約に定める身体の保護に関する規定、特にこのような条約により保護される者に対する報復＊(形式のいかんを問わない。)を禁止する規定については、適用しない」と明記します。

　したがってこのような分野では相互主義に基づかない、条約義務の履行確保のための新しい方法が案出されているのですが、これらについては**第6回**と**第8回**に譲って、ここではこれと関連して近年注目を集めている「レジーム」について一言述べておきましょう。「レジーム」とはもともと国際政治学で使われる概念ですが、国際法学に輸入される場合には、「レジーム」とは多数国間条約が設立する制度であって、締約国に共通の利益(国際社会の一般的利益であるとは限らない)を承認し、これを実現するための基本原則および規則を定立するとともに、紛争解決や履行確保のための自律的な仕組みまでを組み込んだものをいいます。「レジーム」の例は人権条約や環境条約にも見られ

＊**報復**：英文ではreprisalsで、正しくは「復仇」。「報復」は英語ではretortionで、復仇は相手方の違法行為に違法行為で応えることを意味するが、報復は相手方の違法行為または非友好的行為に対して非友好的ではあるが違法ではない行為によって応えることをいう。

ますが、世界貿易機関(WTO)がしばしばその典型的な例だとされます。

WTOの目的は自由貿易の実現を通じて生活水準の向上を図ることで、このための基本原則としては最恵国待遇、内国民待遇、輸出入数量制限の禁止などが掲げられます。WTOはGATT時代に比べればはるかに「司法化」された紛争解決の仕組みを有し、紛争解決はもっぱらこの手続によることを義務づけるとともに、紛争解決機関の許可を得ることなく対抗的措置に訴えることを禁止します。WTOの紛争解決手続＊は、相手国の義務不履行などのために自国の利益が無効にされまたは侵害された場合の他に、「この協定の目的が妨げられていると認める」ときにも発動できますから(1947年のGATT第23条)、締約国間の紛争解決だけでなく「レジーム」全体の維持をも目的とすると評されます。

WTOは、その活動の実質的な内容については留保が必要ですが、紛争解決の仕組みに注目するなら「レジーム」として比較的有効に機能していると評価されています。したがって、分野別にこのような「レジーム」を設立していくことが、国際法の適用を確保する一つの方法であることは確かです。しかし、多数の「レジーム」の並存は「レジーム」相互間の調整の問題を提起します。たとえばすでに、WTOの「レジーム」と環境保護の諸「レジーム」との調整の問題は、重大な課題となっています。また、多数の「レジーム」の並存が一般国際法に及ぼすかも知れない浸食作用に対しても、処方箋が必要でしょう。

なお、以上は国を主体とする国際法の適用の問題でしたが、近年目立つようになっている、個人を権利義務の主体とする国際法の適用については、別個の問題として検討する必要があります。これについては、**第6回**と**第7回**の講義で取り上げることにしましょう。

＊**WTOの紛争解決手続**：WTOの紛争解決機関はすべての加盟国代表が構成する一般理事会だが、実際の作業は個人資格の独立の委員3名が構成する小委員会(パネル)が行う。GATT時代にはパネルの設置やその報告の採択にはコンセンサスを要したために、一国でも反対すれば紛争解決が進まなかったが、WTOになってこれらには逆コンセンサス方式(コンセンサスで否定しない限り、たとえばパネルは設置される)が採用されたほか、一種の上訴機関として上級委員会が設けられ、また、規定の手続以外の方法で紛争解決を求めないこととされた点などにおいて、紛争解決手続の「司法化」が進んだとされる。

(2) 国内における国際法の適用

　伝統的国際法の場合なら、(1)で見た国際関係における国際法の適用だけで、この問題をうち切ってもよかったでしょう。そこでは、国際法が規律するのはほとんどもっぱら国の相互関係の問題だったからです。ところが現代国際法は「国際化」、「グローバリゼーション」を反映して、国民の日常生活に関わる問題についてますます多く規定するようになっています。したがって現在では、国際関係における国際法の適用と並んで、各国の国内における国際法の適用が、重要な課題となっているのです。

　ところで、この問題に入る前に国際法と国内法の関係について一言述べておきましょう。ひと頃の国際法学界では、国際法と国内法を同一の法体系に属すると見る一元論――これは国際法優位説と国内法優位説とに分かれていました――と、これらは別個の法体系に属すると理解する二元論との間で激しい論争が行われており、憲法の教科書などには今でもその名残が見られるようです。しかしこのような議論は、国際法と国内法との関係を理論的にどのように説明するかという問題意識に立ったもので、実定法上の両者の関係を必ずしも正しく説明するものではありませんでした。

　実定法における国際法と国内法との関係を理解するためには、問題を国際法と各国の国内法のレベルに区別することが必要です。まず国際法のレベルでは国際法が優位する、つまり国は自国の国内法を理由として国際法上の義務を免れることはできないという考え方が確立しています。この考え方は多くの国際判例で繰り返して認められており、条約法条約第27条も「当事国は、条約の不履行を正当化する根拠として自国の国内法を援用することができない」と規定します。もっとも、これは国内法が条約と内容上矛盾する場合のことで、条約が条約締結権限に関する国内法規定に違反して締結された場合には、「違反が明白でありかつ基本的な重要性を有する国内法の規定に係るもの」であれば、国はこれを条約の無効原因として援用できます（同条約第46条1）。

　このように、国際法のレベルでは国内法に対する国際法の優位が確立しているのですが、だからといって国内法のレベルで、国際法がこれと矛盾する国内法を無効としあるいはそれに優先して適用されるのかというと、そうで

はありません。現在のところ、欧州連合法(EU法)のような例外＊を別にすれば、国内法上国際法にどのような地位を与えるのかは、各国の憲法に委ねられているのです。

したがって、国内法体系における国際法の地位は、国によって異なります。英国など一部の国では、国際法の国内的適用のためには特別の立法を必要とするという「変形方式」がとられていますが、大部分の国では特別の立法などを必要とせずに国際法の国内的効力を一般的に認めるという「一般的受容方式」をとっており、このような国では条約が国内法上の問題について規定しており、内容が明確で国に裁量の余地がないことなどの一定の条件が満たされれば、裁判所で直接条約を援用することができます(いわゆる「自動執行」条約)。そしてこのような国では、国内法の階層構造の中で国際法をどこに位置づけるのかという問題が生じ、これに対する答えも当然のことながら憲法によって異なります。ちなみに日本国憲法第98条2は「日本国が締結した条約及び確立された国際法規は、これを誠実に遵守することを必要とする」と定めていますが、この規定は、条約および慣習国際法に憲法よりも下位だが法律よりも上位の地位を認めたものだと解されています。

このように国際法は、国内法における国際法の地位については比較的柔軟な立場をとっているのですが、このことは別の角度からも確認できます。**表3・1**に示すように、国際法上の義務は国にどの程度の縛りをかけているの

表3・1　国際法上の義務の分類と国によるその履行方法

義務の種類	義務の内容と義務違反の条件	義務の例
手段・方法の義務	国が執るべき手段・方法が国際法上特定されており、国がそのような手段・方法を執らなかったときに義務違反が存在する。	＊特定の国内立法を制定・改廃または維持する義務 ＊外国領域に許可なく軍隊を侵入させない義務
結果の義務	特定の結果の実現・阻止が義務づけられているが手段の選択は国に委ねられており、国が選択した手段により結果が実現されなければ義務違反が存在する。	＊外国・外国人の権利を侵害しないために領域内で「相当の注意」を払う義務 ＊環境保護のために「適当な措置」を執る義務

＊**EU法**：EU法は関係諸条約の他、理事会や委員会が採択する規則、指令などからなる。「規則」は一般的適用性を有し、すべての構成国で直接適用可能である。「指令」は達成するべき結果について名宛の構成国を拘束するが、形式と方法は構成国にゆだねられる。「決定」は拘束的であるが、名宛人が特定されておればその者だけを拘束する(EU運営条約第288条)。

かによって、二種類に区別できます。手段・方法の義務は、国際法が特定する手段・方法を国が直接採用することを義務づけるものです。たとえば、人種差別撤廃条約第2条1(c)が、「締約国は、〔……〕人種差別を生じさせ又は永続化させる効果を有するいかなる法令も改正し、廃止し又は無効にするために効果的な措置をとる」と規定しているのがこれに当たります。

しかし、このような手段・方法の義務は現在のところ例外的で、国際法上の義務の大部分は結果の義務に当たります。つまり国際法は達成されるべき結果だけを定めていて、どのような手段・方法でこれを達成するかは国の裁量に委ねるのです。同じ人種差別撤廃条約を例にとれば、第2条1(d)が「各締約国は、すべての適当な方法(状況により必要とされるときは、立法を含む。)により、いかなる個人、集団又は団体による人種差別も禁止し、終了させる」と定めているのがこれに当たります。このように、手段・方法の義務の場合には、国はその国内において立法上、司法上、行政上、教育上などなど、自らが選択する手段・方法によって国際法の適用を行うのです。

(3) 具体例：国連海洋法条約の日本による適用

さて、ここで国連海洋法条約を具体例として、日本がその適用のためにどのような立法上・司法上の措置を執ったのかを簡単に見てみましょう。国連海洋法条約は、第3次国連海洋法会議が1982年に採択したものですが、日本はこれより先、海洋法会議が継続中の1977年に、この会議ですでに明らかになっていた傾向をいわば先取りする形で、領海を3カイリから12カイリに拡大する領海法と、200カイリの排他的漁業水域を設定する漁業水域暫定措置法を制定していました。従来の日本は海洋国家として「狭い領海と広い公海」に固執してきましたから、このような態度変更は、諸外国による200カイリ経済水域・漁業水域の設定と外国の遠洋漁船団の日本近海への進出に対処するという、社会的必要が国の態度を規定した見本だということができます。

さて、日本は採択後間もなく海洋法条約に署名しましたが、他の先進国と同じく条約第11部が規定する深海底制度を不満として、その批准には踏み切りませんでした。ところが1994年11月には海洋法条約が発効、そのことがすでに見通されていた同年7月には第11部を事実上改正する深海底制度実施協

定が採択され、これらを契機として先進国による条約の批准が進みます〔⇒**第5回4.(3)**〕。こうして日本は、1996年6月に国会承認を終えて批准書を寄託し、国連海洋法条約は同年7月20日に日本について効力を発生したのです(条約第6号)。

日本がこの条約を批准するに当たっては、外務省だけでなく当時の運輸省、農水省、海上保安庁などの関係各省庁の間で、条約の実施に当たって国内法上のどのような手当が必要かが、慎重に検討されたはずです。その結果、領海及び接続水域に関する法律(領海法を改正・改称。新領海法と略称)、排他的経済水域及び大陸棚に関する法律、海上保安庁法の一部を改正する法律、排他的経済水域における漁業等に関する主権的権利の行使等に関する法律、海洋生物資源の保存及び管理に関する法律、水産資源保護法の一部を改正する法律、海洋汚染及び海上災害の防止に関する法律の一部を改正する法律(以上、法律第73～79号)など、多くの法令の制定・改正が行われました。このような多くの法令を通じて、日本は国連海洋法条約上の義務を履行し、権利を行使することになるのです。

国連海洋法条約を実施するための国内法が裁判において適用された例としては、韓国漁船拿捕事件を挙げることができます。この事件は、国連海洋法条約を受けて上記の新領海法で採用された直線基線〔⇒**第5回4.(2)**〕を適用した結果、新たに日本の領海に組み入れられた海域で操業していた韓国漁船の船長が、領海における外国漁船の操業を禁止する外国人漁業規制法違反に問われたものです。この水域は、1965年の日韓漁業協定(以下、協定と略称)によれば第1条1が定める12カイリの日本の漁業水域*の外側で、漁船の旗国、つまり韓国の排他的な取締権が認められる場所でした(第4条1)。なお協定は、締約国は漁業水域に直線基線を用いる場合には相手国との協議の上で決定すると定めていました(第1条1但書)が、日本は上記の直線基線採用に際してはこの協議を行いませんでした。

原審(松江地裁浜田支部、1997年8月15日判決)は、条約や確立された国際法規は法律に優先した効力を持つから、領海内であっても条約により日本の取締権が及ばないことがあり、協定にいう12カイリの漁業水域は領海も含むと

---
*漁業水域：漁業についてだけ、沿岸国が領海と同じ排他的権利を認められる水域。

解されるので、当該の水域は日本の漁業水域の外側で日本の取締および裁判管轄権は及ばないと判断しました。これに対して控訴審(広島高裁松江支部、1998年9月11日判決)は、漁業水域と領海は国際法上別個の概念であって、協定は漁業水域についての取決めで同協定第4条1は日本の領海における主権の行使を制限するものではなく、漁業水域設定後に領海がこれより拡大した場合には領海拡大が国際法上適法になされたものである限り漁業水域は領海に取り込まれて消滅すると判示、日本は国連海洋法条約に従って適法に領海を拡大したものであり漁業水域を拡大したのではないから、協定第1条1但書の適用はないとして、原判決を破棄して本件を松江地裁に差し戻しました。

　原審判決は、領海の外側の公海に設定され漁業に関して沿岸国が主権的権利を認められるという漁業水域の概念について誤解をしており、控訴審判決はこの誤解を正しました。控訴審判決が、協定にいう直線基線は漁業水域の基線で、日本が採用した直線基線は領海の基線なのだから協定の協議義務は適用されないというのは、領海・漁業水域の双方について同じ基線が適用されるという事実に照らせば、いささか形式的な議論で説得力を欠きますが、同判決がいうように「日本は国連海洋法条約に従って適法に領海を拡大した」という前提が正しいなら——判決はこの点を検討していない——、判決の立場は同じ国連海洋法条約の締約国である韓国に対しては対抗力を主張できるといえます。

　いずれにせよ、日本はこのような形で国連海洋法条約が定める権利を主張しました。最高裁も上告を棄却しましたから、韓国がこのような日本の国連海洋法条約(ないしは協定)の解釈を争うのなら、この紛争は国連海洋法条約(ないしは協定)の紛争解決手続によって解決されることになります。もっとも、日韓両国は1998年11月に国連海洋法条約にのっとった新しい漁業協定を締結し、新協定は1999年1月22日に発効しましたから、この事件自体は過渡期のエピソードだということになるでしょう。なお、日本における国際法の国内的適用に関する別の事例については、**第12回**でもう一度考えてみたいと思います。

3. 国はなぜ国際法を守るのか

　今回の締めくくりに、1．で見たように現在の国際社会では国際法の適用を確保する仕組みは十分には整えられていないのに、なぜ国は国際法を比較的よく守るのか、という問題を考えておきましょう。このように問題をたてると、返ってくる反論は容易に想像できます。あなたは国際法で飯を食っているからそういうのだろうが、とんでもない。新聞やテレビをご覧なさい、国はしょっちゅう国際法を破っている。しかも、ほとんどの場合にはろくにおとがめもない。これで国際法は「法」だといえるのですか？……

　しかし、国際法は「法」かどうかという問題は「法」の定義にかかっているので、ここでは差し当たりおくとして、戦争か平和かといった国の死活的利益がかかっている（と、少なくとも国が思っている）重大問題は別にして、日常的な国際関係では国は国際法を比較的よく守っているのです。たとえば、喧嘩相手をぶん殴った外国人をお巡りさんが取り押さえたら、この外国人は理解できない外国語でわめくばかりなので、当人を署まで連行した。ところがまもなく某国大使館から厳重な抗議がきて、当人は外交官の身分を持つ同国の大使館員だという。そこで、警察では平謝りに謝って同人を釈放した。このような事件なら新聞に報道されることもないでしょうが、ここでは外交官の身体の不可侵という国際法規則（外交関係条約第29条、参照）が適用されているのです。

　もう一例。領海では、慣習法上すべての国の船舶に無害通航権が認められています〔⇒**第5回4．(2)**〕。ところがある国が、最近は密輸事件が頻発して取り締まりが思うにまかせないというので、無害通航権を否定して領海を通航する外国船舶に事前の許可を得るように求めたとすると、諸外国から非難が殺到して、これはジャーナリズムでも大きく報道されることになるでしょう。しかし、通常はそのようなことをする国はなく、外国船舶は無害通航権を行使して無事に外国の領海を通航しています。そして、このように国際法が遵守されていることは、人々の話題にはならない。つまり、国際法違反の事例は大きく報道されて一般の関心を引くのに対して、国際法遵守の多くの事例はおよそ取り上げられることはないのです。

そこで国が国際法を比較的よく遵守する理由ですが、第1に2.(1)で見た相互主義を挙げることができます。A国がB国の国際法上の権利を侵害したなら、B国による対抗措置の対象となるかも知れません。たとえB国が泣き寝入りをしてくれても、A国の行為は将来自国に跳ね返ってくるかも知れない先例になる可能性もあります。上に挙げた外交官の特権・免除の例は、相互主義が働く典型的な分野です。すべての国は多くの国の外交官を受け入れているだけでなく、多くの国に外交官を派遣してもいるからです。

第2に、条約にしても慣習法にしても、国際法は基本的には国の合意によって形成されますから、そこには多少とも各国の利益が反映されています。したがって、国際法に違反することがたとえ短期的にはその国の利益になるとしても、長期的に見れば国際法を遵守するほうが国の利益にかなうでしょう。上に挙げた無害通航権の例についていえば、外国船舶の領海通航に事前の許可を求めることは、短期的には密輸の取り締まりに効果を上げることができるとしても、長期的に見れば無害通航権を尊重して国際交通の自由を確保することのほうが、当該の国も含めてすべての国の利益になるものと思われます。

第3に、言葉の真の意味における「制裁」は組織化されていないといっても、2.(1)で見たように、締約国相互間の監視、協議、説得などを通じて条約義務の履行を確保する、「レジーム」と呼ばれる多数国間条約体制が、次第に目立つようになっています。「レジーム」が確立していない分野でも、いわゆる「仲間内の監視」は国際法の遵守確保に相当の役割を果たします。「あの国は国際法を守らない国だ」という評価が定着すれば、その国は国際的な交流から次第に疎外されていくでしょう。この点ではいうまでもなく、国際世論も無視することができない役割を果たします。

そして第4に、以上のようなことの基礎には、「国際化」「グローバリゼーション」と呼ばれる現代世界の状況があります。経済、政治、文化など人間活動のすべての分野において相互依存が確立した現代世界では、どのような大国・強国も孤立して存在することはできません。そして、このような国境を越えた人間活動が秩序ある予測可能な線に沿って円滑に進められるためには、国際法が不可欠な役割を果たすのです。上に挙げた外交官の特権・免除

や外国船舶の領海における無害通航権の例を思い起こしても、このことは容易に理解できるでしょう。

[注]
1) **国連の職務中に被った損害の賠償勧告的意見**(ICJ勧告的意見、1949年4月11日)：第1次中東戦争に際して現地に派遣されていた国連の調停官ベルナドッテ氏などがイスラエル支配下のイェルサレムで殺され、当時国連非加盟国であったイスラエルに対して国連が損害賠償を請求できるのかどうかという、憲章には明文の規定を欠く問題について、総会が裁判所の意見を求めた。裁判所はこのような場合には国連はその職員に対して「機能的保護」を与える権限があると結論したが、その前提として本文に述べたような形で国連の国際法主体性を承認した。
2) **北海大陸棚事件**(ICJ判決、1969年2月20日)：西ドイツとデンマークおよびオランダが大陸棚の境界画定について争った事件。デンマークとオランダは大陸棚条約第6条の等距離・中間線方式は慣習法となっており非締約国である西ドイツをも拘束すると主張したが、裁判所はこれを退けて大陸棚の境界は衡平の原則に従いすべての関連状況を考慮して合意によって決定されるべきものとした。その後の同種の事件に大きな影響を与えただけでなく、大陸棚を陸地の海に向かっての自然の延長と捉えたこと、本文のように大陸棚条約の第1～3条の慣習法化を認めたことなどの点において、国連海洋法条約の関連規定を含めてその後の大陸棚制度の発展にも決定的ともいえる影響を与えた。
3) **オデコ・ニホン・S・A事件**(東京地裁判決、1982年4月22日；東京高裁判決、1984年3月14日)：日本の領海外の大陸棚で請負契約により石油・天然ガスの試掘を行って対価を得た原告が、法人税課税処分の取り消しを求めて訴えを提起し、作業は日本の領域外で行われた、日本は大陸棚制度に否定的な態度をとってきたので、これを取り消すことなしに主権的権利を主張することは禁反言の法理に反する、などと主張した。判決は大陸棚に対する主権的権利の慣習法化を認めるとともに、これによって資源開発に関連する限りでは大陸棚に日本の属地的管轄権が及び法人税法が適用されると判断した。
4) **東部カレリア勧告的意見**(PCIJ勧告的意見、1923年7月23日)：フィンランドに隣接するソ連領の村の自治を規定する条約の解釈をめぐって両国間に紛争が生じ、フィンランドはこれを国際連盟理事会に付託した。理事会はこれについて裁判所に勧告的意見を求めたが、裁判所は、ソ連は連盟国ではない上に連盟による紛争処理に同意を与えておらず、また、問題は両国間の紛争の主要な争点に関わるものであるから、勧告的意見を与えることはできないと判断した。

【参考文献】
小田滋『海の国際法(下巻)』〔増訂版〕有斐閣、1969年。
深津栄一『国際社会における法適用過程の研究』有信堂高文社、1969年。
高林秀雄「大陸棚制度と慣習国際法」『龍谷法学』第2巻2－4合併号、1971年、同『海洋開発の国際法』有信堂高文社、1977年、所収。

藤田久一「現代国際法の法源」『現代法哲学3』東京大学出版会、1983年、所収。
ゲ・イ・トゥンキン、藤田久一・松井芳郎訳『国際システムにおける法と力』法律文化社、
　　1990年。
小寺彰『WTO体制の法構造』第3章「レジームの国際法上の意義」東京大学出版会、2000年。
森田章夫『国際コントロールの理論と実行』東京大学出版会、2000年。
松井芳郎「法典化──現代における意義と課題」『法学教室』第281号、2004年2月号。
村瀬信也『国際立法──国際法の法源論──』東信堂、2002年。

第4回
主権国家はどうなるの？
—— 現代国際法と国家の位置 ——

　これまでのお話で、国際機構、多国籍企業、NGOs、個人など多様な行為体が登場した現代国際社会においても、国際法上は国家がもっとも基本的な主体であると申し上げました。しかし、グローバリゼーションの急速な進行に伴って、平和、人権、環境などの全地球的問題の解決について国が有する能力の限界が露呈されるようになった事実も否定できません。現在では様々な意味で「主権国家の黄昏」が語られるようになっているのは理由のないことではないのです。そこで今回は、「主権国家の黄昏」論を手がかりとして、現代国際法における国家の位置について考えてみたいと思います。

1. 主権批判論の系譜

(1) 第1次・第2次世界大戦後の主権批判論

　グローバリゼーションと呼ばれる社会現象が目立つようになり、それをめぐる議論が活発になったのはおもに冷戦終結以後のことです。しかし、国家主権批判の議論はグローバリゼーションに伴って新しく登場したものではなく、世界大戦のような大きな災厄を国際社会が経験した後では、国家主権こそがそのような災厄の原因だとする主権批判論がもてはやされてきたものです。

　第1次世界大戦を終結させたヴェルサイユ講和条約は、当然のことながら戦争原因はもっぱら敗戦国だったドイツの側にあるものと見なし、ドイツに過酷な賠償義務を課しただけでなく、カイゼル・ウィルヘルム2世を戦争犯罪人として裁判し処罰することさえ予定しました〔⇒**第7回1.(2)**〕。19世紀後半以来、ドイツの公法学や国際法学では後進資本主義国としてのドイツの

立場を反映して、国家主権を最高・絶対のものと見なし国際法は主権の自己制限としての「対外的国法」に過ぎないとする絶対主権論が有力でしたから、ヴェルサイユ条約のこのような立場を基礎として主権批判論が登場するのは自然の成り行きだったといえます。

　たとえば純粋法学＊の創始者ハンス・ケルゼン（1881～1973年）は、国家は領土、住民、主権者など実体的なものからなるという見方を排して、国家とは法学的認識の対象としては法体系を意味すると説きました。国内法体系としての国家はその内部では最高であり、したがって国内法上は国家の主権が肯定されるのですが、国際法上は各国の国内法体系は普遍的な国際法体系にその部分として含まれているので、国際法上は国家は主権的ではない、ケルゼンはこのように論じました。ケルゼンはまた、国際法と国内法の関係に関しては伝統的な二元論を厳しく排除して、法学的認識としては一元論のみが可能だと考えました。一元論のうちで国内法優位を取るか国際法優位を取るかは、彼にとっては世界観の問題なのですが、しかし彼は、国内法優位論は国家の主権を認める裏側として国際法の否定に行き着き、また、倫理的・政治的には帝国主義と結びつくのに対して、国際法優位論は世界の組織化と平和主義に帰結すると述べました。

　このような主権批判論は、第1次世界大戦後には広範な支持を受け、必ずしも主権国家を単位としない「諸国民の法」を説いたグロティウス〔⇒第11回1.(1)〕が再評価されて、「グロティウスに返れ」が叫ばれたのもこの頃です。こうして主権批判論は当時の西側世界において明確な潮流となるのですが、その背後には国際連盟規約が戦争に訴える国の自由を制限したという、実定国際法の発展があったことは確かです。伝統的国際法では戦争に訴える自由はもっとも重要な主権の属性だと考えられていましたから、この自由の制限はつまり主権の制限だと見なすことには理由があったのです。

　第2次世界大戦後は、核兵器の出現によって平和の維持がいっそう緊急の課題となっただけでなく、新たに発展途上国の発展、人権の国際的保護、地

＊**純粋法学**：ケルゼンらによって主唱され、法学的認識から政治的・倫理的など非法的な考慮をいっさい排除することを主張、実定法を規範体系として構成した。横田喜三郎らによって日本にも移入され、両大戦間には公法学、国際法学などに大きな影響を与えた。

球環境の保全などを目的とする国際協力を推進するためにも主権の制限が必要だと主張され、主権批判論は西側世界を席巻した感があります。これらのうち、人権と環境については後回しにして、ここでは平和の維持と途上国の発展に関連するそのような議論に簡単に触れておきましょう。

第２次世界大戦の直後からの数年間は、主権こそが戦争の原因であるからこれを廃止して世界政府ないしは世界国家を樹立しなければならないという議論が、多くの西側先進国で流行しました。日本でも翻訳されて一世を風靡したエメリー・リーヴス『平和の解剖』(1945年)は、この立場に立った代表的な著作でした。彼は、主権は過去においては進歩的な意味を持ち民主主義の要求に適合するものだったが、科学技術と産業の発展によって相互依存が深まる現代世界ではそれは時代錯誤であって、主権を有する平等な社会があい接触し伝統的な主権概念に固執し続けていることが戦争の危機の原因であり、平和の維持のためには主権を排して世界政府を建設することが緊要だと論じました。東京大学教授で後に最高裁判所長官となった横田喜三郎先生は、先に見たようにケルゼンの純粋法学の祖述者で世界国家論者ではありませんでしたが、その横田先生でさえ当時は、原爆の出現によって世界国家の建設は「冷厳な科学の絶対的な要求」となったと主張されたのです。

さて、ここで取り上げるもう一つの問題である途上国の発展のための国際協力については、戦後復興が一段落する1950年代になって本格的に取り上げられるようになりましたが、当時は発展途上国──当時の言葉では「低開発国」──の開発の遅れの原因は「貧困の悪循環」にあるとされていました。これらの諸国では資本形成が低位である、したがって生産性が低い、したがって所得が低い、したがって貯蓄率が低い、したがって資本形成が低い……と貧困が悪循環するというのです。この立場では、「貧困の悪循環」から脱するためには外部からの刺激、つまり外国の援助と私的投資が不可欠であると考えられました。そして、このような国際協力を促進するためには、途上国が主権を強調することは逆効果で、主権を制限して好ましい投資環境を整える必要があると主張されたのです。

たとえば、国連事務総長が指名した専門家グループによる報告書『低開発国の経済発展のための諸方策』(1951年)は、援助によって供与された資金が

所期の目的のためにだけ使用されていることを国際的に検証することが必要だと勧告しました。また、1954年の国連総会決議824(IX)「低開発国の経済発展のための私的資本の国際的供給」は、投資環境を改善するために国内の政策、立法および行政慣行を見直すように勧告しています。

(2) 主権制限論の現実的な役割

それでは、以上のような主権制限論は現実にはどのような役割を果たすものだったのでしょうか？

第2次世界大戦の思い出が生々しかっただけでなく厳しい冷戦のもとにあった当時、世界政府論のような主張が広範な人々の心をとらえた事情はよく理解できます。しかし、その実現可能性の問題はおくとしても、もしもこのような構想が実現したなら、世界政府は現実にはどのような働きをしたでしょうか。当時の世界政府論にはその実現の方法として、国連を改革しようという考えと、国連とは別に世界人民会議といったものを開催して世界憲法を制定しようという考えの二つの潮流がありましたが、あるいは前者の方向に向けての第一歩となったかもしれない決議を、国連総会は1950年に採択しています。

「平和のための結集」と題する決議377(V)がそれです。この年の6月に朝鮮戦争が始まると、折からソ連が欠席中だった安保理事会は北朝鮮による「平和の破壊」を認定して、韓国に武力攻撃を撃退するのに必要な援助を与えるように加盟国に対して勧告する、決議83(1950)を採択しました。ところがソ連の復帰に伴って、安保理はその拒否権のために決議を採択することができなくなります。そこで西側諸国が主導して採択されたのが、安保理が拒否権のために任務遂行に失敗したときには、総会が国際の平和および安全の維持・回復のための集団的措置（平和の破壊・侵略行為の場合には軍隊の使用も含みうる）を勧告できるとする、この決議だったのです〔⇒**第10回3. (2) (3)**〕。当時は総会では西側諸国が圧倒的多数の支持を獲得することが可能でしたから、これら諸国が本決議によってより容易に集団的措置が取れることを目指したのはいうまでもありません。したがって、この決議が「活用」されたとすれば、形の上では国連は世界政府に一歩近づいたのかもしれないのです。しかし、そ

うはなりませんでした。すでにソ連が核兵器を保有していた段階で東側陣営の国に対して集団的措置を取れば、それは第3次世界大戦をもたらしたかもしれず、そうでなくても国連の分裂に導いたことは確実だったと思われます。

　他方、発展途上国の発展のための国際協力は主権制限を必要とするという主張は、上に引用した勧告からも明らかなように、途上国への先進国資本の自由な流入を促進することを意図していました。途上国に向けられたのは、このような勧告だけではありません。これらの諸国が経済的自立を目的として外国資本の国有化などの措置に訴えたときには、これら諸国は資本家の本国からの厳しい圧力にさらされ、場合によっては国有化を行った政権が、たとえばイランのモサデク政権＊や後にはチリのアジェンデ政権＊＊のように、クーデタによって打倒されることさえ少なくなかったのです。

　こうして発展途上国は、経済的自決権としての天然資源に対する永久的主権を主張するようになります。このような考えは、1962年の国連総会決議1803 (XVII)「天然資源に対する永久的主権」や、1966年に採択された二つの国際人権規約の共通第1条2などに反映されることになりますが、このような諸文書の審議の過程でも、先進資本主義国はこうした形で主権を強調することは国際協力を阻害するものだと主張して、これらに強く反対してきました。途上国やそれを支持した当時の社会主義国も、もちろん国際協力の重要性を否定したのではありません。これらの諸国は、国際協力は自由な合意によって主権平等を基礎として進められなければならないと主張したのです。

2.「主権国家の黄昏」論の現在

　以上に見てきたように、主権批判論は決して目新しいものではなく、100年近い歴史を持つものです。ところが、以上のような伝統的な主権批判論と、

＊**モサデク政権**：モサデクは1951年にイランの首相となり民族主義的な政策を遂行、アングロ・イラニアン石油会社（後のブリティッシュ・ペトロレアム）を国有化したが、1953年にCIA (米国中央情報局) が組織したといわれるクーデタで打倒された。

＊＊**アジェンデ政権**：アジェンデは1970年に民主的な選挙で大統領に当選し、社会主義への平和的移行をめざして外国資本の国有化などを行ったが、1973年に米国系多国籍企業に後押しされたピノシェ将軍のクーデタによって殺害された。

グローバリゼーションのもとで注目されるようになった「主権国家の黄昏」論とでは、国家主権に対する批判の焦点に移動があることに注意しましょう。つまり、伝統的な主権批判論は国際法を無視して勝手にふるまう「全能」の主権国家に向けられていたのに対して、現在の「主権国家の黄昏」論は、グローバリゼーションのもとで顕在化してきた全地球的な諸問題を解決する上での、主権国家の「無力」に向けられているのです。そこで、まず「主権国家の黄昏」論の内容を簡単に整理しておきましょう。

(1) 「グローバリゼーションは国家の能力を縮減した」

経済と社会のグローバリゼーションは、否定することができない事実として私たちの目の前に存在します。そしてグローバリゼーションが、世界の富の急速な増大と貿易の急増、多くの国における平均余命、識字率、初等教育などの向上、そして民主化の進展と市民的自由の拡大といった、積極的な成果を挙げてきたことは否定できません。しかし同時にグローバリゼーションが、先進国・発展途上国の双方の国内における貧富の差の拡大と先進国・途上国間の格差の拡大、絶対的貧困の増大、地球環境の悪化、社会上・ジェンダー上の不平等などの深刻化、障害者・老齢者といった社会的弱者の孤立、難民と国内避難民の劇的な増大といった、多くの負の影響を与えてきたことも明らかです。

国連は、グローバリゼーションのこのような影の部分と戦うことを、現在のもっとも重要な課題として強調してきました。たとえば、総会が2000年に採択した「ミレニアム宣言」（決議55/2）は、次のようにいいます：「われわれが今日直面している中心的な課題は、グローバリゼーションが世界のすべての人々にとって積極的な力となるよう確保することだと、われわれは信じる。なぜなら、グローバリゼーションは大きな機会を与えるものではあるが、現在ではその利益は極めて不均等に分かたれており、他方でそのコストは不均等に配分されているからである。発展途上国と移行経済諸国が、これらの中心的な挑戦に立ち向かううえで特別の困難に直面していることを、われわれは認める。こうして、多様でありながらわれわれが共有する人間性に基礎をおく、共通の未来を創造するための広範かつ持続的な努力によってのみ、グ

ローバリゼーションはすべての人々を包み込む衡平なものとなることができる」。

　ところが、まさにグローバリゼーション自体が、その影の部分と戦うための国の能力を縮減してきたのです。このことを確認するために、少し歴史をさかのぼってみましょう。伝統的国際法が確立する19世紀半ばの国際社会においては、資本主義世界経済は国民市場を基礎として成立しており、資本主義的な再生産は原則として国内において完結していました。つまり、資本家は原則として国内で資本を調達し労働者を集めて、生産した商品を国内で販売していたのです。もちろん、資本主義の発展は国民市場を基礎としながらも国境を越えて世界市場の建設をめざし、ここに国際法成立の基礎があったのですが、当時において自由貿易を追求した古典派経済理論にあっても、通貨と金融政策を独占し、財産権と契約を保護し、さらには自由競争を保障する国家は、経済発展にとって無視することができない存在だったと指摘されています。

　しかし現在では、このような条件は失われています。交通、通信および情報技術の驚くべき発展は国民市場を分け隔てていた障壁を急速に低くし、国境を越えた人間、商品、資本および情報の移動はかつては予想もされなかったほど容易になりました。これに伴って先進資本主義国の企業は多国籍化し、生産、販売、金融取引などの諸活動を国際的にではなく世界的に展開するようになり、こうして国民市場は再生産の単位としての性格を喪失し、それに伴って各国の経済政策決定の能力は急速に失われてきたとされます。

　貿易、資本、そして金融取引の自由化は、国が租税、公共支出、信用規制、為替管理、資本規制、所得政策などによって国民経済を管理する能力を、多くの点で劇的に縮減しました。国は今や、自国の産業を保護し育成するために関税はもとより、数量制限にも補助金にも依拠することはできません。国が企業に対する課税を強化しようとすれば、資本は速やかに国外に逃避するでしょう。また、インターネットを通じて即時に行われる金融取引を、国が規制するのは至難のことです。

　グローバリゼーションに伴う経済分野での国の管理能力の縮減は、規制緩和や民営化といった政策を通じて社会福祉や労働者保護に深刻な影響を与え

てきたことも周知の通りです。資本移動が自由化された世界市場では、一国が労働市場に対する規制を緩和して労働者保護を後退させれば、他の国もそれにならうことを余儀なくされます。また、一国が社会福祉の財源を累進課税や企業に対する課税の強化に求めようとすれば、資本が国外に逃避するでしょう。こうして、社会保障を推進し労働者保護を強化しようとする政策は、「そんなことをすれば国際競争力が……」という大合唱によって踏みつぶされるのです。

　グローバリゼーションはまた、立法や司法の分野における国の権限にも影響を及ぼします。GATTは内国の課税や規則、数量制限などの非関税障壁を原則として禁止しますが、1947年のGATTではこれは加入時の国内法の範囲内で実施すればよいことになっていた（「祖父条項」）のに対して、WTO協定のもとでは加盟国は自国の法令および行政手続をWTO諸協定上の義務に適合するよう確保する義務を負いました。加盟国の国内法の「ハーモナイゼーション」は、今やWTOの重要な課題となっているのです。国際取引をめぐる紛争解決手続も、国の手を離れつつあります。1965年に世界銀行が作成した投資紛争解決条約は、国と外国投資家との間の投資紛争を国内的救済を経ることなく仲裁によって解決することを規定しますが、2010年末現在では147の締約国を擁します。異なった国籍の企業の間の国際取引をめぐる紛争も、いずれかの国の国内裁判所ではなくて国際商業会議所などの私的な仲裁機関による仲裁によって解決されることが多くなりました。

(2)「国家は全地球的問題の解決にとって障害となっている」

　先に見たような全地球的課題に関して、主権国家は問題解決能力の限界を大きく露呈してきました。たとえば、環境問題は本質的に国境を越える問題です。一国内における産業活動や事故に起因する環境破壊は必然的に近隣諸国に影響を及ぼすだけでなく、一国だけが厳しい環境基準を採用すればその国の産業の国際競争力が弱まるから、この意味でも環境保全のためには国際協力が不可欠です。ところが、このような国際協力を実現する上で、主権国家の多くはきわめて消極的でした。発展途上国だけでなく先進国の間にも環境保全よりも経済成長を重視する国が少なくありません。また、途上国の発

展を環境保全と調和して進める「持続可能な発展」を実現するためには、資金や技術の面での先進国の協力が不可欠ですが、先進国はこのような援助の供与には気乗り薄です〔⇒**第8回3.**〕。

　人権問題もまた、国家権力の恣意的な行使から個人を保護するという意味では、本質的に国家主権と緊張関係に立ちますが、国際関係におけるその現れも例外ではありません。国際社会が国際的な人権保障手続を確立しようとするとき、あるいは一国内の人権侵害の問題を取り上げようとするときに、反対の論拠として常に持ち出されるのは国家主権と内政不干渉の原則でした。したがって、環境問題や人権問題の解決はもはや国家に委ねることはできず、この目的のためには一方では強力な権限を持つ国際機構を設立し、他方ではNGOsなどの市民社会に積極的な役割を与えることによって、いわば国家権力を挟み撃ちにしなければならない、このような主張が出てくるのは当然のことでした。

　さらに、冷戦終結後の国際社会では、民族的、人種的、宗教的など多様な背景を持つ地域紛争や内戦が頻発し、とりわけソマリアやルワンダ、そしてある意味では旧ユーゴなどの紛争は「国家構造崩壊型の紛争」といった様相を呈しました。つまり、これらの紛争は政府と反乱側が対峙するという伝統的な内戦の枠には留まらず、国の統治機構自体が崩壊して数多くの党派や集団が武器を取って相争うという状況になったのです。このような状況では、主権国家から構成される国際社会はなすすべがありません。人権の保護や人道的援助の供与を目的に国際社会が介入するためには、当該国家の要請または同意が必要だというのが国際法の原則なのですが、同意を求めるべき政府が消え失せてしまったのです。このような状況のもとで、人道的援助の供与のためには国家主権にこだわることなく、国際社会が積極的に行動するべきだという主張が登場するのは、ある意味では自然な成り行きだったといわねばなりません。たとえばカナダが主唱して一部の先進国に影響を広げてきた「保護する責任」論によれば、市民をジェノサイドや重大な人権侵害から保護する責任は第一次的には主権国家にあるが、当該国がその意思または能力を持たないときには、これに代わって国際社会が「保護する責任」を果たさなければならないとします。

以上のように、グローバリゼーションの進行は「主権国家の黄昏」をたしかに現実のものにしたのですが、これによって生じる諸問題に対する処方箋が別の意味での「主権国家の黄昏」という立法論に求められている——国際社会の現状は一言でいえばこういうことになるでしょう。

3. 主権国家はどこに行くのか

　それでは、グローバリゼーションの進行は主権国家の役割をすっかり過去のものにしてしまったのでしょうか。また、グローバリゼーションが生み出した諸矛盾に対処するために、私たちはもはや主権国家の働きにいっさい期待することはできないのでしょうか。これらのことを認めるとするなら、「国」際法学者は失職することになってしまいます。そこで私は、以下のようにこのような議論に対して若干の抵抗を試みようと思うのです。

(1) 多国籍企業と主権国家

　グローバリゼーションの主役は、いうまでもなく多国籍企業です。しかし、「多国籍」企業という表現は正確ではないという指摘があります。多国籍化したのは市場であって、この市場でいずれかの国の国籍を持つ企業が活動するのだというのです。たしかに、国際法の立場からいえば、企業は必ずどこかの国の国籍を持ちます。親会社は本店所在地や設立準拠法の国の、子会社や合弁会社はそれらを受け入れた国の、親会社とフランチャイズ契約やライセンス契約によって結びついた企業はもちろんそれぞれの国籍を……といった具合にです。少なくとも、多国籍企業は無国籍企業ではありません。このことをまず確認しておきましょう。

　ところで、2.でも実はわざとそういう言い方をしたのですが、グローバリゼーションはあたかも自然現象のようにおのずから進行したという印象を私たちは植え付けられています。しかし、そうではない。国境の垣根を低くして企業が多国籍化し世界的な規模で自由に活動できるように確保する目的で、主権国家が国際的なレベルでも各国の国内レベルでも、様々な政策を展開してきた結果がグローバリゼーションなのです（図4・1参照）。

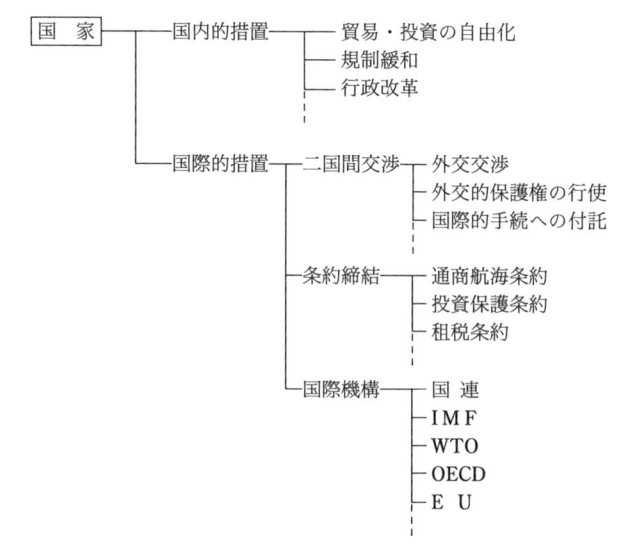

```
国家 ─┬─ 国内的措置 ─┬─ 貿易・投資の自由化
      │              ├─ 規制緩和
      │              └─ 行政改革
      │
      └─ 国際的措置 ─┬─ 二国間交渉 ─┬─ 外交交渉
                     │                ├─ 外交的保護権の行使
                     │                └─ 国際的手続への付託
                     │
                     ├─ 条約締結 ─┬─ 通商航海条約
                     │             ├─ 投資保護条約
                     │             └─ 租税条約
                     │
                     └─ 国際機構 ─┬─ 国連
                                   ├─ IMF
                                   ├─ WTO
                                   ├─ OECD
                                   └─ EU
```

図4・1　国が推進したグローバリゼーション

　国際的レベルを例にとれば、すでに伝統的な通商航海条約において諸国はお互いに関税率の制限や貿易障壁の撤廃、出入国と営業の自由、投資財産の保護などを約束してきました。第2次世界大戦後は1947年に成立した多数国間条約であるGATTが自由貿易を推進し、これは1994年には国際機構としてのWTOに引き継がれて、WTOはモノの貿易だけでなく、サービス貿易や、貿易に関連する限りで知的所有権や投資措置をも守備範囲に含めました。投資の自由化や保護については、先進国は経済開発協力機構(OECD)の資本移動の自由化に関する規約を通じて自ら自由化を進めてきただけでなく、発展途上国との間に多くの投資保護協定を結んできました。また、多国籍化した企業の利益を保護するためには、租税条約(二重課税防止協定)＊の役割も重要です。

　国家はまた、自国を本国とする多国籍企業が受け入れ国において権利・利益を侵害されたと判断するとき、これを自国の国際法上の権利が侵害されたものと見なして、外交的保護権〔⇒**第2回4.(1)**〕に訴えてきました。外交的

＊**租税条約(二重課税防止協定)**：二国以上の国で活動する企業が同一の課税物件について異なる国で同じ性質の租税を課されないように、課税権を制限する条約をいう。

保護権が狭い意味で、つまり外交レベルで発動された事例は枚挙にいとまがありませんが、これを国際的な紛争解決手続にのせる典型的な例はWTOの紛争解決了解が定める手続です〔⇒第3回2.(1)〕。たとえば「日本のフィルム」事件で米国は、日本は輸入製品の参入を困難にする様々な措置によってGATT上の米国の利益を無効化しまたは侵害したとして日本を訴えました。WTOのパネルは、法的拘束力がある措置だけでなく日本が得意とする行政指導も「措置」に当たることを認めましたが、米国は日本の措置が自国の利益を無効化・侵害したことを立証しなかったと判断しました。米国はもちろん、日本の措置が自国の国としての利益を無効化・侵害したと主張したのですが、実際に米国が擁護しようとしたのは自国のフィルム・メーカーであるコダック社の利益だったことは明白で、本件は実際には「コダック対フジ」事件だったといわれます。

　また、国際司法裁判所(ICJ)に提訴された事例もあります。バルセロナ・トラクション事件(ベルギー対スペイン)〔⇒第2回注3)〕や、裁判部(小法廷)の判決であるシシリー電子工業会社事件(米国対イタリア)[1]、そして近年ではアマードゥ・サディオ・ディアロ事件(ギニア対コンゴ民主共和国)[2]といった例があります。とくに最後の事例は、ほとんど先進国の専売特許と思われていた外交的保護権が、グローバリゼーションのもとでは途上国間においても援用されることを示したことで興味をひかれます。

　国際機構を通じてグローバリゼーションが進められた例としては、上にもWTOやOECDに触れましたが、この点ではIMFを忘れてはなりません。IMFは国際復興開発銀行(世界銀行)とともにいわゆるブレトン・ウッズ体制を構成し、後者がおもに開発援助を任務とするのに対して、加盟国の国際収支の失調を是正するために短期の融資を行うことを主要な任務とします。このような融資を承認するに当たっては、IMFはこれに様々な条件を付することができ、とりわけ発展途上国に対するいわゆる構造調整融資では、支出の抑制と増税による財政赤字の改善、輸出の促進、規制緩和と民営化、賃金抑制などの厳しい条件(コンディショナリティ)が課されてきました。このような政策によってIMFは、途上国経済にグローバリゼーションを強いてきたのです。

　各国の経済政策に対するこのような厳しい制約は、国際機構によって行わ

れるのだから公正だろうと考えれば、それは誤りです。国連などの一般の国際機構が主権平等に基づいて原則として一国一票制によって運営されるのと違って、世界銀行やIMFなど加盟国の出資金に依存する国際金融機構では加重投票制が採られます。IMFの場合は、加盟国は250票の均分割票に加えて、出資額として割り当てられる割当額10万SDR*について一票の加重票を有します(IMF協定第12条5)。米国は16.77％、日本が6.24％、ドイツが5.82％など、G7諸国だけで44.3％の票決数を有し、これに対して発展途上国では票決数0.01～0.1％という国が大部分を占めるのです(2011年3月現在)。このような状況は均分割票の増加や出資割当額の増額を通じて徐々に改善され、2010年12月に合意された見直しが発効すれば中国が第3位の票決数を獲得するなどの変化が見込まれますが、IMFが一部の先進国によって牛耳られている状況は、当面は大きく変わりそうには見えません。

　このように、国の手によって多様な形で進められてきた条約や国際機構の仕組みの整備なしには、企業活動の多国籍的展開は不可能だったに違いありません。そうだとすれば、グローバリゼーションの野放図な展開が諸国民に与える負の影響を規制するためにも、国とその国際協力の役割に期待することはできないでしょうか？　現に諸国は、グローバリゼーションの悪影響が多国籍企業自体に及ぶときには、これを規制するために手を打ってきました。たとえば国連総会は、2001年には国連国際組織犯罪防止条約を、2003年には国連腐敗防止条約を採択し、また、OECDは1997年に国際商取引における外国公務員の買収と戦うための条約を、欧州評議会は2001年にサイバー犯罪条約を作成しています。

(2) 環境・人権の国際的保護と主権国家

　人権については第6回に、環境については第8回に立ち入ったお話をする

---

*SDR(特別引出権)：IMFでは当初、加盟国の通貨の価値は金または米ドルとリンクされていたが、1960年代に発生したドル不安に対処するために1969年のIMF協定改正によって創設された一種の国際通貨単位がSDR。SDRの配分は加盟国の割当額に応じて行われ、SDR参加国はSDRを使用して他の参加国から等額の通貨を取得できる。SDRの価格は創設時は1SDR＝1米ドルとされたが、変動相場制容認後は主要貿易国の通貨の「標準バスケット方式」によって決まる。

予定ですので、ここでは今回のテーマに関連する限りで簡単な指摘を行うのに留めます。2.で見たように環境問題が本来的に国境を越える問題であり、また、人権問題は本質的に国家権力と緊張関係にある問題であって、これらの解決に主権国家がしばしば障害となってきたのは確かです。しかし以下のように、これらの問題の国際的な解決に向かうためには、現状ではなお国の手を経る必要があり、また、国に一定の積極的な役割を期待しなければならない場合もあるのです。

　環境問題についていえば、その国際的な性格からしてこれを解決するための措置には国際協力が不可欠です。しかし国際関係の現段階では、こうした措置は「国」際協力を通じてしか実現できません。環境基準と実施措置を定める条約を締結するのは国であり、これらの条約を国内において実施し、国際的に履行確保の措置を執るのも、国際機構を通じる場合があっても基本的には国なのです。多数決によって加盟国を拘束する国際環境規則を採択できる「国際環境機構」を構想する向きもありますが、このような機構を設置することも国家間の合意、つまり条約によらなければなりません。他国の環境に悪影響を与える可能性がある活動を行おうとする国は、相手国に対して通報と協議を行う義務を負うが、相手国の同意までを得ることは要求されないというラヌー湖事件仲裁判決[3]の立場は、最近数を増しつつある関連条約でも固守されているのです。

　また人権の分野においても、国家が積極的な役割を果たす場合があることを忘れてはなりません。何よりも、上に触れた環境問題と同様に、国際的な人権基準を設定しその実施を監視するのは他の国家と協力する国家であり、国内レベルで人権の尊重を確保するのも第一次的には国の役割です。こうして、ブトロス・ガリ国連元事務総長は、人権の分野においても「主要な行為体は必然的に国家である」と述べました。人権保護の第一次的な役割は国家にあり、国際的な手続は補足的なものに過ぎないという事実は、自由権規約の第1選択議定書はもとより、この点ではもっとも進んでいると評価される欧州人権条約でさえ、個人が国際的な手続に訴えるためには国内的救済＊を

＊**国内的救済完了の原則**：外交的保護権の濫用を防ぐ趣旨で成立した原則で、国が自国民が外国において被った損害を理由に相手国に外交的請求を行い、あるいは国際的手続に付託

尽くすことが前提条件とされているところにも現れているといえるでしょう。

さらに、外部からの侵略や干渉が国民の人権を脅かすことに対して、主権と自決権はその防壁となり得ます。国際人権規約の共通第1条に自決権が規定された理由の一つは、この権利を否定されたならどのような人民もそれを構成する個人も自由ではなく、自決権は「個人のすべての権利および自由の享受の前提条件である」と考えられたからでした。人権促進における国家の役割は、とりわけ国の積極的な給付に期待しなければならない経済的・社会的権利の場合に明確です。近年における市場経済化と国の役割の縮減は、多くの発展途上国にとっては社会権規約に違反するといわれるような状況をもたらしてきましたが、その大きな原因は、これらの諸国がIMFや世界銀行が推進する構造調整プログラムのもとで、社会経済分野における政策決定能力に大きな制約を受けていることだと指摘されているのです。また、冷戦終結後に多発した地域紛争において、「国家構造崩壊型の紛争」と呼ばれる紛争に巻き込まれた"failed State"（「破綻国家」とか「失敗国家」と訳される）では、国の統治構造そのものが崩壊して多量の難民や国内避難民が発生し、国民の基本的人権はもとより最低限の生存を確保するためにも、有効に機能する国家の仕組みの再建が不可欠の課題となりました。こうした紛争の際に派遣される国連の平和維持活動——いわゆる「第二世代」の平和維持活動——では、「平和維持」とならんで生育力ある国家機構の再建を目指す「平和構築」が、重要な任務となるのです〔⇒第10回 5.(2)〕。

ここで、先進国企業の多国籍化と人権・環境の保護との関係を簡単に検討しておきましょう。先進国の企業が発展途上国や移行経済諸国に進出するとき、これら諸国における自由権の一定の保障が要求されることは確かです。これらの諸国に進出した企業が円滑に経済活動を行うためには、営業の自由が確保され、国や共同体の権威主義的な支配から解放された自由な労働者が存在することは、不可欠の条件だからです。この意味で、西欧諸国が移行経済諸国の欧州人権条約加盟を推進してきたのは、決して人権尊重の理念から

するためには、当該の個人が相手国で利用可能で実効的な国内的救済手続きを尽くしても救済されないことを条件とする。十分に確立した国際慣習法の原則とされ、人権保護のための国際的手続でも例外なく適用される。

だけ出たものではありません。

しかし他方では、進出先の諸国で労働者の保護が強化され、あるいは厳しい環境基準が採用されることによって生産コストが上昇することは、多国籍企業の利潤率の低下を招くもので、彼らの望むところではありません。多国籍企業の意を体して準備されてきたOECDによる多数国間投資協定の草案が、労働者保護や環境保全に関する規定をほとんど含んでいなかったことは、この事実を端的に示します。OECDのこの試みは、NGOsのこの点に関する厳しい批判がおもな理由となって、ついに挫折したのでした。

同じことは、難民や移住労働者に対する西欧諸国の政策にも現れています。経済が好況で労働者が不足した時期には、これらの諸国は難民や移住労働者に広く門戸を開いていました。ところが経済が不況になると、西欧諸国はこれらの移住者の締め出しに転じたのです。EUではすでに労働者を含むヒトの域内における自由移動が実現していますが、これと反比例して域外との間の外囲国境の管理は強化されているといいます。つまり、多国籍企業にとってはヒト、モノ、カネ、情報などすべての自由な移動が理想であるわけではなく、彼らにとっても国境で分け隔てられた国民経済は、なお利用価値があるものなのです。

(3) 国際機構と国家主権

さて次に、以上とは趣を変えて国際機構と国家主権の関係に触れておきましょう。

国際機構は、加盟国の単なる足し算ではありません。それらは、基本文書（設立条約）に従って決定される独自の意思を有し、国際社会において独自の行為体として活動します。国際機構はもちろん、諸国家が共通の利益を促進するために設立するものですが、国はそれに加盟することによって多少とも行動の自由を制限されます。とりわけ、国際機構が多数決によって加盟国を法的に拘束する意思決定を行うことができる場合には、その限りで加盟国は主権の制限を受けることになります。

この点においてもっとも顕著なのは、ご存じのように欧州連合（EU：旧欧州共同体（EC））です。EUは特定多数決によって、構成国において直接適用

されかつ国内法に優先する法令を制定する権限を持っています〔⇒**第3回2.(2)**〕。しかもEU法の解釈・適用のためには独自の司法機関であるEU司法裁判所がおかれ、そこにおいては構成国だけでなくEU機関や自然人・法人も当事者資格を認められています。EUはまた、権限を委譲された分野では条約締結権を持ち、さらにその活動のために固有の財源をも確保しています。

したがって、EUはいまだに構成国の憲法的独立という意味での主権を脅かしていないという一部の説は、すでに正確ではありません。構成国はもはや、EUに権限を移譲した分野では憲法的自治を享有していないからです。しかも、1993年のマーストリヒト条約発効に伴うEUの設立によって、連合市民権の導入、共通外交・安全保障政策の追求、司法・内務分野の協力など、ヨーロッパ統合はいっそうの進展を示しました。さらにその後の数次の機構改革を経て、2009年に発効したリスボン条約による改定では、従来はEUとは別個に存在した欧州共同体（EC）がEUに統合されて旧EC条約はEU運営条約となったほか、**4.**で触れるような改革が行われました。

したがって、EUはもはや単なる国際機構ではなくそれと連邦国家の中間に位置するものであり、また、EU法は国際法にも国内法にも分類されない独自の法なのだという説が有力です。しかし他方では、EUはその法令の直接適用を確保するための物理的強制力を有しておらず、この点では構成国に依存しなければなりません。また、EU機関の権限は設立条約とこれを修正・補足する諸条約によって定められ（「権限付与の原則」：EU条約第5条1）、EUは排他的権限に属さない分野では、提案された行動の目的が構成国によっては十分に達成されずEUによっていっそうよく達成できる場合にその限りで行動するものとされています（「補足性の原則」：同第5条3）。さらに、連合市民権は補完的なものであって構成国の市民権に取って代わるものではないとされており（同第9条；EU運営条約第20条）、第三国において連合市民を保護するのはEUではなくその市民の国籍国であって、国籍国が代表をおいていない第三国では市民は他の構成国の保護を当該国の国民と同一の条件で受けることになります（EU運営条約第23条）。また、第三国や国際会議では構成国は自らの外交・領事使節によって代表され、これらがEUの決定が実施されるようEU代表と協力するものとされます（EU運営条約第35条）。こうして、EUは

超国家的性格を有するがそれ自体は超国家ではなく、構成国は基本的にはなお主権国家としての地位を保っているということができるでしょう。このことが、それ以外の国際機構についてはいっそう強い意味でいえることは、いうまでもありません。

(4) それでは国家に何ができるか？

以上において、グローバリゼーションはおもに国の政策によって推進されてきたものであり、そのもとでも主権国家が果たすべき役割は少なくないことを述べてきました。他方で2.では、グローバリゼーションのもとにおける主権国家の「無力」の議論を紹介したので、「あなたの言うことは矛盾してるのでは？」という疑問が出るかもしれません。実は2.で述べたことは私自身の意見ではなく、世間一般の議論を紹介したのですが、誤解を招かないためにもここでグローバリゼーションのもとで主権国家に何ができるかについての私の考えを、インターネットの規制を例に挙げて説明しておきましょう。インターネットはグローバリゼーションを象徴するもので、もっとも「ボーダーレス」な存在とみなされています。しかし、インターネットを通じて企業が商取引を円滑に展開するためには、契約の遵守を確保し詐欺等の犯罪行為を抑止するために法と秩序を維持する国家権力を必要とし、また、金融市場の整備と維持、各種のインフラの構築等々のために公権力を必要とする点でも、一般の企業活動と変わるところはありません。さらに、いわゆるサイバー犯罪を防止し処罰することも、結局は背後に強制力を有する公権力の役割です。これらの点で、関連業界の自主的な行為規範が大きな役割を果たすことはよく知られていますが、それらも最終的には国家権力の裏打ちを必要とするのです。

他方で国は、ボーダーレスに展開するインターネットについてさえ、これを規制する手がかりを有さないわけではありません。例えば国は、外国のサーバーでアップされた情報でも、自国に所在する中継点を通じてこれを規制することができます。情報自体は国境に関わりなく伝播されるとしても、そのためには各種のハードウェアが必要であり、ハードウェアは必ずどこかの国に現在するのです。国はまた、外国のサーバーでアップされた情報が自国で

聴視可能である場合に、国家管轄権の行使を基礎付ける何れかの国際法上の根拠に基づいて司法管轄権を行使してきました。たとえばYahoo!オークション事件[4]では、フランスでは禁止されるナチ・グッズが米国でアップされたサイトに出品されたことに対して、フランスの裁判所が管轄権を行使しました。またダウ・ジョーンズ対ガットニク事件[5]では、米国でウェブにアップされたニュースによって名誉を毀損されたというガットニク氏の訴えについて、オーストラリアの裁判所が管轄権を有すると判断されました。もっとも、国は何らかの根拠によって司法管轄権を行使できたとしても、その執行管轄権＊は領域的に厳しく限定されますが、グローバルに展開するインターネット企業は多くの場合法廷地国に支店等の資産を有していますから、勝訴当事者はこのような資産を対象として判決を執行することができます。さらに、国はインターネットを規制するために、先に名前を挙げたサイバー犯罪条約のように、条約等を通じて国際協力を行うこともできます。

　しかし問題は、国によるインターネットの規制が可能かどうかよりも、それが望ましいかどうかという点にあるというべきかも知れません。たとえば、インターネットに対する国の規制は、表現の自由を侵害し言論の自由の行使に萎縮効果を及ぼすものとして、強く批判されてきました。しかし、自由権規約(第19条)にしても欧州人権条約(第10条)にしても、表現の自由は公の秩序や道徳の保護のために法が定める制限に服することを規定しています。そして、自由民主主義を憲法的価値として掲げる先進諸国の間にさえ、言論の自由とその規制に関しては深刻な価値観の対立があるのです。そうだとすれば、国が民主的に定めた法律によってインターネットを規制することは、それ自体、文化の多様性と国民の自決とを促進するものと見なければならないでしょう。

＊**司法管轄権と執行管轄権**：国家領域では、当該の国が原則として排他的な統治を行う〔⇒第5回1.(1)〕が、この統治の権限は立法管轄権、司法管轄権および執行管轄権に区分される。立法管轄権と司法管轄権は一定の条件のもとに域外でも行使できるが、執行管轄権は厳密に領域的であって、外国領域では領域国の許可なしには行使できない。

4. 「主権国家の黄昏」と「民主主義の赤字」

　英国の国際政治経済学者スーザン・ストレンジは、グローバリゼーションの進行に伴って主権国家のパワーは上へと、つまり弱い国家から地域的・グローバルな影響力を持つより強い国家へとシフトしたか、横へと、つまり国家から市場へとシフトしたか、それとも誰もそれを行使せず、いわば「蒸発した」かであると指摘し、「権威のシフトしている非国家的権威のうち、一つとして民主的に統治されているものはない」と断じました。つまり、「主権国家の黄昏」は「民主主義の赤字」を生み出したのです。たとえば多国籍企業は、いうまでもなく利潤の最大化を至上命令とし、株主はともかくとして受け入れ国はもちろん本国の国民に対しても何の責任を負うものでもありません。

　国際機構の場合でも従来のECを例にとると、構成国国民が直接選挙する欧州議会に次第に大きな権限が認められるようになってきたものの、構成国の政府代表からなる理事会と、理事会が選ぶ委員からなる行政機関としての委員会になお多くの権限が与えられていました。委員会は、構成国に対してはもちろん、欧州議会に対しても原則として責任を負うものではなかったのです。EC立法は委員会の提案に基づくことを要し、欧州議会と理事会の共同決定によるか、理事会が欧州議会に諮問して協力決定を行うかによって採択されました。「民主主義の赤字」とは、ECのこのような状況を指して用いられた言葉です。また、EC法は人権規範を含んでいなかったので、このようなEC法が構成国の憲法・基本法に優先して適用されることには根強い不安が表明されてきました。この点に関しては当初のEU条約第6条2が、EUは欧州人権条約により保障され、かつ構成国に共通の憲法上の伝統に由来する基本的権利を共同体法の一般原則として尊重すると規定するに留まったのです。

　これに対して、2009年に発効したリスボン条約は「できる限り市民に開かれ、かつ近いところで決定が行われる」ことを謳い(EU条約第1条)、いくつかの注目するべき改正を導入しました。たとえば、基本条約の改正についてあらたに欧州議会の発議を認め、構成国の議会による手続への関与を規定しました(同第48条)。また、EU機関の市民社会との透明な対話を規定し、構成

国市民に一定の条件のもとにEUの立法行為についての発議権を認めました（同第11条）。人権についていえば、2000年に政治的文書として作成された欧州基本権憲章を基本条約＊と同一の法的価値を有するものとしてこれに組み入れるとともに、EUの欧州人権条約への加入を規定しました（同第6条）。他方、欧州人権条約の側でも第14議定書によって導入された改正によりEUの条約加入を認め（第59条2）、こうして具体的には今後の交渉を待たなければならないとはいえ、長年の課題だったEUの欧州人権条約加入に向けての第一歩が踏み出されたのです。

　未完であるとはいえ「民主主義の赤字」を解消するためのEUのこのような努力は、グローバリゼーションの過程とその影響を民主的に統制するために、重要な示唆を与えてくれるように思われます。EU条約はEUの運営が代議制民主主義に基礎をおくと謳い、そのために、市民を直接に代表する欧州議会を通じる道と、国家元首または政府の長が構成する欧州理事会と政府代表からなる理事会については各構成国政府がその議会と市民とに対して民主主義的に責任を負う道との、二筋の道を規定しました（第10条）。これを一般化するなら、グローバリゼーションの民主的な統制のためには、そのための権限を与えられた国際機構の運営を民主化する道と、このような機構の加盟国である個々の国の政策決定を民主化する道の、二筋の道が追及されなければならないということになるでしょう。

　こうして、グローバリゼーションの民主的統制の手がかりは何よりも主権国家に求めざるを得ないのですが、この点における主権国家の役割として、外的な役割と内的な役割との二点を挙げることができるように思われます。第1に、今回の冒頭に現代国際社会では国のほか国際機構、多国籍企業、NGOs、個人など多様な行為体が登場したと述べましたが、これらの行為体が好き勝手に行動したのでは、国際「社会」は成り立ちません。諸行為体の役割分担と分業のあり方を定め、もしもそこにギャップがあればこれを埋め、そしてそれらの利害を調整するためには、──ある学者の言葉を借りれば──これらの行為体を「縫い合わせる」国家の役割が不可欠とされ、これが

＊**基本条約**：EUの基本条約とは、EU条約とEU運営条約とをいい、これら二つの基本条約は同一の法的価値を有するとされる（EU条約第1条）。

国の外的な役割に当たります。

　第2に、その内的な役割としては、国はそこにおいて国民の多様な理想やイデオロギー、あるいは選好する生活様式が民主的にせめぎあい、暫定的な調整を実現するための「場」を提供します。国家において私たちは、市民として私たちが抱くユートピアを社会組織に反映させるための平等の資格を認められるのです。ブトロス・ガリは国連事務総長だった時期に、「現在進行しつつあるグローバリゼーションは、国家についての考え方を根本的に改めることを必要としている。孤立した個人と世界との間には、媒介の要素、つまり個人が世界の生活に参加することを可能とする組織された社会が存在しなければならない。この要素が、国家とその国民の主権である。それらは、すべての人間の帰属意識の必要性に答えるものである。非個人的かつ分断された世界にあっては、このような必要性は歴史上かつてなかったほど大きくなっている」と述べましたが、この言葉はいま見たような主権国家の二重の役割を、見事に言い表したものといえるでしょう。

[注]
1) **シシリー電子工業会社事件**(ICJ裁判部判決、1989年7月20日)：米国企業が完全所有するイタリア企業が破産し、米国がこの破産はイタリア当局による企業管理が原因だと主張して米伊通商航海条約を根拠に裁判部に訴えた。裁判部は国内的救済原則に基づくイタリアの抗弁を退けたが、破産は当局の管理のせいではなく企業の経営状態によるとして米国の主張は認めなかった。
2) **アマードゥ・サディオ・ディアロ事件**(ICJ判決、2010年11月30日)：ギニアが、コンゴ民主共和国(DRC)において企業活動を行っていた自国民のディアロ氏が不当に逮捕・強制送還され、その企業が破産処理されたとして、DRCを訴えた事件。裁判所は、ディアロ氏の逮捕等についてDRCの自由権規約などの違反を認定したが、当該企業の出資者としてのディアロ氏の権利の直接の侵害はなかったと判断した。
3) **ラヌー湖事件**(仲裁裁判判決、1957年11月16日)：フランスが自国領域内のラヌー湖にダムを建設しようとしたのに対して、そこから流出する河川が自国を貫流するスペインが条約義務違反を主張して仲裁裁判が行われた。裁判所はおもに条約解釈について論じたが慣習国際法にも言及し、交渉義務を認めながら相手国の同意の必要性を否定したことは、越境環境問題の先例として注目されている。
4) **Yahoo! オークション事件**(パリ大審裁判所命令、2000年5月22日、など)：本文で述べたようにフランスの裁判所の管轄権を肯定し、いったんはYahoo! 社の責任を認めたが、同社がサイトのシステムをナチ・グッズの出品を受け付けないようにすみやかに修正し

たので、同社とその社長の責任は発生しないものと判決した。
5) **ダウ・ジョーンズ対ガットニク事件**(オーストラリア連邦高等裁判所命令、2002年12月10日)：本文で述べた事例において住所地のヴィクトリア州最高裁判所における損害賠償訴訟で原告が勝訴したが、被告が問題の記事はヴィクトリア州で「発行」されたものではないと主張して連邦高等裁判所に上訴した。高裁は、ウェブ上で聴視可能な記事は米国でアップされたものであってもヴィクトリア州で「発行」されたものとみなして上訴を退け、事件を州最高裁に差し戻した。

【参考文献】
横田喜三郎「ケルゼン『主権と国際法』」『国家学会雑誌』第37巻12号、1923年(『純粋法学論集Ⅱ』有斐閣、1977年、所収)。
エメリー・リーヴス、稲垣守克訳『平和の解剖』毎日新聞社、1949年。
田畑茂二郎『国家主権と国際法』日本評論社、1950年(『現代国際法の課題』東信堂、1991年、所収)。
同『世界政府の思想』岩波新書、1950年。
松井芳郎「天然資源に対する永久的主権」『法学論叢』第79巻3、4号、1966年。
同「グローバリゼーションの時代における『世界政府の思想』」『世界法年報』第30号、2011年
丹宗暁信・山手治之・小原善雄編『新版国際経済法』青林書院、1993年。
山形英郎「国際法への挑戦：「人間の安全保障」」佐藤誠・安藤次男編『人間の安全保障：世界危機への挑戦』東信堂、2004年、所収。
岩波講座『現代の法2：国際社会と法』岩波書店、1988年、より、松井芳郎「国民国家と国際社会のなりたち」、藤田久一「主権的自由の縮減——国家は絶対か」、本間浩「国境の無化——難民と不法移民の越境移動」、植木俊哉「『地域統合の法』の構造と特質」。
スーザン・ストレンジ、櫻井公人訳『国家の退場——グローバル経済の新しい主役たち——』岩波書店、1998年。
サスキア・サッセン、伊豫谷登士翁訳『グローバリゼーションの時代——国家主権のゆくえ——』平凡社、1999年。
庄司克弘『EU法 基礎編』『EU法 政策編』岩波書店、2003年。

第 5 回
地球の空間はどのように配分されているか？

　今回は、私たちを取り巻く地球の空間が諸国の間でどのように配分されており、各々の場所では秩序はどのように維持され、人々はどの国によってどのような形で保護されているのか、といった問題を考えます。少し難しくいえば、これは国際法の目から見た地球上の空間秩序の構成の問題だということができるでしょう。

1. 国際法における空間秩序の構成

(1) 国家領域と国際公域
　地球上の土地と空間は基本的には国家領域（領土、領海、領空）と国際公域（公海、公海上空、宇宙空間、深海底）に区分されます。最近では後述のように、国連海洋法条約（UNCLOS）によって海の国際法秩序が大きな変革を受けたほか、南極＊や国際運河＊＊など、条約によって特別の国際制度のもとにおかれる区域もありますが、地球上の土地と空間が原則として国を単位として分割される状況は変わっていません。

　国家領域では、当該の国が原則として排他的な統治を行います。つまり、そこに存在するヒト、モノ、そこで生じる事実について法律を制定し、それ

＊**南極**：南極についてはかつていくつかの国が領有権を主張していたが、1959年の南極条約はこのような領有権の主張を凍結し、南極における科学的調査の自由を認めるとともにその非軍事化を実現した。その後、鉱物資源開発をめぐって対立が再燃したが、1991年の環境保護のための南極条約議定書は鉱物資源開発を50年間禁止することとした。

＊＊**国際運河**：スエズ運河やパナマ運河のように、国の領域を構成するが公海と公海を結ぶ運河で国際交通の要路であるものを、条約によって国際化しすべての国の船舶の自由通航を認めるものを国際運河という。なお、複数の国の国境をなしあるいは複数の国を貫流する河川について同様の制度を設けたものを、国際河川と呼ぶ。

を適用し執行する権限を有するのです。たとえば日本の領域内では、外国人であっても日本の法律の適用を受け、日本の裁判所で裁判を受けることになります。逆に、われわれ日本人は、たとえば中国に行けば中国の法律の適用を受け、中国の裁判所で裁かれることになります。外国は、日本の領域内では日本国の許可を受けることなく権力行為を行うことはできません。なお、ここで注意しておきたいのは、確かに国はその領域に対して原則として排他的な統治を行うことができますが、その反面としてそこにおいては外国と外国人の権利を保護する義務を負うということです。つまり、国の領域主権というと権限の排他性が強調されがちですが、その裏側にはそれなりの義務が伴うということを忘れてはいけないのです。

　他方、国際公域にはいずれの国の主権も及ばず、そこに存在する船舶、航空機などはその本国（船舶の場合は「旗国」、航空機や宇宙機器の場合は「登録国」といいます）の管轄権に服します。たとえば、公海上を航行中の日本の船舶や公海上空を飛行中の日本の航空機で犯罪が起きれば、日本の法律がこれに適用されるのです。こうしてわれわれは地球上のどこにいても、それどころか宇宙空間に飛び出しても、いずれかの国の管轄権に服しいずれかの国の保護を受けることができます。国際社会の秩序は、こうして保たれるのです。

(2)「陸が海を支配する」

　それでは、このような空間配分の出発点はどこなのか。エピソードから始めましょう。1997年に台湾の宜蘭で開催された尖閣諸島（中国／台湾名では釣魚台列島。尖閣問題については〔⇒**第1回注1)**〕）問題に関するシンポジウムで日本の立場について報告する機会があったのですが、このシンポジウムで現地の一参加者が同諸島は中国大陸の大陸棚上にあるから中国／台湾領だと発言しました。確かに、地理学的あるいは地形学的に言えば尖閣諸島は、それどころか日本列島自体がアジア大陸の大陸棚上に位置するといえそうです。しかしこの議論は、国際法の立場から見れば「主客転倒」です。領海、排他的経済水域、大陸棚といった海の区域に対する国の権原は、その陸地領域に対する権原のいわば投射であるという考え方は、国際法では十分に確立しています。たとえば国際司法裁判所(ICJ)は1951年のノルウェー漁業事件判決〔⇒**4.**

(2)〕から、有名な北海大陸棚事件判決〔⇒**第3回注2)**〕を経て、最近では2009年の黒海海洋境界画定事件判決〔⇒**4.(3)**〕に至るまでこのことを繰り返して認めてきており、これを「陸が海を支配する」という原則として表現してきました。なお、中国／台湾の国際法学者の名誉のために付言すると、この発言者は国際法研究者ではなくて釣魚台奪還運動の熱心な活動家だったようです。

さて、国の陸地領域を出発点としてその外側、沿岸(低潮線)から12カイリ*は当該国の領海で、さらにその外側188カイリ(距岸200カイリ)は排他的経済水域(EEZ)となり、EEZの下の海底とその地下は大陸棚ですが、両者の外延は必ずしも一致しません。そして、大陸棚の外側の海底は深海底となり、UNCLOS第11部が定める制度のもとにおかれます。目を上にあげると、陸地領域と領海の上部は領空、領空の外側でEEZと公海の上空の空域は国際空域で、これらをまとめた呼び方は確立していないようですが、ここでは一応「公海上空」と呼んでおきます。領空と公海上空の上部は宇宙空間となりますが、領空の上限(宇宙空間との境界)は未確定です。なお、国際法における空間の配分については**図5・1**に、各空間の法的地位については**表5・1**に整理しました。また、これらを海の断面に引き当てて整

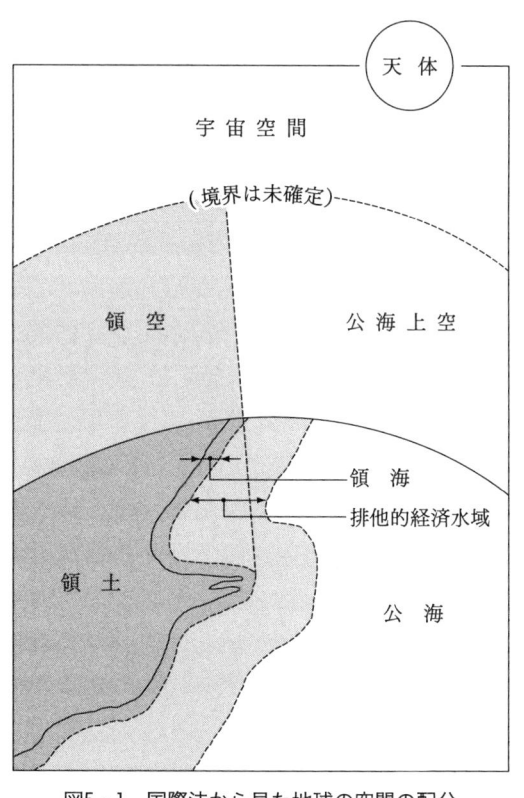

図5・1　国際法から見た地球の空間の配分

＊カイリ(nautical mile)：航海および航空に用いる距離の単位で、緯度1分＝1,852mに当たる。また、1時間に1カイリ進む速度を1ノット(knot)と呼ぶ。

表5・1 国際法における空間と資源の法的地位

	領海	領空	公海	公海上空	宇宙空間 天体
法的地位	沿岸国の主権	下土国の主権	主権・取得の対象とならない	同左	同左
適用される法	原則として沿岸国の国内法	原則として下土国の国内法	国際法 (船舶には旗国の管轄権)	同左 (航空機には登録国の管轄権)	同左 (宇宙物体には登録国の管轄権)
航行・飛行	外国船舶に無害通航権あり	外国航空機は下土国の許可を要す	自由	同左	同左
資源の地位	領海 沿岸国の主権	排他的経済水域 大陸棚 沿岸国の主権的権利	公海 原則として自由利用 深海底 人類の共同の財産		天体 (月、および地球以外の惑星のみ) 人類の共同の財産

理しなおしたのが、後記する**図5・2**です。今回の話については、これらの図表を参照しながら勉強するようにしてください。

2. 陸地領域

(1) 領域主権

　国の領域はその主権に服し、国はそこで様々な管轄権を行使することができますが、この領域主権の本質は何なのかについては、これまで、領域は国の所有権の客体であるとする客体説ないしは所有権説と、領域は国の統治の権限が及ぶ空間だとする空間説ないしは権限説とが対立してきました。後者は、地球上の土地と空間は原則として国を単位として分割されるという上記のような見方からすればきわめて自然な理解ですが、これに対して前者は国の領域は君主の世襲財産だとする絶対主義的な家産国家思想の名残で、いかにも時代遅れに見えます。しかし現在でも、国は自由な合意があれば領域をやり取りすることができることは明らかですから、前者の考えも完全には否定されておらず、領域主権とは両者を含む包括的な権限だと見るのが通説だといってよいでしょう。

　ところで、自決権の確立に伴って、領域とはその住民(人民)が自決権を行使する地理的単位としての「自決単位」であるとする考えが登場します。ブルジョア革命期の人民主権論に根ざす自決権の本来の考え方からすれば、

ICJ・西サハラ勧告的意見[1]へのディラード裁判官（米国出身）の個別意見がいうように、「領域の運命を決定するのは人民であって、領域が人民の運命を決定するのではない」ということになるはずです。しかし、みずからを「人民」と定義する集団がその意思に従って自由に領域を組み替えることができるとすれば、それは国際社会にとって大きな不安定要因になりかねません。実際、植民地独立付与宣言、友好関係原則宣言など自決権について規定する国連文書は、ほとんど常にこれと並んで国の領土保全と国民的統一の尊重を規定してきたのです。したがって、次に見る *uti possidetis* の原則が示すように、まず領域が決まっていてこれを単位として人民が自決権を行使する、つまり「領域が人民の運命を決定する」側面があることは否定できません。

(2) 伝統的な領域権原：実効性の原則

「領域権原（territorial title）」とは、領域主権を法的に基礎づける原因のことをいいます。伝統的国際法において領域権原として認められていたものには、以下のようなものがありました：誰のものでもなかった土地を初めて取得する原始取得としては先占〔⇒**第1回5．(1)**〕と添付（海底火山の爆発や河口における砂の堆積のような自然現象によって領域が拡大する）；いずれかの国に属していた土地の承継取得としては征服（戦勝国が敗戦によって崩壊した国を一方的に合併する）、併合（戦勝国が敗戦国との合意によってこれを合併する）、割譲（合意によって領域の一部を譲渡する）および時効（他国の領域を領有の意思をもって相当期間平和的に支配することにより取得する）です。これらの伝統的な領域権原の核心は、実効的支配（実効性の原則）でした。前述のように、領域主権にはそこにおいて外国と外国人の権利を保護する領域国の義務が含意されていましたから、当該の国はその領域の実効的支配によってはじめて、このような義務を履行できると考えられたのです。しかし他方では、伝統的国際法の時期における実効性の原則が先進国の力による植民地支配を法的に正当化する考え方だった事実は、否定できないでしょう。なお、必要とされる実効的支配の内容は、時代に応じて変遷し、また当該の場所の具体的な条件に応じて変化するものだったことは言うまでもありません。

ところで、現実の領域紛争では当事国は複数の権原を援用することが普通

で、裁判所は条約上の権原が明確でない限り、それらのいずれかに判決を根拠づけるというよりは、多くの場合両者の主張を比較考量して判決してきました。とりわけ、一方の当事国の権原主張に対して、他方の当事国が抗議を行わなかった事実が重視されたことが少なくありません。また、実効的支配は一般に時間的経過に伴って漸進的に強化されるものですから、この点に注目して「権原の歴史的凝固(historical consolidation of title)」という考えが主張されることもありました。ただし、「権原の歴史的凝固」は別個の領域権原ではなく、確立した権原取得の方法に取って代わるものではありません。

冷戦終結後の地域紛争の過程で実効性の原則に代わって注目されるようになった領域権原として、*uti possidetis*の原則＊があります。この原則は、19世紀前半におけるラテンアメリカ諸国の独立の過程で旧スペイン領植民地諸国に適用され、植民地時代の行政境界線を国境とするものです。この原則は、長年にわたって米州諸国の間に適用される地域的慣習法である米州国際法の一部と主張されてきましたが、ICJ裁判部・ブルキナファソ・マリ国境紛争事件判決[2]はこれを非植民地化状況に一般的に適用されるものと判示し、さらに旧ユーゴ和平会議仲裁委員会＊＊の意見第3号(1992年)は、これを非植民地化状況のみならず一般的に適用される原則と判断しました。*uti possidetis*の原則が自決権との関係で有する緊張関係については、次の(3)で考えます。

(3) 正統性の原則の登場

実効性の原則に基礎を置く伝統的な領域権原は、現代国際法においては武力行使禁止原則と人民の自決権の確立に伴って、新しい挑戦を受けることになります。まず武力による領域変更の禁止については、すでに両大戦間において関連の慣行がありましたが、第2次世界大戦後になると、1970年の友好

＊*uti possidetis*の原則：正式には、*uti possidetis, ita possidetis*。「あなたが持っていたものをお持ちなさい」という意味で、「国境不可変の原則」、「領域的現状尊重の原則」などと意訳される。

＊＊旧ユーゴ和平会議仲裁委員会：旧ユーゴ紛争に際してEC主催のユーゴ和平会議が設置したもので、旧ユーゴ諸国間の紛争処理を予定したが実際にはその役割は果たせず、十数点の「意見」を与えるにとどまった。「意見」はICJの勧告的意見〔⇒**第9回3.(2)**〕に類するものとされる。

関係原則宣言や1974年の侵略の定義決議といった国連総会決議が、憲章に違反する武力行使または武力による威嚇もしくは侵略の結果生じる領域取得を合法的なものとして承認してはならないと規定し、安保理事会も具体的な紛争または事態を前にして同様の態度表明を繰り返してきました。またICJは、占領下パレスチナにおける壁建設の法的効果勧告的意見[3]において、憲章上の武力行使禁止原則は慣習国際法を反映すると認めるとともに、「このことは、そのコロラリーである武力による威嚇または武力の行使の結果生じる領域取得の違法性についても当てはまる」と述べました。

こうして現代国際法では、伝統的な領域権原としての実効性の原則は武力行使の禁止という正統性の原則によって制約されるのですが、注意しておきたいのは、ここで言われていることは違法な武力によってもたらされた領域取得を「合法的なものとして」承認してはならないということで、これを事実として承認せざるを得ないことは生じうるということです。たとえば当該の領域で行われた国際違法行為は、これに対して正統な権原を有する国にではなく、違法ではあっても実効的な支配を行っている国に帰属します。このことは、ICJがナミビア勧告的意見〔⇒第9回注3)〕や占領下パレスチナにおける壁建設の法的効果勧告的意見において認めてきたところです。

ところで、自決権の確立に伴って、領域権原は当該領域の人民の自由な意思に基づくものでなければならないという結論になるはずですから、これも理論的にはおもに実効性の原則に根ざす伝統的な領域権原に影響を与える可能性があります。しかし、「人民」の一般的な定義があるわけではないので、この考えをそのままの形で現実に適用しようとすれば、2. (1)で触れたような困難が生じることになります。この矛盾を端的に示したのが、(2)で取り上げた*uti possidetis*の原則でした。植民地時代の行政境界線は植民地施政国の都合や力関係に応じて、現地の人民の意思を顧慮することなく引かれたものですから、これを独立後も維持するとすれば「人民の自決権と正面から衝突する」可能性があります。しかし、ICJ裁判部・ブルキナファソ・マリ国境紛争事件判決はこのように認めながらも、アフリカにおける領域的現状の維持は、アフリカ大陸が大きな犠牲を払って得た独立を危うくする混乱を防ぐための「もっとも賢明な解決である」とみなされてきたと述べたのです。つま

り、伝統的な領域権原はたとえ自決権と矛盾する場合であっても、「もっとも賢明な解決」という政治的考慮によって維持される場合があることを、認めなければならないようです。しかしこのことは、関係国が人民の自決権の尊重に基づいて、合意によって領域の変更を実現することを否定するものではないことは、言うまでもないでしょう。

3. 空の国際法

(1) 領空主権と国際航空運輸

　ライト兄弟による初の有人飛行は1903年のことですが、第1次世界大戦では早くも航空機が実戦に用いられ、この経験を踏まえて1919年にパリ講和会議で採択された国際航空条約第1条は、領海を含む領域上の空間に対して国が「完全且つ排他的な主権」を有することを認めました。この規定は、ほぼそのまま1944年シカゴ国際民間航空条約の第1条と第2条に引き継がれます。本条約は現在では190の締約国を有する普遍的な条約ですが、このような領空主権の考え方が慣習法となっていることは疑われていません。

　この領空主権は「完全且つ排他的な」もので、4.(2)で見る領海で外国船舶に認められる無害通航権に相当する制度は、空の国際法には存在しません。シカゴ条約によれば、軍用機を含む国の航空機は下土国*の承認を受けることなく上空飛行を行うことは認められず（第3条(b)(c)）、事前の許可なく不定期航空を行う権利を認められる民間航空機であっても、下土国の求めに応じて着陸義務がある（第5条）のです。それでは、これらの規定に違反して許可なく領空に侵入した外国航空機は、どのような処遇を受けるのか。冷戦が厳しかった1960年に、米国の高高度偵察機U-2が写真撮影を目的にソ連領空に侵入し、ソ連の対空ミサイルで撃墜されるという事件が起きました。この事件で米国は、撃墜にも、脱出・逮捕された乗組員の裁判にも抗議しませんでした。この事件は一般に、下土国は領空侵犯を行ったのが外国軍用機である場合には、これを撃墜する権利を有することを示すものだと理解されてい

＊下土国(State flown over)：その領域の上空を航空機または宇宙機器が飛行する国をいう。海洋法でいう「沿岸国」に該当。

ます。

　これに対して侵入機が民間機、とりわけ多数の乗客を乗せた旅客機だった場合にはどうでしょうか。1983年に、ニューヨークからアンカレッジ経由でソウルに向かっていた大韓航空007便が航路を大きく逸れてソ連の領空を侵犯し、ソ連機により撃墜されて日本人乗客を含む合計269名の乗員・乗客全員が死亡するという事件が起きました。国連や国際民間航空機関(ICAO)における討論では、領空侵犯は違法であるが下土国は無制限の撃墜の権利をもつわけではないということに合意があったとされ、ソ連自身も撃墜の無制約の権利があるとは主張せず、大韓航空機を米国偵察機と誤認し、同機の行動は疑わしく着陸命令に従わなかったと主張したといいます。これを契機にICAOは1984年にシカゴ条約に第3条の2を追加する議定書を採択しました。この条は、一方では各国は飛行中の民間機に対して武器の使用を差し控えなければならず、要撃の場合には機内の人命を脅かしまたは航空機の安全を損なってはならないことを規定するとともに、他方では締約国は無許可で領空を飛行する民間機などに対して着陸等の指示を行うことができ、締約国は自国に登録された民間機等がこのような命令に従うことを義務的とする国内法を制定し、また、これらの民間機が条約目的と両立しない目的のために使用されることがないよう適当な措置をとることを義務付けました。ICAOはこの規定を一般慣習国際法の法典化であると説明しましたが、領空侵犯した民間機への対処については慣習法よりも厳しい要件を課したものだという評価もあるようです。

　ところで、シカゴ国際民間航空条約は不定期飛行については無許可での上空飛行や運輸以外の目的での着陸を認めました(第5条)が、定期国際航空業務は締約国の許可を要すると規定しました(第6条)。これに関しては、シカゴ条約と同時に国際航空運送協定が締結されましたが締約国が少なく、ほとんど機能していません。これは、定期国際航空業務のように国の経済的利害が密接に絡む業種については、多数国間条約によって広く一般的な約束を行うよりも、相互主義〔⇒**第3回1(2)；2.(1)**〕に基づいて交渉される二国間条約による処理のほうが望ましいと考えられたからで、実際、日本を含む各国は多くの二国間国際航空運送協定を締結して、各締約国が指定する指定航空

企業が協定に定める特定路線において国際航空業務に従事することを相互に承認し、これらの指定企業に与えられるべき待遇などについて約束しています。

　さて、1957年にソ連が初の人工衛星スプートニクの打ち上げに成功してから、領空の上限、言い換えれば領空と宇宙空間との境界をどのように定めるのかが、現実的な課題になりました。これについては、様々な立法論的主張が行われてきましたが、いまだに一般的な合意は成立していません。もっとも諸国の慣行上は、人工衛星が軌道に乗ることができる場所は領空主権が及ばない宇宙空間であること；航空機が飛ぶことができる空間には領空主権が及ぶこと、を確認できるといいます。ただし、この両者は技術革新によって変化するものであり、また、スペース・シャトルのように宇宙機器と航空機の両者の性格を併せ持つ飛行物体もあるので、このようなファジーな基準では領空と宇宙空間を明確に区分することは困難になっているといえるかもしれません。

(2) 宇宙法

　宇宙法も(1)で見た領空制度などとともに、技術革新に促されて急速に慣習法が発達した分野です。その主な舞台は、国連総会とそのもとに設けられた宇宙平和利用委員会でした。出発点となったのは、1963年に採択された総会決議1962 (XVIII)「宇宙空間の探査および利用における国家活動を律する法原則宣言」です。この決議に基づいて1966年には「月その他の天体を含む宇宙空間の探査及び利用における国家活動を律する原則に関する条約(宇宙条約)」が作成され、さらに宇宙条約を具体化するために宇宙援助返還協定(1968年)；宇宙損害責任条約(1972年)；宇宙物体登録条約(1974年)；月協定(1979年)などの諸条約が作成されてきました。宇宙条約の基本原則、たとえばすべての国による宇宙の開発・利用の自由(第1条)；国による取得の禁止(第2条)；国際法の適用(第3条)、などが慣習法となっていることは、今では疑われていません。

　さて宇宙法では、以上のようなその根幹をなす諸条約のほかに、とくに宇宙の商業利用が本格化して以来、個別分野ごとに様々な条約が締結されてき

ましたが、ここではそれらすべてに目を配る余裕はないので、宇宙法の基本をなすいくつかの問題だけを見ておきましょう。まず、宇宙条約前文にいう「平和的目的(peaceful purposes)」をめぐる対立について。この言葉については、それは非軍事的(non-military)目的のことで、宇宙のすべての軍事利用は禁止されるのだという非同盟諸国などの主張と、それは非侵略的(non-aggressive)目的のことで、つまり国連憲章も認める自衛のためであれば軍事利用も可能なのだという米国などの主張が対立してきました。後者の解釈を取るとすれば、我が国の軍備は侵略目的のものだと認める国はあるはずがないので、宇宙の軍事利用は事実上野放しという結果になりかねませんが、諸条約が規定する宇宙の軍事利用の制限は極めて限られたものであることを認めなければなりません。**表5・2**を参照してください。

月を含む天体では軍事施設を設置すること；兵器実験と軍事演習を行うこと；核兵器等を設置することが禁止され(宇宙条約第4条；月協定第3条)、他国の施設等の査察が可能とされていて(宇宙条約第12条；月協定第15条)、これは**表5・2**の右欄に掲げた南極条約に倣ったほぼ完全な軍事利用の禁止を実現したものです。これに対して宇宙空間一般では核兵器等を配置することと地球周回軌道に乗せることが禁止されます(宇宙条約第4条)が、それ以外の軍事利用は明文では禁止されていません。なお、これらの環境において核実験を行うことは、1963年の部分的核実験禁止条約によって禁止されました。つまり、これまで具体的に禁止されてきた宇宙空間と天体の軍事利用は、核大

表5・2 宇宙空間と天体の軍事利用の規制

	宇宙空間	月を含む天体	南極
核兵器等の大量破壊兵器の配置	×	×	×
基地等の軍事施設の設置		×	×
核実験	×	×	×
その他の兵器の実験軍事演習		×	×
他国の施設等の査察		○	○

国の軍事戦略の根幹をなすようなものではなく、これらの国にとって不可欠の重要性を有する核ミサイルの宇宙空間の通過——「配置」ではない！——や、指揮、管制、通信および情報のための衛星利用などは、それ自体としては禁止されていないと解釈されるのです。こうして、「平和的目的」のための宇宙の利用という理想の実現は、困難な課題だといわなければならないでしょう。

　ここでもう一点、宇宙活動にかかわる国家責任の問題を考えておきましょう。宇宙条約では、国は宇宙活動が政府機関によって行われるか非政府団体によって行われるかを問わずそれに対して国際的責任を有し、自国の活動が宇宙条約に従って行われるよう確保する責任を有します(第6条)。これは「国への責任集中の原則」と呼ばれ、当時開発の初期段階にあった宇宙活動の状況を反映したものでした。したがって打上げ国は、宇宙物体が他の国またはその自然人・法人に対して与える損害につき賠償責任を負うことになり(第7条)、この原則は宇宙損害賠償条約によって具体化されました。すなわち、宇宙物体が地表においてまたは飛行中の航空機に対して与えた損害については打上げ国が無過失責任を負い(同条約第2条)、宇宙物体の衝突により地表においてまたは飛行中の航空機に対して与えた第三者損害については、二つの打上げ国が連帯して無過失責任を負います(同第4条1(a))。これに対して、地表以外の場所で生じた損害については過失責任が適用されます(同第3条；第4条1(b))。これは、国の無過失責任を認めた唯一の条約規定として注目されており、1978年にソ連の原子炉衛星コスモス954号がカナダに墜落して汚染を生じた事件では、外交交渉の基礎とされました。

4. 海の国際法

(1) 海洋法の歴史と現状

　伝統的な海洋法は、沿岸国の主権が及ぶ狭い領海(当時は領海3カイリが主流)とその外側のいずれの国にも属さない広い公海からなる、二元的構造を有しました。これは、当時の英国をはじめとする海洋国家の利益を反映したもので、これら諸国は艦隊活動の自由と海上捕獲〔⇒**第1回5. (3)**〕；商船の自由な航行；遠洋漁業の自由などを確保するために、広い公海を利益とした

のです。海洋利用の能力において後れを取っていた沿岸国は、いうまでもなくこうした海洋国家の主張には抵抗し、たとえば領海12カイリを主張しました。国際連盟が主催した1930年の国際法典編纂会議＊では、領海３カイリの提案に対しては賛成17か国、反対17か国、保留１か国で、すでにこの段階で領海３カイリ主義は一般的な支持を失っていたわけです。

　第２次世界大戦後になると、国連は総会のもとに国際法委員会(ILC)〔⇒第２回４.(1)〕を設けて国際法の漸進的発達と法典化に取り組みますが、その最初の主要な成果がILCの原案に基づいて1958年の第１次国連海洋法会議が採択した海洋法四条約です。これらのうち領海条約と公海条約はおもに慣習法を法典化したものでしたが、大陸棚条約と漁業・公海生物資源保存条約は第２次世界大戦以後目立つようになった沿岸国による資源に対する管轄権拡大の主張を多少とも反映しており、漸進的発達の要素を含んだものでした。ただし、領海条約では領海の幅に関する合意ができず、これだけを課題とした1960年の第２次国連海洋法会議も失敗したので、この段階では領海の幅は未確定で積み残されたのです。

　ところが、海洋法四条約は成立後間もない段階から新しい挑戦を受け、海洋法の一層の変革が必然的となります。その要因は、大きくいって二点ありました。第１に、海洋開発技術の急速な発展。深海底開発技術の出現によって水深200mまたは開発可能性という大陸棚条約の定義(第１条)が不適切になり、漁業技術の発展は資源枯渇のおそれを生じました。また、いささか後年のことになりますが、とくに先進国における産業構造の高度化に伴う環境破壊は、海洋環境保全の認識を深めました。第２に、より重要だと思われるのは、1958年以降の国際社会の構造変化です。とりわけ1960年代以降国際社会で発言力を増した発展途上国は、伝統的な海洋法はもっぱら海洋先進国の利益を反映したものだとして、その抜本的な改革を要求したのです。こうして第３次国連海洋法会議が開かれることになるのですが、このような背景を反映してこの会議の運営にはいくつかの特徴が見られました。たとえば、第１次国

＊**国際法典編纂会議**：国際法の法典化を目的に、国際連盟が1930年に開催した。国籍、領海制度および外国人の損害に対する国家責任を議題としたが、準備不足もあって具体的成果はほとんどなかった。

連海洋法会議の時のように草案の作成を国際法の専門家が構成するILCには任せず、国連総会がそのもとに海底平和利用委員会を設けて直接起草に当たりました。また、できるだけ広範な合意を反映した条約を作成するために、パッケージ・ディールとかコンセンサス方式＊といった議事運営の方式が採用されました。

　こうして1982年にはUNCLOSが採択される（発効は1994年）のですが、この条約のもとでの新しい海洋法秩序は、伝統的な二元的構造に代わって三元的な構造となりました。図5・2を見てください。領海の幅については、12カイリで合意が成立しました。領海の外側188カイリ、つまり距岸200カイリは沿岸国のEEZです。海底では、距岸200カイリまでは無条件に沿岸国の大陸

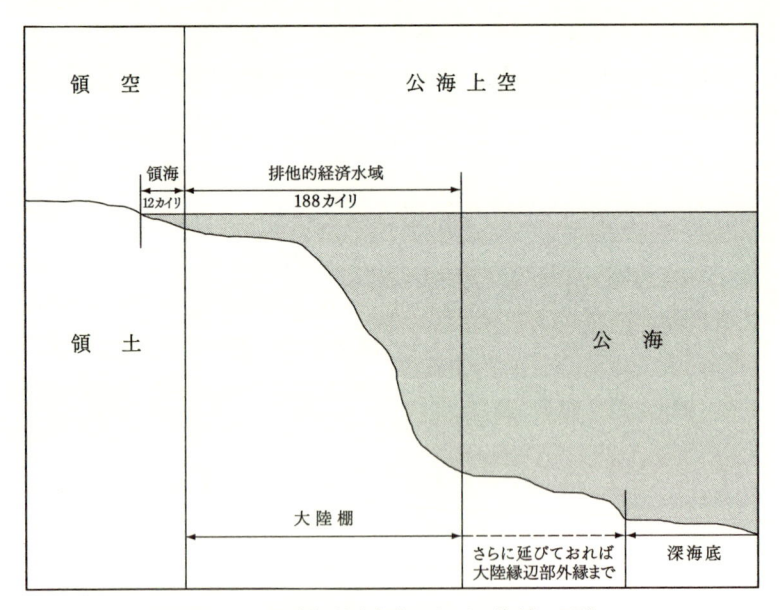

図5・2　国連海洋法条約における海域の区分

＊**パッケージ・ディールとコンセンサス方式**：パッケージ・ディールとは、相異なる争点に関する選択肢を組み合わせることによって全体としての妥協を図る議事運営。コンセンサス方式とは、一般的合意を得るために努力を尽くして積極的な反対がなくなった段階で、議長が票決を行うことなくコンセンサスによる採択を宣言するという方式。いずれも第3次海洋法会議の成功に貢献したと評価され、その後の国際会議で多用されるようになった。

棚とされ、領土の自然の延長がさらに延びている場合には大陸縁辺部の外縁までが大陸棚とされました。さらにその外側については、深海底としてUNCLOS第11部の制度が適用されます。以上の制度の内容については、**(2)**以下で概観しましょう。

(2) 航行利用の制度

　領海は沿岸国の領域の一部で、当然のことながらその主権が及びます（UNCLOS第2条1、2：以下、UNCLOSの条文は条約名を省略）。領海を測る基線は、通常の場合は低潮線（第5条）ですが、特別の地理的状況においては直線基線の使用が認められます（第7条）。これは1951年のICJ・ノルウェー漁業事件判決[4]を受けて領海条約が規定したもので、UNCLOSはこれをそのまま採用しました。日本の領海及び接続水域に関する法律も、具体的な決定は政令にゆだねますが直線基線の採用を可能としました。なお、基線の内側の海域は沿岸国の内水となり、UNCLOSに規定はありませんが慣習法上沿岸国の完全な主権に服し、外国船舶には後述の無害通航権は認められません（第18条参照）。

　UNCLOSでは、領海の幅が12カイリで合意された（第3条）ことはすでに述べました。日本は伝統的な海洋国家として領海3カイリを固守してきたのですが、こうした国際社会の趨勢を受けて1977年の領海法（現・領海及び接続水域に関する法律）により領海12カイリを採用しました。ただし、津軽海峡、対馬海峡東・西水道等の特定海域については領海3カイリを維持しましたが、これは、これらの国際海峡は領海12カイリとした場合には日本の領海に含まれ、核兵器を積載した外国軍艦が通航した場合には非核三原則〔⇒**第12回4 (2)**〕と抵触するからだと説明されました。

　さて、前述のように領海には沿岸国の主権が及びますが、そこは伝統的に国際交通の要路である公海とつながっていたので、海を通じた国際交通の自由のために慣習法上、外国船舶には無害通航権が認められてきました（第17条）。無害通航とは、「沿岸国の平和、秩序又は安全を害しない」通航と定義され（第19条1）、商船が無害通航権を有することは争われていません。これに対して、軍艦はどうか？　伝統的には否定の見解が有力だったようです。軍艦の通航は国際交通とは関係がない；軍艦はそれ自体沿岸国にとって脅威と

なる、といった理由でした。1930年国際法典編纂会議では米国が、1958年の第1次海洋法会議ではソ連がこうした態度を取っていたのですが、これらの諸国は遠洋海軍の増強に伴って態度を変え、軍艦の無害通航権の強力な主張者となりました。1958年領海条約は軍艦の領海通航に関する規定を欠いていたので解釈上の問題が生じましたが、UNCLOSでは第19条2が無害とみなされない活動を規定し、これには武力による威嚇や武力の行使、兵器を用いる訓練と演習など、軍艦しか行えない活動が多く含まれていますから、これを限定列挙と解すれば軍艦にも無害通航が認められるという解釈になります。ただし、これを例示的な「みなし」規定と解すれば、つまりこうした活動を行えば通航は当然に無害ではないとみなされるが、それ以外に無害でない通航がありうることを否定するものではないと理解すれば、軍艦には無害通航権がないという解釈も不可能ではありません。実際、相当数の発展途上国が軍艦の領海通航については事前の許可を要するとする宣言を行っています。

　ところで、ICJ・コルフ海峡事件判決〔⇒第2回注1）〕は、公海の2つの部分を結ぶ国際海峡では軍艦は無害通航権を有し、これは停止できないと判示しました。これを「強化された無害通航権」と呼ぶ学者がありますが、第3次海洋法会議では米ソを始めとする海洋先進国は、さらに進めて国際海峡では通航と上空飛行の自由を認めるべきだと主張しました。領海12カイリが合意された結果、それまでは公海部分を残していた国際海峡の多くが沿岸国の領海となり、たとえ「強化された無害通航権」であっても航空機の上空飛行は認められず〔⇒3. (1)〕、また潜水船は旗を掲げて海面を航行しなければならない（第20条）から、これでは核大国の戦略に大きな支障が生じるのです。これら諸国の主張は大変強硬でしたが、UNCLOSは無制約の通航の自由は認めず、公海またはEEZの相互間を結ぶ国際海峡における通過通航の制度を設けました（第37～39条）。通過通航とは、このような海峡において「継続的かつ迅速な通過のためのみに」航行と上空飛行の自由を行使することをいい、通行中の船舶と航空機には若干の義務が課せられます。これ以外の国際海峡では、従来通り「強化された無害通航権」が適用されます（第45条）。

　次は公海ですが、公海とは領海・内水に含まれない海洋のすべての部分という公海条約の定義（第1条）から、UNCLOSではさらにEEZと群島水域が引

き算されました(第86条)。公海では公海自由の原則が適用され、公海に対しては いずれの国も主権を主張できず(帰属からの自由:第89条)、公海は内陸国を含むすべての国の利用に開放されます(使用の自由:第87条)。公海自由の原則のコロラリーとして、公海上の船舶に対しては旗国、つまり船舶がその旗を掲げる国の排他的管轄権が認められ(第92条1)、これを旗国主義といいます。国は船舶に対する国籍付与の自由を有しますが、その国と当該船舶の間には真正な関係がなければなりません(第91条1)。旗国は、自国船舶に対して行政上、技術上および社会上の事項について有効に管轄権を行使し有効に規制を行う義務を負う(第94条1)のですが、便宜置籍船＊の慣行が一般化して、安全運航、環境保護、事故被害者救済、船員労働条件向上などの点で問題が生じてきました。そこでUNCLOSは、公海条約と比べてこの点に関する旗国の義務を何ほどか具体化し強化しました(第94条2〜7;第217条)。

　伝統的に旗国主義の例外と認められてきたのは、海賊です。海賊は、資本主義発展に不可欠な国際通商の自由を脅かすものとして、古くから「人類の全体の敵(*hostis humani generis*)」とみなされ、いずれの国も司法管轄権だけでなく執行管轄権(拿捕;逮捕;押収)を行使できるものとされてきました(第105条)。UNCLOS上の「海賊行為」の定義は、「私有」の船舶・航空機の乗組員または旅客が、「私的な目的」のために行う不法な暴力行為、抑留または略奪行為であって、「公海またはいずれの国の管轄権にも服しない場所」で「他の」船舶等に対して行われるものです(第101条)。海賊のキイ概念にあたる部分をカッコで括っておきましたが、これは公海条約第15条の定義とまったく同じで慣習法上の定義といってよく、日本の海賊行為対処法第2条の「海賊行為」の定義もこれを基礎にしています。

　海賊は広く憎むべき犯罪とみなされてきたので、上のような定義には当てはまらない海上犯罪も、海賊として非難されることがあります。たとえば、船舶が乗員・乗客に乗っ取られて乗っ取り犯がその船舶内で犯罪行為を行

＊**便宜置籍船(flags of convenience)**:船舶登録条件が国によって異なるために、租税、船員労働条件、船舶構造、船員の配乗、損害賠償能力確保などについて緩やかな条件の国で登録を行う慣行が一般化した。便宜置籍国は、これらの点で自国の旗を掲げる船舶に対して有効な管理を行うことができない。

う、いわゆる「シー・ジャック」。1985年に地中海を航行中のイタリア船籍のクルーズ船アキレ・ラウロ号がパレスチナ・ゲリラを自称する集団に乗っ取られ、彼らはイスラエルに拘禁中の仲間の釈放を要求して乗客のユダヤ系米国人1名を殺害しました。被疑者はエジプトで投降したのですが、米国は彼らを乗せたエジプトの航空機を戦闘機で要撃し、イタリアのNATO軍基地への着陸を強制するという力技に訴えました。米国は被疑者の引渡しを請求したがイタリアはこれに応じず、被害船の旗国として自国で裁判を行いました。米国は、本件犯罪が海賊行為に当たることを理由の一つとしたのですが、上記の「他の」船舶に対するという要件などから見てこの主張には根拠がなく、本件は「シー・ジャック」に対処する既存の国際法の欠陥を示しました。そこで国際海事機関(IMO)＊が1988年に作成したのが海洋航行不法行為防止条約ですが、本条約は対テロ関係の諸条約と同じく「引渡すか訴追するかの義務」を規定し〔⇒**第7回3．(1)**〕、旗国主義の例外を認めるものではありません。

(3) 資源開発の制度

第3次国連海洋法会議で200カイリEEZの主張が広範な支持を集めつつあったころ、遠洋漁業国日本ではこうした主張は発展途上沿岸国のエゴで——当時はやっていた大河ドラマのタイトルをもじって——「海盗り物語」であるという、批判的な論調が支配的でした。しかし、こうした批判はいくつかの意味で不正確でした。先に見た大陸棚制度の形成過程〔⇒**第3回1．(3)**〕が示すように、沖合の資源に対する沿岸国管轄権の拡大はむしろ開発の技術と資本を有する先進国が先導したものです。漁業資源の場合は途上国にとってもアクセスがより容易ですが、彼らの主張は他国のものを「盗る」ことにではなく、自国民にとって貴重なタンパク源である近海の漁業資源を、公海自由の原則を掲げて沿岸間近にまで出漁してくる先進国の遠洋漁船団から「護る」ことにポイントがあったのです。

＊**国際海事機関(IMO)**：政府間海事協議機関(IMCO)が1982年に改組・改称されたもの。当初は海上安全にかかわる技術的問題への対処をおもな目的としたが、近年では海洋環境の保護にも力を入れる。UNCLOSにしばしば規定される「権限のある国際機関」は、IMOを想定しているといわれる。

こうして、EEZはUNCLOS第5部において制度化されます。沿岸国は距岸200カイリまでのEEZ（第57条）において、天然資源の探査、開発、保全および管理のための主権的権利、ならびに人工島等の設置と利用、海洋の科学的調査および海洋環境の保護・保全に関する管轄権を有します（第56条）。EEZは領海でも公海でもなく、UNCLOS第5部に定める「特別の法制度」のもとにおかれるのです（第55条）。なお、EEZにおいては、航行利用に関する限りは公海に関する規定（第87条1 (a) (b) (c)；第88～115条）がこの部の規定に反しない限り適用されます（第58条）。EEZというと沿岸国の権利の側面に目が向きがちですが、沿岸国はEEZにおける生物資源の維持のために適当な保存・管理措置を取る義務（第61条）や、自国がEEZにおける漁獲可能量のすべてを漁獲することができない場合には、余剰分について他国の漁獲を認める義務を負います（第62条）。沿岸国は自国のEEZへの他国の入漁を認めるに当たっては、当該EEZの生物資源の自国の利益にとっての重要性、同一の小地域または地域の発展途上国、内陸国および地理的不利国の必要性、伝統的漁業国の経済的混乱を最小限とする必要性、などを考慮しなければなりません（第62条3）。なお、ICJはUNCLOSが効力を発生するはるか以前、1985年のリビア・マルタ大陸棚事件判決で、EEZの慣習法化は「争うことができない（incontestable）」と判示しました。

　他方、公海では公海使用の自由の原則によりいずれの国も漁獲の自由を有する（第87条1 (e)；第116条）ものとされ、伝統的には公海漁業の規制は出漁国の合意により行われ、取り締まりは旗国主義によりました。UNCLOSは、公海漁業について以下のような規定をおいています：国は公海における生物資源の保存につき必要な措置を自国民についてとる（第117条）とともに、複数の国民が漁業に従事する場合にはこの目的のために交渉し、適当な場合には小地域的または地域的な漁業機関の設立のために協力する（第118条）。

　ところで、従来は公海漁業の規制はもっぱら資源の保存・管理の観点から行われていましたが、第3次国連海洋法会議の前後から公海漁業の規制に地球環境の保全の観点が導入されるようになりました。たとえば、目的以外の魚種や海洋哺乳類を大量に混獲する流し網への非難が強まり、1989年には地域条約ですが南太平洋諸国が「南太平洋における流し網漁業の禁止に関する

条約」を採択したほか、国連総会決議は繰り返して大規模遠洋流し網漁業の規制・モラトリアムを勧告してきました。また、1992年の国連環境発展会議（リオ会議）が採択した「アジェンダ21」の提唱により、ストラドリング魚種と高度回遊性魚種＊に関する国連会議が開催され、1995年には国連公海漁業実施協定が採択されます。同協定は、これらの魚種に関するEEZと公海における漁業規制の調和を目指して、「予防的な取組方法」を採用したことで知られています〔⇒**第8回4.(2)**〕。

　さて、ここで海底に目を移して大陸棚制度について考える順番ですが、この制度の形成過程と、ICJが1969年の北海大陸棚事件判決で大陸棚条約の主要部分の慣習法化を認めたことについては、**第3回1.(3)**で述べたので、ここではこの判決のUNCLOSへの影響を踏まえたうえで、大陸棚（とEEZ）の境界画定の問題について考えましょう。同判決は、大陸棚は沿岸国の陸地領域の海に向かっての自然の延長であって、沿岸国の権利は陸に対する主権から当然にかつ最初から存在すると判示しましたが、この「自然の延長」論はUNCLOSに決定的な影響を与えます。すなわち同条約の第76条は、大陸棚とは領海を越える海底とその地下であって、領土の自然の延長をたどって大陸縁辺部の外縁に至るまでのもの、またはそれが200カイリに満たない場合には距岸200カイリまでの海底とその地下と定義し、200カイリを越える大陸縁辺部の設定の方式を規定しました。200カイリという距離基準の導入は、いうまでもなく200カイリEEZ承認の当然の結果ですが、この部分の海底とその下の資源開発については大陸棚制度が適用されます（第56条3）。

　他方、相対する海岸を有するか隣接する国の間の大陸棚の境界画定については、大陸棚条約第6条は、合意によるが合意がない場合には原則として等距離・中間線によると規定しました。ところがICJ・北海大陸棚事件判決は、この方式が慣習法上のものであることを否定して、境界画定は衡平の原則に従い、陸地の延長をできるだけ沿岸国に残すように関連事情を考慮に入れて合意によって行うべきであると判示しました。この判断は、当時の国家実行

＊**ストラドリング魚種と高度回遊性魚種**：ストラドリング魚種とは、タラ、ヒラメなどある国のEEZと隣接海域にまたがって分布する魚種をいい、高度回遊性魚種とはマグロ、カツオなど複数国のEEZと公海を広く回遊する魚種をいう。

に相当の影響を与えます。たとえば、1974年に締結された日韓大陸棚南部共同開発協定。交渉過程では中間線による境界画定を主張する日本と自然の延長論に立つ韓国とが対立し、妥協の結果、日本が主張する中間線と韓国がいう自然の延長の外縁に囲まれた——当然ながら日本寄りの——海域については、共同開発区域としたのです。共同開発は境界画定紛争を妥協に導く賢明な方策の一つですが、本件の場合には、共同開発区域が日本の領海の直近にまで迫っており、日本が領海を12カイリに拡大した場合にはその一部が領海と重複する——さすがに、その場合には当該区域は共同開発区域から外すことになっていた——くらいでしたから、日本にとって「衡平」な解決だったとは言えないようです。

　それよりも問題だったのは、当時の日本政府の説明です。当時準備中だった第3次海洋法会議では自然の延長が大勢であり、この観点から見ればこの解決は我が国にとって出来であって、時間がたつにつれて我が国はますます不利になるとされました。しかし、北海大陸棚事件判決が自然の延長論を打ち出したのは、先にも触れたように〔⇒1.(2)〕沿岸国の大陸棚に対する権原としてであって、相対しまたは隣接する海岸を有する国——そこでは、相互の自然の延長が重複するのが普通です——の間の大陸棚の境界画定の原則としてではありません。それに、この段階で既に200カイリEEZの主張が圧倒的な支持を受けていましたから、この主張が来るべき第3次海洋法会議で新条約に盛り込まれれば、大陸棚の境界画定にも距離基準が導入されるであろうことは予測可能だったはずです。

　しかし当面は、上のような日本政府の予想を裏書きするように事態は進みました。1982年に採択されたUNCLOSは、大陸棚の境界画定（第83条）とEEZの境界画定（第74条）とに同一の条文をおき、境界画定は衡平な解決を達成するために国際法に基づいて合意により行うと規定して、等距離・中間線方式への言及は姿を消しました。ところがその後のICJや仲裁裁判所による境界画定の裁判例は、上で日本政府の説明を批判して述べたことを確認する方向で展開してきたのです。第1に、「自然の延長」論は沿岸国の大陸棚に対する権原を扱うもので、境界画定に直接つながるものではないことが確認されます。そして第2に、EEZの確立に伴って大陸棚の境界画定にも距離基準を適

用するべきことが認められるようになります。

　ここでは、こうした動向の到達点として、2009年のICJ・黒海海洋境界画定事件判決を取り上げましょう。この事件は、ルーマニアがウクライナを訴えて、黒海における両国の大陸棚とEEZについて単一の海洋境界線を引くように裁判所に求めたもので、ICJは以下の三段階の「境界画定方法(delimitation methodology)」を取るといいます。

① 暫定的に等距離中間線を引く。そのために自然の延長を生じる「関連の沿岸」と、境界画定の対象となる「関連の海域」を決定する。この段階では裁判所は「関連事情」には関わらず、客観的なデータに基づいて幾何学的な基準によって線を描く；

② 衡平な結果を達成するために、暫定的な等距離線を調整または移動させることを要する「関連事情」があるかどうかを検討する。本件では以下の「関連事情」を検討したが、調整の必要はないと判断された：沿岸の長さの不均衡；黒海の閉鎖海としての性格と既存の境界画定；Serpents'島の存在；石油・ガスのコンセッション、漁業活動および海上パトロール；遮断効果＊の存否；安全保障上の考慮；

③ このように引かれた線が両国の沿岸の長さと関連海域の比率に照らして不衡平な結果をもたらさないかどうかを検証する。本件ではルーマニアとウクライナの間の海岸線の長さの比率は約1：2.8、関連する海域の比率は約1：2.1で、構成された線の変更を必要とするものではない。

　ICJによる具体的な線引きについては、図5・3を参照してください。この判決は、おそらくはICJが大陸棚とEEZの境界画定に関するこれまでの判例の集大成を意識して起草したもので、裁判官の全員一致で採択されたという意味でも、今後の境界画定に決定的な影響を与えることになるでしょう。

　資源開発の制度の最後に、深海底制度に簡単に触れておきましょう。深海底資源の開発は、第3次海洋法会議の準備過程では対立の焦点の一つでした。1970年の国連総会決議2749(XXV)「深海底を律する原則宣言」は、深海底とその資源は「人類の共同の財産」であり、その開発は将来設立される国際制度に

＊遮断効果(cutting off effect)：ある境界画定が当事者が有する大陸棚またはEEZに対する権利、その他の海に対する正当な権利を遮断する効果を持つこと。

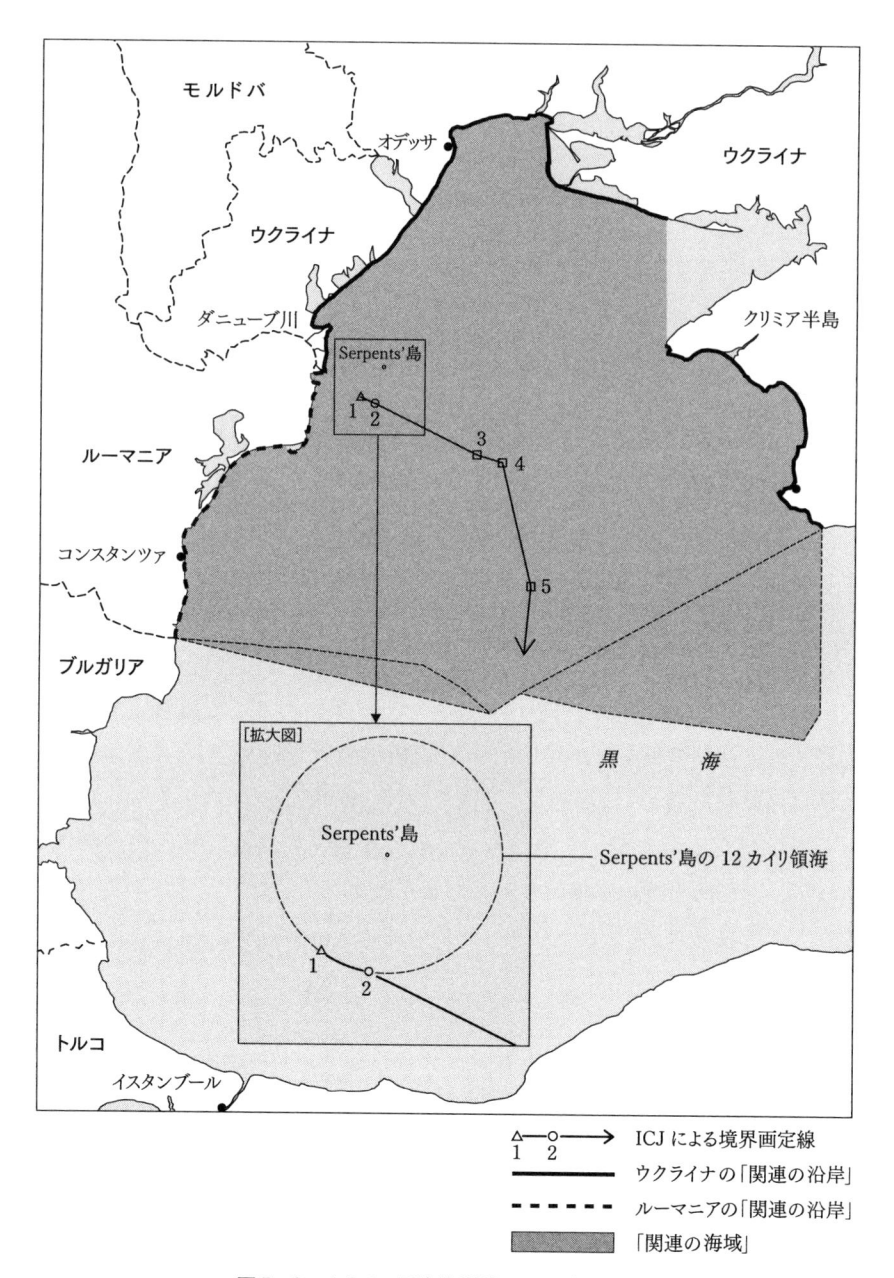

第5回 地球の空間はどのように配分されているか？ 117

図5・3 ICJ・黒海海洋境界画定事件判決

凡例：
△—○→ ICJによる境界画定線
1 2
——— ウクライナの「関連の沿岸」
------ ルーマニアの「関連の沿岸」
▒▒▒ 「関連の海域」

出典：判決に添付されたSketch-map No.5, No.8およびNo.9をもとに作図した。

より人類全体の利益のためにとくに発展途上国の利益と必要を考慮して行うべきものと定めました。ところが具体的な開発方式については、設立されるべき国際海底機構を中心とする開発を主張する発展途上国と、国と企業による自由な開発を強調する先進国が鋭く対立しました。UNCLOS第11部は、さしあたりの妥協として両者を併用する「パラレル方式」を取りましたが、開発を行う国と企業に対しては、金銭の支払いや技術移転の義務付け、同種の資源の陸上生産国の保護のための生産制限など、重い負担を課すことにしたので、先進国はこれを不満としてUNCLOSには加入せず、一方的な開発に乗り出そうとして途上国の反発を買いました。

　このような状況のもとで、UNCLOSが主要な先進国抜きで発効することにより、その実効性が損なわれることを危惧した国連事務総長の呼びかけにより、国連総会は1994年に深海底制度実施協定を作成し、第11部を事実上改定しました。この実施協定によって第11部のうち先進国とその企業に重い負担を課した規定は適用がないものとされ、これによって日本を含む先進国のUNCLOS加入が進んだのですが、それが1970年当時に掲げられた「人類の共同の財産」という理想を相当程度犠牲とした結果であることは否定できません。このような結果をもたらしたおもな要因が、実施協定前文の言葉を借りれば「〔冷戦終結後の〕政治的及び経済的変化（市場指向の方向性を含む。）」であることは明らかですが、そのころから続く不景気に伴う鉱物価格の低迷もあって、深海底資源の本格的な開発がまだ始まっていないことはいささか皮肉なことに見えます。

(4) 汚染防止の制度

　国際環境法については第8回で多少とも立ち入った説明を行うので、ここではUNCLOSを中心に、これまで見てきた海の国際法の特徴との関係で汚染防止の制度について概観しておくことにします。まず、汚染防止に関する国の管轄権について。この点については、伝統的には領海／公海の二元的制度が汚染防止にも適用されました。つまり、領海では沿岸国の管轄権が認められますが、公海では旗国主義によることとされたのです〔⇒4. (1) (2)〕。しかし、公海における汚染によって直接の影響を受けるのは近隣の沿岸国であ

り、遠方にある旗国には汚染に対処する意思と能力が欠けていることが少なくないのです。この点で旗国主義の限界を露呈したのは、いささか旧聞ですが1967年に英仏海峡で発生したリベリア船籍の巨大タンカー「トリー・キャニオン号」による汚染事故です。公海上で座礁事故を起こした同船から積み荷である大量の重油が流出して英仏両国の海岸が汚染されたのですが、旗国であるリベリアは何の対処も行わず、結局英国が同船を爆撃して流出した油を焼却する措置を取りました。しかし英国は、この爆撃の国際法上の根拠をうまく説明することができなかったのです。そこで1969年に、当時のIMCOにより油汚染事故介入権条約(公法条約)が採択されました。この条約は、海難から生じる油汚染またはそのおそれから生じる自国に対する重大かつ急迫した危険の防止・軽減・除去のために沿岸国が公海上で必要な措置を取ることを認めたのです。

　UNCLOSは旗国の義務を強化しました〔⇒4. (2)〕が、それとともに旗国主義に一定の修正を加え、限定的ではあるが寄港国と沿岸国に執行の権限を認めました。寄港国は、船舶が自国の港または沖合施設に任意にとどまる場合には、適用ある国際基準に違反する当該船舶からの排出で当該国の内水、領海またはEEZの外で生じたものについて調査を行い、調査により正当化される場合には手続を開始することができます(第218条)。また沿岸国は、船舶が自国の港または沖合施設に任意にとどまる場合に、この条約に従って制定する自国の法令または適用がある国際基準に対する違反が自国の領海またはEEZにおいて生じた場合には手続を開始することができ、また、領海およびEEZを航行中の船舶による違反についても一定の措置を取ることができます(第220条)。他方でUNCLOSは、旗国以外の国による検査や手続開始が国際航行への不当な干渉とならないような保障措置をも定めました：適用される基準は、国際的に合意された基準またはこれに準拠する自国の法令でなければならない；調査は原則として書類審査に限定され、違反が明らかになった場合には金銭上の保証などの手続に従うことを条件にすみやかに釈放する(第226条)；手続には旗国の優先権が認められ(第228条)、違反については原則として金銭罰のみを課する(第230条)。

　海洋環境の保護および保全に関するUNCLOS第12部は、また、その対象

の包括性でも注目されます。それまでの海洋汚染防止に関する多数国間条約では、地域条約は別にして単一の汚染源に対処するものに限られていました。たとえば船舶からの油の排出の規制を中心とする1954年海洋油汚染防止条約や同じ系譜に属するMARPOL73/78条約議定書、廃棄物その他の物の海洋投棄の規制を目指す1972年ロンドン海洋投棄条約などがその例です。これに対してUNCLOSは、海洋環境を保護・保全する国の一般的な義務を規定し(第192条)、あらゆる発生源からの汚染を防止・軽減するために「実行可能な最善の手段を用い、かつ、自国の能力に応じ」適当な措置をとることを義務付ける(第194条1)とともに、「領域使用の管理責任」〔⇒**第8回2.(2)**〕を確認しました(同条2)。国は陸起源の汚染(第207条);管轄下の海底活動からの汚染(第208条);投棄による汚染(第210条);船舶からの汚染(第211条);大気からのまたは大気を通じる汚染(第212条)を規制するために、法令を制定する義務を負うものとされました。さらに、いずれの国も海洋環境の保護・保全に関する自国の国際的義務を履行し、自国の管轄下にある自然人または法人による海洋環境の汚染から生じる損害に関しては、迅速かつ適正な補償その他の救済手段が利用可能であるように確保する義務を負います(第235条)。

＊ ＊ ＊

　以上に概観したように、UNCLOSはとりわけ第2次世界大戦以後続けられてきた海洋法の変革の努力の、一つの集大成と位置付けられるものであり、内容の包括性と斬新さにおいても注目するべきものでした。採択当時、UNCLOSが「海の憲法」と呼ばれることがあったことにも、うなずくことができます。しかし、効力発生から20年近くを経過した現在、UNCLOSが多くの欠落や不十分さ、未完成部分などを含み、その後の社会経済的変化や科学技術の発展に対応して補充され改善されるべき文書であることも明らかとなりました。UNCLOSが、環境分野で多用される「枠組条約」〔⇒**第8回2.(1)**〕の一種だという近年の評価もあながち間違いではありません。そうだとすれば、海洋法の変革自体が未完の事業で、私たちはこのために一層の努力を求められているのだという結論になるのです。

[注]

1) **西サハラ勧告的意見**(ICJ勧告的意見、1975年10月16日)：当時スペイン領だった西サハラでは民族解放運動が行われる一方、隣接のモロッコとモーリタニアが領有権を主張していた。国連総会は、スペインによる植民地化の当時西サハラは無主地だったか；そうでなかったなら、同地とモロッコおよびモーリタニアとの間にどのような法的つながりがあったかについてICJの意見を求め、裁判所は当時において西サハラは無主地ではなかったが、同地と両者との法的つながりは自決原則の適用による同地の非植民地化に影響する性質のものではなかったという趣旨の意見を与えた。その後、安保理決議690(1991)により独立かモロッコとの統合かについて住民投票が行われることになっているが、いまだに実現していない。

2) **ブルキナファソ・マリ国境紛争事件判決**(ICJ裁判部判決、1986年12月22日)：特定事件裁判部(規程第26条2)に付託され、部は特任裁判官2名を含む5名で構成された。ブルキナファソ・マリ両国はともに旧仏領植民地から独立し、本件付託合意では独立時に存在した国境の尊重に基づく解決を求めたので、裁判部は*uti possidetis*原則を適用して旧フランス植民地法に基づく行政境界線に沿って国境画定を行った。

3) **占領下パレスチナにおける壁建設の法的効果勧告的意見**(ICJ勧告的意見、2004年7月9日)：イスラエルがパレスチナ占領地において反テロを理由に進めてきた分離壁建設の法的効果を国連総会が諮問したのに対して、裁判所はハーグ陸戦規則、1949年ジュネーヴ文民条約、自由権規約、社会権規約等を適用法と認定して、これらに照らして壁建設は違法であり、イスラエルは壁を撤去し損害賠償を支払う義務を、その他の諸国は壁建設から生じる違法な結果を承認しない義務を負う、などの意見を与えた。

4) **ノルウェー漁業事件判決**(ICJ判決、1951年12月18日)：ノルウェーが、複雑な湾入や多数の島嶼、岩礁などの存在によって特徴づけられるその沿岸に採用してきた直線基線の有効性を英国が争ったが、裁判所は、当該の方式は領海画定に関する一般国際法をノルウェー海岸の特定の事例に適用したもので、ノルウェーにより一貫して適用され英国を含む諸国の長年にわたる黙認を得てきたもので、国際法に反するものではないと判示した。

【参考文献】

高林秀雄『海洋開発の国際法』有信堂高文社、1977年。
同『領海制度の研究』(第3版)有信堂高文社、1987年。
同『国連海洋法条約の成果と課題』東信堂、1996年。
小田滋『注釈国連海洋法条約(上巻)』有斐閣、1985年。
栗林忠男『注釈国連海洋法条約(下巻)』有斐閣、1994年。
山本草二・杉原高嶺編『海洋法の歴史と展望』有斐閣、1986年。
山本草二『海洋法』三省堂、1992年。
林久茂ほか編『海洋法の新秩序』東信堂、1993年。
奥脇直也「日本の国際法学における領域性原理の展開―領域支配の実効性と正当性」『国際

法外交雑誌』第96巻4・5号、1997年。
太壽堂鼎『領土帰属の国際法』東信堂、1998年。
芹田健太郎『島の領有と経済水域の境界画定』有信堂高文社、1999年。
同『日本の領土』中央公論新社、2002年。
栗林忠男・杉原高嶺編『海洋法の歴史的展開』有信堂高文社、2004年。

第6回
東と西？　南と北？
—— 人権の国際的保護の発展 ——

　人権の国際的保護については**第3回**と**第4回**にも触れましたが、今回は人権の国際的保護全体を見渡すお話をする順番です。もっとも、これは優に一冊の著作の対象となる大きな問題ですので、ここでは人権の国際的保護に関して現代国際社会でとくに問題となっているポイントに的を絞ったお話をしたいと思います。

1. 人権問題の国際化：人権はどこまで「国内問題」ではなくなったか

　第2次世界大戦後の人権の国際的な保護の動きをキャッチ・コピー風に要約すれば、それは人権問題の「国際化」と「普遍化」の歴史だったといえます。そこで、1. と 2. でこれら二つの問題を扱いますが、その前に人権の歴史を簡単に振り返っておきましょう。

(1) 人権はどのように発展してきたのか

　ご存じのように、基本的人権という考え方は西欧世界におけるブルジョア革命の申し子でした。たとえば1776年のアメリカ独立宣言は、「すべての人は平等に造られ、造物主によって、一定の奪いがたい天賦の権利を付与され」ること、また「これらの権利を確保するために人類の間に政府が組織されたこと、そしてその正当な権力は被治者の同意に由来するものである」ことを宣言しました。さらに、1789年のフランスの人および市民の権利宣言は、「人の譲渡不可能かつ神聖な自然権」として「自由・所有権・安全および圧制への抵抗」を挙げ、これらの自然権の保全を「あらゆる政治的団結の目的」であるとするとともに、「あらゆる主権の原理は、本質的に国民に存する」と述べま

した。

　ブルジョア革命期の人権宣言が掲げた様々な人権は、「神聖で不可侵の権利」(人および市民の権利宣言第17条)とされた所有権を除いて、直ちにそのままの形で実現されたわけではありません。信教の自由、言論・集会・結社の自由、居住・移転・職業選択の自由などが一応確立するためには、産業革命を経て資本主義経済が確立するまで待たなければなりませんでした。資本主義的な経済関係の発展は国家権力の介入を必要としないばかりか、経済過程への国家の介入はそれに対する不当な攪乱要因として排除されねばならないと考えられました。こうして自立的で自己充足的な市民社会＊が成立し、国の役割はこのような市民社会の秩序の維持に限定されることによって、国家権力の介入を排除することを本質とする自由権が確立したのです。

　このようにして確立する自由と平等は、人類の進歩にとって巨大な歴史的意義を持つものでしたが、他方では形式的な法の前の平等に留まるところに限界がありました。その背後には、事実上の不平等が隠されていたのです。労働者が巨大な財力と権力を有する資本家との実質的な平等を確保するために団結しようとすれば、それは契約の自由や営業の自由を侵害するものと見なされ、不法行為として、さらには犯罪として抑圧されました。選挙権の付与に一定の財産所有が条件とされ、労働者階級が長年にわたって参政権を拒否されあるいは制限されてきたことも、周知のことに属します。

　さらに従属人民については、このような形式的な自由と平等さえ認められませんでした。19世紀の半ばには世界に拡大するフランスの植民地には、フランス革命の人権宣言は適用されるべきものとは考えられませんでした。また、アメリカの独立宣言が「天賦の人権」を有するとした「すべての人」には、アメリカ大陸の先住民や黒人奴隷は含まれなかった。従属人民にはいっさいの人権が認められず、彼らの無制約な搾取が可能だったことが、本国の国民に一定の人権を保障する物質的条件を作りだしたとも考えられるのです。

　19世紀末から20世紀初め頃になると、このような形式的な自由と平等のもとに展開した資本主義の矛盾は、西欧において労働運動や社会主義運動の高

＊**市民社会**：社会科学の諸分野で様々な意味に用いられるが、ここでは国家権力との対比において自由・平等な個人によって構成され経済法則が貫徹する社会をいう。

揚をもたらし、また、繰り返される恐慌に対処して資本主義的な再生産を維持するために、国家が次第に経済過程に介入を強めます。このような状況は、人権論にも新しい対応を迫ることになりました。財産権はもはや無制約なものではなく、公共の福祉によって制約されるべきものとされるようになり、労働者の団結権を初めとする労働基本権が次第に法認されるようになります。さらに、社会保障の権利などの生存権的基本権の実現も、課題とされるようになりました。

　このような社会権の保障において先駆的役割を果たしたのは、1919年のドイツ・ワイマール憲法でした。同憲法は、すべての者に人たるに値する生活を保障することを経済生活の秩序の目的とし、所有権を保障しながらもその行使を社会福祉に役立つべきものとするとともに、私企業の「社会化」を規定しました。同憲法はまた、労働力の特別の保護を謳い、労働者の権利を初め社会権に関する詳しい規定をおきました。もっともこれらの規定の多くは、個人に具体的な権利を与えるというよりも、政治的指針ないしはプログラム規定であると見なされていたことは、忘れてはなりません。

　他方、資本主義の矛盾の深まりは、1917年にはロシア革命をも生むことになります。この革命の結果、社会主義建設をめざすことになったソビエト・ロシアでは、基本的人権に代わって「市民の基本的権利・義務」が憲法に規定されます。ブルジョア革命期の人権における財産権に相当する市民の権利の中核は労働の権利であるとされ、社会権を含む各種の権利の国家による具体的な実施が重視されるとともに、そのような国家による社会の管理に参加する市民の権利が強調されました。また、国家権力の恣意的行使を市民がチェックすることができるよう、国家機関は社会主義的適法性の原則に従って行動するべきものとされました。初期のソビエト・ロシアでは、民族自決権が国内においても国際的にも法的権利として承認され、実施に移されていたことも注目されます。

(2) 人権問題はいつ国際問題となったか

　以上のような過程で人権問題、つまり国が自国民をどのように待遇するのかという問題は、国籍の付与や外国人の出入国の問題などとともに、典型的

な国内問題だと考えられてきました。しかし国際法の上で、国内問題と国際問題とを分け隔てる絶対的な壁のようなものがあるわけではありません。これまで国内問題だと見なされていた問題について、何らかの形で国際法規則が成立するなら、その限りで当該の問題は国際問題となるのです。常設国際司法裁判所(PCIJ)は、1923年のチュニス・モロッコ国籍法に関する勧告的意見[1]で、「ある問題がもっぱら国の国内管轄権内にあるかどうかという問題は、本質的には相対的な問題である。それは、国際関係の発展に依存するものである」と述べました。

　それでは、自国民の待遇の問題は、いつ頃からこのような意味での国際問題となったのでしょうか。人権の国際的保護の起源をずいぶん古い昔に遡って捉える見解があります。たとえば、19世紀における奴隷貿易禁止や外国人の権利保護、そしてすでにお話しした人道的干渉〔⇒**第2回2.(2)**〕などの動き、第1次世界大戦後のILOの設置に見られるような労働者保護や国際連盟による少数者保護制度*、委任統治地域住民の人道的待遇などがその例として挙げられます。しかしこれらは、外国人の権利に関わるものであったか、あるいは自国民に関するものの場合はおもにその時々に支配的だった諸国の利己的な動機に基づくもので、人権保護の一般的な規範意識に裏づけられたものではありませんでした。この時期には自国民の待遇の問題は、なお典型的な国内管轄事項だったのです。

　このような状況を大きく変えるきっかけとなったのは、周知のように第2次世界大戦でした。この戦争で侵略者となったファシズム・軍国主義の諸国は、ナチ・ドイツのホロコースト**に見られるように、国内では国民の人権を乱暴に踏みにじった諸国でしたから、平和の維持のためには各国の国内で人権が保障される体制を作ることが肝要だと考えられたのです。これに加

---

*少数者保護制度：第1次世界大戦後独立しあるいは領域を拡大した中東欧諸国は、領域内に居住する少数者に属する個人に一定の保護を与えることを約束し、この約束は国際連盟理事会の保障のもとにおかれた。ヴェルサイユ体制の維持という政治的目的を持つ制度で、中東欧諸国にだけ一方的に義務を負わせるという決定的な問題点を持っていた。

**ホロコースト：第2次世界大戦前から戦中にかけて、ナチ・ドイツが自国および占領地で行ったユダヤ人大量殺害をいう。ニュルンベルグ裁判では人道に対する罪とされ、後にはジェノサイド条約による処罰の対象とされることになる。

えて、第2次世界大戦の後に人権問題が国際化するようになったもう一つの背景として、戦後世界秩序の形成を主導した米国が、海外市場の自由経済的復興・開発と海外投資の促進を図ることを目的に、植民地・従属地域を含めた投資環境の整備のために市民的自由の法的拡延を何より必要としたのだ、という指摘もあります。

　さて、国連憲章は前文において「基本的人権と人間の尊厳及び価値」への信念を再確認するとともに、本文では「人種、性、言語又は宗教による差別なくすべての者のために人権及び基本的自由を尊重する」ことを、国連およびその社会的・経済的国際協力の目的、さらには信託統治制度の目的として掲げました（第1条3、第55条c、第76条c）。憲章はまた、人権と基本的自由の実現のために研究を発議し勧告を行う権限を総会と経済社会理事会に与えるとともに、後者の補助機関として「人権の伸張に関する委員会」──人権委員会のこと──をおくことを規定しました（第13条b、第62条2、第68条）。

　これらの規定が、加盟国に対して人権を擁護するべき法的義務を課したものだという理解は、もちろんないわけではありません。しかし残念ながら、憲章規定を詳細に読むとこのような解釈は正当化し難いことが理解されます。第55条が規定するのは機構としての国連の活動目的であって、個々の加盟国のそれではありません。また第56条は、すべての加盟国が第55条に掲げる目的を達成するために「共同及び個別の行動をとることを誓約する」と規定していますが、それは「この機構と協力して」のことであり、国連が加盟国の協力を確保する方法は原則として法的拘束力のない勧告によるものです。さらに、先に引用したように「人種、性、言語又は宗教による差別なく」という点を別にすれば、憲章が尊重されるべき「人権及び基本的自由」の内容を何ら定義していないことも、これについて憲章が加盟国に具体的な義務を課したのだという解釈を困難にしていました。

　しかし、これらの規定は空文句に過ぎないと考えるなら、それは決定的な誤りだと思われます。法的にいえばこれらの規定は、従来は各国の国内問題とされていた自国民の人権問題を国際関心事項とし、国内問題への国連の干渉を禁止する憲章第2条7の規定にもかかわらず、国連がこれらの問題を取り上げて討論し決議を採択する法的根拠を与えたのです。また、人権に関す

る総会の勧告を系統的に拒否する慣行は憲章、とくに第56条に違反するという見解は広く承認されています。そして政治的には、これらの規定は諸国民の人権実現のための運動に国連の名において正統性を与え、これらの運動に国際社会の支持を結集するためのテコとして働きました。これらの規定が一般的で曖昧であったことは、このような運動の進展がそれらに豊かな内容を盛ることを可能としたともいえるのです。

(3) 人権問題はどこまで国際問題となったか

　それでは人権問題がどこまで国際関心事項となったのか、言い換えればどこまで国内問題でなくなったのかについて、ここでもう少し具体的に整理しておきましょう。

　この点で出発点としなければならないのは、人権問題は現在でもなお基本的には国内問題だ、という事実です。何よりも、人権問題の本質は国家権力と個人の関係に関わるものです。自由権は国家権力の恣意的な行使から個人の自由を守ることを目的とし、社会権は国民の健康で文化的な生活を確保するために国に一定の給付を義務づけることを課題とします。また、人権問題の国際化は国自身の行動を通じて実現されてきたし、こうして人権を保護するべき国の一般的な義務が確立したとしても、その具体化はなお国内問題として国の裁量に委ねられている点が少なくないのです。この事実は、人権諸条約にも反映されています。人権条約が定める社会権は、それらを尊重・確保しあるいはそれらの実現のために行動する国家の義務として構成されます。自由権については即時実施が義務づけられる裏側として、国家緊急事態における一定の義務の免脱が認められます。さらに、同じく自由権の実施のための国際的手続においては、国内的救済完了の原則〔⇒**第4回3.(2)**〕が貫徹します。つまり、その管轄下の個人に対して人権を保障するのは第一次的には領域国の役割であり、国際的な手続は補足的な役割を果たすに過ぎないのです。

　ただし、人権問題が基本的には国内問題であるとしても、国際機構や第三国が特定の国の人権状況を取り上げて討論を行い決議を採択しあるいは見解を述べることは、原則として国際法上禁止される「干渉」には当たらないことに注意しなければなりません。このような活動も、相手国からはしばしば不

干渉原則に違反するという非難を受けるのですが、国際法上禁止される「干渉」は武力や強度の政治的・経済的圧力など、何らかの強制の要素を含む行動を意味するので、単なる討論や勧告など強制の要素を含まないものはこのような「干渉」には当たらないのです。

さて、このように原則として国内問題である人権問題は、以下のような場合に例外的に国際化されると理解されます。第1に、条約によって人権が保障される場合には、当該条約によって規定される限りでは人権問題は国際問題となります。ただし、国際司法裁判所(ICJ)がニカラグア事件判決〔⇒第9回3. (1)〕で述べたように「人権が国際条約によって保護される場合には、この保護は当該条約自体が規定する人権の検証または尊重の確保の取決めの形態をとる」のであって、条約違反の人権侵害があったからといって他の締約国がそれを止めさせるためにどのような措置でも執れるというわけではないことに注意しなければなりません。

第2に、人権保護に関する慣習国際法が成立した場合にも、同じことがいえるのですが、今のところその範囲は必ずしも広くないことを認めなければなりません。世界人権宣言や自由権規約の多くの規定はしばしば慣習法化したと主張されますが、その範囲や内容について諸国や学者たちの間に明確な合意があるとはいえない状態なのです。この中で慣習法化したことがほぼ疑われていない例としては、拷問の禁止を挙げることができます。このことは、国内判決ではありますが、たとえば米国連邦控訴裁判所のフィラルティーガ事件判決[2]や英国貴族院のピノシェ仮拘禁事件判決[3]において認められました。またICJは、2006年のコンゴ領域における武力行動事件(コンゴ対ルワンダ)管轄権判決[4]で、ジェノサイドの禁止が強行規範であることを認めました。

そして第3に、これまでの国連諸機関の決議によれば、「人権の重大でかつ信頼できる証拠を有する一貫した形態の侵害」(1970年の経社理決議1503(XLVIII))ないしは「人民および個人の人権の大規模かつ重大な侵害」(1977年の総会決議32/130)は、とりわけ重大な関心に値するものとして国連活動の対象となるとされてきました。また、ICJのバルセロナ・トラクション事件判決〔⇒第2回注3〕は、ジェノサイドの禁止や人間個人の基本権に関する国際法の原則・規則から生じる義務は「対世的義務」だと認めました。さらに、ジェ

ノサイドのような重大な人権侵害は平和に対する脅威を構成し、これに対しては安保理事会が強制措置を発動することができるとも考えられています。

2. 人権概念の普遍化：人権問題における東と西、南と北

次に人権問題の国際化と不可分のものとして進んできた、人権概念の普遍化について考えましょう。つまり、1. (1)で見たよう西欧先進国に起源を有する基本的人権の考えが、現代国際社会において、諸国の多様な価値観やものの考え方をどの程度公正に反映するものへと変化し発展してきたのかという問題です。この問題を本節では、国連の人権に関する基準設定の活動＊に注目して時期を四つに区分し、各々の時期を象徴する人権文書の特徴を検討するという形で考えたいと思います(表6・1参照)。

(1) 自由権の時期：世界人権宣言

この時期は国連の成立から大体1960年頃までをカバーし、厳しい冷戦のもとで国連内では西側諸国が圧倒的な影響力を持っていた時期に当たります。この時期を象徴する人権文書が、国連の人権活動の最初の大きな成果である世界人権宣言(1948年の総会決議217A(III)。票決は賛成48、反対0、棄権8で、棄権はソ連・東欧諸国、サウジアラビアおよび南アフリカ)であることはいうまでもありません。

世界人権宣言第1条は、「すべての人間は、生まれながらにして自由であり、かつ、尊厳と権利において平等である」と規定しますが、これは宣言が西欧的な自然権思想に根ざすものであることを明白に示すものとして注目されます。実体規定では、宣言は自由権と社会権とをともに規定していますが、社会権も時としてそういわれるほど軽視されているわけではなく、後に社会権規約に規定されることになる諸権利は大部分がすでに宣言に登場しています。しかし、これらの規定は一般的なものに留まり、その実施は「国家的努力及び国際的協力により、並びに各国の組織及び資源に従って」行われるものとされて

＊**人権に関する基準設定の活動**：国際的に保護されるべき人権の基準を、条約や宣言などの形で確定する活動。

表6・1 国連が採択した人権文書

年	文書名	実施機関*	実施手続**
【自由権の時期】			
1945	国連憲章	(人権委員会)	
1948	ジェノサイド条約	国内裁判所・国際刑事裁判所	
	世界人権宣言	(人権委員会)	
1949	人身売買禁止条約		SR
1951	難民条約	難民高等弁務官事務所	SR
1952	婦人参政権条約		
1953	奴隷条約改定議定書		
1954	無国籍者の地位に関する条約		
1955	被拘禁者待遇最低規則		
1956	奴隷制度廃止補足条約	経済社会理事会	SR
1957	既婚婦人の国籍に関する条約		
1959	児童の権利宣言		
【自決権の時期】			
1960	植民地独立付与宣言	(植民地独立付与宣言履行特別委員会)	
1961	無国籍の削減に関する条約		
	婚姻の同意・最低年齢・登録条約		
1962	天然資源に対する永久的主権決議		
1963	人種差別撤廃宣言		
1965	人種差別撤廃条約	人種差別撤廃委員会	SR；SC；IC/ OP
1966	自由権規約	自由権規約委員会	SR；SC/ OP
	自由権規約第1選択議定書	自由権規約委員会	IC/ OP
	社会権規約	経済社会理事会	SR
	難民議定書		
1967	経社理決議1235(XLII)		
	女子差別撤廃宣言		
	領域内庇護宣言		
1968	テヘラン宣言		
	戦争犯罪時効不適用条約		
1969	社会進歩と発展に関する宣言		
1970	経社理決議1503(XLVIII)		
	友好関係原則宣言		
1971	精神薄弱者権利宣言		
1972	ストックホルム人間環境宣言	(国連環境計画)	
1973	アパルトヘイト条約	国内裁判所・国際刑事裁判所	
【社会権と新しい人権の時期】			
1974	新国際経済秩序樹立宣言・行動計画		
	経済的権利義務憲章		
1975	障害者権利宣言		
	拷問等禁止宣言		

年	文書	機関	制度
1977	スポーツ反アパルトヘイト宣言		
1978	平和的生存の社会的準備に関する宣言		
1979	女子差別撤廃条約	女子差別撤廃委員会	SR
1981	宗教的不寛容撤廃宣言		
1984	平和への権利に関する宣言		
	拷問等禁止条約	拷問禁止委員会	SR; SC/ OP; IC/ OP
1985	社会権規約委員会設置→社会権規約	社会権規約委員会	SR
	スポーツ反アパルトヘイト条約	スポーツ反アパルトヘイト委員会	SR; SC/ OP
	外国人の人権宣言		
1986	発展の権利に関する宣言		
1989	児童の権利条約	児童の権利委員会	SR
	自由権規約第2選択議定書	自由権規約委員会	SR; SC/ OP; IC/ OP
【「人権・民主主義・市場経済」の時期】			
1990	移住労働者権利条約	移住労働者権利委員会	SR; SC/ OP; IC/ OP
1991	高齢者原則		
	人道的緊急援助の調整強化		
1992	環境と発展に関するリオ宣言		
	強制的失踪からの保護宣言		
	少数者の権利宣言		
1993	ウィーン宣言・行動計画		
	女性に対する暴力撤廃宣言		
	世界先住民の10年宣言		
	人権高等弁務官設置		
1995	社会的発展に関するコペンハーゲン宣言		
1998	人権保護のための個人および社会組織の権利および責任に関する宣言		
1999	女子差別撤廃条約選択議定書	女子差別撤廃委員会	IC/ OP
2000	児童の権利条約選択議定書(武力紛争への関与;児童売春)	児童の権利委員会	SR
2002	拷問等禁止条約選択議定書	防止小委員会	施設訪問
2006	人権理事会設置決議		
	強制失踪条約	強制失踪委員会	SR; SC/ OP; IC/ OP
2007	障害者の権利条約	障害者の権利委員会	SR
	障害者の権利条約選択議定書	障害者の権利委員会	IC/ OP
	人権理事会の制度構築	普遍的定期審査につき理事会;不服申立につき通報作業部会と事態作業部会	
	先住人民の権利宣言		
2008	社会権規約選択議定書	社会権規約委員会	IC/ OP

 * ( )の機関は関連文書に明示の規定はないが事実上その役割を果たしているもの。

 **SR=国家報告制度;SC=国家通報制度;IC=個人通報制度;OP=選択的。たとえば、IC / OPは選択的に個人通報を認めるものを指す。

いた(第22条)ことからも、宣言が社会権規定をプログラム規定と見なすドイツ・ワイマール憲法型の資本主義憲法の系譜に属することが理解されます。

　こう指摘したからといって、世界人権宣言の歴史的意義をいささかでも軽視するものではありません。国連の人権活動の大部分は世界人権宣言の諸規定を具体化し発展させる方向で進められてきたものですし、国際人権規約などその後の諸条約は非締約国を拘束しないのに対して、世界人権宣言はすべての加盟国に適用される共通の基準として国連憲章自体と並ぶ権威を認められてきたのです。また、自決権や人民主権についてその後の発展の基礎となった第21条3や、人権の完全な享受を実現するためには国際秩序の変革が必要であることを認めた点で後の「発展の権利に関する宣言」に連なる第28条など、世界人権宣言は未来を先取りするような規定も含んでいたことにも注目しておきましょう。

　宣言が全会一致ではないが、反対なしに圧倒的な賛成によって採択された事実も重要です。南アとサウジを別とすれば、当時の社会主義国の棄権のおもな理由は宣言の内容の不十分さにありました。つまり、宣言に書かれていることが「すべての人民とすべての国とが達成すべき共通の基準」(前文)であることについては、広範な合意があったのです。

(2) 自決権の時期：国際人権規約

　第2の時期は、民族解放闘争によって独立を獲得したアフリカ諸国が大量に国連に加盟し、総会が植民地独立付与宣言を採択した1960年に始まります。この時期は、国際社会の構造変化のさなかにありましたが、この時期を代表する人権文書である国際人権規約は、総会によるその採択は1966年だったとはいえ、人権委員会における主要部分の起草作業は1950年代に行われたという意味では、過渡期の産物でした。この項では、過渡期の産物としての国際人権規約の特徴を示す、二つの問題を取り上げたいと思います。

　ところで、国際人権規約＊の歴史的意義は何よりも、それが世界人権宣言

＊**国際人権規約**：社会権規約(経済的、社会的及び文化的権利に関する国際規約)、自由権規約(市民的及び政治的権利に関する国際規約)および自由権規約への選択議定書の三文書からなり、1989年には死刑廃止を目的とする自由権規約第2選択議定書が、2008年には社会権規約選択議定書が採択された。

とは違って法的拘束力を持つ多数国間条約として、締約国にそこに規定された広範な人権を尊重・確保し、あるいは促進する義務を課したところにあります。社会権規約と自由権規約とは、総会が全会一致で採択したもので、この事実は社会経済体制や文化的伝統、あるいは経済発展段階を異にする多様な諸国がまがりなりにもその尊重と促進とに合意することができる、普遍的な人権概念が存在することを示すものと見ることができます。もっとも、このような合意を達成するための作業は困難を極め、妥協のためにことさらに曖昧な表現をとった条文や、対立を残しながら多数決で採択された条文も少なくありませんから、このような普遍的な人権概念の外延がなお不明確なままに残されたことは否定できません。

　さて、先に国際人権規約は過渡期の産物だといいましたが、規約は共通第1条に自決権を規定した点で、発展途上国や当時の社会主義国が主張した人権に関する新しい考えを反映していました。起草過程では、西側先進国は自決権を法的権利として認めることに反対して、国連憲章によれば自決は政治的原則であるが法的権利ではない、たとえ権利だとしてもそれは集団の権利であって個人の権利の保障を目的とする規約にはふさわしくない、少数民族の分離運動に濫用されるおそれがある、などの理由を挙げました。他方、このような強い抵抗を押し切って規約に自決権条項を挿入させた発展途上国や旧社会主義国の主張は、自決は原則であるとともに権利であり、すべての人権の中でもっとも基本的なものである、自決はすべての人民に属する集団的権利であり、この権利を否定されればいかなる人民もその個々の構成員も自由ではない、つまり自決権は個人によるすべての権利と自由の享受の前提条件なのだ、というふうに要約できます。

　集団としての人民の自決権は、集団を構成する個人の人権享受の前提条件であるとするこのような考え方は、伝統的な西欧の個人主義的人権観を越えて人権概念が普遍化する契機となり、その後の国連の人権活動の一つの指導理念となりました。こうして、自決権の確立はそれ自体としてだけでなく、人権観の普遍化にとっても重要な歴史的意義を有するのですが、この段階での自決権はまだ非植民地化の文脈において理解されており、その後の発展に待つべき多くの問題を残していました〔⇒第2回3.〕。

国際人権規約は他方では、人権を自由権と社会権に二分してそれぞれ別個の実施手続を定めるというその基本構造において、なお西欧的な人権観を色濃く反映していました。討論の過程では、発展途上国や当時の社会主義国は、人権は別個のカテゴリーに明確に区別することはできず、社会権の保障なくしては自由権は名目的なものに終わらざるを得ないし、逆に自由権を欠けば社会権の保障は永続的ではありえないとして、両者をともに含む単一の規約の起草を主張しました。これに対して西欧先進国やラテン・アメリカ諸国の多くは、二種類の人権の性格の違いを強調して規約を二つに分けるべきことを主張しました。自由権は直ちに実施されるべきものであり、また、裁判所における適用が可能であるのに対して、社会権は漸進的に適用されるべきプログラム的権利だ、というのです。

　成立した規約は、この点では西欧的人権観念を基礎とするものでした。自由権規約は締約国に対して規約上の権利を直ちに実施するために必要な立法その他の措置をとることを義務づけた（第2条）のに対して、社会権規約は締約国は規約上の権利の実現を漸進的に達成するために行動することを約束すると規定する（第2条1）に留まりました。また、両規約はともに実施措置として国家報告制度を採りましたが、社会権規約がこれを経済社会理事会に審議させることを予定したのに対して、自由権規約はこの目的のために自由権規約委員会を設置し、さらに選択的にですが同委員会に対して規約違反に関わる締約国の通報を検討する権限を与えるとともに、選択議定書において個人通報にも道を開きました。

　もっとも、社会権規約の諸規定はすべて漸進的に実現すればよいというわけではなく、たとえば同規約第2条1は、締約国は規約上の権利を漸進的に実現するために「行動をとることを約束する」と規定し、また、同条2項は締約国は規約上の権利が「いかなる差別もなしに行使されることを保障することを約束する」と定めますが、これらの規定は即時の適用を期待されていると解釈されています。しかし、規約が自由権と社会権とを性格が異なるものとして別個に規定したことは、発展途上国などの大きな不満の根拠となり、次の時期にはこれらの諸国からの鋭い攻撃の対象となるのです。

(3) 社会権と新しい人権の時期：発展の権利に関する宣言

　第3期の出発点は1974年としますが、それはこの年に国連総会が新国際経済秩序＊に関する一連の決議を採択し、そして途上国の新しい人権主張は新国際経済秩序の要求と不可分に結びついていたからです。このような途上国の人権主張を典型的に示す1977年の総会決議32/130「人権および基本的自由の効果的な享受を改善するための国連体制内の新しいアプローチおよび手段」は、自由権と社会権の不可分の相互依存性を強調した点と、人権問題への「構造的アプローチ」に道を開いた点が、現在では高く評価されています。

　このような発展途上国の人権主張に促されて、この時期の国連では社会権の実現が重視されるようになりますが、この点は次節に回して、ここではこの時期の国連の人権活動のもう一つの特徴として、新しい人権の主張が登場したことを取り上げましょう。国際法上の新しい人権について興味ある位置づけを行ったのは、当時ユネスコの人権平和部長だったカレル・ヴァサークの「人権の第三世代」論です。彼は、おもに自由権からなる人権の第一世代、社会権を中心とするその第二世代に対して、国際社会のすべての行為体がその実現のために連帯することを求められる発展の権利、平和への権利、環境権などは、人権の第三世代を構成すると述べました。そしてこのような第三世代の人権の中で、もっとも注目を集めたのが発展の権利でした。1981年に採択されたアフリカ人権憲章（バンジュール憲章）は、人民の権利として発展の権利を規定しましたが、国連では、困難な起草過程を経て1986年の総会が決議41/128「発展の権利に関する宣言」を、賛成146、反対1（米国）、棄権8（日本を含む西欧諸国）で採択します。

　この宣言の何よりもの特徴は、発展を人権として規定したことにあります。宣言の第1条1は「発展の権利は譲ることのできない人権である。この権利に基づき、それぞれの人およびすべての人民は、あらゆる人権および基本的自由が完全に実現されるような経済的、社会的、文化的および政治的発展に

＊新国際経済秩序：発展途上国は1960年代の半ば頃より、その発展の遅れのおもな原因は先進国に有利な既存の国際経済秩序にあるとして、経済的自決権と国際経済政策の決定過程への平等な参加権を中心とする新国際経済秩序の樹立を要求、この要求は**表6・1**に挙げた1974年の国連総会決議に反映された。

参加し、貢献しならびにこれを享受する権利を有する」と規定しました。このことの背景には、「発展（development）」がかつてのようにもっぱら経済成長によって計られる「開発」ではなく、全住民とすべての個人の発展とその諸利益への参加を基礎とした彼らの福祉の継続的な改善を目的とする包括的な過程であると見なされた（前文第2項）事実があります。

発展の権利の集団としての人民の権利の側面についていえば、それが自決権との関連で位置づけられていたことが注目されます（第1条2）。宣言はまた、発展とその利益の配分に参加する個人と人民の権利を規定し（前文第2項、第1条1、第2条3）、発展とすべての人権の完全な実現の重要な要素としてすべての分野における人民の参加を奨励する国の責務に言及しました（第8条2）。つまりここでは、参加の権利を媒介として個人の人権と人民の発展の権利を結びつける理解が表現されていると見ることができます。

他方、討論の過程では広く認められていた、国や少数者も発展の権利の主体とする考えは宣言では受け入れられず、途上国における発展の権利を実現するために、国際社会ないし先進国が何らかの義務を負うような規定は脱落しました。このことは、援助の供与を義務とするような規定に対する先進国の強い抵抗のためであったことはいうまでもありません。こうして、「発展の権利に関する宣言」は多くの点で妥協の産物であり、多様な解釈の余地を残していました。つまり、発展の権利がどのような方向に展開するかは、すべての人権がそうであるように、この権利をめぐる社会的な闘争の帰結に依存していたのです。実際、発展の権利は国内社会と国際社会の変革をめざすダイナミックな概念と理解されており、その実現は以後の国連の人権活動における一つの大きな焦点となっていきます。

(4) 人権の「主流化」の時期：ウィーン宣言から人権理事会の設置へ

発展の権利の承認は、発展途上国が多くの場合当時の社会主義国と協力して推進してきた、人権概念を狭い西欧的伝統から解き放ってより普遍的なものとする努力の、一つのクライマックスをなすものでした。ところが1990年代になると、新国際経済秩序樹立の運動は80年代の世界的不況とそれに伴う先進資本主義国における新自由主義の台頭のために挫折し、東欧社会主義国

の崩壊とあいまって、再び西欧的な意味に理解された「人権・民主主義・市場経済」がクローズアップされるようになります。この時期を代表する人権文書は、1993年に国連主催でウィーンにおいて開催された世界人権会議が採択したウィーン宣言ですが、この宣言の特徴はそれが人権の普遍性を確認したことだとしばしばいわれます。それでは、それはどのような意味での普遍性だったのでしょうか。

　結論を先にいえば、ウィーン宣言における人権の普遍性は、西欧的人権観の復権と、これまでの国連の人権活動の中で積み上げられてきた考え方との、微妙なバランスの上に成り立っていたということができます。一方では宣言は、人権および基本的自由の普遍的性格は疑うことができないと述べ、また、人権および基本的自由はすべての人間の生まれながらの権利であると規定しました（第1項）が、これは明らかに世界人権宣言の西欧的自然権思想の回帰を意味するものでした。同宣言はまた、「国家的及び地域的独自性の意義、並びに多様な歴史的、文化的及び宗教的背景を考慮に入れなければならないが、すべての人権及び基本的自由を助長し保護することは、政治的、経済的及び文化的な体制のいかんを問わず、国家の義務である」とも述べました（第5項後段）。

　ウィーン会議に先立って、アジア、アフリカおよびラテン・アメリカで地域準備会議が開催されましたが、上のような規定の性格は、これらの会議、とくに前の二者が採択した文書と対比することによって、いっそう明らかとなります。すなわち、これらの会議はいずれも人権の普遍的性格を承認しましたが、そこでの重点はむしろ、多様な歴史的、文化的および宗教的背景を考慮に入れて各人民の伝統、基準および価値観を重視するべきことにおかれており、普遍的レベルで既成のモデルを押しつけることは厳しく批判されていました。とくにアジア会議のバンコク宣言は「人権は〔……〕国際的な基準設定のダイナミックかつ発展的な過程の文脈において検討されなければならない」と主張しましたが、この言葉は、このような基準設定の過程で積み重ねられてきたこれら諸国自身による人権の普遍化の努力を想起したものだったと思われます。

　そしてウィーン宣言は、このような従来の努力を無視していたわけでは

ありません。同宣言は、自決権を強調し(第2項)、すべての人権の不可分の相互依存性を認め(第5項前段)、発展の権利を再確認する(第10項)とともに、国家的・国際的レベルにおける人権享受への障害の除去の必要性を強調する(第13項)など、これまでおもに発展途上国の主導のもとに国連の人権活動において確認されてきた考え方をも、少なからず再確認していました。こうして、ウィーン宣言を単純に西欧的人権観念の再勝利を記録するものと理解するなら、それは明らかに誤りだと思われるのです。なお、人権の「主流化」にとっては人権理事会の設置を始めとする機構面の改革も重要ですが、これは次節で取り上げます。

3. 人権の国際的な実施手続き：人権の実効的な国際的保護のために

以上では、基準設定に関する国連の人権活動の展開を見てきましたが、ここではこのようにして確定された人権基準を国際的な手続によってどのように実施するのかという問題を、国連レベルよりもいっそう進んだ実施手続を有すると評価されている地域的な人権条約(表6・2参照)にも目を配りながら考えたいと思います。

(1) 個人通報の処理その他の国連内の手続

国連憲章が人権の尊重を国連の目的の一つとして掲げたことは多くの人たちに大きな期待を抱かせ、人権侵害に関する個人通報が数多く国連に寄せられることになりました。しかし、加盟国は人権侵害に関する個人通報を処理する権限を国連機関に与えることには、長年にわたってきわめて消極的でした。人権委員会とその親機関である経済社会理事会は、「人権委員会が人権に関する苦情について行動をとる権限を有しない」という態度をとり続けたのです。ところが、1965年に採択された人種差別撤廃条約が個人と集団の通報制度を設けたことと、1966年の自由権規約第1選択議定書が個人通報を定めたことをきっかけとして、変化が始まります。

こうして1967年の経済社会理事会決議1235(**XLII**)は、人権委員会と差別防

表6・2　地域人権条約

年	条約名	実施機関	実施手続
【ヨーロッパ】			
1950	欧州人権条約	欧州人権委員会	SC; IC/ OP
		欧州人権裁判所	RCS/ OP; RCC/ OP
1952	同第1議定書；以下、第4議定書(1963)；第6議定書(1983)；第7議定書(1984)；第12議定書(2000)；第13議定書(2002)	(欧州人権条約と同じ)	
1961	欧州社会憲章	専門家委員会	SR
1987	拷問等防止欧州条約	拷問等防止欧州委員会	抑留場所訪問
1988	欧州社会憲章追加議定書	専門家委員会	SR
1990	欧州人権条約第9議定書	欧州人権裁判所	RCI
1991	欧州社会憲章改正議定書	独立専門家委員会	SR
1994	欧州人権条約第11議定書	新欧州人権裁判所	RCS; RCI
1995	民族的少数者保護枠組条約	欧州評議会閣僚委員会	SR
	欧州社会憲章追加議定書	欧州社会権委員会	GC/OP
1996	子供の権利行使欧州条約	常設委員会	
1997	人権生物医学条約	欧州人権裁判所(勧告的意見)	SR
2004	欧州人権条約第14議定書	(裁判所の構成と手続を改正)	
2005	人身売買と戦う行動条約	専門家グループ	
2007	性的搾取等からの子供の保護条約	締約国委員会	
2011	女性に対する暴力・家庭内暴力防止条約	専門家グループ	SR
【アメリカ大陸】			
1954	外交的庇護に関する米州条約		
	領域内庇護に関する米州条約		
1969	米州人権条約	米州人権委員会	IC; SC/ OP
		米州人権裁判所	RCC/ OP; RCS/ OP
1987	拷問防止米州条約	米州人権委員会	SR
1988	米州人権条約サン・サルバドル議定書	米州経済社会理事会；米州教育科学文化理事会	SR
1990	米州人権条約死刑廃止議定書		
1994	米州強制失踪条約	(米州人権条約と同じ)	
	米州女性に対する暴力防止条約	米州女性委員会	SR
		米州人権委員会	IC
	米州未成年者売買条約		
1999	米州障害者差別防止条約	障害者差別防止委員会	SR

【アフリカ】			
1969	アフリカ難民条約		
1981	アフリカ人権憲章(バンジュール憲章)	人権・人民の権利アフリカ委員会	SR; SC; IC
1990	子供の権利・福祉アフリカ憲章	同上	SR; IC
1998	アフリカ人権憲章改正議定書	アフリカ人権裁判所	RCC; RCS; RCI/ OP
2003	アフリカ女性の権利議定書		SR
2007	アフリカ民主主義憲章	AU委員会	
2008	アフリカ司法人権裁判所規程議定書	アフリカ司法人権裁判所人権部	RCC; RCS; RCI/ OP
2009	国内避難民保護援助条約	締約国会議	SR
【アジア】			
2009	ASEAN政府間人権委員会付託条項		

＊SR＝国家報告制度；SC＝国家通報制度；IC＝個人通報制度；GC＝集団通報制度；RCC＝委員会による裁判所付託；RCI＝個人による裁判所付託；RCS＝国による裁判所付託；OP＝選択的。たとえば、RCI/ OPは選択的に個人による裁判所付託を認めるものを指す。

止・少数者保護小委員会＊が重大な人権侵害に関する情報を検討し、「人権侵害の一貫した形態を示す事態」の徹底的な研究を行って勧告とともに経社理に報告することを認めました。経社理はさらに、1970年に決議1503(XLVIII)を採択して、差別防止・少数者保護小委員会と人権委員会が、「人権及び基本的自由の重大でかつ信頼できる証拠を有する一貫した形態の侵害」を検討することを目的に、人権侵害の犠牲者だけでなくその直接かつ信頼のおける知識を有するNGOsの通報をも受け入れることを認めました。1503手続は、成立当時は条約に基礎を持たない初の個人通報手続であり、NGOsの通報も認める点で大きな期待をもって迎えられたのですが、実行上の評判は必ずしも良くありませんでした。

　さて、1235手続の作業は個人または作業部会に委ねられ、具体的な任務は人権委員会(現在では人権理事会)が採択する設置決議によって定められますが、一般には、「国別手続」と「テーマ別手続」という形を取り、「特別手続」と

＊**差別防止・少数者保護小委員会**：人権委員会の補助機関として1947年に設置され、人権委員会が個人の資格で選出する委員から構成、人権問題に関して研究を行い人権委員会に対して報告・勧告を行う他、本文のように個人通報を処理する権限も認められた。1999年には実体に合わせて「人権の促進および保護に関する小委員会」と改称され、さらに人権理事会のもとで人権理事会諮問委員会に改組・改称された。

総称されます。前者は特定の国のすべての人権状況を取り上げるのに対して、後者は特定の人権に関する状況を普遍的に検討するものです。国別手続は、国連の関心の対象となっていることや公開審査であることによって、対象国に相当のインパクトを与えてきたといわれ、国際世論を喚起する役割も無視することができません。また、テーマ別手続は当初は自由権のみを対象としてきましたが近年ではその対象を拡大しており、基準設定に結びついたものもあります。

　1235手続はもともと特定の国またはテーマに関する人権状況の一般的な改善を目的としましたが、近年では特別手続の任務に個別的対処を含めることが多くなっています。当該特別手続の特別報告者等は、受け取った情報がすでに発生したか進行中であるかあるいは差し迫った危険がある人権侵害の信頼できる証拠を示している場合に、自らの裁量によって当該政府に対して直接の介入を行うことができるのです。介入は当該政府にあてた書簡の形を取り、進行中または差し迫った侵害の主張の場合に防止措置を求める「緊急アピール」と、すでに生じたとされる侵害の場合に調査、救済、再発防止等を求める「申立ての書簡」が区別されます。介入の目的は人権侵害の認定あるいは非難ではなく、当該政府と協力して事実を明らかにし、人権保護を確保することだとされています。

　人権委員会を中心とする以上のような国連の人権活動については、とくに冷戦期には、政治的考慮が先だって行動が必要な時に行動しないか行動が遅い、対象国が偏っており「二重基準」が目立つといった批判が絶えませんでした。そこで、人権の「主流化」の時期に入ると、このような批判を背景として人権機関の改革が行われるようになります。まず、1993年の総会決議48/141によって実現した、人権高等弁務官の設置。人権高等弁務官は、国連事務局における人権活動に主要な責任を有しこれらの間の調整を行うほか、国内における人権保護の促進のために政府と人権対話を行い、人権侵害の緊急事態に対処する、などの活動を行います。長年の課題だった人権高等弁務官の設置がこの時期に実現したことについては、ウィーン宣言が人権の普遍性を強調したことが追い風になったのですが、彼または彼女がすべての人権は普遍的、不可分かつ相互依存的であるという認識によって導かれ、また、すべて

の人民の持続可能な発展の促進と発展の権利の実現が重要であることを承認するものとされたこと、つまり発展途上国が主張してきた人権観がここに反映されていたことも無視できないと思われます。

次に、2006年の総会決議60/251による人権理事会（Human Rights Council）の設置を挙げなければなりません。同理事会は人権委員会に代わってこれを引き継ぐもので、人権委員会が経社理の補助機関だったのに比べて総会の補助機関となり、ある意味では「格上げ」されたことになります。理事会は、総会が選ぶ47の加盟国で構成されますが、選挙に当たっては候補国の国内における人権状況と候補国が行った人権に関する誓約を考慮に入れるべきものとされていること、重大な人権侵害を行った理事国は権利を停止されうることなどが規定されたことが注目されます。人権理事会は、基準設定や特別手続、1503手続といった人権委員会の任務を、必要に応じて改善し合理化することを条件に引き継ぎましたが、その任務のいわば「目玉商品」は新たに設けられた、加盟国における人権状況の「普遍的定期審査（a Universal Periodic Review: UPR）」です。

UPRの審査基準は、国連憲章、世界人権宣言、当該国が締約国である人権文書、当該国が行った自発的誓約、さらには適用可能な国際人道法とされ、すべての人権の普遍性、相互依存性、不可分性および相互連関性を促進するために、客観的、透明、非選択的、建設的、非敵対的かつ政治化されない方法で行われる協力の仕組みであると規定されます。審査は全理事国で構成する作業部会が行いますが、実際の作業は異なる地域グループからくじで選ぶ3名の報告者グループ（「トロイカ」）が担当し、双方対話を中心とするものとされます。最終成果文書は理事会の全体会が採択し、対象国の人権状況の評価、最良の慣行の共有、人権の促進・保護のための協力の強化、技術援助等の供与、当該国の自発的な誓約などを内容とし、次回以降の審査は前回の成果文書の実施を中心とするが、必要に応じて特別のフォローアップを行うものとされています。なお、日本は2008年5月のUPR第2会期で審査の対象となり、未批准の人権条約、とくに個人通報を規定する議定書を批准すること、国内人権機関を設置すること、各種の差別を除去するための措置を取ること、死刑の廃止を検討しその執行を停止すること、警察の取り調べを可視化し刑

事訴訟法を人権諸条約と調和させること、女性と子どもに対する暴力を減少させる措置を取ること、難民審査手続を改善すること、といった勧告を受けました＊。

(2) 人権条約の実施手続

　国連は、国際人権規約のほか個別分野の人権条約を数多く採択してきました。また、アジアにはまだありませんが、欧州、米州およびアフリカではいくつかの地域人権条約も作成されています。ここでは、これらの人権諸条約の実施手続の特徴を簡単に検討しましょう（表6・1；6・2参照）。まず、ほとんどすべての条約が条約義務の履行を監督し実施するための条約機関をおいています。また、やはりほとんどすべての条約が、締約国に国内における条約義務の実施状況の報告を義務づける国家報告制度を採用しています。国家報告を処理する条約機関の権限は強化される傾向にあり、それに伴って当初は低かったこの制度に対する評価は、次第に高くなりつつあるということができます。

　さて、自由権関係の諸条約の実施手続については、まず、多くの条約が少なくとも選択的に、他の締約国が条約上の義務を履行していないと考える締約国に対して、条約機関への通報を認める国家通報制度を有します。もっとも、人権条約の実施手続としては、この制度は必ずしもふさわしいものではありません。ある国が他国の人権侵害について、相手国の恨みを買ってまで通報に踏み切ることは普通はないし、あえてこれを行うとすれば何らかの個別的な利害が絡んでいる場合が少なくないと考えられるからです。事実、自由権規約の国家通報制度は用いられたことがありません。欧州人権条約ではわずかながらこの制度の利用実績がありますが、1998年に発効した第11議定書による改正によって、この制度は裁判所への国の出訴権に取って代わられました。

　また、諸条約の多くは選択的にですが個人通報の制度をおきます。この制度の近年における代表例として、1999年の選択議定書によって個人通報制度

＊**UPRの勧告**：これらは審査中に個々の加盟国が行った勧告で、作業部会全体が採択したものではない。

を新設した、女子差別撤廃条約の例を紹介しましょう。条約上の権利を侵害されたと主張する個人またはその集団の通報を受理し検討する、女子差別撤廃委員会の権限が認められました。個人・集団の直接の通報だけでなく、これら「に代わって(on behalf of)」行う通報も認められますから、人権NGOsなどによる通報も可能と思われます(第1、2条)。通報について決定を行う前に、委員会は犠牲者に取り返しがつかない被害が生じないように、当該締約国に対して暫定措置を執るように求めることができます(第5条)。通報を検討した委員会は当事者に対して勧告を含む見解を送付し、締約国はこの見解に相当の考慮を払うこととされます(第7条)。さらに、委員会が条約上の権利の重大または系統的な侵害の信頼できる情報を受け取った場合には、委員会は委員を調査と報告のために指名することができ、締約国の同意があれば調査はその領域においても行うことができます(第8条)。なお、多くの場合条約に明文の規定があるわけではありませんが、条約機関による国家報告や個人通報の検討に当たっては、**NGOs**が提供する情報がきわめて重要な役割を果たしてきました。

　さらに、欧州、米州およびアフリカの三つの地域人権条約は、人権裁判所を設けています。米州人権条約と旧欧州人権条約の実施手続は、個人が通報の権利を有し友好的解決に当たる人権委員会と、委員会および締約国が出訴権を有する人権裁判所の二本立てでしたが、欧州人権条約ではその後個人の出訴権が認められ、1994年の第11議定書による改正では実施手続は裁判所によるものに一本化されました。さらに、2004年の第14議定書(2010年発効)では、旧東欧社会主義国の加盟によって激増した事件をこなすために、裁判所の機構改革が行われました。欧州人権裁判所は小法廷から大法廷への二審制を取り、裁判所には友好的解決の権限も認められます。なお、アフリカ人権憲章でも1998年の議定書によって裁判所が設けられましたが、同裁判所は2008年の議定書によってアフリカ連合の司法裁判所と統合されて、アフリカ司法人権裁判所の人権部となります。

　社会権関係の条約に目を移すと、ILO諸条約の経験を別にすれば、従来はこれらの条約の実施手続は国家報告制度だけでした。社会権規約の場合は自由権規約と違って、この報告は経社理によって審議されるものとされました

が、1980年代に入って社会権の実施が重視されるようになったことなどを背景に、経社理は1985年に社会権規約委員会の設置を決定します。社会権規約委員会は自由権規約委員会とほぼ同様に構成され、国家報告等の検討について後者とほぼ同じ権限を与えられました。さらに、2008年には社会権規約選択議定書が採択され、規約が定める権利の侵害に関する個人および集団の通報を受理し検討する、委員会の権限が認められました。同委員会には、いずれも選択的ですが国家間通報を受理し検討する権限と、規約上の権利の重大なまたは系統的な侵害を示す信頼できる情報を受理した場合に、当該締約国の協力を得てこれを調査する権限も認められます。通報検討の手続は自由権規約委員会の場合とほぼ同様ですが、検討の結果は「侵害」の認定ではなく、締約国の措置の「合理性」の認定であり、そのさいには締約国が「幅のある政策措置を取りうることに留意する」ものとされます。この選択議定書は、社会権規約委員会自体がすべての人権の不可分の相互依存性の考えに導かれて起草にイニシアチブをとったもので、発効のあかつきには――ほとんど前人未到の領域に足を踏み込むだけに種々の困難が予想されますが――その成果に期待したいと思います。

　他方、欧州人権条約と対をなす欧州社会憲章でも国家報告制度が採られてきましたが、1995年の追加議定書により、一定の条件を満たす雇用者の国際団体、労働組合、NGOsなどに集団的な通報を認めることになりました。通報に基づいて欧州社会権委員会が国内の法と慣行が憲章の義務と合致するかどうかを審査し、この結論に基づいて閣僚委員会が勧告を行うのです。この追加議定書は1998年に発効し、欧州社会権委員会は通報の審査に相当の経験を積んできましたから、社会権規約選択議定書が発効した場合には、その経験から学べることが少なくないと思われます。

4. 条約機関の正統性をどのように確保するか――結びに代えて――

　このように条約機関自身による人権条約の解釈・適用が進んでくると、それに反比例して伝統的に認められていた条約関係をコントロールする国の権利が縮減され、人権条約体制は一つの客観的な「レジーム」〔⇒第3回2. (1)〕

として確立していくことになります。たとえば、条約を解釈する権限は伝統的には締約国にあるとされてきましたが、条約機関は欧州人権条約のそれを先頭に、必ずしも起草者の意図にとらわれることなく新しい発展も考慮に入れた「発展的解釈(evoltive interpretation)」を行ってきており、これを通じて条約が保障する人権の内容が具体化され発展してきています。

　また、締約国は条約上の義務がたとえば国内法と矛盾するときなどには留保を行うのですが、条約法条約は、当該の条約が留保について明文の規定をおいている場合以外は、留保は条約の趣旨・目的と両立する場合にのみ認められ、留保の許容性については他の締約国が判断すると規定しています(第19〜21条)。ところが人権条約の条約機関は、人権条約は締約国間の相互主義的な権利義務を定めるのではなく個人に権利を付与するのだから、条約法条約の留保制度はこれには不適切だと考えてきました。自由権規約委員会も1994年に公表した一般的意見24(52)で、留保の許容性に関する判断権は自らにあるという見解を表明しました。自由権規約委員会のこのような見解には批判もあり、国際法委員会も、条約機関が留保の許容性について判断できるかどうかは、条約自体が機関に与えている権限によるのだという態度をとりました。しかし留保の許容性に関する上のような判断は、条約機関が共通してとるところとなっており、もしもこのような判断が定着するなら、締約国はここでも条約関係をコントロールする伝統的な権利の一つを失うことになります。

　以上のような傾向は、人権条約の解釈・適用を締約国のその時々の政治的思惑から独立させ、人権条約を条約機関によって集権的にコントロールされる一つの客観的な「レジーム」とすることによって、人権の国際的保護を前進させることが期待されます。しかし、このことの裏側にある問題も考えなければなりません。つまり、少なくとも制度上は国民の民主的な意思によって正統性を担保されている国のコントロールから、条約がこぼれ落ちてしまうことの問題です。この点について、欧州人権裁判所の所長を務めたこともあるベルンハルトは、次のような問題提起をしたことがあります。すなわち、〔欧州人権条約の〕発展的解釈の可否を決めるのは最終的には、締約国の全員一致でも単純多数決でもなくストラスブール〔にある欧州人権裁判所〕の裁判

官たちである。現在では多くの国で条約締結のためには議会の承認が必要とされるが、条約が議会の新たな委任または同意を得ることなく変更され、修正されまたは非公式に「発展」させられることに、問題はないのだろうか、と。この問題に関しては、私にも答えがあるわけではありません。問題だけを提起して皆さんの討論に待ちたいと思います。

[注]
1) **チュニス・モロッコ国籍法勧告的意見**(PCIJ勧告的意見、1923年2月7日)：フランスが当時その被保護国であったチュニジアとモロッコで公布した国籍法の適用について英仏間に紛争が生じ、事件を付託された連盟理事会が規約第15条8にいう国内管轄事項の意味について裁判所の意見を求めた。裁判所は、国籍問題は原則として国内管轄事項に属するが、これに関する国の権限が国際法によって制約されるかどうかの問題は第15条8の範囲外であり、本件も保護国の権限、条約の効力や解釈の問題などを含んでいるので国内管轄権内の問題ではないと判断した。

2) **フィラルティーガ事件**(米国第2巡回連邦控訴裁判所判決、1980年6月30日)：原告はパラグアイの反政府活動家で息子を当時アスンシオン警察の長であった被告に殺害され、後に米国に亡命していたが、被告が米国に不法滞在しているのを知って、「諸国民の法」に違反する不法行為に関して連邦裁判所の管轄権を認める米国法(1789年)を根拠に、損害賠償訴訟を提起した。裁判所は、拷問禁止が「諸国民の法」つまり慣習国際法となっていることを認めて管轄権を肯定し、本件判決は米国の裁判所に同種の事件が次々に提起されるきっかけとなった。

3) **ピノシェ仮拘禁事件**(英国貴族院判決、1999年3月24日)：チリのアジェンデ政権をクーデタで打倒し、後に大統領となって反対派に対する過酷な弾圧を行ったピノシェ(日本では通常「ピノチェト」と記載されるが現地読みはピノシェ)は、大統領辞任後病気治療のために英国に滞在していたが、スペインからチリにおける自国民殺害などを理由に引渡し請求を受け仮拘禁されたので、これを争った。貴族院は拷問は強行規範に違反する犯罪であると判断、国家元首の免除はこのような行為には適用されないとして引渡し手続の続行を認めた。

4) **コンゴ領域における武力行動事件**(コンゴ民主共和国(DRC)対ルワンダ)**管轄権判決**(ICJ判決、2006年2月3日)：DRCが自国領域内における武力行動について近隣諸国を訴えた一連の事件の一つで、ICJは管轄権を否定した。ICJがある規範が強行規範であることを明文で認めた初めての事例だが、傍論である上に理由を述べていないことが限界。

【参考文献】
高木八尺・末延三次・宮沢俊義編『人権宣言集』岩波文庫、1957年。
東京大学社会科学研究所編『基本的人権1・総論』東京大学出版会、1968年。
高野雄一『国際社会における人権』岩波書店、1977年。

芹田健太郎編訳『国際人権規約草案註解』有信堂高文社、1981年。
松井芳郎「人権の国際的保護への新しいアプローチ」『現代人権論』(公法学研究1)法律文化社、1982年、所収。
同「人権の普遍性と歴史性」『前衛』1997年11月号、12月号。
祖川武夫「人権の国際的保障と国際法の構造転換」、祖川武夫論文集『国際法と戦争違法化——その論理構造と歴史性』信山社、2004年、所収。
田畑茂二郎『国際化時代の人権問題』岩波書店、1988年。
同編『21世紀世界の人権』明石書店、1997年。
横田洋三・国際連合広報センター監修『国際連合と人権1945－1995』(日本語版)地域改善啓発センター、1995年。
小畑郁「民主主義の法理論における主権・自決権と人権」『法の科学』第26号、1997年。
同「ヨーロッパ人権条約体制の確立——人権裁判所の管轄権受諾宣言の取り扱いを中心に——」前掲『21世紀世界の人権』、所収。
宮崎繁樹編著『解説国際人権規約』日本評論社、1996年。
阿部浩己『人権の国際化——国際人権法の挑戦——』現代人文社、1998年。
大沼保昭『人権、国家、文明——普遍主義的人権観から文際的人権観へ——』筑摩書房、1998年。
阿部浩己・今井直『テキストブック国際人権法』(第2版)日本評論社、2002年。

第7回
国際法で個人を裁く？
── 国際刑事裁判所設立の意義 ──

　今回は国際刑事裁判所＊を中心に個人の国際犯罪の処罰の問題を取り上げる順番ですが、この問題は前回お話しした人権の国際的保護の問題と個人の国際法上の地位という点で共通し、いわばそれとは裏腹の関係にある問題です。お話の順序としては、おもに第2次世界大戦以後における主題に関する条約や裁判などの歴史的な展開を追うことにします。

1. ニュルンベルグと東京：おぼつかない序曲

(1)「国際犯罪」とは何か

　国際刑事裁判所について語るためには、そこで裁かれるべき国際犯罪の概念を明確にする必要がありますが、この概念はきわめて多義的であって、太壽堂鼎先生によると少なくとも以下の三つの意味があるとされます。**表7・1**を見て下さい。

　①個別国家の法益を侵害する行為だが、犯人が外国に逃亡したり犯行が外国で行われるために、犯人の逮捕や訴追のための国際協力を必要とするものを国際犯罪と呼ぶことがありますが、これらは本質的には国内法上の犯罪であって国際法上の国際犯罪とはいえません；②多数の国に共通の法益を侵害する行為で、条約その他の国際法によって構成要件＊＊が定められ、それに

＊**国際刑事裁判所**：この言葉は、普通名詞として一般的に国際的な刑事裁判所を指す場合と、1998年のローマ規程によって設置された国際刑事裁判所を指す固有名詞として用いられる場合があり、訳語としての区別は困難である。そこでここでは、普通名詞として用いる場合には「国際刑事裁判所」を、固有名詞の場合には一般的に用いられる略号である"ICC"を用いることにする。

＊＊**構成要件**：刑法においてある犯罪を構成する行為事実をいう。罪刑法定主義(後述)の要

表7・1　国際犯罪の類型

犯罪の性質(例)	構成要件の決定	裁判・処罰	国の義務
①個別国家の法益を侵害するが国際性を有する犯罪(被疑者が海外に逃亡する)	国内法	国内裁判所	条約により：被疑者引渡しなどの司法共助
②多数の国に共通の法益を侵害する犯罪(国際テロリズム関係の犯罪)	国際法(条約)	国内裁判所	条約により：国内法上の犯罪化；裁判権の設定；引渡すか訴追するか、など
③国際社会の一般的利益を侵害する犯罪(平和に対する罪；人道に対する罪)	国際法(条約または慣習法)	国内裁判所または国際刑事裁判所	条約により：裁判権を行使する；国際刑事裁判所に協力する、など

基づいて犯罪防止のための国際協力が行われるが、裁判と処罰は国内法に基づき国内裁判所が行うものを国際犯罪と呼ぶことがあります。この種の国際犯罪は、ハイジャッキングや人質行為などいわゆる国際テロリズム関係の犯罪を中心に、近年急速に一般化したものです；③本来の意味で国際法上の国際犯罪と呼ぶことができるのは、国際社会の一般的利益を侵害する行為であって、国内法上の犯罪であるかどうかを問わず国際法によって犯罪とされ、国際的な手続によって裁判・処罰が行われる(べき)ものです。

　伝統的国際法では国際法が守るべき法益は国の個別的な利益だけだと考えられており、国際社会の一般的利益という考えは成熟していませんでした〔⇒**第2回4.**〕から、そこでは③の国際犯罪は成立の余地がなかったことが理解されます。この時期には、②の国際犯罪だけがいくつか登場していました。そのうちでも典型的なのは海賊で、海賊は「人類の全体の敵」と見なされ、旗国主義の例外として公海上ではいずれの国の軍艦も海賊船を拿捕し、自国の裁判所で裁判・処罰ができると考えられていました〔⇒**第5回4.(2)**〕。他方、戦争の法規・慣例の違反も国際犯罪と呼ばれることがあり、敵の違反者をとらえた交戦国はこれを処罰する権利を持つものとされましたが、これはむしろ①の国際犯罪だったと見るべきでしょう。処罰は交戦国の権利を確保するためのもので、戦争終結の後には処罰はできないものとされていたからです。

請に基づき、犯罪と犯罪でないもの、あの犯罪とこの犯罪を区別することを目的とする。

(2) ニュルンベルグと東京への道

　変化の兆しは、第1次世界大戦の悲劇を経験した国際社会において、平和の維持を国際社会の一般的利益と見なす傾向とともに現れました。国際連盟の集団安全保障がこのような考えを背景に持っていたことは前に述べました〔⇒**第2回4. (1)**〕が、連盟規約がその一部を構成したヴェルサイユ講和条約は、前ドイツ皇帝ウィルヘルム2世を「国際道義および条約の神聖な権威に対する最高の犯罪」のかどで訴追することとし、裁判のために米、英、仏、伊、日が指名する5名の裁判官からなる特別裁判所を設置すると規定したのです(第227条)。しかし結論的にいうと、この試みは時期尚早でした。そもそも第1次世界大戦開始当時の国際法は戦争に訴えることを禁止しておらず、ヴェルサイユ条約は前カイゼルの「最高の犯罪」を国際法上の犯罪と規定することはできなかったのです。彼の訴追自体も、亡命先のオランダが彼の引渡しを拒んだために、実現に至りませんでした。

　もっとも、両大戦間には1928年の不戦条約が示すように戦争違法化が進展し、国際連盟は侵略戦争を国際犯罪とする決議や条約草案を何度か採択しました。また、国際刑法学会や国際法協会といった民間団体が、国際刑事裁判所の設置を繰り返して提言していました。とくに注目されるのは、ユーゴスラビア国王アレキサンデル1世の暗殺を契機に、1937年に国際連盟が二つの条約を採択したことです。一つは、テロの犯人について後に一般的となる「引渡すか訴追するか」の義務を規定した「テロリズムの防止及び処罰のための条約」であり、もう一つがテロ犯人の処罰を目的とする「国際刑事裁判所設置のための条約」でした。これらの条約は大きな先駆的意義を持つものすが、発効には至りませんでした。

(3) ニュルンベルグと東京の国際軍事裁判

　第2次世界大戦における枢軸国の戦争犯罪人の裁判は、ドイツについては1945年8月に米、英、仏、ソが署名した(後にさらに19の連合国が加入)ロンドン協定とその附属書である国際軍事裁判所条例によって設置されたニュルンベルグ国際軍事裁判所により、また日本については1946年1月の連合国最高司令官の命令とその附属書である極東国際軍事裁判所条例によって東京に設

表7・2　国際刑事裁判所の系譜

裁判所名 (設置年)	設置の基礎	構成 (選出方法)	対象犯罪	備考
ニュルンベルグ国際軍事裁判所(1945年)	連合国ロンドン協定	裁判官4名(米・英・仏・ソが各1名任命)	平和に対する罪；戦争犯罪(戦争の法規・慣例の違反)；人道に対する罪	国連総会は決議95(I)により裁判所条例および判決が認めた国際法の諸原則を確認した。
極東国際軍事裁判所(1946年)	ポツダム宣言および連合国最高司令官命令	裁判官11名(連合国の申し出に基づき連合国最高司令官が任命)	平和に対する罪；戦争犯罪(戦争の法規・慣例の違反)；人道に対する罪	日本については人道に対する罪で有罪とされた者はない。
旧ユーゴ国際刑事裁判所(ICTY：1993年)	安保理決議827(1993)	上訴裁判部(5名)；第1審裁判部(3名)2(安保理が提出する名簿から総会が選出)*	1949年ジュネーヴ諸条約の重大な違反行為；戦争の法規・慣例の違反；集団殺害犯罪；人道に対する犯罪	*業務量の増加に伴い構成は漸次増強された。
ルワンダ国際刑事裁判所(ICTR：1994年)	安保理決議955(1994)	上訴裁判部(5名)；第1審裁判部(3名)2(上訴裁判部裁判官はICTY上訴裁判部裁判官が兼務し、第1審裁判部裁判官は安保理が提出する名簿から総会が選出)**	集団殺害犯罪；人道に対する犯罪；ジュネーヴ諸条約共通第3条および1977年第II追加議定書の違反	**業務量の増加に伴い上訴裁判部が独立とされるなど、構成は漸次増強された。
国際刑事裁判所(ICC：規程は1998年採択；2002年に発効)	国際刑事裁判所ローマ規程	上訴裁判部(5名)；第1審裁判部(6名以上)；予審裁判部(6名以上)計18名(締約国が指名した候補から締約国会議が選出)	集団殺害犯罪；人道に対する犯罪；戦争犯罪；侵略犯罪***	***侵略犯罪の構成要件と管轄権行使の条件は2010年の規程検討会議が採択(未発効)
刑事裁判所国際残務処理機構(IRMCT：ICTRにつき2012年；ICTYにつき2013年)	安保理決議1966(2010)	25名の非常勤裁判官の名簿から構成(所長のみ常勤)；上訴裁判部(5名または3名)；第1審裁判部(3名)または単独裁判官(安保理が提出する名簿から総会が選出)	ICTYおよびICTRの管轄権を引き継ぐほか両裁判所および本機構の司法運営を故意に妨げた者もしくは偽証をした証人を訴追する。	両裁判所の「完了戦略」の一環であって、それぞれICTYおよびICTRを担当する2支部を置き、第1審裁判部は各1とし上訴裁判部は共通とする。

上記のほか、国連と領域国の合意により設置された以下の混合刑事裁判所がある：シエラレオネ特別裁判所(2002年：国際裁判所)；カンボジア裁判所特別裁判部(2003年：国内裁判所)；レバノン特別裁判所(2007年：国際裁判所)。

置された極東国際軍事裁判所により、それぞれ実施されました。この他、第2次大戦後の戦争犯罪人処罰は、連合国が個別に設置した軍事裁判所や枢軸国の占領下にあった諸国が設置した裁判所などによっても行われました。

ニュルンベルグと東京の裁判所の構成、対象犯罪などの概略については、**表7・2**をご覧下さい。若干の補足を行いますと、ニュルンベルグ裁判の訴因は三種類の犯罪とそれらの共同の計画または共同謀議の四点だったのに対して、東京裁判の訴因は55項目に及び、これらは、①平和に対する罪、②殺人——違法に戦争を開始した日本には交戦者の権利は認められないから、これに伴う殺害は殺人罪に該当するという理解による——、ならびに、③通例の戦争犯罪および人道に対する罪の三類にまとめられました。なお、日本については、人道に対する罪で有罪とされた者はありません。

ニュルンベルグと東京の裁判は、管轄権の基礎や裁判手続においても適用法規においても、多くの問題を抱えていました。ニュルンベルグ裁判所の管轄権は裁判所条例によって付与されたものであり、条例の採択はドイツの無条件降伏に伴う占領者の権力の行使だと説明されました。東京裁判については、日本が戦争犯罪人の処罰を規定するポツダム宣言を受諾して降伏したために、これを一種の合意によって説明することが不可能ではありませんが、裁判所の設置自体はやはり占領軍の命令によるものであり、したがってこれらの裁判が真の意味で「国際」裁判の名に値したかどうかは疑問だといわねばなりません。

また、二つの裁判所条例はともに表現の違いはあるものの、①平和に対する罪、②戦争の法規・慣例の違反、および③人道に対する罪を適用法規としましたが、②はともかく当時の国際法が①と③を個人の刑事責任を伴う犯罪として認めていたかどうかは疑問です。とくに、伝統的国際法では国の行為を理由に国家機関の地位にある個人を処罰するという考えはありませんでした。したがって、これらの点において裁判は事後法を適用するもので罪刑法定主義*に反するという弁護側の主張は、伝統的国際法の立場に立つ限り反

---

* **事後法と罪刑法定主義**：事後法とは行為の後に制定された法をいう。罪刑法定主義とは、個人の保護に由来する近代刑法の基本原則の一つで、個人は行為時の法によって禁止されていた行為について当時の法が定める処罰のみを受けるという考え。この主義によって、事後法は禁止されるものと考えられる。

駁困難で、判決もこれらの点において十分に説得的であったとはいえません。

しかし他方では、このような考え方が立法論としては巨大な進歩的意義を持っていたことも否定できません。たとえばニュルンベルグ判決は、「戦争は本質的に悪事である。その結果は交戦国にだけ限定されるのではなく、世界全体に影響する」と述べ、この立場から不戦条約を「侵略戦争に訴えることは、単に違法であるだけでなく犯罪でもある」と解釈しました。同判決はまた、「国際法に対する犯罪は抽象的な実体によってではなく人間によって犯されるものであり、そのような犯罪を犯した個人を処罰することによってのみ、国際法の諸条項を実施することができる」と述べました。東京判決にも同じような考え方が表明されていますが、このような考え方が武力行使の違法化を進め国際犯罪の概念を確立するために、大きな意義を持っていたことは明らかです。

つまりニュルンベルグと東京の裁判は、伝統的国際法の立場に立ってではなく国際法の発展の観点から評価されねばなりません。田畑茂二郎先生は、既存の法理に立った東京裁判批判が「戦争責任の所在を隠蔽し、戦争挑発者の立場を擁護する結果となる」可能性を指摘して、そこに見られる「法意識の転換ともいうべき現象」に注目されました。また、この裁判に弁護人として参加した戒能通孝先生も、東京裁判の合理性は「革命裁判」だったことに求める他はなく、それが「革命裁判」としてのテストに耐えられるかどうかは、裁判の主体となったものが、東京裁判の原則に最後まで忠実であったか否かによって決定されると述べられました。

2. イェルサレム：過去への間奏曲

(1) ニュルンベルグ諸原則の成立

ニュルンベルグ判決の直後、1946年12月に第1回国連総会は、「ニュルンベルグ裁判所の条例および判決によって承認された国際法の諸原則を確認する」決議95(I)を全会一致で採択し、次いで第2回総会の決議177(II)は、新たに設置される国際法委員会(ILC)に対して、これらの諸原則を定式化すること、およびこれら諸原則を含む人類の平和と安全に対する罪の法典草案を

準備すること、を委託しました。これに従ってILCは、1950年にいわゆるニュルンベルグ諸原則を採択します。

ニュルンベルグ諸原則は、平和に対する罪、戦争犯罪および人道に対する罪を国際法上の犯罪とし(原則6)、これらの犯罪を犯した者は処罰されること(原則1)、国内法が刑罰を科していない事実はその行為を行った者の国際法上の責任を解除しないこと(原則2)を規定しました。元首や国家指導者の免責は否定され(原則3)、また、上官の命令に従って行動した事実は、道義的選択が事実において可能だった場合にはその者の責任を解除しない(原則3)とされました。このようなニュルンベルグ諸原則は、国際犯罪の考え方の発展にとって明確な基礎を据えるものでしたが、しかし、この定式化が当時の慣習法をどこまで反映したかについては問題が残り、また、ニュルンベルグと東京ではいわば外から与えられた裁判所の設置は将来の課題でした。さらに、国際犯罪の概念が国際関係の発展に従って変化するものであることもいうまでもありません。

(2) その後の条約上の発展

国際犯罪の概念を条約化する最初の試みは、1948年の第3回国連総会が採択した「集団殺害罪の防止および処罰に関する条約(ジェノサイド条約)」でした。本条約はいうまでもなくナチ・ドイツが行ったユダヤ人に対するホロコーストのような行為の再現を防ぐことを目的としており、人道に対する罪を部分的にではあっても具体化するものだったということができます。本条約は、集団殺害は平時・戦時を問わず国際犯罪であることを確認し(第1条)、集団殺害の定義を行う(第2条)とともに、集団殺害とその共同謀議、教唆、未遂および共犯を処罰するべきものとし(第3条)、犯罪者は身分の如何を問わず処罰されるべきこと(第4条)、締約国は集団殺害等を処罰するために必要な立法を行うこと(第5条)などを規定しました。管轄裁判所は行為地国の国内裁判所、またはその管轄権を受諾する締約国については国際刑事裁判所とされ(第6条)、この条約の解釈、適用または履行をめぐる締約国間の紛争は国際司法裁判所(ICJ)に付託されます(第9条)。

ICJはジェノサイド条約への留保に関する勧告的意見[1]で、ジェノサイド

条約のような条約では「締約国は自国自身のいかなる利益も有するものではない。締約国はすべてもっぱら共通の利益、すなわち条約の存在目的である高い目的の達成という利益を有するだけ」であると述べました。つまり、ここでも国際犯罪概念と国際社会の一般的利益との不可分の結びつきが確認されたのです。しかし、第2条の定義によれば、集団殺害とはそこに列挙された行為であって「国民的、人種的、民族的又は宗教的集団を全部又は一部破壊する意図をもって行われた」ものをいうのですが、「意図」の証明は容易ではありません。また、行為地の国内裁判所は集団殺害罪の管轄裁判所としてはいうまでもなく適切ではなく、当時において国際刑事裁判所の設立はほとんど夢物語でした。したがって、長年にわたってこの条約の実効性に重大な疑問が呈されてきたのは当然で、実際、その具体的な適用への道が開かれたのは1990年代になってからでした〔⇒3. (2)〕。

第2次世界大戦直後の国際犯罪に関連する条約上の発展をもう一つ挙げるとすれば、1949年の戦争犠牲者の保護に関するジュネーヴ四条約は、各条約の「重大な違反行為」の処罰のために必要な立法を行う締約国の義務を定め、締約国は重大な違反行為を行いまたは命じた者を捜査し、国籍の如何を問わず自国の裁判所に公訴を提起する義務を負い、希望する場合には他の関係締約国に引渡すことができると規定しました。伝統的な戦争法では敵の違反者を処罰する交戦国の権利が認められたのに対して、ここでは自国民を含めて重大な違反行為を行った者を訴追する締約国の義務が規定されたという意味で、これらの犯罪は上記①の国際犯罪から②の国際犯罪へと意味変化を遂げたといえるでしょう。

(3) アイヒマン裁判

アイヒマン裁判は当時世界的な注目を集めた事件です。ナチスの中堅幹部としてユダヤ人のホロコーストに重大な責任を負うアドルフ・アイヒマンは、戦後、偽名でアルゼンチンに暮らしていましたが、1960年5月にイスラエルの秘密機関に誘拐され、イェルサレムに連行されてそこで裁判を受けることになりました。イスラエル秘密機関によるアルゼンチンにおけるアイヒマンの誘拐は、アルゼンチンの領域主権を侵害するものです〔⇒第5回1. (1)〕。

安保理事会決議138(1960)は、加盟国の主権侵害は国連憲章と両立せず、このような行為はもし繰り返されるなら国際の平和および安全を危うくするかも知れない国際的摩擦を生じると宣言、イスラエルに対して憲章および国際法に従ってアルゼンチンに適切な賠償を行うように要請しましたが、明文では原状回復を求めませんでした。両国の国家間紛争は、この安保理決議を基礎にした同年8月の共同声明によって解決されます。

　アイヒマンの訴追はイスラエルの国内法である1950年「ナチおよびナチ協力者(処罰)法」によるものですが、犯行当時存在しなかったイスラエル国家が、しかも外国において外国人により外国人に対して行われた犯罪について裁判を行うことは、従来の国際法では説明できません。しかし、1961年12月12日に下されたイェルサレム地裁の判決は、彼がそれについて訴追されている「ユダヤ人民に対する罪」はジェノサイド条約にいう集団殺害罪に該当し、集団殺害罪は国際法上の犯罪であるからこれに対しては普遍主義による管轄権が認められると判断しました。判決はまた、ユダヤ人とイスラエル国家の特別の関係にかんがみれば、管轄権は保護主義と消極的属人主義*によっても正当化されると述べています。なお、アイヒマンの逮捕と連行の違法性は管轄権否定の理由とはならず、国家間関係で解決されるべき問題だとされました。こうしてアイヒマンは上記の罪の他、人道に対する罪と戦争犯罪についても有罪とされ、死刑の判決を受けます。後に最高裁への上告も大統領への恩赦要請も退けられ、死刑は1962年5月31日に執行されました。

　アイヒマン裁判は上記のような法的問題点の他、イスラエル国家の建国を正統化し国民の団結を固めるという政治的目的を持つものだったとの批判も受けています。しかし注目すべきは、もちろん誘拐事件は別として、イスラエルがアイヒマンを裁判すること自体については国際社会で大きな抗議の声は聞かれなかったことです。アルゼンチンは原状回復に固執せず、アイヒマンの国籍国であった西ドイツも弁護人の要請にもかかわらず彼の引渡し請求

＊**普遍主義、保護主義および消極的属人主義**：いずれも国による管轄権の行使を基礎づける考え方で、普遍主義は被疑者の身柄を拘束していることだけを根拠に、保護主義は当該の行為が自国の利益を侵害することを根拠に、消極的属人主義は自国民が被害者であることを根拠に(これに対して積極的属人主義は自国民が被疑者であることを根拠に)、刑事管轄権の行使が可能であるとする。

を行いませんでした。判決は、管轄権問題を別にすれば基本的にはニュルンベルグ判決にならったもので、とくに新味はないのですが、少なくとも国際犯罪に関する普遍的管轄権の承認に向けて一歩を進めるものだったと評価することはできるでしょう。

3. ハーグとアルーシャ：急速な転調

(1) 条約上の発展

　1960年代以降にも国際犯罪に関連するいくつかの条約上の発展を指摘することができます。たとえば自由権規約第15条は刑法の遡及的適用を禁止していますが、その第2項は「国際社会の認める法の一般原則により実行の時に犯罪とされていた作為又は不作為を理由として裁判しかつ処罰する」ことを例外としています。この規定は明らかに、ニュルンベルグと東京の裁判に対して行われた、事後法の適用という非難を念頭においたものです。表7・1でいう③の国際犯罪については、二つの条約が挙げられます。一つは1968年に国連総会が採択した戦争犯罪時効不適用条約で、この条約は戦争犯罪、人道に対する罪、集団殺害罪などに関しては時効は適用されないものと規定しました。もう一つは同じく国連総会が1973年に採択したアパルトヘイト条約で、アパルトヘイト罪を国際犯罪と宣言して、ジェノサイド条約と同様の規定をおくものです。

　他方、同じく②の国際犯罪については、1970年の航空機不法奪取防止条約を皮切りに十指に余る条約が作成されてきました。これらのいわゆる国際テロリズムに関する条約では、大筋において一定のパターンができているように思われます。すなわち、(1)規定された犯罪を自国の刑法上処罰しうる犯罪とする；(2)犯罪に対する裁判権を設定する；(3)被疑者の身柄を確保している締約国は、請求に応じて引渡しを行わない場合には訴追のために事件を権限ある当局に付託する(引渡すか訴追するかの義務：*aut dedere aut judicare*)；(4)犯罪を現行引渡し条約における引渡し犯罪と見なす。国内法上条約の存在を引渡しの条件としている締約国は、当該条約を引渡し条約と見なすことができる、などです。これらの諸条約は一言でいえば、国際テロリズムの被疑者

はお天道様の下どこに逃げても必ず裁判し処罰できる体制を作り出すことを目的とするものですが、とくに(3)の点においてある意味では管轄権の普遍主義を規定したものとして注目されています。

(2)旧ユーゴとルワンダの国際刑事裁判所

他方、それまで一向に進まなかった国際刑事裁判所の設置に向けて劇的な転換をもたらしたのは、冷戦終結後にヨーロッパやアフリカに広がった民族的、人種的、宗教的などの背景を持つ地域紛争と、その過程で犯された様々な残虐行為です。1991年6月に始まった旧ユーゴ紛争ではおもにセルビア人によって、しかしクロアチア人やモスレム人によっても、「民族浄化」と呼ばれた残虐行為が広範に行われました。とくにボスニア・ヘルツェゴビナでは1995年11月の停戦合意までに、250万を越える難民・避難民と20万の死者が出たといわれます。このような状況に対処するために、安保理事会は決議827(1993)によって、「1991年以後旧ユーゴスラビアの領域内で行われた国際人道法の重大な違反について責任を有する者の訴追のための国際裁判所」(ICTY)を設立しました。所在地は、オランダのハーグです。

裁判所の構成や対象犯罪については**表7・2**をご覧いただくとして、ここではICTYの問題点を検討しましょう。第一の問題点は、設置の根拠です。決議827によれば、ICTYは憲章第Ⅶ章のもとにおける強制措置の一環として設置された安保理事会の補助機関だということになります。事務総長は決議827の基礎となった報告で、ICTY設置についてこれ以外に条約によるものと国連総会によるものの二つの可能性を検討しましたが、これらは時間を要するか実効性に問題があるとして、安保理の憲章第Ⅶ章に基づく決定によるという方式を推奨し、この方法は速やかでかつすべての国がその実施に必要な措置を執る義務を負うという長所を有し、法的にも正当化できると述べました。

確かに、憲章第Ⅶ章のもとでの理事会の決定はすべての加盟国を拘束しますから(憲章第25条)、裁判所の管轄権に対する関係国の同意、国内裁判所に対するICTYの管轄権の優位(ICTY規程第9条)、諸国のICTYへの協力の確保(同第29条)など、ICTYの設置と活動に関わる困難な諸問題がこれによってたち

どころに魔法のように解決されます。しかし、安保理事会は強制措置の一環として司法機関を設置する権限を持つのでしょうか？　憲章第Ⅶ章の関連規定を素直に読めば、これが可能だという解釈は困難です。

　ところがICTYの最初の事件であるタジッチ事件では、被告人がICTY設置の合法性を争ったのに対して、1995年10月2日の上訴裁判部の中間判決は次のような理由で裁判所設置の合法性を肯定したのです。すなわち、裁判所の設置は憲章第41条の非軍事的強制措置に当たる。被告人は第41条が予定するのは経済的・政治的な措置のみで、加盟国によって執られる措置を想定するというが、第41条は例示であり、加盟国が執る措置は機構も執ることができる。安保理は司法機関ではないが、裁判所を設置してその機能の一部をこれに委譲したのではなく、その機能である平和の維持・回復に貢献する手段としてこれを行ったのである。人権諸条約は裁判所が「法律によって設置」されることを求めるが、三権分立が未確立の国際法のもとではこの要請は適用がない。「法律によって設置された」を裁判所が法の支配に従って設立されねばならないという意味に解するなら、本裁判所は国際人権文書に従ってすべての公正、正義および公平を保障しており、「法律によって設置された」という意味に適合する――というのです。

　第2に、ニュルンベルグ以来議論されてきた罪刑法定主義も問題となります。事務総長報告はこの点を意識して、裁判所は「疑いなく慣習法の一部をなす国際人道法の規則を適用する」ものとし、ICTY規程に挙げた罪はこれに当たるとしました。しかし、規程第2条にいうジュネーヴ諸条約の重大な違反行為はニュルンベルグ諸原則には含まれておらず、これらは前述の②の国際犯罪でしたから、ここではそれらは新たに③の国際犯罪に「格上げ」されたことになります。また、人道に対する罪(第5条)に拘禁、拷問およびレイプが追加された点のように、旧ユーゴ紛争に特有の状況に応じてニュルンベルグ諸原則に修正を加えた点も見受けられます。また、罪刑法定主義には「罪」の問題の他に「刑」の問題も含まれますが、ICTY規程はこの点については、刑罰は拘禁刑に限られるとしたほか、量刑については「旧ユーゴスラビアの裁判所における拘禁刑に関する一般慣行に依拠する」と定めた(第24条1)だけで、裁判所に広範な裁量の余地を与えました。

第3に、ICTYと国内裁判所は競合管轄権を有する（第9条1）のですが、ICTY規程は、国内裁判所に対するICTYの管轄権の優先を規定しました（第9条2）。また、一事不再理＊の原則によりICTYで裁判を受けた者は国内裁判所で裁判を受けることはない（第10条1）のですが、逆に、国内裁判所で裁判を受けた者でも、その裁判が通常の犯罪として行われた場合、およびそれが公平・独立のものでなかったか、被告人を国際的な刑事責任から保護することを意図していたか、または訴追が誠実に行われなかった場合には、ICTYの裁判を受けることがあるものとされました（第10条2）。

　タジッチ事件の被告人は、規程第9条2にいうICTYの管轄権の優越は不干渉原則と国家主権とに反すると主張しました。これに対して上訴裁判部は、憲章第2条7は第Ⅶ章の強制措置を不干渉原則の例外としており裁判所の設置はこれに当たること、本件においては行為地国であるボスニア・ヘルツェゴビナも被疑者の身柄拘束国だったドイツも裁判所に積極的に協力していること、本件被疑事実は証明されるなら一国のみの利益に影響を与えるのではなく人類の良心に衝撃を与えるものであり、本裁判所のような国際裁判所は国内裁判所に対する優越を付与されねばならない、といった理由でこれを退けました。こうした立論には解釈論としては疑問が残り、実際、ICTYの管轄権の優越についてはその設置を推進した諸国の間でも一定の留保が行われていたのです。

　さて、これと同種の国際刑事裁判所としては、安保理決議955（1994）によって設置された「ルワンダ領域で行われた集団殺害およびその他の国際人道法の重大な違反について責任を有する者ならびに隣接諸国の領域で行われた集団殺害およびその他のこのような違反に責任を有するルワンダ市民の訴追のための国際刑事裁判所」（ICTR）があります。ルワンダでは1990年以来多数派であるフツ族主体の政府と少数派であるツチ族の間に内戦が戦われており、94年4月以降はフツ族の民兵等によるツチ族および穏健派フツ族に対する大量殺戮が発生、犠牲者はわずか100日の間に50万といわれ、200万を越える難民が近隣諸国に流入しました。

＊**一事不再理**：被告人は、同一の行為について同一の犯罪として二度裁判を受けてはならないという原則。

ICTRは憲章第Ⅶ章のもとでの安保理決議によって設置された点ではICTYと同じですが、ルワンダ政府の要請を受けていた点でこれと異なります。また、事項管轄権が集団殺害および人道に対する罪に及ぶことはICTYと同じですが、ルワンダの事態は非国際的武力紛争であったためにジュネーヴ諸条約の重大な違反行為等に代わって、ジュネーヴ諸条約共通第3条と1977年第Ⅱ追加議定書の違反が規定されました。時間的管轄権は、1994年1月1日から同年12月31日まで。その他の点ではICTRはICTYとほぼ同様ですが、新たに選挙されるのは第1審裁判部の6名の裁判官だけで、上訴裁判部の5名の裁判官と検察官はICTYとの兼任とされました。なお、所在地はタンザニアのアルーシャです。

(3) 二つの裁判所の活動

それでは、両裁判所はどのように活動してきたのか。両裁判所はすでに相当の経験を積んできましたが、ここでは両裁判所の初期の事件についてその内容をのぞいてみましょう。

まず、先にも触れたICTYのタジッチ事件。タジッチは1994年2月にドイツで逮捕され、翌年4月にICTYに移送されました。彼は、1992年5月から8月頃にかけて、ボスニア・ヘルツェゴビナのオマルスカ・キャンプの内外においてムスリム人とクロアチア人に対して殺人などの残虐行為を働いたとして、ジュネーヴ諸条約の重大な違反行為、戦争の法規・慣例の違反および人道に対する罪によって起訴され、管轄権に対する抗弁が退けられた後、1997年に第1審裁判部により多くの訴因につき有罪と認められて禁固20年の判決を受けます。その後の上訴は退けられて量刑は結局20年で確定、彼はICTY規程第27条に従って彼の受け入れを表明したドイツに送られて服役しています。ICTYは当初はタジッチのような「雑魚」ばかりを裁判していて、「大物」には手を付けられないと批判されていましたが、ユーゴ連邦のミロシェビッチ元大統領が2001年にユーゴ当局によってICTYに引き渡されて裁判が始まりました。しかし彼は、審理の進行中に心臓疾患のために死亡します。

ICTRに眼を移すと、その最初の事件であるアカイェス事件第1審裁判部判決(1998年)は、集団殺害について注目するべき議論を展開しました。被告人

は集団殺害が行われた当時タバ市の市長で、集団殺害が始まった当時はこれに反対したがやがてその現場に参加しツチ族の虐殺を指示し煽動するようになったとして、集団殺害罪、人道に対する罪等で起訴されました。裁判部は、1994年にルワンダで生じた虐殺はツチ族を絶滅するという特定の意図を持ってツチ族に対して向けられたという意味で、集団殺害であったと認定します。前述のように、集団殺害罪の構成要件である「意図」の証明には困難が伴います〔⇒2. (2)〕が、意図は精神的な要素でその決定は困難ないし不可能であるから、被疑者の告白がない場合には彼の意図はいくつかの事実の推論から推定することができると裁判部はいいます。この意図は、同じ集団に系統的に向けられたその他の違法行為の一般的な文脈から引き出すことができ、また行われた残虐行為の規模と一般的性格、さらには特定集団の構成員であることを理由に他の集団の構成員を排除して犠牲者が意図的・系統的に選び出された事実といったその他の要素も、集団殺害の意図を推論することを可能とします。本件被告人は集団殺害罪とその直接かつ公然の煽動、および人道に対する罪について有罪と判断され、終身禁固の刑に処されました。

ICTRではまた、当時のルワンダ首相カンバンダも集団殺害罪と人道に対する犯罪で終身禁固の判決を受け、集団殺害罪で有罪とされた最初の政府首脳となりました。この他ICTRとICTYでは集団殺害罪を適用したいくつかの事例があり、1990年代になってからはICJにもジェノサイド条約の適用に関係する三つの事件[2]が係属していますが、これらは集団殺害に関する国の責任に関わる事件ですから、ICTRとICTYのこれらの判決は個人の国際犯罪としての集団殺害罪の内容を明確化する上で役割を果たすでしょう。

ICTYとICTRは集団殺害罪だけでなく、これまで適用の事例をほとんど見なかった国際犯罪を具体的に適用して、その明確化と豊富化に貢献することが期待されます。また、限られた範囲内ですが、従来処罰されないままに放置されてきた残虐行為の加害者に対して裁判・処罰を行ったことは、これらの行為の抑止につながるでしょう。しかし、こういった積極的な成果は、先に見たような問題点を帳消しにできるものではなさそうです。安保理事会による設置に伴う「二重基準」については4.でも触れますが、実際、1999年のNATO諸国によるユーゴ空爆が犯したとされる国際人道法の違反に対して多

くの訴えが寄せられたにもかかわらず、ICTYの検察官は捜査を行うことさえしませんでした。また、これらの裁判所による司法運営が真に公正なものだったかどうかについて、疑問視する向きもあります。なお、安保理事会は早くから両裁判所に「完了戦略」の策定を求めてきましたが、決議1966(2010)によって「刑事裁判所国際残務処理機構(IRMCT)」を設け、ICTRについては2012年から、ICTYについては2013年から、それらの管轄権を引き継ぐことを決定しました。

4. ローマから再びハーグへ：新しい楽章か？

(1) ローマへの道

1991年以来総会の指示と督促を受けてICC規程草案の起草に当たってきたILCは、1994年にこれを完成して総会に提出し、草案を受け取った総会はまずアド・ホック(臨時)委員会を、次いで準備委員会を設置して審議を行いました。このような準備過程を経て、1998年6月から7月にかけてローマで外交会議が開催され、おおかたの悲観的予想に反して7月17日にはICCローマ規程が採択されました。票決は賛成120、反対7、棄権21。内訳は記録がないので明らかではありませんが、米国、中国、イスラエル、リビアおよびイラクが反対し、インドは棄権(反対したという説もある)したといわれています。

ICCをめぐるこのような急展開は、一般に冷戦の終焉によって説明されています。ソ連を初めとする旧社会主義国は、このような裁判所の設置は不干渉原則と国家主権に反するとしてこれに反対してきました。また、冷戦終結後にヨーロッパやアフリカに広がった民族的、人種的、宗教的などの背景を持つ地域紛争とその過程で犯された様々な残虐行為、そしてこのような悲劇がメディアの発達によってリアルタイムで世界に伝えられ、国際世論を高めたこともその重要な背景だったことは明らかです。しかしより具体的にいえば、安保理事会によるICTYとICTRの設置がこれに大きなインパクトを与えました。しかもこのインパクトは積極的な意味だけではなく、いわば「反面教師」としての側面もあったことに留意する必要があります。ICTYの問題点については先にも触れましたが、何よりも問題だったのはそれが(ICTRも)安

保理事会という政治的機関によって設置された、アド・ホックの裁判所だったという点にあると思われます。

　安保理事会の補助機関だからといって、裁判所が司法的機能の遂行に関しては政治的考慮から独立し、理事会の支配に服するものではないということを否定することにはなりません。しかし、憲章第39条に従って平和への脅威を認定することも、それに対処するために裁判所を設置することも、理事会の政治的裁量に服し、これらの点については常任理事国が拒否権を有します。ICTYの設置を決定した理事会で仏・ロの代表は、ニュルンベルグと東京の裁判所は勝者によって設置されたのに対してICTYは国際社会全体が設置するのだと述べて、その歴史的意義を強調しました。しかし彼らは、彼らに都合の悪い裁判所は決して設置されることがないという事実には触れなかったのです。安保理事会が設置するアド・ホックの裁判所は、安保理の構造に内在するこのような二重基準から逃れられない運命にあることを忘れてはなりません。

　ICTYの設置は全会一致で決定されましたが、理事会の投票説明では多くの代表が何らかの留保を表明しました。中国代表は、国際裁判所は条約締結によって設置されるべきで、憲章第Ⅶ章のもとでの安保理決議によって優先的管轄権を有する裁判所を設けることは「国の司法主権の原則」と合致しないと述べ、ブラジル代表はこのようなイニシアチブをより深く検討するためには全加盟国の参加が必要でそのためには総会の関与が望ましく、また裁判所の設置は条約によるべきだと主張しました。このほか、ICTYの設置は旧ユーゴの例外的で緊急の事態に対処するためだと指摘した代表は少なくありませんでした。アド・ホックの裁判所が抱えるこのような問題点が、常設の国際刑事裁判所設置の重要性・緊急性をいっそうクローズアップしたことは、疑いないことだと思われます。

(2) ICC規程の概要

　ICCは、刑法・刑事訴訟法において認められた能力を有し刑事手続に経験ある者(これから少なくとも9名を選ぶ)、および国際人道法・国際人権法といった国際法において認められた能力を有し司法業務に経験を有する者(これか

ら少なくとも5名を選ぶ)について締約国が作成する名簿から、締約国会議が選出する18名で構成され、司法行政に責任を持つ裁判所長会議、上訴裁判部門(所長を含む5名で構成)、第1審部門(6名以上で構成)、予審裁判部門(6名以上で構成)、検察局および書記局がおかれます。所在地はハーグ。

ICCは、集団殺害犯罪、人道に対する犯罪、戦争犯罪および侵略犯罪について管轄権を有します(第5条)。これらの犯罪は規程において詳細に定義されています(第6~8条)が、規程採択当時は意見が対立してこれらに相当する規定を置くことができなかった侵略犯罪については、これを定義し管轄権行使の要件を定める規程改正が2010年6月の規程検討会議で採択されました(未発効)。なお、これらの規定の解釈・適用に当たって裁判所を補助する「犯罪の構成要件」は、別途締約国会議によって採択されました。

締約国は第5条が定める犯罪について、規程締約国になること自体によってICCの管轄権を受諾することになる(自動的管轄権)のですが、ICCが実際に管轄権を行使することができるのは、安保理によって事態が付託される場合を除いて、犯罪行為が行われた領域国または被疑者の国籍国が規程の締約国であるか、非締約国であるなら問題の犯罪について管轄権受諾を宣言している場合です(第12条)。ICCは、(a)犯罪が行われたと思われる事態が締約国によって、または(b)憲章第Ⅶ章のもとで行動する安保理事会によって、検察官に付託された場合、もしくは(c)検察官が職権によって捜査を開始した場合に、管轄権を行使することができます(第13条)。ただし、検察官の職権による捜査開始には予審裁判部の承認が必要です(第15条)。付託されるのは、「事態(situation)」であることに注意して下さい。なお、検察官は職権で捜査を開始するに当たっては国連機関、その他の政府間機関、非政府機関(NGOs)およびその他適当と認める信頼できる情報源からも情報を求めることができるとされています(第15条2)。

ところでICCは、国際社会全体の関心事であるもっとも重大な犯罪に関して管轄権を持ち、国内の刑事管轄権を補完するものです(前文、第1条)。この「補完性の原則」は、受理許容性*の問題として規定されます(第17条)。す

---

*受理許容性：管轄権を持つ場合であっても、裁判所は一定の条件が満たされなければ訴えを受理して裁判を行うことができない。このような条件の充足を受理許容性と呼ぶ。

なわち、当該事件が管轄権を有する国によって現に捜査・訴追されているか、捜査の結果訴追しないことが決定されているか、関係者が当該事件についてすでに裁判を受けているか、それとも事件がICCの行動を必要とするほどの重大性を有しない場合には、ICCは事件を受理不許容と決定します。ただし、管轄権を有する国の手続が真に捜査・訴追を行う意思または能力の欠如から生じたときは例外です。規程は、この「意思」の欠如と「能力」の欠如に関してICCが判断するための基準を定めます(第17条2、3)。「補完性の原則」はまた、一事不再理の規定(第20条)にも反映されています。すなわち、他の裁判所による手続が当該の者をICCの管轄に属する犯罪について刑事責任から守るためであった場合、または国際法が認める適正手続に従い独立・公正に行われなかった場合、もしくは当該の者を裁判にかける意思と矛盾する方法で行われた場合には、一事不再理は適用されないとされます。

　ICC規程はこの他、刑法の一般原則(刑法総則)ならびに捜査および公判の手続についても規定をおきますが、詳細な「手続証拠規則」が別途締約国会議によって採択されました(ICCにおける裁判の流れについては図7・1を参照)。被告人だけでなく被害者と証人の保護についても注意が払われていることも、特筆するべきでしょう。刑罰は30年を越えない有期の拘禁刑。例外的な場合には終身の拘禁刑を科することができ、また、罰金および犯罪の果実の没収を併科することもできます(第77条)が、厳しい議論の結果死刑は除外されました。なお、締約国(非締約国の場合は合意によって)は、ICCに対して被疑者の逮捕と引渡し、証拠の収集などの協力を行う義務を負います(第86条以下)。

(3) ICCの活動

　ICCローマ規程は2002年7月1日に発効し、2011年7月現在で116か国(アフリカ32；アジア15；東欧18；ラテンアメリカ・カリブ海26；西欧その他25)が締約国です。まだ判決はありませんが、2011年7月現在以下のような事件が係属中または捜査中です。まず、行為地国が付託した事態としてはウガンダの事態、コンゴ民主共和国における事態および中央アフリカ共和国における事態について計4件が審理中で、ケニアにおける事態について捜査が始まりました。他方、安保理事会による付託としてはスーダン・ダルフールにおける事態について

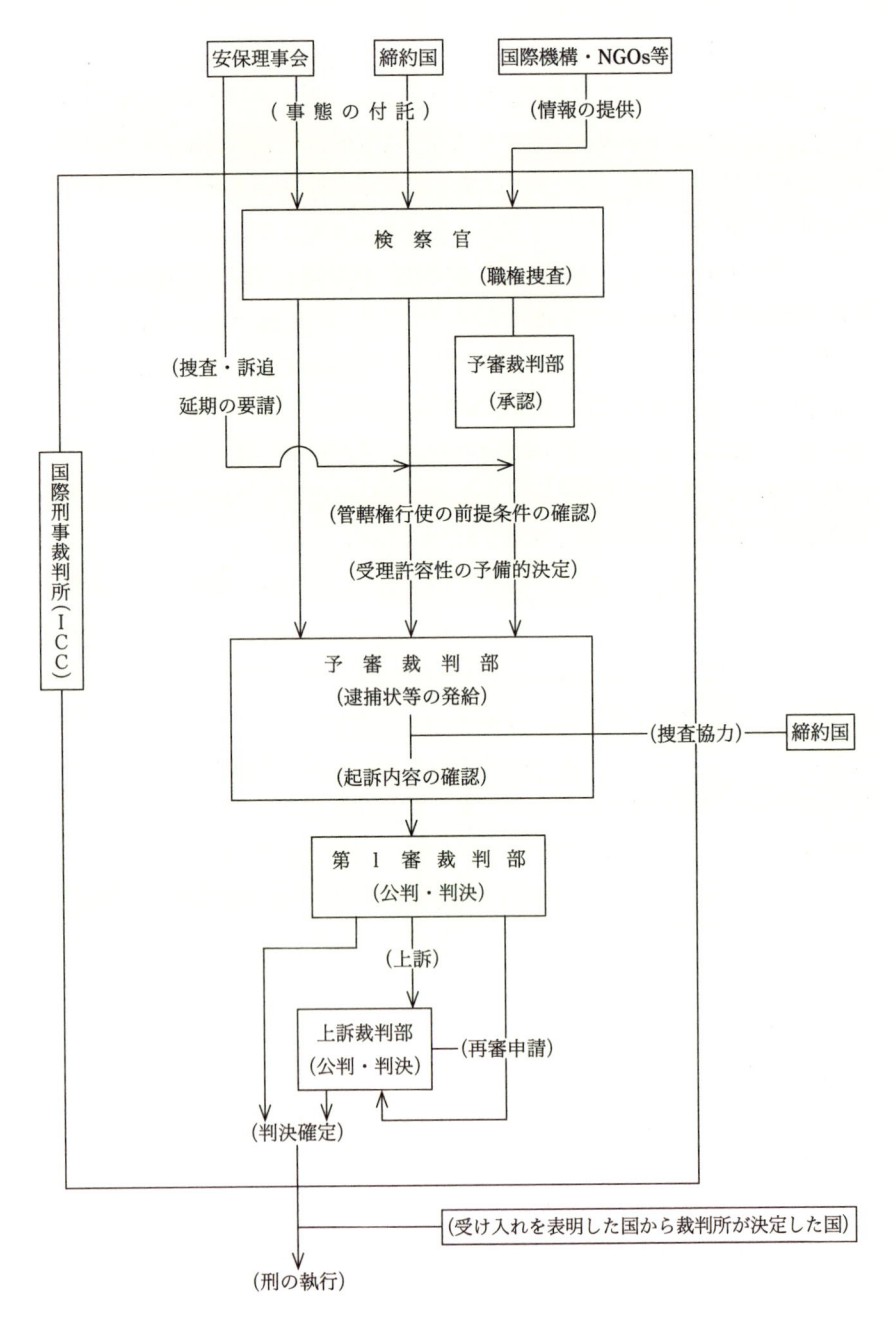

図7・1 ICCによる裁判の仕組み

は4件が予審段階にあり、被告人には人道に対する犯罪と戦争犯罪で訴追されたスーダン大統領バシル氏が含まれています。また、安保理が決議1970 (2011)により付託したリビアにおける2011年2月15日以後の事態については、リビアの国家指導者カダフィ大佐を含む3名に対して人道に対する犯罪の疑いで捜査が開始されました。

(4) ICC設置の意義と課題

　以上のような歴史を振り返ってみると、国際社会の一般的利益の考えとそれに伴って国際犯罪の概念が、いかに拡大してきたかについて改めて驚かされます。**表7・1**の区分を用いると、戦争犯罪は伝統的国際法では①であったものが、1949年ジュネーヴ諸条約の重大な違反行為は②となり、ICC規程ではその多くが③としてICCの管轄権の対象とされました。また、ニュルンベルグや東京では事後法として非難された平和に対する罪（ICC規程では侵略犯罪）や人道に対する犯罪が、③の国際犯罪であることを疑う人は今ではいないでしょう。集団殺害犯罪についていえば、ジェノサイド条約採択の時点では国際刑事裁判所が管轄権を持つのはその「管轄権を受諾する締約国に対して」だけと考えられていた（第6条）のに対して、ICC規程では自動的管轄権を規定しました（第12条1）。

　さて、国際社会の一般的利益の概念が承認され、このような利益を侵害する行為が国際犯罪と見なされるようになると、論理的にはこうした犯罪は国際社会を代表する裁判所によって国際的手続に従って裁判し処罰することが求められます。しかしこれは理念の世界のことで、現実には諸国は自国領域内で行われた犯罪を属地主義により、自国民が行った犯罪を積極的属人主義によって裁判する「主権的」権利を主張しています。そして、規程を採択してICCを設立するためには、このような国家の合意を取り付けねばなりません。つまり、ローマ会議で日本を代表した小和田恒大使（現・ICJ裁判官）が指摘されたように、ICC設置の問題は「主権国家の持っている主権独立性というものと、国際社会全体の社会法益を保護するという立場から国際社会の構成員全体を拘束していく必要性というものとの間に折合いをどうつけるかという問題」だったのです。

この二つの要求の間に微妙なバランスをとることに一応成功した鍵は、「補完性の原則」にあったといえます。規程が定める国際社会全体の関心事である重大な犯罪についても、裁判権は一次的には管轄権を有する国にあるのであって、ICCはこの国が真に裁判する意思または能力を欠くときにのみ裁判を行うことができるのです。この意思・能力の欠如については検察官が立証責任を有し、当該の国が意思・能力の存在の立証を求められるのではありません。しかし他方では、「補完性の原則」の適用に関するすべての決定は最終的には裁判所によって行われる（第119条1）点において、国際社会の一般的利益の貫徹が一応保障されていると見ることもできるでしょう。

　ともあれ、対象犯罪が締約国の領域内で行われる限りは、地理的に限定的であってもICCに普遍的管轄権が認められたと見ることができ、かつ、対象犯罪についてはテロリズム関係の諸条約のように国内立法の義務は課されておらず、国際法が規定する犯罪が国際裁判所によって直接裁かれることになります。このような処罰体制の根本的な変更に、ICCのもっとも重要な変革的意義があると指摘されています。さらに、ICCは従前の国際刑事裁判所のように、時の政治情勢や諸国の力関係によって左右されるアド・ホックな裁判所ではなく、常設のものであることも付け加えることができるでしょう。

　ところで、以上のようなICCのあり方に対しては主権を理由とする根強い反発があります。とりわけ、これまで主権を批判し、平和や人権のためにそれを制限すべきことを説いてきた米国がこのような批判の急先鋒です。米国代表は、行為地国の同意があれば被疑者国籍国の同意がなくてもICCに管轄権の行使を認める規程第12条2を、締約国のみが条約規定に拘束されるという条約法の基本原理に反するものだと批判したといわれます。　しかし多くの論者が指摘したように、このような場合には被疑者国籍国が属人的管轄権を有するのと並んで、行為地国は属地的管轄権を持ち、当該行為が国際犯罪であるならそれに対しては普遍的管轄権が存在することについても広範な合意があります。米国の立場は、被疑者国籍国が排他的管轄権を持つと認めない限りは、正当化されないでしょう。

　本書全体を通じて、私は国の主権や不干渉の原則を尊重するべきことを主張してきましたが、それは当該の国の人民の自決権や人権を外部の干渉から

守り、その国の自主的な発展を確保することを目的としてでした。侵略犯罪や集団殺害犯罪などの被疑者を国際裁判所で裁くことは、どの国にとってもこのような意味での主権を侵害することにはなりません。むしろそれは、行為地国の人民の自決権や人権を実質的に擁護することにつながるでしょう。このことは、武力行使の禁止が戦争に訴えるという国の伝統的な主権的自由の制限であっても、戦争の犠牲とされてきた諸国の主権を実質的には守ることになったのと同じことだといえるのではないでしょうか。

　しかしこのことは、ICCが国際社会を公正に代表するように構成され、かつ、実際に公正に活動して初めていえることです。ところが残念ながら、ICCのこのような公正さを疑わせるような事例が見受けられます。ところで、上に見たようにこれまでICCにおいて係属中または捜査中の事態は、すべてアフリカにかかわります。とくに安保理事会によって付託された２件においては、いずれも国家元首かそれに相当する人物が訴追されています。もちろん、ICCでは元首や政府の長は免除を享受するものではありません（規程第27条）が、進行中の内戦においてこうした人物を訴追することは、紛争の平和的解決をより困難にすることはないでしょうか。アフリカ連合（AU）はこのような観点から、スーダンのバシル大統領について安保理が規程第16条に従って訴追を延期するように求めてきており、リビアのカダフィ大佐についても同じことを要請したのです（2011年６～７月に開催されたAU会議の決議366(XVII)）。このようなAUの態度は、あるいは仲間内をかばっているという印象を与えるかもしれません。しかし、AUはアラブ連盟などの地域的機関とも協力して、残虐行為の停止や事態の平和的解決のための努力を行ってきており、たとえばアフリカ人権裁判所〔⇒ **第６回３. (2)**〕は2011年３月25日に、リビアに対して生命の損失または身体の保全を損なうような行為を避けるように求める暫定措置を命じました[3]。

　確かに、バシル大統領やカダフィ大佐が訴追の対象となったような重大な国際犯罪を犯した疑いがあることは否定できません。しかし気になるのは、リビアの事態のICC付託を決定した安保理決議1970(2011)が、リビア外の国であってICC規程の非締約国である国の要員は、リビアにおいて安保理が設立または許可する作戦における行為については当該国の排他的管轄権に服

すると規定したことです。安保理はのちの決議1973(2011)によって、リビアにおいて攻撃の危機にさらされている市民を保護し、飛行禁止区域の遵守を確保し、また武器禁輸を実施するために加盟国が「すべての必要な措置をとる」ことを許可し、これを受けてNATO諸国がリビアにおける広範な空爆作戦を展開していますが、これらの作戦に従事するNATO諸国の要員は、上記の要件に該当するならICCで訴追されることは決してないのです。この事実は、AU諸国にとっては許しがたい「二重基準」と映ったとしても、無理からぬことだと思われるのです。

このような問題は、ICC規程がいくつかの点で安保理に特別の地位を認めていることに起因します。第1に、憲章第Ⅶ章のもとで行動する安保理によって事態が検察官に付託された場合には、管轄権行使には関係国の同意は必要ではありません(第13条(b))。この規定は、上記のスーダン・ダルフールの事態とリビアの事態のICC付託の根拠になりました。第2に、安保理が第Ⅶ章のもとで採択した決議によって要請した場合には、捜査・訴追は12か月間停止されます(第16条)。司法機関への政治的機関である安保理のこのような形での介入は、一般的にいって裁判の独立の観点から問題があるのはいうまでもありませんが、規程第16条の適用にも「二重基準」が見られます。一方では安保理はこの規定に基づき、決議1487(2003)によって、国連が設置または許可した活動に従事するICC規程非締約国国民については、ICCは12か月の間捜査または訴追を行わないよう要請しました。ところが他方では安保理は、上で見たように同じ規程第16条を援用したAUの要請には、応えていないのです。

なお、2010年の規程改正が導入した侵略犯罪についての管轄権行使の条件では、安保理による付託の場合(第15条の3)を別にして、締約国による付託と検察官の職権による捜査については、検察官はまず安保理が侵略行為の決定をするかどうかを確かめ、安保理がこの決定を行えば捜査に進むことができるが、この決定が六か月以内にない場合は予審裁判部の許可を得て捜査を進めることができるとされました(第15条の2)。規程締約国でない国に関しては侵略犯罪について管轄権は行使できないし、第16条のもとでの安保理の要請はここでも働きますから、安保理による侵略行為の決定なしにICCが侵

略犯罪の訴追に進む可能性は針の孔ほどのものでしょうが、それでも理論的にでもその可能性に道が開かれたことには注目したいと思います。

こうしてICCは出発にこぎ着けましたが、それは順風満帆とはいえないようです。ICCが国際社会の一般的利益を体現して、国際社会全体の関心事であるもっとも重大な国際犯罪について、その不処罰に終止符を打ってこれらの犯罪の防止のために貢献できるようになるためには、なお多くの努力が求められているといわねばなりません。

[注]
1)　ジェノサイド条約への留保に関する勧告的意見：(ICJ勧告的意見、1951年5月28日)：ジェノサイド条約の裁判条項(第9条)に対してソ連など若干の国が留保を付し、他の諸国がこれに反対したので、国連総会がこのような場合の留保の可否および効果について裁判所の意見を求めた。裁判所は、従来一般に用いられていた留保には他のすべての締約国の承認を要するという「全員一致の規則」は、本文に述べたような性格のジェノサイド条約にはふさわしくないとして、留保の可否は条約目的との両立性によって決まるとする「両立性の基準」を提起、この基準は後に条約法条約第19条において採用された。
2)　ジェノサイド条約の適用に関するICJの三つの事件：①旧ユーゴ紛争において行われた「民族浄化」などについて、ボスニア・ヘルツェゴビナがユーゴ(現セルビア)を訴えた事件。2007年2月26日の判決で、裁判所はセルビア自身がジェノサイド罪を犯したことは認めなかったが、ジェノサイドの防止義務とICTYへの協力義務について同国の義務違反を認めた。②同じくクロアチアがユーゴを訴えた事件。裁判所はセルビアの先決的抗弁を退け、2011年7月現在本案の審理中。③ユーゴがコソボ事件に関わる空爆につきNATO10か国を訴えた事件。裁判所は暫定措置申請を却下し、2004年12月15日の先決的抗弁判決で管轄権なしと判決した。
3)　アフリカ人権裁判所の暫定措置命令(アフリカ人権委員会対リビア事件、2011年3月25日)：アフリカ人権委員会が、リビアは平和的なデモ参加者の違法な拘留、民間人に対する過剰かつ無差別の重火器の使用などによってアフリカ人権憲章の多くの規定に違反したとして裁判所に提訴し、裁判所は裁判所設置議定書第27条2に基づいて職権により本文のような暫定措置を命じた。

【参考文献】
横田喜三郎『戦争犯罪論』(増訂版)有斐閣、1949年。
田畑茂二郎「東京裁判の法理」『世界』第42号、1949年6月。
戒能通孝「戦争犯罪の法理はいかにして作られるか」『書評』第4巻5号、1949年5月；同「極東裁判・その後」『思想』第348号、1953年6月、以上、『戒能通孝著作集Ⅲ・裁判』日本評論社、1977年、所収。

ハンナ・アーレント、大久保和郎訳『イェルサレムのアイヒマン』みすず書房、1969年。
リチャード・H・マイニア、安藤仁介訳『勝者の裁き』福村出版、1972年。
太壽堂鼎「国際犯罪の概念と国際法の立場」『ジュリスト』第720号、1980年7月1日。
山本草二『国際刑事法』三省堂、1991年。
種田玲子「旧ユーゴーに関する国際裁判所の設立について」『ジュリスト』第1027号、1993年7月15日。
藤田久一『戦争犯罪とは何か』岩波新書、1995年。
稲角光恵「ジェノサイド条約第六条の刑事裁判管轄権(1)(2)」『法政論集』第168、170号、1997年。
同「国際刑事裁判所による管轄権の行使と国家の同意について」『金沢法学』第41巻1号、1999年。
特集「国際刑事裁判所の設立」『ジュリスト』第1146号、1998年12月1日。
特集「国際刑事裁判所」『国際法外交雑誌』第98巻5号、1999年12月。
松井芳郎『テロ、戦争、自衛──米国等のアフガニスタン攻撃を考える──』東信堂、2002年。
古谷修一「国際刑事裁判所(ICC)設置の意義と直面する問題」『法学教室』第281号、2004年2月。

第8回

国際法を緑にする？
―― 地球環境の国際的な保護 ――

　第4回で環境問題における国の役割に触れたのに続いて、今回は国際環境法の特徴や課題について一般的なお話をする順番です。一般的なお話といっても、国際環境法は近年になって国際法の独自の分野として確立したもので、その範囲や体系について定説があるわけではないので、ここでは前半で国際環境法の特徴について述べ、後半ではこの分野でとくに重要な問題である環境保全と発展の関係を中心にお話をすることにします。

1. 国際環境法の成立

(1) 国際環境法の前史

　国際環境法は新しい法分野ですが、従来の国際法がこの問題とまったく無縁だったわけではありません。表8・1にも見られるように、20世紀の初め頃からこの問題に関連する条約が結ばれています。しかし、これらの条約は経済的な観点からの天然資源の保存と利用に関する条約で、環境保護の法意識を反映したものではありませんでした。

　第2次世界大戦後になっても、たとえば1958年のジュネーヴ海洋法四条約を例にとれば、公海条約は汚染防止規則を制定する国の義務(第24条)と、放射性廃棄物による汚染防止のために権限ある国際機関と協力して措置を執る国の義務(第25条)を規定しただけでした。また、漁業及び公海の生物資源の保存に関する条約では、「保存」とは食糧その他の海産物の最大限の供給を確保することを目的とする(第2条)もので、そこに海洋環境保全の考えを窺うことはできません。さらに領海条約と大陸棚条約は、海洋環境保護に関する規定をいっさい含みませんでした。

国際機構では、19世紀の後半以降国際河川の管理・利用に関して国際河川委員会が設立されてきましたが、環境保全がこれらの重要な役割となるのは後年のことです。また、現在では海洋環境の保全に中心的な役割を果たしている国際海事機関(IMO)の前身である政府間海事協議機関(IMCO)は、1958年の成立(条約署名は1948年)当時は、海上の安全に関わる技術的な問題に関する国際協力の達成を主要な目的としていました。

　それでは慣習国際法の状況はどうだったのか。この点については、現在でも国際環境法上の国の義務の中心となる領域使用の管理責任が、判例を通じて確認されてきました。たとえば、常設仲裁裁判所による1928年のパルマス島事件判決[1]は、領域主権の排他性を認めましたが、同時にそれは領域内で他国とその国民の権利を保護する義務を伴うと述べました。この考えを越境環境問題に適用して古典的な価値を認められているのが、1941年のトレイル製錬所事件仲裁判決[2]です。この判決で裁判所は、「国は、重大な結果をもたらし損害が明白で説得力ある証拠により立証される場合には、煤煙により他国に対してもしくは他国にある財産または人に対して損害を与えるような方法で自国領域を使用しまたは使用を許可する権利を持たない」と述べました。

　このような領域使用の管理責任の考えは、越境環境損害に関して領域国の国家責任を追及して被害者の救済を図る上で現在でも大きな意味を持ちますが、地球環境保全の観点からはいくつかの限界を持っています。第1に、原因行為は適法行為であり、社会的にその有用性が認められている行為ですから、それ自体を国際法上禁止することは困難です。第2に、国の義務は越境環境損害を出さないこと自体ではなく、そのような損害が出ないように「相当の注意」を払う義務に留まります。つまり、たとえ越境環境損害が出たとしても、「相当の注意」を払っていたなら国家責任は発生しません。そして第3に、領域使用の管理責任は他国に損害が出て初めて、領域国の国家責任を追及する法理として機能することになります。つまりこの法理は、抑止効果を別にすれば損害が生じないように事前に予防措置をとる目的には役立たなかったし、国家管轄権が及ばない国際公域〔⇒**第5回1.(1)**〕の汚染にも対処できなかったのです。

(2) 画期としてのストックホルム人間環境会議

このような状況の転機となったのは、国連が主催した1972年のストックホルム人間環境会議とそれが採択した人間環境宣言(ストックホルム宣言)でした。その背景は、この頃までに先進国において明らかとなった、高度経済成長の結果としての環境破壊の進行だったことはもちろんです。たとえば米国で、農薬などによる化学汚染を告発したレイチェル・カーソンの『沈黙の春』がセンセーションを巻き起こしたのは1962年でした。日本では、1967年から69年にかけて四大公害訴訟＊が提起されました。ストックホルム会議は、このような環境破壊に対処することを目的に、先進国のイニシアチブによって開催されたものです。発展途上国は当初は、そこで厳しい環境基準が採択されれば、それが自国の経済発展を阻害することになるのではないかと恐れて、参加に消極的でした。こうして、その後一貫して国際環境法の焦点となる、途上国の発展と環境保全の関係の問題は、ここで早くも中心的な課題となったのです。

とくに国際環境法の発展の観点からは、ストックホルム会議の意義は大きいって二つありました。第1に、会議は26の原則を含む人間環境宣言を採択しました。この宣言は、それ自体が法的な拘束力を持つわけではありませんが、地球環境保護に関わる諸問題を初めて包括的に扱った文書として国際環境法のその後の発展の基礎を据えたものです。

ストックホルム宣言は、とくに発展途上国における発展と環境保全の不可分の関係を認めました。宣言の第4項は、「発展途上国においては、環境問題の大部分は低開発から生じている」ことを認めて、途上国にとっての発展の重要性を指摘しましたが、同時に発展政策は環境保全と両立するものでなければならないことが強調され(原則13、14)、途上国の環境保全のために援助が供与されるべきこと(原則9、12)が指摘されました。また、この点とも関連して注目されるのは、宣言が「現在及び将来の世代のために」天然資源を保護するべきだと謳った(原則2)ことで、その言葉自体は出てこないのですが、

＊**四大公害訴訟**：熊本水俣病訴訟、新潟水俣病訴訟、富山イタイイタイ病訴訟および四日市喘息訴訟をいう。日本における環境保護運動の端緒となり、また公害対策基本法制定(1967年)の契機ともなった。

3.で取り上げる「持続可能な発展」の考え方は実質的にはすでにここに反映されていたと見ることができます。また、宣言が天然資源や野生動植物の保護を、個々の保護対象や区域をベースにしてではなく、「生物圏の生態学的均衡」を維持するという観点から規定した(宣言第3項、原則2、4、6等参照)ことも、注目に値するでしょう。

　国際環境法の発展へのストックホルム会議の貢献としてはもう一つ、この会議が採択した宣言や行動計画を実施に移すために、国連総会が国連環境計画(UNEP)を設置したことが挙げられます。UNEPの任務は環境分野における国際協力を促進すること、国連諸機関が行う環境活動に政策指針を与えこれを調整することなどですが、各国の環境立法の整備や国際環境法の発展にも大きな貢献をすることになります。UNEPは発展途上国におかれる初めての国連機関としてナイロビにおかれましたが、これはそのプログラムへの途上国の積極的な参加を期待してのことだったことはもちろんです。

(3) リオ宣言と国際環境法の確立

　1980年代に入ると、地球環境保護を明確な目的とする条約が目立つようになります。海についてはその第12部を海洋環境の保護と保全にあてる1982年の国連海洋法条約(UNCLOS)、大気については1985年のオゾン層保護ウィーン条約と1987年のモントリオール議定書、そして、1989年の有害廃棄物規制バーゼル条約などがその例です。地域的な環境条約も、従来の欧州の枠を超えて、アジア・太平洋からアフリカへと拡がります。

　そして、ストックホルム会議の20周年に同じく国連の主催で開催されたリオ会議と、それが採択した「環境と発展に関するリオ宣言」は、国際環境法の確立を記すものでした。リオ宣言の基調となった「持続可能な発展(sustainable development)」*は、その後の国際環境法の発展にとって導きの星となります。リオ宣言にはこのほか、共通に有しているが差異のある責任、環境情報へのアクセス、環境損害の被害者の救済、予防的な取組方法、通報と協議、環境影響評価など、国際環境法の基本原則に盛り込まれていく考えを規定します。

＊持続可能な発展："development"は通常「開発」と訳されるが、ここでは近年におけるこの言葉の意味変化〔⇒第6回2.(3)〕を踏まえて、これを「発展」と訳すことにした。

さらにリオ会議では気候変動枠組条約と生物多様性条約が署名に開放され、また、環境の広範な分野をカバーする行動計画であるアジェンダ21が採択されました。

　リオ会議は「参加革命」とも呼ばれて多数のNGOsがオブザーバー参加したほか、NGOsが主催するグローバル・フォーラムが並行して開催され、これ以後の国際環境法の立法と履行確保にはNGOsの参加が不可欠となっていきます。1990年代以降は、国際人権法、国際経済法、国際人道法といった関連分野おける条約に、環境上の考慮が見られるようになり、さらに国際司法裁判所（ICJ）などの司法機関や準司法機関における事件で国際環境法が援用され、結果に多少とも影響を及ぼすようになりました。こうした事実は、国際環境法が人々の法意識の中にしっかりと根付いたことを示すといってよいでしょう。

2. 国際環境法の特徴

(1) ソフト・ローと枠組条約

　国際環境法は新しい法分野であるだけではなく、それをめぐるいくつかの厳しい対立のために、成立形式についていくつかの特徴を持つことになります。

　国際環境法をめぐるもっとも重大な対立は、経済発展を重視する立場と環境保全を優先する主張の間にあることはいうまでもありません。この対立は、おもに先進国と発展途上国の間に見られますが、先進国相互間や先進国の内部においても見られるものです。国際環境法をめぐる困難はまた、地球環境破壊のメカニズムが科学的に十分には解明されておらず、これをめぐる科学的知見もこれに対処するための技術も日進月歩であるという事実にも表れます。こうした状況を背景に、科学的知見が確立してから措置を執るべきだという主張と、それ以前でも環境破壊の危険があれば対処すべきだという立場が対立します。

　このような困難を克服して国際環境法の発展を急速に実現するためには、条約や慣習法といった国際法の既存の法源〔⇒**第3回1.(2)**〕は適当ではなく、

表8・1　国際環境法の発展

年	環境保全・自然保護・国際機構	海洋・水	大気・空間
国際環境法の前史			
1893		ベーリング海オットセイ事件判決	
1902	農業上の益鳥保護条約		
1909		米加境界水域条約	
1911		オットセイ保護保存条約	
1928	パルマス島事件判決		
1938			トレイル製錬所事件中間判決
1941			同・最終判決
国際環境法の萌芽期			
1945	国際連合成立		
1946		国際捕鯨取締条約	
1949	ICJコルフ海峡事件判決		
1954		海洋油汚染防止条約	
1957	IAEA成立	ラヌー湖事件判決	
1958	IMCO成立（1982年にIMOに改組・改称）	ジュネーヴ海洋法四条約	
1959	南極条約		
1962	天然資源に対する永久的主権決議		
1963	部分的核実験禁止条約		
1967			宇宙条約
1969	油汚染損害民事賠償責任条約	油汚染事故介入権条約	
1971	ラムサール条約		
国際環境法の形成期			
1972	ストックホルム人間環境宣言；世界遺産条約；UNEP成立	南極アザラシ保存条約；ロンドン海洋投棄条約	宇宙損害責任条約
1973	ワシントン条約；ICJ核実験事件暫定措置命令		
1974	ICJ核実験事件第二段階判決；北欧環境保護条約		
1976	環境改変技術使用禁止条約	地中海汚染防止条約*	
1977	ジュネーヴ諸条約第1追加議定書		
1978		MARPOR73/78条約	
1979	ボン移動性動物保存条約		長距離越境大気汚染条約*
1980	南極海洋生物資源保存条約		

1981	アフリカ人権憲章		
1982	世界自然憲章	国連海洋法条約	
1985	ASEAN自然保全協定		オゾン層保護ウィーン条約*
1986	原子力事故早期通報条約；原子力事故援助条約；南太平洋環境保護条約；発展の権利宣言		
1987	WCED『われら共通の未来』		オゾン層保護モントリオール議定書
1988	米州人権条約サン・サルバドル議定書		
1989	有害廃棄物規制バーゼル条約	南太平洋流網禁止条約	
1991	越境環境影響評価条約；南極条約環境保護議定書		
1992	マーストリヒトEU条約	越境水路保護条約*	
国際環境法の確立期			
1992	環境と発展に関するリオ宣言；アジェンダ21；生物多様性条約	OSPAR条約	気候変動枠組条約*；モントリオール議定書不遵守手続
1993	国連持続可能な発展委員会発足		
1994	砂漠化防止条約*		
1995	WTO成立；ICJ核実験事件判決再検討申請却下	国連公海漁業実施協定	
1996	ICJ核兵器使用勧告的意見	ロンドン海洋投棄条約議定書	
1997	ICJガブチコボ・ナジマロシュ計画事件判決	国際水路非航行的利用の法条約*	気候変動枠組条約京都議定書
1998	UNECEオーフース条約		
1999		ITLOSみなみまぐろ事件暫定措置命令	
2000	生物多様性条約カルタヘナ議定書		
2001			京都議定書遵守手続
2002	アフリカ自然保全条約		
2007	先住人民の権利宣言		
2010	ICJウルグアイ河岸パルプ工場事件判決；生物多様性条約名古屋議定書		

＊枠組みタイプの条約。

したがってこの分野(だけではないが)で多用されているのが、国際会議の宣言、国連総会の決議、国際機構が採択するガイドラインや行動綱領など、ソフト・ローと呼ばれる文書です。ソフト・ローとは、明確に法的拘束力を有するハード・ローとの対比でそう呼ばれるもので、法的な拘束力はないが国の活動を枠付けあるいはそれに指針を与えるもので、前述のような利害や見解の対立のためにハード・ローに関する国家の合意を取り付けるのが困難な分野でも、その柔軟さのために比較的容易に合意を達成できるのが特徴だとされます。

　ソフト・ローのような概念を用いることには根強い批判があるのですが、この言葉を使うかどうかは別にして、これを国際法の形成過程の中に位置づけると積極的評価が可能なように思われます。諸国の闘争と協力、行為規則についての合意、そして法的拘束力についての合意の三段階からなる慣習国際法の形成過程を思い出して下さい〔⇒第3回1. (2)〕。これに当てはめればソフト・ローは第2の段階、つまり行為規則についての合意が成立した段階に当たります。したがって、後にこのソフト・ローを法的に拘束するものと認める法的信念が成立し、あるいはこれを基礎として多数国間条約が成立するなら、ソフト・ローはハード・ローの形成を促進するという重要な役割を果たすことになるのです。

　また、ソフト・ローは裁判所での適用を期待できず、その違反があっても国家責任を追及することはできないのですが、国際法ではもともと、立法過程だけではなく法適用過程も十分に組織化されていませんから、この点でのハード・ローとの違いはそれほど大きくないともいえます。たとえば国際機構が、自ら採択したソフト・ロー文書の実施状況をフォロー・アップするという事例は、しばしば見られるようになりました。こうしてソフト・ローは、いささか迂遠ではありますがその実施の方法にも欠けてはいないのです。

　このような国際環境法の成立形式の特徴は、それ自体はハード・ローであることに疑いがない条約にもついて回ります。いわゆる枠組条約と呼ばれるものがそれで、表8・1で＊印を付した条約がそれに当たります。枠組条約とは、条約には環境保全や国際協力に関する一般的な義務と締約国会議などの実施手続を定め、議定書や附属書で具体的な環境基準を設定する方式で、

環境保全という「総論」には賛成しながら、その具体的な実施に関する「各論」では相対立する諸国に、少なくとも一般的義務を受諾させることを可能にするとともに、科学・技術の発展に伴ってより明確かつ厳格な基準の導入を可能とするものです。ここでは典型的な例として、オゾン層の保護のためのウィーン条約を紹介しましょう。

この条約は第2条で組織的観測、研究および情報交換を通じて協力し、オゾン層を変化させることにより悪影響を与える活動を規制し縮小するために適当な措置をとり、また、議定書・附属書の採択のために協力することを目的に、利用可能な手段により自国の能力に応じて適当な措置をとるなどの一般的義務を定めます。第3条は研究と組織的観測について、第4条は法律、科学等における協力について規定します。第6条では締約国会議が設置され、条約の実施状況を検討し（この目的のために第5条は情報送付を規定）、議定書の採択・改正および附属書の改正を行うことなどがその任務です。この条約に基づいて1987年に採択されたオゾン層を破壊する物質に関するモントリオール議定書は、列挙するオゾン層破壊物質に関してその生産および消費を議定書が定める基準に従って凍結・削減することを義務づけ、この義務はその後何度かの改正によって強化されてきました。

他の枠組条約も大体同様ですが、ウィーン条約とモントリオール議定書、とくに後者は改正手続に特徴を有します。条約または議定書の附属書（科学的、技術的および管理的事項に限定される）の採択・改正についてはコンセンサス〔⇒第5回4.(1)〕により、コンセンサスが得られないときには出席し投票する締約国の四分の三以上の多数により採択され、これを受諾できない締約国はその採択の通報後6か月以内にその旨を寄託者に通告し、附属書は採択通報後6か月を経過すれば通告を行わなかったすべての締約国について効力を発生するのです（ウィーン条約第10条2）。さらに、議定書が定める規制措置の改正はコンセンサスで行い、コンセンサスが得られないときは一定の条件のもとに出席・投票する締約国の三分の二によるものとされ、この決定はすべての締約国を拘束します（モントリオール議定書第2条9）。このように、ウィーン条約とモントリオール議定書では附属書や規制措置の改正を容易にするために、同意原則が緩和されているのです。

(2) 国際環境法における国の義務

　国際環境法における国の義務の出発点となるのは、領域使用の管理責任〔⇒1.(1)〕です。この点について、ストックホルム宣言の原則21は、「国家は、国際連合憲章及び国際法の原則にしたがって、自国の資源をその環境政策に基づいて開発する主権的権利を有し、また、自国の管轄又は管理下の活動が他の国家の環境又は国の管轄権の範囲外の区域の環境に影響しないように確保する責任を有する」と規定しました。1992年のリオ宣言の原則2も、環境政策に「発展政策」を加えただけで後は同じ内容であり、同趣旨の条約規定は多数にのぼります。

　ストックホルム原則21で目新しかったのは、保護の対象を「国の管轄権の範囲外の区域の環境」にまで拡張したことですが、しかしこの点も含めて、原則21の考え方が慣習国際法になったのだという理解は、現在では広く共有されています。たとえばICJの核兵器使用の合法性勧告的意見〔⇒**第11回3.**〕は、「国の管轄権及び管理の下における活動が他国または国の管轄権を越える区域の環境を尊重するように確保する国の一般的義務の存在は、現在では環境に関する国際法全体の一部となっている」と述べ、同意見のこの部分は、ガブチコボ・ナジマロシュ計画事件判決[3]でも肯定的に引用されたのです。

　領域使用の管理責任は、前述のように越境環境損害が出ることを防止する絶対的な義務ではなく、このために「相当な注意」を払う義務に留まりますが、この「相当な注意」義務は、自国領域内において必要な立法・行政・司法上の措置を執る義務の他、潜在的な被害国に対して通報と協議を行う義務、つまり「防止の義務」を含むように発展してきました。事故等の緊急事態における通報の義務は多くの条約に規定されていますが、通報・協議の義務は緊急事態だけではなく、越境環境損害を生じるおそれがある産業活動などにも広く適用されます。1957年のラヌー湖事件仲裁判決〔⇒**第4回注3**〕〕は、国際河川の水利用に関するものですが、上流国の水利用が下流国に影響を与える場合には、そうした活動については事前の通告と誠実な協議が必要であるとしました。最近の条約では、1991年に採択された越境環境影響評価条約は、附属書に掲げられた原油精製施設、火電と原発、高速道路など、重大な越境環境悪影響を生じるおそれがある活動については環境影響評価を行うこと、影

響を受ける国に通報と情報提供を行い、環境影響評価文書を作成しそれに基づいて協議を行うこと、などを義務づけました(第2〜5条)。

　越境環境被害が国際公域あるいは不特定の国に及ぶおそれがあるときには、このような通報や協議は国際機構を通じて行います。UNCLOSは、海洋環境の汚染の危険または影響を観察・評価して結果を公表しまたは権限のある国際機関に提供する一般的な義務(第204、205条)のほか、とくに実質的な海洋環境の汚染または海洋環境に対する重大かつ有害な変化をもたらすおそれがあると信ずるに足る合理的な理由がある計画中の活動については、潜在的な影響について実行可能な限り評価し、その結果は公表するか国際機関に提供するべきものと規定しました(第206条)。このような場合の協議はこの「権限ある国際機関」、つまりIMOを通じて行われることになるでしょう。

　国際法委員会が「有害活動から生じる越境損害の防止」に関して2001年に採択した条文草案も、事前の危険評価、被影響国への通報と情報提供、防止措置に関する協議などを規定しています。これらの予防措置を執ることがどこまで慣習法上の義務となったのかについては議論の余地があるかも知れませんが、少なくとも、越境環境損害の危険がある活動について影響評価や通報・協議を行わなかった国は、実際に被害が生じたならその防止のための「相当な注意」を欠いたものとして、国家責任を負うことは確実だと思われます。このような状況のもとで環境影響評価を行うことが「相当な注意」義務の一部を構成することは、ICJが2010年のウルグアイ河岸パルプ工場事件判決[4]で認めたところです。

　もっとも、この協議の義務とは誠実に協議を行う義務に留まり、被影響国に拒否権を認めるものではありません。先のラヌー湖事件判決は、このような場合に合意を必要とすることは「国の主権に対して本質的な制限を課することを意味するものであり、このような制限は明確で説得力がある証拠が存在する場合にのみ認めることができるであろう」と述べます。この点でもっとも先進的な越境環境影響評価条約でさえ、計画活動の最終決定に当たって環境影響評価文書や協議の結果などに適切な考慮を払うことを求めている(第6条1)だけなのです。

(3) 被害者の救済

　それでは実際に越境環境損害が生じた場合に、被害者の救済はどのように行われるのでしょうか。このためには、大きく分けて二つの道筋があります。第1は被害者の国籍国が、加害行為がその管轄または管理下で行われた国に対して、外交的保護権〔⇒第2回4.(1)〕を行使して国家責任を追及する道ですが、この方法には様々な限界があります。たとえば外交的保護権は国の権利ですから、国は政治上・外交上など様々な考慮によって被害者の請求を取り上げないことが少なくありません。また、「相当の注意」義務の内容は不確定ですから、その違反があったことの証明は容易ではありません。さらに、請求できる「損害」がどの範囲までを含むのかも国際法上ははっきりしないのです。たとえばチェルノブイリ原発事故＊では、ヨーロッパ諸国で農作物や野生動植物に対する広範な被害が生じましたが、これに対しては当時のソ連が責任を否定しただけでなく、ソ連に対して賠償請求を行った国もなかったのです。請求の基礎がはっきりしていなかったこと、自ら原発を運営している諸国は先例となるのを恐れたこと、ソ連を拘束する明確な条約が存在しなかったことなどが理由だとされますが、この事件は国家責任のルートを通じて環境損害の救済を求めることの困難さを明確に示したといえます。

　そこで、越境環境損害の被害者救済のために現在本流となっているのは、被害者個人が国内裁判所において原因行為者を相手に民事請求を行うという第2の方法です。この方式の基礎には、OECDが提唱してきた「汚染者負担の原則 (polluter pays principle: ppp)」という考え方があります。この考え方は先進資本主義国にとっては、環境保護にかかる費用は製品やサービスの価格に反映させて内部化するべきであり、国がそれを負担するのは不当な補助金に当たるという市場経済の論理に由来するのですが、理由は異なるとしても発展途上国によっても支持されており、国際法原則になったという性質のものではありませんが、当面は国際社会で支配的な考えに留まるでしょう(リオ

＊**チェルノブイリ原発事故**：1986年4月に、当時のソ連のウクライナ共和国のチェルノブイリ原発が原子炉の炉心の爆発・溶融破壊の事故を起こして大量の放射能を放出、多数の死傷者を出しただけでなくヨーロッパ諸国にも広範な被害を生じた。表8・1に示す原子力事故早期通報条約と原子力事故援助条約はこの事件の教訓に基づく。

宣言原則16、参照）。

　この第2の方式は国内法上の救済方法なのですが、問題が国境を越えるだけに国際法も条約を通じて、このような救済方法が円滑かつ効果的に適用されるよう確保することになります。たとえばUNCLOS第235条2は、いずれの国も自国の管轄下にある活動による海洋環境の汚染によって生ずる損害に関し、「自国の法制度に従って迅速かつ適正な補償その他の救済のための手段が利用し得ることを確保する」と規定しました。この考え方は平等なアクセスと無差別の原則と呼ばれ、越境環境損害の被害者に自国市民と同じ実体法および手続法上の権利を与えることを目的とするもので、やはりOECDの政策に由来するとされています。条約が越境環境損害の被害者の民事上の救済に関与するもう一つの方式は、いわゆる民事賠償責任条約によるもので、原子力活動や石油の海上輸送など高度の危険性を内包する活動に関して、条約によって賠償責任者を特定する、免責事由を限定する、強制保険を導入する、補償額の上限を設定する、管轄裁判所を定め判決の承認と執行を約束するなどを定めて、被害者の迅速かつ効果的な救済を図ろうというものです。

3. 持続可能な発展と国際環境法

(1) 発展と環境保全の統合

　1.(2)で見たように、国際環境法はその誕生の当初から発展途上国の発展と環境保全の統合を重要な課題の一つとしてきました。そして、この統合を体現するのが「持続可能な発展」という概念です。前述のようにストックホルム宣言には実質的にはこの考えが反映されていましたが、この言葉が一気に有名になったのは、国連総会の指示のもとに事務総長が設置したいわゆる賢人会議である「環境と発展に関する世界委員会（WCED）」が1987年に公表した報告『われら共有の未来』（邦訳の題名は『地球の未来を守るために』）によってです。WCEDは、持続可能な発展を「未来の世代がその必要を満たす能力を損なうことなく、現在の世代の必要を満たす発展」と定義します。それは、二つのキイ概念からなります。第1は「必要(needs)」、とくに貧しい人々の不可欠の必要で、これに対して最重要の優先権が与えられねばなりません。そ

して第2は、現在と将来の世代の必要に応じる環境の能力が、技術と社会組織の現状によって制約されているという認識です。

WCEDによれば、持続可能な発展は経済成長を否定するのではなく、むしろ不可欠の必要が満たされていない場所では経済成長を必要とします。しかし持続可能な発展は、成長の内容をより物質中心的でないもの、よりエネルギー集約的でないものに変えることを必要とします。こうして持続可能な発展の概念は、「環境と発展は別個の挑戦ではなく、不可分に結びついている。発展は、悪化する環境資源を基礎としては継続できない。環境は、成長が環境破壊のコストを計算に入れないなら、保護することはできない」という認識に基づいて、環境政策と発展戦略を統合する枠組を与えるのです。

リオ宣言は、持続可能な発展の概念をいわばキー・ワードとしました。宣言は、発展の権利〔⇒**第6回2.(3)**〕が「現在及び将来の世代の環境及び発展に関する必要に衡平に合致するように実現され」るべきものとし（原則3）、「持続可能な発展を達成するために、環境保全は発展過程の不可分の一部を構成するものであり、これと切り離して理解することはできない」と述べます（原則4）。宣言は、発展途上国の特別の状況および必要に特別の優先順位が与えられるべきもの（原則6）とし、したがって、「国は、共通に有しているが差異のある責任を有する」（原則7）と規定しました。

ICJは1997年のガブチコボ・ナジマロシュ計画事件判決で、持続可能な発展という概念を初めて取り上げました。本件は環境と発展の関係を法的に考える上で絶好の素材を提供してくれるはずでしたが、裁判所はこの問題の核心には触れなかったものの、以下のように持続可能な発展について初めて国際法からのアプローチを試みたのです。

すなわち判決は、近年における科学的知見の進展と環境意識の高まりによってこの20年間に新しい規範と基準が発展してきたと指摘し、「国が新しい活動を計画するときだけでなく、過去に開始された計画を継続するときにも、このような新しい規範が考慮に入れられなければならず、新しい基準がしかるべく重視されねばならない。経済発展を環境保護と調和させるこの必要性は、持続可能な発展という概念において適切に表現されている」と述べました。他方、ウィーラマントリー裁判官の個別意見は判決を一歩進めて、持続

可能な発展は単なる「概念」ではなく「規範的価値を有する原則」だといいます。そして彼は、持続可能な発展の原則の本件への適用を次の二点に見ています。すなわち第1に、環境影響評価を計画時点だけでなく実施過程でも継続的に行うこと。この義務は関係条約に明文の規定がなくても、解釈によってこれに読み込まれねばならない。そして第2に、環境規範の適用における「同時代性の原則」、つまり継続的な環境影響評価の基準は、条約締結時の科学的知見にではなく評価実施時のそれに基づかねばならないとされます。

　こうした判決とウィーラマントリー裁判官の個別意見を手掛かりに考えるなら、持続可能な発展の概念／原則は、第1に慣習法や条約を解釈するに当たっての解釈基準としての、そして第2に新しい立法を導くべき指導原則としての役割を果たすもののように理解されます。そして以下に検討する「共通に有しているが差異のある責任」は、持続可能な発展の概念をより直接に国家の権利義務のレベルで具体化するものだといえるでしょう。

(2) 共通に有しているが差異のある責任の一つの帰結：「二重基準」

　共通に有しているが差異のある責任の考えを正面に掲げたのは、次のように規定するリオ宣言の原則7でした：「〔……〕地球環境の悪化に対する異なった寄与にかんがみて、国家は共通に有しているが差異のある責任を有する。先進国は、その社会が地球環境に与えた圧力及びそれが有する技術並びに財政的資源に照らして、持続可能な発展の国際的追求において自らが有する責任を承認する」。この規定によれば、共通に有しているが差違のある責任には二つの根拠があることが理解されます。第1は、「地球環境の悪化に対する異なった寄与にかんがみ」、「先進国はその社会が地球環境に与えた圧力〔……〕に照らして」というくだりで、地球環境の悪化に対する責任の差を問うものです。そして第2は、「先進国は〔……〕それが有する技術並びに財政的資源に照らして」という部分で、ここでは環境悪化と戦う能力の差が問題とされています。第1の根拠は途上国が、第2の根拠は先進国がおもに依拠するものですが、それは第1の根拠からは先進国の法的責任を導きうるのに対して、第2の根拠からはその政治的・道義的責任しか出てこないからだと思われます。

さて、共通に有しているが差違のある責任からは、同じく二つの帰結が導き出されます。第1は、途上国には先進国と比べてより緩やかな環境基準を適用するという「二重基準」です。リオ宣言の原則11は「ある国が適用する環境基準は、他の国、とりわけ発展途上国においては不適切であり、正当化されない経済的及び社会的コストを伴うことがありうる」と述べており、後述のようにこの考え方は一部は実定法化されています。第2の帰結は、先進国が途上国の持続可能な発展を援助するというもので、これについては(3)で検討しますが、結論をいえばこの点については実定法化は不十分で、先進国がこれに消極的であるために「二重基準」に逃げ込んだのだと理解できなくもありません。

それでは気候変動枠組条約を例にとって、共通に有しているが差違のある責任の考えがどのように実定法化されているのか見てみましょう。共通に有しているが差違のある責任の基本的な考え方は、次のように述べられています。すなわち、気候変動とその悪影響は「人類の共通の関心事」であるが、「過去及び現在における世界全体の温室効果ガスの排出量の最大の部分を占めるのは先進国において排出されたもの」(前文)であることにかんがみて、「先進締約国は、率先して気候変動及びその悪影響に対処すべきである」(第3条1)、と。こうして同条約は、締約国を、すべての締約国、附属書Iの締約国(先進締約国と市場経済への移行過程にある締約国)、および附属書IIの締約国(先進締約国=OECD加盟国)の三種類に区別して、それぞれ図8・1に示すような、異なった「約束」を規定します。

このような気候変動枠組条約の「約束」は、1997年に採択された京都議定書によって具体化されます。京都議定書は、非附属書I締約国(発展途上国)には新しい法的義務は負わせない一方、附属書I締約国については特定の時間的枠組を設けて削減目標を数値化することを目的に交渉され、以下のような結果となりました。削減数値目標(第3条)では、基準年は1990/95年、第1期約束期間は2008〜12年の5年間で、平均が目標値に達していなければならず、先進国全体で5％の削減、国別数値(附属書B)としてはEUほか26か国の8％、米国は7％、日本は6％からロシア等の0％、アイスランドの＋10％までが定められました。排出量が割当量を下回れば差は次期約束期間に繰り

| 附属書IIの締約国 ──────────────────────────────────→ |
| 附属書Iの締約国 ──────────────────────→ |
| 全締約国 ──────→ |

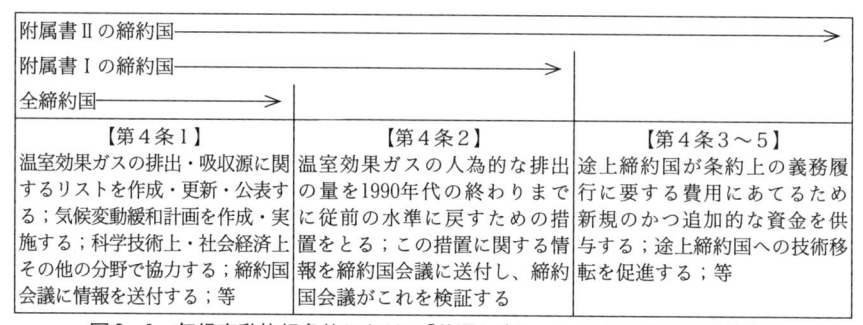

【第4条1】	【第4条2】	【第4条3〜5】
温室効果ガスの排出・吸収源に関するリストを作成・更新・公表する；気候変動緩和計画を作成・実施する；科学技術上・社会経済上その他の分野で協力する；締約国会議に情報を送付する；等	温室効果ガスの人為的な排出の量を1990年代の終わりまでに従前の水準に戻すための措置をとる；この措置に関する情報を締約国会議に送付し、締約国会議がこれを検証する	途上締約国が条約上の義務履行に要する費用にあてるため新規のかつ追加的な資金を供与する；途上締約国への技術移転を促進する；等

図8・1 気候変動枠組条約における「共通に有しているが差異のある責任」

越すことができます(「バンキング」)。附属書I締約国は、第3条の約束を共同で達成すること(第4条。「EUバブル」)、および共同で削減事業を行い、その結果として削減量を移転・獲得すること(第6条。「共同実施」)を認められます。附属書I締約国はまた、非附属書I締約国の持続可能な発展を援助しその結果生じる後者の認証された削減量を自らの義務遵守に利用することを認められます(第12条。「クリーン開発メカニズム」)。排出量削減の経済的手法として注目された排出量取引については、附属書Bの締約国にのみ認めました(第17条)。第6条、第12条および第17条は、削減義務に柔軟性を持たせることを目的とし、「柔軟性メカニズム」ないし「京都メカニズム」と呼ばれます。

　以上のように、気候変動枠組条約とその京都議定書は、共通に有しているが差異のある責任を具体化した典型的な条約だといえますが、この他、同様の規定を持つ条約は少なくありません。このような「二重基準」は、国際社会の現状を見る限りはやむを得ないというほかないでしょう。しかし、「われらの故郷である地球の統合的かつ相互依存的な性格」(リオ宣言前文)にかんがみれば、これは決して理想的なものとはいえません。途上国に発生する汚染も先進国による汚染と同様に地球環境の悪化を推し進めるし、途上国が緩やかな環境基準を採用すれば、それは先進国の多国籍企業による「公害輸出」を招き寄せることになるからです。こうして、次に見る 共通に有しているが差異のある責任の第2の帰結、つまり先進国による途上国の持続可能な発展への援助が重要な課題となるのです。

(3) 共通に有しているが差異のある責任のもう一つの帰結：
途上国の持続可能な発展への援助

　ストックホルム宣言は、発展途上国が発展計画に環境保護を組み込むことから生じる費用について技術上・財政上の援助を利用可能とする必要性を指摘し(原則12)、低開発と自然災害がもたらす環境の欠陥に対処するため、途上国の国内努力を補足する相当量の援助が必要とされることを認めました(原則9)。他方、リオ宣言は発展途上国、とくに後発途上国や環境上脆弱な途上国の特別の状況と必要に優先順位が与えられるべきことをうたい(原則6)、共通に有しているが差異のある責任を規定しました(原則7)。

　途上国による条約実施を可能とするための援助供与を規定する環境条約は少なくありませんが、モントリオール議定書を例に挙げましょう。同議定書は、発展途上締約国で規制物質の消費量が1人当たり0.3kg未満であるものについては、規制措置の実施時期を10年間遅らせることを認める(第5条1.「二重基準」)一方、途上締約国が規制措置を実施することを可能とするよう多数国間基金を設け(第10条)、公正でもっとも有利な条件のもとに代替品および関連技術をこれらの国に移転することを規定します(第10条のA)。途上締約国への規制措置の適用については、締約国会議によって修正されうることになっていますが(第5条8)、途上締約国による規制措置の実施は、上記の資金協力および技術移転の「効果的な実施に依存する」ことが認められ(第5条5)、すべての実行可能な措置をとったにもかかわらず資金協力や技術移転の不十分さのために義務の履行ができない途上締約国は、その旨を事務局に通報し、締約国会議が適当な措置を決定することになります(第5条6)。つまりモントリオール議定書は、「二重基準」の解消と援助の供与をリンクさせており、類似の規定は関連の諸条約に共通して見られるものです。

　しかしこれらの諸条約が約束しているのは、条約上の義務を履行するのに必要な増加費用に充てるための資金に限られており、発展途上国の持続可能な発展自体に対する援助に及ぶわけではありません。この点を詳しく展開したのは、リオ宣言を実施するための行動計画に当たるアジェンダ21です。アジェンダ21は、経済成長、社会発展および貧困の除去は発展途上国にとって最優先の課題であるだけでなく、国と全地球の持続可能性という目的にとっ

ても不可欠であると認め、このために発展途上国に対して有効な手段、とりわけ資金と技術を供与することは将来の世代を含む人類全体の利益にかなうと指摘、途上国、とりわけ後発途上国にとっての主要な外部資金源であるODAについては、先進国のGNPの0.7％という国連の目標を再確認しました(33「資金源およびメカニズム」)。

このようなアジェンダ21の目標は、しかし、まったく実現されませんでした。アジェンダ21の実施状況を検証するために国連が1997年に開催した第19回特別総会の決議 S-19/2は、先進国のODAの対GNP比はリオ会議以後、1992年の0.34％から95年の0.27％へと「劇的に低下した」と指摘、持続可能な発展を実現するためには当該の国が第一次的責任を負うのはもちろんだが、「とりわけ 共通に有しているが差異のある責任の原則を承認して、国際協力を再活性化し強化することは不可欠である」と強調したのです(第18、22項)。こうして残念なことに、先進国と発展途上国との環境基準における「二重基準」を除去する条件は、当分の間は満たされることはないでしょう。

なお、条約実施のための増加費用を越えて途上国の持続可能な発展への援助を行う制度としては、京都議定書の「クリーン開発メカニズム」や、世界銀行、UNEPおよび国連開発計画(UNDP)によって設置された「地球環境ファシリティー(GEF)」を挙げることができます。とくに後者は、意思決定に国連モデルの「一国一票」と世銀・IMFモデルの「一ドル一票」〔⇒**第4回3．(1)**〕の混合形態を用いるなど、従来の国際金融機関と比べれば透明性と民主性においてすぐれ、途上国の要求により敏感であることが期待できますが、何よりもその融資実績は限られたもので途上国の必要性に応えるものではないようです。

4. 国際環境法の課題

(1) 生産・消費様式の変更

持続可能な発展の概念は、開発／発展をめぐる国際社会における従来の議論とは違って、発展途上国の発展だけでなく先進国のこれまでの開発のあり方——資源を浪費し廃棄物を垂れ流す生産と消費のあり方——を初めて批判

的な検討の対象としたことが特徴です。WCEDは、「持続可能な全地球的発展は、より豊かな人々が、例えばそのエネルギーの使用について、地球の生態学的能力の範囲内に収まるような生活様式を採用することを必要としている」と述べました。リオ宣言の原則8も、「国は持続可能な発展およびすべての人民のより質の高い生活を実現するために、持続可能でない生産・消費様式を減少させおよび除去し、また適切な人口政策を推進すべきである」、と規定しています。

　容易に理解できるように、これは共通に有しているが差違のある責任を適用することがとくにふさわしい分野なのですが、これを国際法に翻訳することは困難と思われていました。リオ宣言自体が法的拘束力を持たない文書であるのに加えて、原則8は他の原則の多くが用いるshallではなくて、わざわざ努力目標を示すshouldを用いています。アジェンダ21の4「消費様式の変更」が提唱したことの多くは国内政策に関わるものであっても、国際法による規制になじむようには思われなかったのです。ところがこの分野でも、関連の条約が次第に目につくようになっています。

　おそらくもっとも初期のものは1989年の有害廃棄物規制バーゼル条約で、この条約は有害廃棄物の越境移動についていわゆる「事前のかつ情報に基づく同意」を求める（第6条）とともに、有害廃棄物から人の健康と環境を保護するもっとも効果的な方法は「これらの廃棄物の発生を量及び有害性の面から最小限度とすること」だと認めて（前文）、締約国にとりわけ「国内における有害廃棄物及び他の廃棄物の発生を最小限度とすることを確保する」ために適当な措置をとるよう義務づけました（第4条2(a)）。また、アフリカの地域条約である1995年のバマコ条約は、バーゼル条約を一歩進めてプロダクト・サイクル全体に「クリーンな生産方式」を採用するように義務付けました。

　また、小地域的な枠組条約ですが、1991年にアルプス山域の諸国とEECが作成したアルプス条約は、山地農業、林業、観光業、エネルギー、運輸などについて一般的な形においてですが、生産消費様式の変更を求める議定書を有します。より普遍的なレベルでは、2009年1月にその規程が採択された国際再生可能エネルギー機関(IRENA)は、再生可能エネルギーの利用拡大によって天然資源に対する圧力を抑制し、環境保全およびエネルギー供給の安

全保障に貢献することを目指す国際機構です。さらに、これまでも触れてきた国際環境条約の多くは、生産消費様式の変更を求める具体的な規定こそ持ちませんが、そこに規定された義務を効果的に履行するためには、締約国、とくに先進締約国が多くの点で生産消費様式の変更を求められていることを忘れてはなりません。

(2) 予防原則

2. (1)でも触れたように、国際環境法では伝統的に、環境破壊のメカニズムが科学的に十分に解明されて初めてこれに対処する措置を執るべきだという主張と、それ以前の段階でも環境破壊の危険があればそれに対処するべきだという立場が対立してきました。ことが国の発展政策と表裏の関係にあるだけに、前者の立場にもそれなりの理由はあると思われるのですが、しかし、環境破壊はいったん生じれば取り返しがつかないことがあり、たとえ回復可能だとしてもそのためのコストが予防のコストをはるかに越える可能性があることを考えれば、後者の立場が追求されるべきことは明らかだと思われます。

この考えを、「予防原則（precautionary principle）」ないしは「予防的な取組方法（precautionary approach）」と呼びます。リオ宣言の原則15は「環境を保護するために、国はその能力に応じて予防的な取組方法を広くに適用する。重大なまたは回復不可能な損害の脅威が存在する場合には、十分な科学的確実性の欠如が環境の悪化を防ぐための費用対効果が大きい措置をとることを延期する理由として用いられてはならない」と規定し、これは予防原則の定義としてよく引用されます。この立場をさらに進めれば、ある活動はそれが環境に悪影響を与えないことが証明されない限り行ってはならないという主張になります。1995年に南太平洋で地下核実験を行うとのフランスの発表を受けて、ニュージーランドが1974年の核実験事件判決に基づいてICJに申立てを行い、国際基準に基づいて環境影響評価を行い、実験が海洋環境の放射性汚染を生じないことが証明されない限り、フランスが実験を行うことは違法だとの判決を求めたのはこの例に当たります[5]。

予防原則を規定する条約では、気候変動枠組条約、ロンドン海洋投棄防止条約1996年議定書、生物多様性条約カルタヘナ議定書など、前文ではなくて

本文にこれを規定するものが少なくありません。また、近年ではこのアプローチを環境問題を越えて資源問題にも適用しようとする傾向も見てとれます。たとえば、1995年の国連公海漁業実施協定第6条は、ストラドリング魚種および高度回遊性魚種〔⇒第5回4.(3)〕の保存、管理および利用に関して「予防的な取組方法を〔……〕広く適用する」と規定しました。

　国際裁判でも、予防原則がしばしば援用されるようになりました。裁判所が実際にこれを認めた例はそれほど多くないのですが、たとえばみなみまぐろ事件[6]における暫定措置命令で国際海洋法裁判所は、生物資源の保存は海洋環境の保護・保全の一要素であると指摘、保存のためにとられるべき措置に関しては科学的な不確実性が存在することを認めながらも、裁判所は科学的証拠を最終的に評価することはできないが、当事者の権利を保全し資源量のいっそうの悪化を防ぐために緊急の措置がとられるべきだと考えるとして、一定の暫定措置を指示しました。

　予防原則がすでに慣習法化したかどうかについては議論の余地がありますが、それが法原則であるかどうかにかかわりなく、本項の最初に述べたような理由によってそれが政策指針として重要なものであることは確かです。「用心に越したことはない」のです。しかし、予防原則の適用を決定する場合には、多面的な比較衡量が必要なことを忘れてはなりません。その決定が社会のほかの分野に与える影響の分野横断的比較衡量、ほかの人々や諸国に与える影響の地域横断的比較衡量、そして、後の世代に与える影響の世代縦断的な比較衡量などです。また予防原則の適用は、科学的知見の発展に伴って常に再検討し修正し、必要であれば廃止することも考えなければなりません。環境問題の議論にありがちな、「あれかこれか」の二択問題的発想に陥らないよう、十分な注意が必要だと思うのです。

(3) 環境条約の履行確保

　環境条約の履行確保について簡単に述べて今回のお話を締めくくりたいと思います。国家間において国際法上の義務の履行を確保するためには、通常は相互主義、とくに対抗措置が用いられます〔⇒第3回2.(1)〕が、これを環境条約に適用することには問題があります。ある国が環境条約に違反して汚

染物質を排出したとして、他の締約国が対抗措置として同じような排出を行えば、元も子もなくなります。また、対抗措置に訴えるためには当該国は「被害国」でなければなりませんが、環境条約の違反によって目に見える「被害」が出るとは限らず、具体的な被害がない国が対抗措置を発動することは期待できないでしょう。しかも環境条約の場合には、その国が真摯な努力を行ったにもかかわらず、経済的あるいは技術的な制約のために義務の履行が行えないこともあり得ます。

そこで環境条約の履行確保手続として注目されているのが、オゾン層を破壊する物質に関するモントリオール議定書が1992年に採用した不遵守手続で、**図8・2**のような形をとります。締約国会議が選出する10の締約国で構成す

```
┌─────────────────┐   ┌─────────────────┐
│最善の努力にもかかわらず義務を│   │他の締約国の義務履行に疑念を持│
│十分に履行できないと結論する │   │つ締約国          │
│締約国           │   │              │
└────────┬────────┘   └────────┬────────┘
         │                     │
         ▼                     ▼
┌──────────────────────────────┐       ┌──────────┐
│                              │──(通知)──▶│疑念の対象の│
│      事 務 局    (義務不履行 │◀─(回答)──│  締約国  │
│                  の可能性を  │       └──────────┘
│                  認める)     │
└──────────────┬───────────────┘
               │(回付)
               ▼
  ┌────────────────────────┐
  │      履行委員会         │
  │・議定書尊重を基礎とした友好的│
  │ 解決のために事案を検討   │
  │・招聘に基づき締約国の領域内で│
  │ 情報収集               │
  └────────────┬───────────┘
               │(報告)
               ▼
  ┌────────────────────────┐
  │ 締約国会議:措置の決定    │
  │ A) 適当な援助           │
  │ B) 警告の発出           │
  │ C) 議定書に基づく権利・特権の停止│
  └────────────────────────┘
```

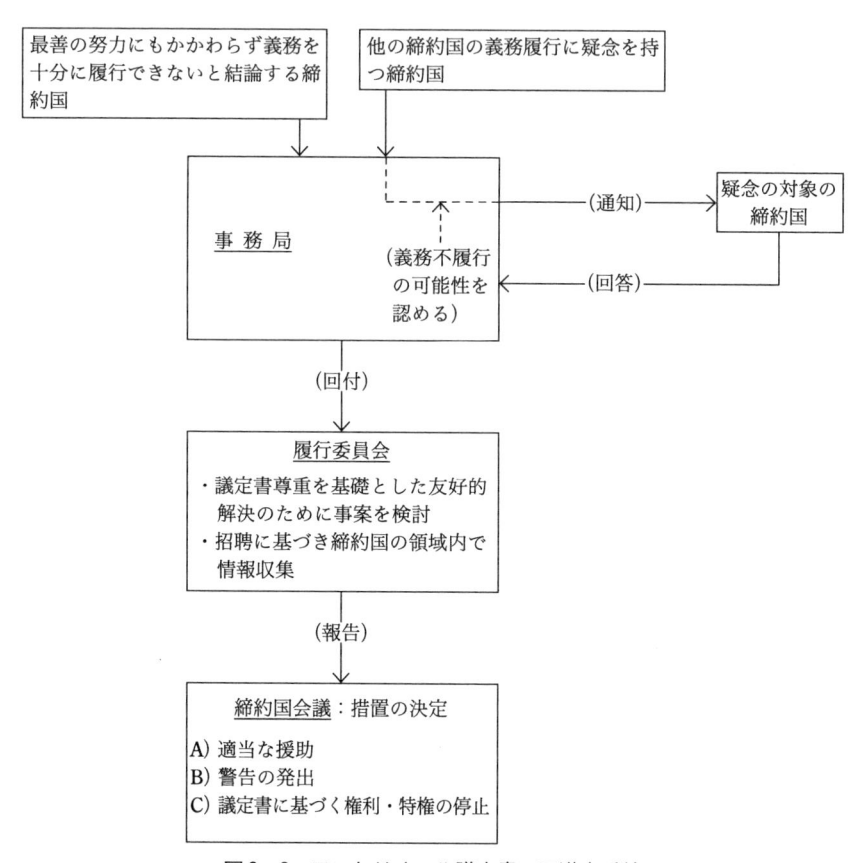

図8・2 モントリオール議定書の不遵守手続

る履行委員会を設置し、同委員会は、不遵守に関する申立ておよび相手国の見解ならびに事務局が提供する情報を検討し、議定書の規定の尊重を基礎として友好的解決に努めます。申立てができるのは相手国の義務履行に疑念を有する締約国のほか、最善の努力にもかかわらず義務が十分に履行できないと結論する締約国が含まれ、また、事務局による問題提起も可能です。委員会は適当と認める勧告を含めて締約国会議に報告を行い、締約国会議が議定書履行のための措置を勧告するものとされます(以上、附属書IV)。締約国会議がとりうる措置としては、履行を助けるための適切な援助、警告の発出、そして条約の運用停止に関する国際法の適用可能な規則に従った議定書のもとでの権利・特権の停止が例示されます(附属書V)。

　他方、2005年に決定された京都議定書の遵守手続では、促進部と執行部からなる遵守委員会が設置され、両部は締約国会議が選出する各10名の委員で構成されますが、委員数は各種の利害を反映するように配分されています。モントリオール議定書の場合と違って遵守委員会の委員は個人の資格で勤務し、気候変動に関して、また関連の分野で有能であることが条件ですが、とくに執行部については法的経験を有することが必要です。促進部の任務はモントリオール議定書の不遵守手続の場合とほぼ同様ですが、これに対して執行部は、議定書第3条1の数量化された排出削減約束や「京都メカニズム」〔⇒3. (2)〕の適格性の要件などについて、不遵守とその帰結を決定する強い権限を認められます。不遵守の帰結は、たとえば排出削減約束の不遵守については第2約束期間の割当量から超過排出量の1.3倍の減算、「京都メカニズム」の適格性要件の不充足については適格性の停止などです。したがって執行部の手続には「司法化」と呼ばれるような厳しい要件が課され、排出削減約束の不遵守に関する決定については締約国会議への上訴が認められます。

　以上のような(不)遵守手続は、不遵守に起因する紛争が生じる前から働くという意味では、紛争予防の制度に類するものとして位置づけられます。しかし(不)遵守手続は、不遵守による紛争が発生したのちにも機能するという意味では、「裁判外紛争解決」制度の一種だともいわれます。ところが上記の二議定書では(不)遵守手続と並んで、親条約が規定する交渉から裁判に至る一般的な紛争解決条項も適用されます。この「二本立て」の根拠は何なので

しょうか？

　（不)遵守手続の目的は、当事国間の権利・利益が衝突する伝統的な二国間紛争の処理にではなく、不遵守によって危うくされる国際社会の一般的利益の擁護にあると理解されます。そうだからこそ、遵守に自信がない締約国の自己申告を認めたり、不遵守に対して援助の供与という「ごほうび」を与えたりと、通常の紛争処理では考えられない制度になっているのです。他方、国際社会の一般的利益を守るための制度であっても、その不遵守が個別国家の利益を侵害することは十分にあり得ます。たとえば京都議定書が規定する削減義務の違反は、地球温暖化という形で国際社会の一般的利益を損ないますが、同時に地球温暖化による海面上昇は、小島嶼国にとっては水没という形でそれこそ死活の利益を損なうかもしれません。一般的な紛争解決条項は、このような状況に対処することを意図されていると見ることができます。実際、小島嶼国連合＊に属する若干の諸国は、気候変動枠組条約と京都議定書に署名するに当たって、こうした趣旨の宣言を行っているのです。

＊**小島嶼国連合 (AOSIS)**：地球温暖化による海面上昇によって脅かされる小島嶼国などにより1990年に結成、国連等の場で共通の立場を主張することを目指す。京都議定書の交渉では団結して行動したという。本文で述べた宣言を行ったナウル；ツバル；キリバチ；パプア・ニューギニア；クック諸島；ニウエのほか、計39か国とオブザーバー国4から成る。

[注]
1) **パルマス島事件**（常設仲裁裁判所判決、1928年4月4日）：米領フィリピンと蘭領東インドの間にあるパルマス島の領有を米蘭が争った事件。裁判所は領域権原として実効的支配を強調しオランダの勝訴とした。
2) **トレイル製錬所事件**（仲裁裁判所判決、中間判決・1938年4月16日；最終判決・1941年3月11日）：カナダに所在する製錬所の排煙が米国の農業などに被害を及ぼし、両国の合意によって仲裁に付託された。中間判決はカナダに損害賠償と汚染防止の暫定的措置を命じ、最終判決は本文のように越境汚染を防止する領域国の責任を認めるとともに、将来の損害防止のための恒久的制度を定めた。
3) **ガブチコボ・ナジマロシュ計画事件**（ICJ判決、1997年9月25日）：1977年にチェコスロバキアとハンガリーの間に締結された条約に従ってダムや発電所などのドナウ川開発計画を進めようとするスロバキア（チェコスロバキアの承継国）と、環境破壊を恐れてその中止を求めるハンガリーとの間に争われた事件。裁判所は、ハンガリーによる1977年条約の終了通告は違法と判断したが、スロバキアによる計画の一方的実施も正当化されな

いとし、同条約が定める制度を生かすために交渉を行うよう両国に命じた。
4) **ウルグアイ河岸パルプ工場事件判決**(ICJ判決、2010年4月20日)：ウルグアイがウルグアイ川河岸に建設中のパルプ工場が水質汚染を生じて1975年の両国間のウルグアイ川規程等に違反するとして、アルゼンチンがウルグアイを訴えた。裁判所はウルグアイによる通報等の手続的義務の違反を認めたが実体的義務の違反は認めず、したがってアルゼンチンの工場撤去の請求を退けた。
5) **核実験事件判決に基づくニュージーランドの申立て**：フランスの南太平洋における大気圏内核実験は違法だとの判決を求めたオーストラリアとニュージーランドの訴えに対して裁判所は、第二段階判決では地下実験に移行するとのフランスの一方的声明に法的拘束力を認めて、両国の請求は目的を失ったと判示した(1974年12月20日)。同判決は、判決の基礎が影響を受けることになれば原告は事態の再検討を要請できると述べていたので、ニュージーランドがフランスの地下実験再開に際してこの再検討を要請したが、裁判所は判決の基礎は大気圏内実験の終了にあったとして要請を棄却した(1995年9月22日)。
6) **みなみまぐろ事件**(国際海洋法裁判所命令、1999年8月27日)：みなみまぐろ条約に基づく合意なしに日本が行った調査漁獲を、オーストラリアとニュージーランドがUNCLOS違反として、同条約が定める仲裁を求めるとともに海洋法裁判所に暫定措置の指示を要請した。海洋法裁判所は調査漁獲の中止を含む暫定措置を指示したが、仲裁裁判所の判決は管轄権を否定し暫定措置を終了させた(2000年8月4日)。

【参考文献】
レイチェル・カーソン、青樹築一訳『沈黙の春』新潮社、1964年。
環境と開発に関する世界委員会、大来佐武郎監修『地球の未来を守るために』福武書店、1987年(引用の訳はこれにはよらない)。
大来佐武郎監修『地球環境と政治』(講座・地球環境・第4巻)中央法規、1990年。
村瀬信也「国際環境法——国際経済法からの視点——」『ジュリスト』1000号、1992年5月。
山本草二「国際環境協力の法的枠組の特質」『ジュリスト』1015号、1993年1月。
環境庁・外務省監訳『アジェンダ21——持続可能な開発のための人類の行動計画——』海外環境協力センター、1993年(引用の訳はこれにはよらない)。
薬師寺公夫「越境損害と国家の国際適法行為責任」『国際法外交雑誌』第93巻3・4号、1994年。
兼原敦子「地球環境保護に関する損害予防の法理」同上誌。
西村智朗「気候変動条約交渉過程に見る国際環境法の動向——『持続可能な発展』を理解する一助として——」『法政論集』第160、162号、1995年。
同「気候変動問題と地球環境条約システム——京都議定書を素材として——」『法経論叢』第16巻1号、2号、1998年、1999年。
同「地球環境条約における遵守手続の方向性——気候変動条約制度を素材として——」『国際法外交雑誌』第101巻2号、2002年。
特集「地球温暖化防止京都会議と今後の環境政策」『ジュリスト』1130号、1998年3月。

特集「地球環境保護の法制度——その現状と課題」『世界法年報』第19号、2000年。
地球環境法研究会編『地球環境条約集(第3版)』中央法規、1999年。
高村ゆかり・亀山康子編『京都議定書の国際制度』信山社、2002年。
児矢野マリ『国際環境法における事前協議制度』有信堂高文社、2006年
松井芳郎『国際環境法の基本原則』東信堂、2010年。

第9回
国際社会の司法権？
―― 国際紛争の平和的解決と国際裁判 ――

　今回は、紛争の平和的解決を目的とする国際法上の仕組みについてお話しします。私たち法律家は、ともすれば国内における紛争解決のあり方を念頭において考えがちで、裁判をもっとも優れた紛争解決手段と見なす傾向がありますが、国内社会とは構造が異なる国際社会に国内における紛争解決のあり方をそのままの形で適用できるわけではありません。実際、**第3回の2．(1)**でも述べたように、国際裁判には様々な限界があるのです。しかし他方では、国際法を適用して拘束力ある判決を下すことができる国際裁判が、紛争解決の優れた手段の一つであることも確かです。そこで今回は、国際裁判、とくに国際司法裁判所（ICJ）によるそれを中心にしながらも、その他の紛争解決手段にも目を広げて、それらの相互関係についても考えてみたいと思います。

1．紛争の平和的解決義務と国際裁判

(1) 紛争の平和的解決義務の成立
　第2次世界大戦以前に発行された古い国際法教科書では、国際紛争の処理という項目のもとに「平和的処理」と「強力的処理」の二つの章がおかれていました。つまり伝統的国際法では、紛争の「平和的処理」と並んで復仇〔⇒**第3回2．(1)**〕や戦争など武力を用いた「強力的処理」も認められていたのです。このことは、国が戦争に訴えることを規律していないという伝統的国際法のあり方を反映したもので、この時期には紛争の平和的解決はいわば努力目標に過ぎませんでした。
　ところが国際連盟規約によって戦争違法化の第一歩が踏み出される頃からは、紛争の平和的解決は武力に訴える前にまず試みるべき一種の手続的要件

とされるようになります。連盟規約第12条1は、連盟国は国交断絶に至るおそれがある紛争が発生するときには、当該事件を裁判または連盟理事会の審査に付さなければならず、判決また理事会の報告後「三月ヲ経過スル迄、如何ナル場合ニ於テモ、戦争ニ訴エサルコトヲ約ス」と規定します。

そして1928年の不戦条約は侵略戦争を禁止する（第1条）とともに、締約国間に発生するいっさいの紛争を「其ノ性質又ハ起因ノ如何ヲ問ハズ、平和的手段ニ依ルノ外之ガ処理又ハ解決ヲ求メザルコト」を義務づけて（第2条）、紛争の平和的解決義務を確立しました。国連憲章第2条3と第33条が規定する紛争の平和的解決義務は、このような歴史を踏まえたものです。1970年の総会決議「友好関係原則宣言」は、「すべての国は、他の国との国際紛争を平和的手段によって国際の平和及び安全並びに正義を危うくしないように解決しなければならない」と定めますが、これは憲章第2条3が「すべての加盟国は」といっているのを「すべての国は」と言い換えることによって、紛争の平和的解決が国連加盟国だけではなくてすべての国を拘束する一般国際法上の義務になったことを示したものです。

(2) 紛争の平和的解決の諸手段

それでは、国際紛争の平和的解決のためには、どのような手段があるのか。1899年の国際紛争平和的処理条約（1907年改正）は紛争の平和的解決の諸手段を初めて体系化したもので、周旋、居中調停（仲介）、国際審査および仲裁裁判を挙げていました。また、国連憲章第33条1とこれを受けた友好関係原則宣言は、交渉、審査、仲介、調停、仲裁裁判、司法的解決および地域的機関・取極の利用を列挙します。これに、憲章第Ⅵ章が規定する国連による紛争解決を加えれば、現代国際法における紛争解決手段はほぼ網羅されるのですが、前者と比べると後者には調停、司法的解決および国際機構の利用が加わっており、これらが国際法の発展によって変化するものであることが理解されます。

このような諸手段は様々な形で分類・整理されていますが、ここでは当事者間の交渉を中心とするもの、第三者機関が当事者による解決を助けるもの、および第三者機関が当事者を拘束する決定を下すものの三種類に区別して考

えてみましょう。

　まず交渉（negotiation。最近では協議consultationという言葉をよく使う）では、当事者は法と事実に関する主張を出し合ってこれらをすりあわせ、見解が一致すれば紛争が解決します。もっとも初歩的な解決手段で形にとらわれず簡便であることが特徴ですが、当事者の力関係がもろに反映して公正な解決が得られるとは限らないので、従来は国際紛争の解決手段としては軽視されていました。しかし、調停や裁判といった第三者解決に付託するためには、当事者の主張が具体的となって争点が明確化されねばなりませんから、そのためには通常、外交交渉の前置が必要とされます。また、調停や国際機構による解決のように第三者解決が拘束力を持たない場合には、当事者はこれを基礎として改めて交渉を行うことが必要です。最近では、国際裁判でも交渉命令の判決＊を下すことがあるのです。こうして、紛争解決手段としての交渉は最近では再評価されているといえます。実際、国際紛争の99％以上は交渉によって解決されているといっても過言ではありません。

　交渉といっても、テーブルを挟んでにらみ合っているだけではだめで、当事者は解決に達さないまでもこれを求めて誠実に交渉する義務を負います。いっさいの妥協を拒否して自らの立場に固執したり、理由もないのに討論を中断したり、合意された手続を無視したりしては、誠実に交渉したことにはなりません。また、交渉だからといって国際法が無縁かというとそうではなく、国際法は、当事者が自らの立場を正当化するもっとも強力な手段の一つであり、また、両者の議論に共通の土俵を提供するのです。

　さて、周旋（good offices。最近では「あっせん」と訳します）と仲介（mediation。古くは居中調停と訳しました）では、第三国が当事者の「間に入る」ことになります。これらの用語は必ずしも明確に区別して用いられるのではありませんが、区別する場合には、周旋は第三国が当事者に交渉を促したり場所を提供するなどの形で交渉の便宜を図ることをいい、仲介は第三国がさらに交渉の内容に立ち入って解決条件を提示する場合をいいます。仲介の場合でも、第三国が提示する解決条件は当事者を拘束しませんから、これらは本質的には交渉

＊**交渉命令判決**：解決条件ではなくて解決基準だけを示して、それを基礎に衡平な解決に達するように誠実に交渉することを命じる判決。ICJの北海大陸棚事件判決はその例。

の域を出ず、第三国の役割は当事者の交渉による解決を助けることに留まります。

さて、ここで第三者機関が登場して当事者による解決を助ける諸手段の順番になります。審査（inquiry。最近では、国際機構の機関によって行われるものを事実調査fact-findingと呼びます）では、国際審査委員会が事実問題の審査を行うという形で、第三者（個人から構成される独立の委員会）は当事者の「上に立って」客観的な判断を行うことになりますが、ここでも第三者の判断は当事者を拘束しません。他方、調停（conciliation）では、個人資格の委員で構成する国際調停委員会が紛争をめぐる事実と法を審査して解決案を提示しますが、やはり案は当事者を拘束しません。なお、これまでに行われた審査の多くでは、審査委員会は単に事実だけではなく当事者の責任や法律問題にも踏み込んでいますから、審査と調停の区別もそれほど厳密なものではないといえます。

ところで、国連は紛争の平和的解決を重要な任務の一つとして憲章の第VI章をこれに充てており、おもに総会、安保理事会および事務総長がこの任務を担当します。このような国際機構による紛争解決については、調停の一形態と見るか仲介の組織化と理解するかについて、学者の意見が一致していません。確かに国際機構による紛争解決は、結論が法的拘束力を持たない点においては、仲介や調停と共通しています。しかし、仲介の場合は介入するのが国であって、それが大国・強国の場合には強い影響力によって紛争解決を促すことがありますが、その反面、介入する国の利益が解決に影を落とすことは否定できません。他方、介入するのが国際機構である場合には、同じように政治的影響力によって解決をもたらすとしても、程度の差とはいえより公正な解決が期待できるでしょう。

調停についていえば、これは個人資格の委員によって構成される委員会によって行われますから、政治的影響力は期待できず、解決条件の公正さが紛争当事者の理性に働きかけることによって解決をもたらすものだといえます。そもそも調停制度は第1次世界大戦後、国際連盟による紛争解決の政治的性格への反発から一般化したものでしたから、これと国際機構による解決を一つにくくることは正当化されないでしょう。この点に注目して、政治的決断によって法を動かしてでも解決を実現する国際機構による紛争解決等を「動

的手段」とし、これに対して法を適用する裁判や、当事者の理性に働きかける調停を「静的手段」として区別する見解は、注目に値すると思われます。

(3) 仲裁裁判と司法的解決

次に、第三者機関が当事者を拘束する決定を下す紛争解決手段として、仲裁（arbitration）と司法的解決（judicial settlement）を取り上げましょう。両者の異同については、**表9・1**を参照して下さい。両者は、裁判付託が任意である点と判決が拘束力を有する点では共通しますが、仲裁では事件ごとに紛争当事者が付託合意（*compromis*）を締結して裁判所の構成と手続、裁判基準などを決めるのに対して、司法的解決の場合には、あらかじめ条約によって裁判所が設置されており、裁判手続や適用法規もこの条約によって定められていることが特徴だとされます。

司法的解決については後回しにして、ここでは仲裁の中身に触れておきます。仲裁裁判は、19世紀後半から欧米諸国間で次第に一般化し、国際紛争平和的処理条約は常設仲裁裁判所（PCA）を設置しました。PCAは名は常設であるものの、実際には締約国が4名以下を指名する裁判官の名簿がハーグにある国際事務局におかれているだけで、事件ごとに裁判付託に合意した紛争当事国がこの名簿から裁判官を選び、事務局が提供する便宜を利用して裁判を行うことになります。したがってPCAは「常設」でも「裁判所」でもなく、自分では「仲裁」もしないとからかわれています。手続や適用法規も当事国が定めるのですが、条約はこれらについて「当事者間ニ反対ノ規約ナキ限」適用される（第41条）補充規定をおきます。

PCAの利用実績は、とりわけ第2次世界大戦以後はかんばしくありませんでした。そこでPCAは、設置100周年を前にして私人や国際機構を一方の当事者とするものを含む仲裁モデル規則などの整

表9・1 仲裁裁判所と司法的解決の区別

	仲裁裁判	司法的解決
裁 判 所	事件ごとの設置	条約により常設
裁判付託	当事者の合意による。	
裁判基準	当事者が付託合意で定める。	国際法
裁判手続		条約所定の手続
判　　決	法的拘束力がある。	

備を行ってきましたが、これが功を奏したのか、近年ではその利用が増加しています。もっとも、国際紛争平和的処理条約がそのままの形で適用されるのではなく、PCAの事務局等の施設だけが利用される仲裁裁判とか、多国籍企業などの私人と国の間の仲裁裁判——これにはICJの管轄権が及ばない——が大部分を占めます。

　PCA事務局は1960年に作成して条約締約国に回付した回状において、ICJと「競争」する意図を否定しながらもPCAの次のような特徴を挙げました：(1)紛争当事者が選んだ裁判官によって裁定が下される仲裁は、当事者のより大きな信頼を期待できる。とくに技術的な紛争については仲裁のような少数の法廷が望ましい；(2)当事者が「衡平及び善」に基づく裁判＊に合意する場合には、仲裁はICJに決定的に勝る；(3)PCAの手続のほうが秘匿性が高い；(4)費用が一般により低廉；(5)手続に要する期間は一般により短期；(6)一当事者が私人である場合にも利用可能、というものです。これらはいささか手前味噌の嫌いはあるものの、PCAのみならず司法的解決と比べた場合の仲裁裁判一般の特徴をよく表したものといえます。実際、国連海洋法条約に典型的に見られるように、当該条約の解釈・適用をめぐる紛争について仲裁付託を規定する条約は多く、司法的解決がより以上に発展したとしても仲裁裁判の独自の意義は存続するといえるでしょう。

(4) 手段選択の自由

　それでは、各種の紛争をどのような基準によって上記のような解決手段に振り分けるのでしょうか。従来の国際法学では政治的(非法律的)紛争と法律的紛争が区別され、裁判による解決が可能なのは後者だけで前者には政治的解決手段がふさわしいとされていました。両者の区別については諸説がありましたが、現在もっとも広く認められているのは当事国の主張の仕方によって区別するもので、法を適用した静的な解決を求めれば後者で、法を動かす

＊「衡平及び善」に基づく(*ex aequo et bono*)裁判：裁判基準として厳格に法を適用せず、裁判官により広範な裁量の余地を認める裁判。ICJでも当事者の合意があればこれが可能(規程第38条2)だが、実例はない。なお、仲裁裁判の場合にはこのために当事者の明示の合意は必ずしも必要ではないとの解釈が有力。

動的な解決を求めれば前者だと理解します。

　この理解の基礎となるのは、主権国家の併存と諸国の不均等発展による相互の力関係の不断の変化です。国際社会には独自の立法機関は存在しないから、力関係の変化は国内社会のように立法のレベルでは反映されず、個別国家間の紛争の形で現象します。力関係の変化を直接反映するこのような紛争にはその国の将来の発展の可能性がかかっているから、こうした紛争は政治的影響力を持つ機関が法を動かしても解決する他はありません。これに対してこのような力関係から切り離された、あるいは当事国が政治的決断によって切り離した紛争なら、法を適用または当事国の理性的判断による静的な解決が可能です。

　もっとも、現実にある紛争がどの解決手段に付託されるかは当事者の意思によります。3.(1)で見ることですが、ICJについていえばある紛争が裁判所の管轄権に入るかどうかは、条約の裁判条項や選択条項の解釈の問題で、このような条項に示された当事国の合意の範囲内にあれば当該紛争に関する裁判所の管轄権が成立します。しかし、ある紛争が事前に与えた一般的な合意の範囲内に入るかどうかという問題と、当事国が当該紛争を裁判によって解決する具体的な意思を持つかどうかは別の問題です。ある紛争が事前に与えた合意の範囲内に入るとしても、当事国が当該紛争を裁判によって解決する意思を持たなければ、その国は欠席戦術を採りあるいは判決に従わないということになりかねません。

　さて、現代国際法では国際紛争の平和的解決のために様々な手段が整備されてきたのですが、ここには一つの限界があります。たとえば憲章第VI章では一定の場合に紛争当事国に安保理事会への付託義務があるのですが、この場合には結論は勧告に過ぎず拘束力を持ちません。他方、国際裁判の場合には判決は拘束力を持ちますが、付託義務は原則として存在しない。つまり、付託義務がありかつ結論が拘束力を持つ解決手段は、今のところきわめて例外的なのです。このような状態は主権を有し、紛争解決について事実と法に関する自己の判断の権利に固守する諸国家が併存するという、国際社会の構造に根ざします。

　そしてこのような状況を反映するのが、紛争解決の「手段選択の自由」とい

う考え方です。この考え方は、交渉による解決の優先を主張する当時の社会主義国や多くの非同盟諸国と、裁判の優先を主張する当時の西側先進国の妥協の結果として、友好関係原則宣言や1982年の総会決議「紛争の平和的解決に関するマニラ宣言」(決議37/10)において、「紛争は、国の主権平等を基礎として、かつ手段の自由な選択の原則に従って」解決されなければならないが、「国が自由に合意する解決手段に訴え、またはそれを受諾することは、主権平等と両立しないものと見なされてはならない」という形で規定されました。もっとも、紛争当事国がどの解決手段を選ぶのかについて合意しなければ先に進まないので、少なくともこの合意を達成するための交渉が優先するということは出来ると思われます。

2. 国際司法裁判所の成立と仕組み

(1) 常設国際司法裁判所から国際司法裁判所へ

世界的規模での常設的な裁判所設置は、ハーグで1922年に活動を開始した常設国際司法裁判所(PCIJ)で初めて実現しました。PCIJは連盟規約第14条に基づき連盟によって設置されたものですが、連盟とは別組織とされこれと別個の加盟手続を必要としました。1939年にドイツ軍のオランダ侵入により活動を中断するまでに、人によって数え方が違いますが20の判決と25の勧告的意見を出しています(PCIJとICJの事件数については表9・2を参照)。このように、PCIJの活動は比較的活発で、3.(1)で検討する選択条項についても最高時には規程締約国の70パーセントに当たる42か国の受諾を得ていましたから、この時期を国際裁判の「黄金時代」だったと見る向きもあります。しかし、PCIJが扱った事件の大半は第1次世界大戦の戦後処理が絡んだものでしたし、争訟事件の当事者については日本がヴェルサイユ条約における主たる同盟・連合国の一員として加わった事件を除けば、ヨーロッパ外の国が関わる事件はわずか2件に過ぎません。つまりPCIJは、「国際」というよりはむしろ「ヨーロッパ」裁判所だったのです。

第2次世界大戦後、PCIJの後身としてICJが設立されました。ICJ規程の起草過程では、選択条項に代えて一般的な強制管轄権を認めるべきだとの意

表9・2　PCIJとICJの判決および勧告的意見の数の推移

年代	判決	勧告的意見
常設国際司法裁判所(PCIJ)		
1921-1939	20(年平均1.1)	25(年平均1.3)
国際司法裁判所(ICJ)		
1946-1950	2(0.4)	5(1.0)
1951-1960	10(1.0)	6(0.6)
1961-1970	4(0.4)	1(0.1)
1971-1980	6(0.6)	4(0.4)
1981-1990	6(0.6)	4(0.4)
1991-2000	6(0.6)	2(0.2)
2001-2010	17(1.7)	2(0.2)

＊判決は本案判決と第二段階判決のみで先決的抗弁判決等を含まない。また、勧告的意見には意見要請を棄却したものを含まない。

見が強かったものの米ソの強硬な反対のために実現せず、同規程は若干の手直しを別としてPCIJの規程をほとんどそのまま引き継いだものです。PCIJが連盟とは別組織だったのと異なり、ICJは「国際連合の主要な司法機関」とされ、その規程は国連憲章の「不可分の一体をなす」とされたこと（憲章第92条）が、両者の最大の違いでしょう。

(2) 国際司法裁判所の仕組み

　国連加盟国は当然に裁判所規程の当事国となります（憲章第93条1）。もっとも、裁判所に係属する事件の当事者となることができるのは国だけである（規程第34条1）ことに注意しましょう。ただし、これは国際裁判の宿命というわけではなく、先に見た仲裁裁判のように一方の当事者を私人とする裁判も、近年では増加の傾向にあります。

　裁判所は、任期9年で3年ごとに5名が選挙される15名の裁判官から構成され、候補者は国によってではなく先に見たPCAの国別裁判官団によって指名されます。これは選挙への政治的影響を除くためだとされますが、実際には各国は自国出身の裁判官を送り出すために熾烈な選挙運動を繰り広げるのが実状です。選挙は総会と安保理事会で行われ、双方で絶対多数を得た候補者が当選します。これはPCIJ規程の起草時に、自国からの優先的選出を主張

表9・3　ICJの裁判官の配分と歴代所長数

	発足当時	1969年以来	歴代所長数*
西欧その他	6	5	10
東欧	3	2	2
アジア	1	3	4
アフリカ	1	3	2
ラテン・アメリカ	4	2	4

＊2010年現在の数字。

する大国と、平等な選出を求めた中小国の妥協として設けられた制度ですが、実際にはICJでは一時中国の裁判官を欠いたことを例外として、安保理の常任理事国は常に裁判官を送ってきました。

　選挙に当たっては「裁判官全体のうちに世界の主要文明形態及び主要法系が代表されるべき」ことに留意するとされている(規程第9条)ことが重要です。実際には「主要文明形態及び主要法系」に代えて公平な地理的配分が用いられていますが、このことはICJが真に「国際」の名に値するためには不可欠なことです。裁判所成立当時の配分と1969年選挙以来現在までの配分については、**表9・3**をご覧下さい。アジア・アフリカ諸国にとってはなお不満が残るところですが、この配分は実は安保理事会における議席配分と同じもので、当面はこれ以上の改善は望めないでしょう。

　裁判所長は3年任期で裁判所が選挙し、裁判官の長として訴訟指揮を行うほか司法行政の長でもありますが、裁判官の意見が可否同数に分かれたときに決定投票権を有する(規程第55条2)点で重要なポストです。南西アフリカ事件第二段階判決や、核兵器使用の合法性勧告的意見の主文(2)E項〔⇒3.(2)〕のように、所長の決定投票で決まった判決・意見で厳しい批判にさらされたものがいくつかあります。所長はかつては西欧その他から選ばれることが多かったのですが、1970年以降は地域別のローテーションで選ばれるようになっていました。ところがこの点については、前世紀の末以来西欧その他出身とアジア出身の裁判官の所長選出が続き、何らかの変化があったのかもしれません。

　なお、ICJは全員法廷として開廷するのが原則ですが、裁判所規程は少数の裁判官から構成され簡易で迅速な手続で事件を処理する裁判部(小法廷)を三種類用意しています。これらのうち、特定の事件について当事者の要請を受けて設置される、いわゆる特定事件裁判部の利用が1980年代から見られる

ようになりました。この種の裁判部では、事実上当事者の希望の通りに裁判部が構成された事例(たとえば1984年に判決があった米加間のメイン湾海洋境界画定事件)があり、司法裁判の仲裁化ではないかとの批判を受けています。また、少人数のために必ずしも公正な地理的代表性が確保できない裁判部の判決もICJの判例となることにも危惧があります。しかし、もともと仲裁裁判から発達してきた国際裁判には仲裁の尾てい骨が根強く残っているだけでなく、国内裁判でいえば刑事裁判ではなく民事裁判に当たる国際裁判では当事者の自治が広く認められますから、1.(3)で見た仲裁との相違はそれほど厳格なものではないのです。

3. 国際司法裁判所の働き

(1) 争訟事件

ICJの活動については具体的な事件を例にとることとし、争訟事件についてはニカラグア事件を取り上げます。本件は、ニカラグアで独裁政権を倒したサンディニスタ政権が左傾化するにつれて米国との関係が悪化し、米国が中央情報局(CIA)を通じて武力闘争を行っている反政府勢力(コントラ)を援助したり亡命者を使って武力行使を組織したりしたため、ニカラグアが武力行使禁止原則や不干渉原則の違反、通商航海条約違反などで米国を訴えた事件です。

ニカラグアは管轄権の基礎として、同国がPCIJ時代の1929年に、米国が1946年に受諾した選択条項(規程第36条2、5)と、両国間の通商航海条約の裁判条項(同条1)を援用しました。選択条項とは、規程当事国がそこに定める法律的紛争について、裁判所の管轄を同一の義務を受諾する他国との関係において(「相互主義」)当然に義務的と認める宣言を行えば、受諾宣言を行った国の間では宣言が一致する範囲内で裁判条約が結ばれたのと同様に裁判所の管轄権が成立するというもので、PCIJ規程の起草に際して、任意的裁判の主張と義務的裁判の主張の妥協のために設けられた制度です。本件では米国は、裁判所の管轄権と請求の受理許容性を争う先決的抗弁を提出、PCIJ時代に行われたニカラグアの受諾宣言には若干の問題があったのですが、裁判所

は1984年11月26日の判決で米国の抗弁を退け、管轄権を確認しました。なお、裁判所に管轄権があるかどうかが争われる場合には、裁判所が裁判によって決定することになっています(同条6)。

ところで、選択条項受諾宣言には様々な留保が付されるのが通例で、米国の受諾宣言にも悪名の高い自動留保＊の他、多数国間留保が付されていました。これは、多数国間条約のもとで生じる紛争を「判決によって影響を受ける条約のすべての締約国が同時に裁判所における事件の当事国でない限り」除外するもので、裁判所は結局その適用を認めましたから、本件では適用法規は慣習法と二国間条約に限られることになりました。このように各国は、選択条項を受諾して有利なときには裁判を行う可能性を確保しながら、不利な訴えを起こされそうなときには留保によってそれから逃れようとするのですが、上記の相互主義によって自国が行った留保が自国に対して援用されるという「ブーメラン効果」が留保にはあり、このような目論見は必ずしも成功するわけではありません。

さて、こうして裁判所は本件において管轄権を確認し、審理は本案段階に進んだのですが、これを不満とした米国は受諾宣言を撤回するとともに不出廷を宣言しました。このような場合には欠席裁判が可能なのですが(規程第53条)、しかし出廷した当事国が自動的に勝訴するわけではなく、裁判所は請求が事実上・法律上十分に根拠を持つことを確認しなければなりません。なお、本案に進んでからの審理は国内裁判と大きな違いはないので、この点については図9・1を参照していただきましょう。

判決を含む裁判所のすべての決定は出席した裁判官の過半数で行われ、前述のように可否同数のときには裁判所長が決定投票権を有します。1986年6月27日に下された本件の判決は、米国が慣習法上の不干渉原則、武力不行使原則、主権尊重の原則および国際人道法の原則に違反し、また通商航海条約にも違反したことを認めるものでした。なお、判決は法的拘束力を有します

＊**自動留保**：自国が国内問題と判断する紛争を管轄権受諾から除外する留保。学説上は、管轄権受諾の法的義務と両立せず裁判所から管轄権の有無に関する判断権を奪う結果規程第36条6に違反して無効であるという説が有力だが、ノルウェー公債事件判決[1]でICJは、ノルウェーによるフランスの自動留保援用を認めて管轄権なしと判断した。

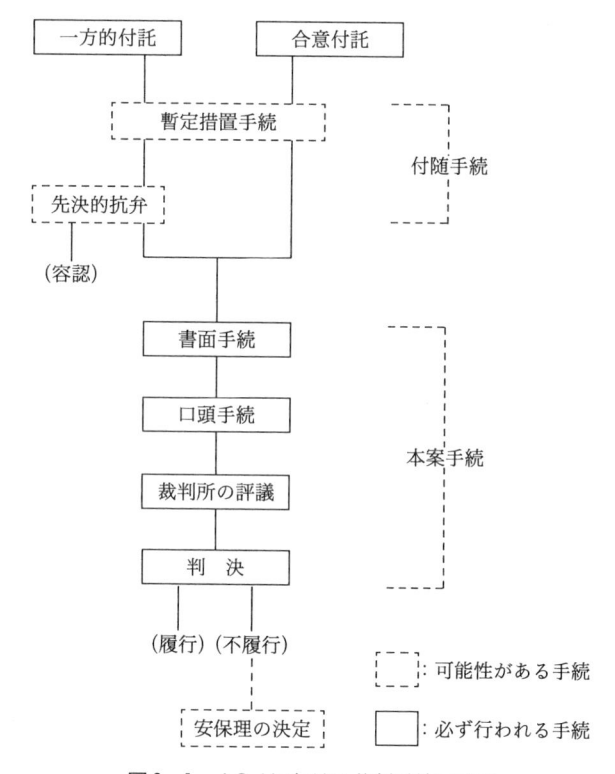

図9・1 ICJにおける裁判手続の進行

が、それは当事者間においてかつ当該事件に限ってで(国連憲章第94条1；規程第59条)、英米法のような先例拘束性は表面的には否定されています。しかし実際には判決(と勧告的意見)は事実上の判例として重要な役割を果たしていますし、**5.(3)**で触れるように国際法の発展に貢献した事例も少なくありません。

判決に拘束力があるといっても、国際法では強制執行の手続きは整えられておらず、当事者が判決を履行しない場合には相手方は安保理事会に訴えることができ、理事会は判決執行のために勧告を行い、またはとるべき措置を決定できる(国連憲章第94条2)と定められているだけです。本件でも米国は判決の履行を拒否し、ニカラグアは安保理事会にこれを訴えました。安保理では、判決の履行を求める非同盟諸国提案は米国の拒否権で葬られました(11対1、棄権2)が、総会が同じ趣旨の決議を採択しました(決議41/31)。

(2) 勧告的意見

ICJは争訟事件に判決を下すことに加えて、国連機関や専門機関の諮問に応じてそれらの活動に法的指針を与えるために、勧告的意見を付与します。具体例としては核兵器使用の合法性に関する意見を取り上げますが、この意見の内容については**第10回**で、背景については**第12回**で取り上げますので、ここでは手続問題についてだけお話しします。

本件の意見は、世界保健機関(WHO)と国連総会が要請したものですが、憲章第96条によれば、機関によって求めることができる意見の対象が異なります。総会または安保理事会は「いかなる法律問題についても」意見を求めることができる(第1項)のに対して、総会の許可を得た国連のその他の機関と専門機関は「その活動の範囲内において生ずる法律問題について」だけ意見を求めることができるのです(第2項)。本件におけるWHOの意見申請が拒否されたのは、この規定によってでした。核兵器使用の保健上・環境上の影響を取り扱うWHOの権限は、これらの影響を生じる行為の合法性には依存せず、したがってこの問題はWHOの「活動の範囲内において生ずる法律問題」ではないというのです。他方総会については、憲章第96条1の解釈がどうであれ憲章上広範な権限を認められる総会が本問題について意見を求めることができることは疑いないとされました。

それでは意見を求められた場合、裁判所はこれを与える義務を負うのか？この点に関する裁判所規程第65条1の文言は、「勧告的意見を与えることができる」と許容的なのですが、事実上は義務に近い扱いがされてきました。本件についても、問題の政治的性格や抽象性、意見要請の政治的背景などを理由に、裁判所は要請を断るべきだとの主張が行われましたが、裁判所は多くの先例を引いて、国連の主要な司法機関である裁判所は原則として意見要請を断るべきではなく、断ることができるのは「やむを得ない理由」がある時だけだが、本件にはそのような理由は存在しないと判断しています。

さて、勧告的意見の手続では、裁判所で裁判を受けることができる国は書面と口頭で陳述を行うことが認められています(規程第66条2)。本件では、実に28か国が書面陳述を、22か国が口頭陳述を行い、この問題への国際社会の関心の高さを示すことになりました。なお、勧告手続については、「適用す

ることができると認める範囲内で」争訟事件に関する規程および規則の規定を適用する（規程第68条；規則第102条2）ものとされ、ここでも裁判所の裁量権が認められています。本意見(1996年7月8日)の多くの項目は全員一致ないしはそれに近い多数で採択されたものでしたが、核兵器の使用・威嚇は人道法の原則に一般的には違反するが、自衛の極端な事例については結論を出せないとする主文(2)E項だけは可否同数となり、ベジャウィ所長（アルジェリア出身）の決定投票で決まったものです。なお、すべての裁判官が宣言、個別意見または反対意見＊を付したことは、裁判官たちもまたこの事件の重要性を十分に認識していたことを示しています。

　勧告的意見は「勧告的」ですから、定義上法的拘束力を有しないのはもちろんですが、以下の点に注意しておきましょう。まず、勧告的意見は意見を要請した国連機関・専門機関の活動の法的指針として、比較的よく尊重されてきたといえます。また、事実上の判例として裁判所の後の判断を拘束するとともに、国際法の発展にも大きな影響を与える点でも、判決と同じです。さらに、関係条約や決議によって勧告的意見に法的拘束力を与えることが可能です。とりわけ、争訟事件では当事者資格を認められない国際機構が関わる紛争の解決のために、いくつかの条約がこの種の規定をおいています。

4. 国際裁判に対する諸国の態度

(1) 消極から積極へ：アジア・アフリカ諸国と(旧)社会主義国

　友好関係原則宣言の起草過程などでは、アジア・アフリカ(AA)の発展途上国の多くと旧社会主義国は国際裁判に消極的な態度を示しました。同じ途上国でもラテン・アメリカ諸国は伝統的に裁判には積極的でしたが、AA諸国の態度は一見したところ不自然に見えます。当事国の力関係が結果に影響する交渉などよりも、国際法という客観的な基準を適用して第三者機関であ

＊宣言・個別意見・反対意見：判決（または勧告的意見）が裁判官の全員一致の意見を表明していないときに付することを認められているもの（規程第57条）で、個別意見（分離意見ともいう）は結論は同じだが理由づけが異なるもの、反対意見は結論自体を異にするもの、また、宣言は理由を述べずに賛成または反対を記録するものをいう。

る裁判所が判決を下す裁判は、多くの場合力関係において劣位に立つAA諸国にとっては、むしろ有利だと思われるからです。それでは、この消極的態度の理由は何だったのか？　これについては、以下のようなことが指摘されていました。

　まず、文化的伝統。AA諸国では、紛争解決のために法を適用して白黒をつける裁判よりも話し合いを通じた妥協が好まれる、というのです。しかしこれはAA諸国自身やその学者によってではなく、もっぱら西側先進国の学者によって指摘された理由で、さして重要なものとは思われません。また、国際法に関する経験の不足や訴訟費用の問題などが挙げられることもありますが、これらも国際社会の支援によって技術的に解決可能な問題です。重要なのは、次の二つの理由だったというべきでしょう。

　一つはICJの構成がAA諸国に不利で西欧先進国に有利だという点。これは**表9・3**で見るように少なくともある時期までは相当の根拠がある理由でした。そしてもう一つは、解決基準である国際法にAA諸国の見解が十分に反映されていないという理由です。ICJはおもに条約と慣習国際法を適用する（規程第38条1）のですが、条約については植民地時代に施政国によって締結された不平等条約も適用されるのではないかとAA諸国は恐れました。慣習法も多くの部分がヨーロッパ国際社会に起源を有し、その内容は自分たちには不利なものだとAA諸国は考えました。これらの結果として裁判所には自国にとって公正な解決を期待できないとAA諸国が考えたとしても、無理ではなかったでしょう。

　実際、1960年代まではこのようなAA諸国の懸念を裏づけるような判決や意見が見られました。南西アフリカ事件を例に挙げましょう。この事件は、南アフリカが国際連盟時代に委任統治していた南西アフリカ（現在のナミビア）を、国連時代になっても憲章が予定したように信託統治に切り替えず一方的に自国に編入してそこでもアパルトヘイトを実施したために、エチオピアとリベリアが旧連盟国の資格で、アフリカ諸国を代表する形で南アによる委任状の違反を訴えたものです。ところがICJは、1962年の管轄権判決では南アの先決的抗弁を退けて管轄権を認めたのに、1966年7月18日の第二段階判決では一転して原告国には当事者資格がないとして請求を退けたのです。

裁判所長の決定投票で下されたこの判決は、AA諸国だけでなく国際社会全体で広範な批判を受け、**表9・2**からも窺えるようにICJがこれ以後しばらく開店休業をかこつ一因となりました。

　しかし、このような態度は近年大きく変わりつつあるように見受けられます。AA諸国以上に裁判に消極的だった旧社会主義国についていえば、旧ソ連はペレストロイカの時期に従来ジェノサイド条約等の人権条約の裁判条項に付していた留保を撤回したほか、選択条項受諾を検討していました。また、チュニジア・リビア大陸棚事件以来AA諸国による合意提訴の例が見られるようになり、とくに**表9・2**に見る今世紀に入ってからの判決の激増の大部分は、これらの諸国に関わる事件です。

　このような態度変化の背景としては、次のようなことが挙げられるでしょう。何よりも、国際法の法典化と漸進的発達が進み、国際法に発展途上国の見解が相当程度反映されるようになりました。つまり、裁判基準がより公正なものとなったのです。そしてICJ自身も上記のニカラグア事件判決のように、このような国際法の発展を敏感に反映して、判決や意見においてその公正さを示すようになりました。また、訴訟費用については、1989年に事務総長によって「国際司法裁判所による紛争解決について国を援助するための信託基金」が設置されたことも、何ほどかよい影響を与えたでしょうか。この基金は、付託合意によってICJに合意付託された事件または管轄権が争われていない事件の訴訟費用とその判決の履行費用について国を援助することを目的とし、2008年6月までに合計7か国の発展途上国に対して援助が与えられたと報告されています。

(2) 積極から消極へ：西側先進国

　AA諸国等の態度の積極化に対して、近年ではむしろ西側先進国の方に国際裁判離れが見られます。これらの諸国は、従来は国際裁判のもっとも積極的な主唱者でした。これらの諸国はPCIJとICJの設置を主導し、また、選択条項受諾においても指導的でした。さらに、友好関係原則宣言の起草過程ではこれらの諸国は、法律的紛争は原則としてICJに付託するべきこと、諸国は選択条項に従ってICJの管轄権を受諾するよう努力するべきことなどを強

く主張しました。当時はこれらの諸国は、裁判こそが国際社会における力の支配の代替物であるとして、これに消極的な当時のソ連やAA諸国を国家主権という時代遅れの教条に固執するものと批判していたのです。

ところが、核実験事件暫定措置命令とニカラグア事件管轄権判決の後、それぞれフランスと米国は選択条項受諾宣言を撤回しました。これら両事件ではフランスは全過程で、米国は本案段階で出廷を拒否しています。米国国務省は本件における不出廷を声明して、裁判所の「西欧民主主義の利益に反する政治化」を非難しただけでなく、ワルシャワ条約加盟国出身の裁判官がいることさえ問題にしました。裁判官に対するこのような「アカ呼ばわり」は、西欧諸国や米国国内でも強い批判を受けましたが、この当時は西側先進国はICJの構成に不満を持っていたようで、このことは80年代にその構成に当事国が決定的ともいえる影響力を持つ裁判部の利用が流行となり、このうちこれら諸国が当事者だったメイン湾海洋境界画定事件とシシリー電子工業会社事件では、後者の1人（アルゼンチン出身のルダ所長）を除いて裁判部はすべて先進国出身の裁判官によって構成されました。

5. 国際社会における国際裁判の役割

(1) 国際紛争解決のために

ICJを初めとする国際裁判のもっとも重要な役割が、国際法を適用して国際紛争を平和的に解決することであるのはもちろんです。しかし前述のように、国が裁判による解決に合意するのは法律的紛争に限ってでした。法律的紛争とは「当事国が互いに権利を争う」紛争と定義され（国際紛争平和的処理一般議定書第17条）、ICJ規程は条約の解釈、国際法上の問題、認定されれば国際義務の違反となる事実の存在、および国際義務違反に対する賠償の性質または範囲を法律的紛争に含めています（第36条2）。しかし、一つの国際紛争がこのような法律的紛争だけから構成されることは、まずないでしょう。具体的な国際紛争は法的側面の他に、歴史的、政治的、経済的、文化的等々、様々な側面を含む多面的な紛争であることが普通です。このような多面的な国際紛争のうち、国際裁判が解決できるのはその法的側面だけだということに注

意しなければなりません。

　この点についてICJの在テヘラン米大使館事件判決[2]は、「主権国家間の法律的紛争はその性格自体からして政治的文脈の中で発生する可能性があり、しばしば紛争当事国の間のより広範で長期的な政治的紛争の一側面をなすに過ぎないものである。しかし、〔……〕紛争当事国の間で争われることのあるいかなる法律問題をも解決することは、国際連合の主要な司法機関としての裁判所がなすべきことである。裁判所がそのような法律問題を解決することは、紛争の平和的解決を促進するための重要な、そして時には決定的な要素でありうる」と述べています。ここではICJが慎重にその役割を自己限定していることに注目しましょう。つまり、多面的な国際紛争のうちで裁判所が解決できるのはその法的側面だけで、政治的、経済的などその他の側面については他の諸手段に解決を委ねることによって初めて、一つの紛争全体の解決が実現するのです。

　解決基準が国際法であることも、時にはICJの限界となります。たとえば適用するべき国際法が変動期にある場合には、どうしたらよいのか？　この問題は、英国（と西ドイツ）がアイスランドの50カイリ漁業水域は違法・無効であると訴えたアイスランド漁業管轄権事件判決（1974年）でクローズアップされました。既存の国際法では英国等の主張に分があったと思われるのですが、当時はすでに第3次海洋法会議で200カイリの排他的経済水域が圧倒的な支持を受けており、もしも違法・無効を判決したならICJは国際法の発展に水を差したと厳しく批判されたでしょう。そこでICJは、アイスランドの50カイリ水域は英国に「対抗できない」と判示するに留めたのです。他方、チュニジア・リビア大陸棚事件では、当事国が「第3次海洋法会議で受け入れられた新しい傾向」を考慮するように求めたのに対して、裁判所は「新しい傾向」の本件における関連性を否定しましたが、当事国がそのような発展を特別協定に明記して特別法として拘束力を有すると宣言する可能性を認めました。このような判断は裁判所における適用法規に柔軟性を増すことになりますが、他方では仲裁裁判と司法的解決の区別をあいまいにするという批判があります。

　解決基準として国際法以外の要素が重視されるときには、裁判以外の解決

手段が威力を発揮します。たとえばアイスランドとノルウェーの間のヤン・マイエン大陸棚事件は、調停によって解決されました。1980年に両国は漁業・大陸棚協定を締結、ノルウェーはアイスランドの200カイリ経済水域を認めましたが、ヤン・マイエン島(ノルウェー領)に近接する200カイリを越えるアイスランドの大陸棚主張を認めず、紛争は3名からなる調停委員会に付託されました。地理的・地質的要素とともにアイスランドの「強い経済的利益」も考慮することとされた委員会は、係争海域の共同開発を提案し、両国はこれを受け入れて紛争を解決しました。「強い経済的利益」の考慮といい共同開発の提案といい、調停にして初めてなしうることだったといえます。

(2) 国際機構の活動のコントロールのために

　国際裁判が国際機構の活動に対してどのようなコントロールを行うことができるのかという問題は、冷戦終結後、国連とくに安保理事会の活動が活発化し、中には憲章上の根拠が怪しいものも見られるようになって、クローズアップされるようになりました。私たち法律家にとっては、この点に関してICJの役割に期待するのは自然なことなのですが、果たしてこのことは可能なのでしょうか？

　国際法では三権分立は確立しておらず、国連憲章には諸機関の間のチェック・アンド・バランスは規定されていません。また憲章にも裁判所規程にも、ICJが他の国連機関の活動に対して司法審査を行うことを認める規定は存在しません。ICJ自身がナミビア勧告的意見[3]において、「裁判所は疑いもなく、関連国連機関が行った決定に関して司法審査または上訴の権限を有しない」と述べています。このように、ICJが国連諸機関の決定について司法審査それ自体を行う権限は否定されてきたのですが、このことは必ずしも、ICJがこの点について何の権限も持たないことを意味するのではありません。ナミビア意見は上の引用に続いて、「しかしながら、その司法的機能を行使するに当たって、そして異論が提起されたのであるから、裁判所は理由づけの一環として、これらの決議から生じる法的効果を決定する前にこうした異論を検討するであろう」と述べ、実際に関連の総会決議と安保理決議の合憲性を審査しました。つまり、安保理決議等に関する司法審査の権限を直接持たなく

とも、司法的機能を行使する過程でこれらの合憲性・合法性について検討する権限を有するというのが、この問題に関するICJの見解だと見ることができるでしょう。

この問題がもっとも鋭く提起されたのは、ロッカービー事件[4]です。本件の暫定措置命令でICJは、「裁判所は、〔……〕本段階においては安保理事会決議748(1992)の法的効果について最終的に決定することを求められていない」と述べ、これは本案段階になれば裁判所はこの決議の法的効果について判断するつもりがあることを示唆するもののように読めます。もっとも、その後リビアはオランダに設置されたスコットランド法廷に被疑者を引き渡し、また、事件への責任を認めて損害賠償を支払った結果、安保理事会は制裁を解除しこの訴訟も取り下げられたので、期待された本案判決は出ずに終わりました。

(3) 国際法の発展のために

最後に、ICJの判決や意見が国際法の発達に与える影響について触れておきましょう。英米法系の学者はしばしば裁判所による「司法立法」の必要性を指摘するのですが、そのことを公式に認めるならば判決の予測可能性が大きく損なわれ、ただでも脆弱な当事国の合意に基礎をおく裁判所の管轄権は、決定的なダメージを受けるでしょう。ICJ自身平和条約の解釈に関する勧告的意見[5]で、「裁判所の義務は諸条約を解釈することであって、それらを改訂することではない」といいきっています。

もちろん裁判所の仕事は、事実に法を適用するという機械的なものではありません。慣習法だけでなく条約でも、その規定は一般に複数の解釈を許す曖昧なものですから、裁判所の任務はこのような複数の解釈から一つを選択することで、そこには多少とも法創造の要素が含まれています。しかし、裁判所の判決や勧告的意見が必然的に解釈に伴うこのような法創造の要素を越えて、明確に立法の領域に足を踏み入れた例も存在します。

たとえば、ノルウェー漁業事件判決(1951年)が認めた領海に関する直線基線方式〔⇒**第5回4.(2)**〕、ジェノサイド条約への留保に関する勧告的意見(1951年)〔⇒**第7回注1)**〕が打ち出した多数国間条約への留保に関する条約目

的との両立性の基準、北海大陸棚事件判決(1969年)にいう大陸棚に関する陸地の自然の延長論〔⇒第5回4.(3)〕などは、その代表的な例です。これらの考え方は当時の国際法に十分な根拠を持っていなかったのですが、いずれも後に関連条約に取り入れられ、現在では慣習国際法の一部を構成することに疑いはなくなっています。

　しかし、これらの例を判決や意見がそれ自体として「司法立法」の役割を果たしたものと理解するなら、それは誤りだと思われます。むしろ、判決や意見が提示した考え方が国際社会の要請によく適合したために、諸国家が条約作成に当たってこれらを取り入れ、それらがやがて慣習法化したのだと考える方が自然です。現に、裁判所が打ち出した考えが国際社会の要請に適合しなかったために、時の流れによって否定されてしまった例を挙げることもまた可能なのです。たとえばPCIJのロチュース号事件判決[6]は、公海上の衝突事故に関して被害船と加害船の旗国による刑事管轄権の競合を認めたのですが、この判決は海運業界の強い抵抗を受け、1958年の公海条約はこの点について加害船の旗国または船長等の国籍国の専属的管轄権を規定しました。また、前述のように漁業管轄権事件判決は50カイリ漁業水域の対抗力を否定しましたが、この立場は国連海洋法条約における200カイリ排他的経済水域の制度によって速やかに乗り越えられます。

　このように、立法機関が備わっていない国際社会において、国際裁判所が国際社会の必要性を見極め、この必要性に適合する適切な考え方を提示するなら、それは新しい国際法規形成の基礎を提供することができ、速やかに国際社会に受け入れられて実定法化するでしょう。しかし、これらを受け入れて実定法化するのはあくまで諸国家の役割である、現在の国際社会を前提とする限りはこのように考える他はないと思うのです。

　以上に見てきたことをまとめるなら、次の2点がいえると思われます。第1に、国際裁判は様々な限界を持っており、国際紛争解決のための万能薬ではありません。したがって私たちは、このような裁判の限界を見極め、それとその他の解決手段とを有機的に組み合わせることによって、紛争解決を進めなければなりません。第2に、しかしこのような限界内では、裁判は国際紛争の平和的解決と国際法の発展のために重要な役割を果たします。このよ

うな限界の多くは主権国家が併存するという国際社会の構造に規定されたものですから、これを打破して裁判の役割を高めるためには、各国の意思が決定的な意味を持ちます。したがって、様々な制度改革もさることながら、国に働きかけて裁判に対する態度を変えていくこと、このことが何よりも重要だと思うのです。

[注]
1) **ノルウェー公債事件**(ICJ判決、1957年7月6日)：ノルウェーの政府と銀行がフランスで発行した公債の支払いに関して、フランスがノルウェーを訴えた事件。フランスは管轄権の基礎を両国が受諾した選択条項に求めたが、ノルウェーは相互主義に基づいてフランスの宣言に付された自動留保を援用、裁判所はこれを認めて管轄権なしと判決した。自動留保とこれを付した宣言の無効を主張するローターパクト裁判官の個別意見があるが、裁判所は当事者が自動留保の効力を争わなかったことを理由にこれを適用した。
2) **在テヘラン米大使館事件**(ICJ判決、1980年5月24日)：イスラーム革命後のイランにおいて対米関係が悪化する中、在テヘラン米大使館が過激派学生によって占拠され館員等が人質にされた。米国は安保理付託と並んで外交関係条約などを根拠にICJに提訴、イランは出廷を拒んで人質問題は長年にわたる米国の対イラン干渉と切り離して論じることはできないとする書簡を裁判所に送付した。本文引用の文章は、これに対して裁判所が述べたもの。判決はイランに対して大使館占拠の解除、人質の解放などを命じたが、イランはこれに従わず、事件は1981年にアルジェリアの仲介によって解決した。
3) **ナミビア勧告的意見**(ICJ勧告的意見、1971年6月21日)：南西アフリカ事件第二段階判決の後、総会は委任状を終了してナミビアを国連の直接統治下におく決議を採択、安保理も南アにナミビア施政の終了を要請するなどの決議を繰り返した。しかし南アはこれらの決議に従わなかったので、安保理はそのことの法的効果についてICJに意見を求めた。南アが総会と安保理の関連決議の合憲性を争ったので、裁判所は本文引用のような理由でこれを審査する裁判所の権限を肯定し、諸決議を憲章と国際法に適合するものと認めた。
4) **ロッカービー事件**(ICJ命令、1992年4月14日)：スコットランド上空での航空機爆破事件にリビアが関与したとして被疑者の引渡しを要求する米英を、安保理事会が二つの決議(憲章第VII章のもとで採択した決議748(1992)を含む)によってバックアップ、リビアは米英が被疑者の引渡しを強要しないように求めてICJに提訴し、これらの決議の合憲性を争った。ICJはリビアによる暫定措置の要請に対して、憲章第VII章の決議は第25条に従って拘束力を有し、第103条によって憲章上の義務は他の国際法上の義務に優先するとしてこれを退けた。
5) **平和条約の解釈勧告的意見**(ICJ勧告的意見、1950年3月30日；7月18日)：米英などがブルガリア、ハンガリー、ルーマニア三国が平和条約に違反して人権侵害を行っているとして、条約が規定する紛争解決のための委員会(当事者が各1名、国連事務総長が1名

を指名する一種の仲裁裁判所)への付託を主張、三国はこれに反対して自国の委員を指名しなかったので、国連総会がICJの意見を求めた。裁判所は、三国が自国委員を指名しないことは義務違反であるが、相手方指名の委員と事務総長指名の委員の2名だけで委員会を構成することは条約上認められないとして、本文引用のような考えを表明した。

6) **ロチュース号事件**(PCIJ判決、1927年9月7日)：公海上でフランス船とトルコ船が衝突し後者が沈没したので、トルコがフランス船の自国の港への入港に際して同船の当直士官を訴追した。フランスはトルコの裁判管轄権を争い、事件は合意によってPCIJに付託された。裁判所は、領域外で生じた事件についても自国領域において管轄権を行使することを禁止する国際法は存在しないとして、トルコの行為を合法と認めたが、この考えには批判が強く、公海条約は本文のようにこれを否定する立場をとった。

【参考文献】

祖川武夫『国際法Ⅳ』法政大学通信教育部、1950年。
祖川武夫論文集『国際法と戦争違法化』信山社、2004年。
太壽堂鼎「国際裁判の凋落とアジア・アフリカ諸国」『法学論叢』第89巻6号、1958年。
中村洸「国際紛争における非司法的解決手続の意義」『ジュリスト』第782号、1983年。
杉原高嶺『国際裁判の研究』有斐閣、1985年。
同『国際司法裁判制度』有斐閣、1996年。
同編『紛争解決の国際法──小田滋先生古稀祝賀──』三省堂、1997年。
芹田健太郎「国際紛争処理論覚書」『神戸法学雑誌』第36巻3号、1985年。
古川照美「国際紛争処理法の展開──理論と実際──」村瀬・奥脇・古川・田中『現代国際法の指標』有斐閣、1994年、所収。
奥脇直也「国際調停制度の現代的展開」『立教法学』第50号、1998年。
同「現代国際法と国際裁判の法機能──国際社会の法制度化と国際法の断片化──」『法学教室』第281号、2004年2月。
宮野洋一「国際紛争処理制度の多様化と紛争処理概念の変容」『国際法外交雑誌』第97巻2号、1998年。
国際法学会編『日本と国際法の100年(第9巻)紛争の解決』三省堂、2001年。
松井芳郎「現代世界における紛争処理のダイナミックス──法の適用と創造との交錯──」『世界法年報』第25号、2006年。
小田滋『国際司法裁判所(増補版)』日本評論社、2011年。

第10回
どのように戦争をなくすか？
——安全保障の考え方——

　国際法のもっとも重要な役割は何だと問われたなら、大部分の人は戦争をなくして平和な世界を創ることだと答えるでしょう。国際法がこの課題を実現するためにどのように発展してきたのかを、前回は紛争の平和的解決について考えましたが、今回は安全保障の問題を素材としてこれを検討する順番です。安全保障の問題の前提となる武力行使の禁止については、**第1回**と**第2回**でお話をしていますので、これをご参照下さい。

1. 伝統的国際法と勢力均衡

　戦争に訴えるという国の行為を規制せず、いったん戦争が発生した場合に無差別戦争観に従ってそのやり方を規律するという性格を持っていた伝統的国際法のもとで、第1次世界大戦までのヨーロッパ国際社会において妥当していた安全保障の方式が、勢力均衡(balance of power)です。この方式は、戦争に訴える自由、軍備を増強する自由および同盟政策の自由という三つの自由を前提に、国際社会の安定と個々の国の安全は、対立する国家(群)相互間の力の均衡によって保たれるとします。勢力均衡は、そのために多数国間条約や国際機構を必要とせず各国が自主的な立場を維持する点で、独立主権国家からなるヨーロッパ国際社会に適合的でした。

　勢力均衡が実際に平和維持に貢献したかどうかについては意見が分かれていますが、勢力均衡が平和維持に貢献したとしても、その条件はどのようなものだったのでしょうか？　第1に、植民地・勢力圏の分割が完了しない段階では、列強はこれらに関する譲歩と妥協でヨーロッパの平和を維持することができました。当時は「勢力均衡のための干渉」は合法とされ、勢力均衡の

名による中小国の消滅がしばしば生じました。つまり、勢力均衡によって平和が維持できたとしても、それは非ヨーロッパ世界や中小国を犠牲とする大国のための平和だったのです。第2に、当時の最先進国英国は貿易の利益のために平和維持を必要とし、対立する大陸諸国の間でバランサーの役割を果たしたことが勢力均衡の維持に役立ったとされます。つまり当時の勢力均衡は、英国の覇権のもとで初めて可能でした。

　したがって、ヨーロッパが帝国主義段階に入ってこれらの条件が失われる19世紀末以後は、勢力均衡はその内在的矛盾、つまり「勢力」の測定に伴う不確実さのために崩壊に向かうことになります。「勢力」は様々に定義されますが、本質的にはそれは自国の意思を他国に押しつけることができる力、つまり軍事力とそれを支える諸要素からなります。しかし、このような「勢力」を正確に測定することはほとんど不可能でしょう。直接の軍事能力でさえ軍隊の数や装備だけでなく、作戦能力や士気などまで考慮に入れてこれを正確に測定することはきわめて困難ですし、間接的な諸要素は経済力などを別にすれば、国民性、政府の統治能力、同盟国の信頼性など、およそ測定不可能といわねばなりません。

　こうして各国は、「勢力」の測定に伴う不確かさをカバーして安全感を得るためには、仮想敵国と等しい力ではなくてそれに優越する力を求めることになります。その結果は、軍拡競争のらせん状の拡大とあくことのない同盟政策の追求となり、このような政策がかえって国際関係を緊張させ平和を危うくするという悪循環を招きます。それだけでなく、世界が相対立する軍事同盟の網の目に覆われると、二国間に開かれた戦火が同盟の網の目を伝って世界的に拡大する危険もあります。三国協商と三国同盟＊の対立を軸に世界を巻き込んだ第1次世界大戦は、勢力均衡のこのような破綻をまざまざと示したのでした。

＊**三国協商と三国同盟**：第1次世界大戦は三国協商（英、仏、露）と三国同盟（独、オーストリア、伊。ただし、伊は協商側に立って参戦）の対立を軸に、米国や日本も巻き込んで世界的規模で戦われた初めての戦争であり、また広く国民を巻き込む総力戦でもあった。

2.「戦争のモラトリアム」と集団安全保障の登場：国際連盟

(1) 集団安全保障とは何か

　集団安全保障（collective security）は多数国間条約や国際機構を通じて実現されますが、これは二つの要素からなるといえます。第1に、参加国は少なくとも一定の場合に武力を用いないことを相互に約束する、そして第2にこの約束を破って武力を用いた国に対しては残りの参加国が協力して対処する、という二つの要素です。これが国際連盟規約で初めて実定法化されたのは先のような勢力均衡の破綻を踏まえてのことでしたから、集団安全保障の特徴は勢力均衡のもとでの同盟条約と対比することによって、よりよく理解することができます。

　第1に、勢力均衡は戦争の自由を前提としたのに対して、集団安全保障は少なくとも一定の武力行使を禁止することが前提となります。第2に、勢力均衡にあっては戦争と平和の問題はもっぱら個々の国の個別的利益の問題でした。同盟国の間では同盟条約が定める条件に従って戦争参加が義務づけられますが、それはこのことが自国の利益にかなうという判断によって条約を結んだ結果で、こうした条約がなければ第三国間の戦争に参加するか中立を維持するかは自由だったのです。これに対して集団安全保障は、「平和は不可分である」という認識を基礎とします。つまり、平和の維持が国際社会の一般的利益と見なされた〔⇒**第2回4.**〕からこそ、参加国は自国に直接の関係がない場合でも侵略者に対処することを求められるのです。

　第3に、同盟条約はそれを明示するかどうかを問わず外部に仮想敵国を持ち、同盟国の協力によってこの仮想敵国に対処するという「対外的指向性」を特徴とします。これに対して集団安全保障では、「敵」は内部にいます。つまり、どの国であっても約束に違反して武力を行使する国があれば、すべての加盟国が犠牲国を助けて約束違反を止めさせるために協力するという「対内的指向性」が特徴なのです。同盟条約が外向きの「競争的安全保障」であるのに対して、集団安全保障は内向きの「協力的安全保障」だともいわれます。したがって、勢力均衡が軍拡競争と国際緊張を招くのに対して、集団安全保障では平和維持のための協力によって国際緊張を緩和し、侵略に対しては加盟国の総

力を挙げた対処が期待できるために、個々の国は軍備を縮小することも可能となります。

このように、集団安全保障は勢力均衡と比べてはるかに優れた安全保障の仕組みだと評価できるのですが、しかし、両者にまったく共通点がないわけではありません。たとえば、勢力均衡では対立する諸国間の力が均衡しておれば、戦争に訴えても勝利の保障はないからうかつには手を出さないだろうと考え、集団安全保障では加盟国の結集した圧倒的な力で潜在的侵略国を思いとどまらせる、つまり両方とも一種の抑止論に基礎をおいており、抑止が破れて戦争になれば一般の住民にも広範な被害が及ぶことに変わりはありません。また勢力均衡の場合は同盟条約を通じて、集団安全保障であればその仕組みを通じて、局地的な武力衝突が世界的に拡大する可能性を含むところでも、両者は共通しているのです。

(2) 国際連盟の集団安全保障の仕組み

国際連盟規約は歴史上初めて国が戦争に訴えることを制限し、集団安全保障の仕組みを設けました。その背景には戦勝国のヴェルサイユ体制維持の政策や、新たに誕生した社会主義国ソ連に対処するという資本主義国の要求がありましたが、**第2回**で述べたように、戦争を野放しにする伝統的国際法のあり方に対する中小国や先進国内の労働運動、平和運動などの批判があったことも忘れてはなりません。それでは連盟の集団安全保障の仕組みはどのようなものだったのか？

集団安全保障の第1の要素である一定の場合に武力を用いない約束については、すでに**第2回の2.(1)**で、連盟規約にいう「戦争ニ訴ヘサルノ義務」は実際には「戦争のモラトリアム」に過ぎず、いくつかの大きな抜け穴があったとお話ししました。そこで今回は集団安全保障の第2の要素である、約束違反の武力行使を止めさせるために連盟規約がどのような仕組みを設けていたのかを考えましょう。

連盟規約に違反して戦争に訴えた連盟国は、「当然他ノ総テノ連盟国ニ対シ戦争行為ヲ為シタ」ものと見なされ、他の連盟国はこれに対していっさいの通商上・金融上の関係を断絶し、自国民と違約国国民との交通を禁止し、他

のすべての国の国民と違約国国民との間の金融上、通商上または個人的交通を防止するべきことを約束しました(第16条1)。しかし、この点についても規約には多くの不十分さがありました。

まず、規約は武力制裁それ自体は予定しませんでした。第16条2は、理事会が「連盟ノ約束擁護ノ為使用スヘキ兵力」の分担について提案するとしましたが、これは経済制裁を効果的とするための封鎖を念頭においたものです。また第16条1は、規約違反に際して経済制裁は自動的に発動されるような印象を与えますが、そうではありません。1921年の総会の解釈決議は、「違反国の一方的行為は、戦争状態を作り出しえない。それは単に他の連盟国に規約違反国に対して戦争行為に訴えるか戦争状態にあると宣言する権利を与えるに過ぎない」、「規約違反が生じたか否かを判断するのは、各連盟国が自ら行う義務である」と述べます。つまり、規約違反の認定も制裁の発動も、連盟機関によって集権的にではなく、個々の連盟国によって分権的に行われるものでした。

(3) 国際連盟の集団安全保障の働き

それでは、国際連盟の集団安全保障は実際にはどのように働いた、あるいは働かなかったのか？ 二つの例を簡単に見ておきましょう。

まず、日中間の「満州事変」の場合。1931年9月18日、奉天(現在の瀋陽)郊外の柳条湖における南満州鉄道線路爆破事件を契機に、日本軍は急速に「満州」全域に展開します。規約第11条(戦争の脅威)を根拠とする中国の訴えを受けた連盟理事会は、停戦と撤兵を求める決議を繰り返しましたが、日本は受諾を表明しながらも戦線を拡大して「満州国」承認へ向かいます。理事会は日本の提案に基づいて調査委員会(リットン調査団)を設置、その報告書は日本の自衛権の主張を否定し、「満州国」建国は日本の手によるものと認めましたが、日本による規約違反を認定せず、また原状回復ではなくて「満州」の広範な自治を提案するなど、日本にとって相当に宥和的でした。しかし、委員会報告に基づく総会決議採択(1933年3月24日)の後、日本は連盟を脱退します。

他方、イタリアの対エチオピア侵略の場合は、連盟は制裁に踏み切りました。かねてより規約第15条に基づいてイ・エ紛争を取り上げていた理事会は、

1935年10月3日に始まるイタリアのエチオピア侵攻を前にして、イタリアの規約第12条違反を認定、総会は規約第16条の適用に賛成した諸国によって調整委員会を構成し、その提案に基づいて制裁を実施します。委員会が提案した制裁は、武器・軍需物資の禁輸、金融関係の停止、イタリア産品の輸入禁止、対イ輸出の部分的禁止、などでした。その結果イタリアでは輸入の50％、輸出の35％が止まったとされますが、制裁は効果を上げずイタリアはエチオピアを併合、総会は1936年には制裁を終了します。失敗の理由としては、制裁は勧告によるもので近隣諸国は経済的損失を理由にこれに参加しなかったこと、石油、鉄類など重要な戦略物資が禁輸の対象に含まれなかったことなどが挙げられています。

こうして連盟の集団安全保障はほとんど有効に機能せず、連盟は第2次世界大戦をなすすべなく迎えて崩壊するのですが、そのもっとも基本的な理由は、前述のような規約の不十分さもさることながら、連盟国の多く、とくに大国が不十分な規約でさえその可能性を十分に活用しなかった点に求められるとされます。「満州事変」では、西欧列強は日本のような大国に対して制裁を発動する用意がなかっただけでなく、中国における民族主義の高揚に対して日本と共通する反感を抱いていました。またイタリアのエチオピア侵略については、大恐慌後の不況の中にあって列強はイタリアからの輸入はともかく、イタリアへの輸出を禁止することにはきわめて消極的だったといわれます。

3. 武力行使の違法化と集団安全保障の発展：国際連合

(1) 国際連合の集団安全保障の仕組み

連盟の失敗の経験を踏まえた国連憲章では、集団安全保障の二つの要素がいずれも格段に強化されました。集団安全保障の第1の要素である憲章における武力行使禁止原則の確立については**第2回**にお話ししましたので、ここでは第2の要素である侵略抑止のための相互協力について考えましょう。憲章第Ⅶ章は非軍事的強制措置(第41条)だけでなく軍事的強制措置(第42条)も規定し、この目的のために国連軍の設置を予定しました(第43条以下)。平和

への脅威、平和の破壊または侵略行為の認定と強制措置の発動とは安保理事会に集権化され(第39条)、これらの点に関する理事会の決定はすべての加盟国を拘束するもので(第24、25条)、加盟国は国連が憲章に従ってとる行動についてはあらゆる援助を与え、強制行動の対象となっている国への援助の供与を禁止されます(第2条5)。国連における集団安全保障のこのような強化については、連盟は吠えるだけだったが国連は嚙みつくことができる、と評価されました。

　ここでは憲章にとっての「目玉商品」である軍事的強制措置について、若干コメントをしましょう。軍事的強制措置は、安保理が加盟国と結ぶ特別協定に従って提供される国連軍が実施します(第43条)。したがって、加盟国はその意に反して軍事的強制措置に協力する義務を負うわけではありません。加盟国が行う軍事的協力の内容は特別協定によって決まり、特別協定は当該の加盟国が憲法上の手続によって批准するのです。1947年に軍事参謀委員会＊が作成した報告によれば、加盟国は軍隊の提供のために自国軍を増強することを求められず、常任理事国以外の加盟国による寄与は軍事力によることを要さないとされました。軍事参謀委員会ではこれらの点を除いて、米ソの厳しい対立のために国連軍の設置について合意ができず、特別協定締結の努力はこの段階で放棄されます。その後も特別協定締結の訴えが行われたことはありますが、これは当面は実現しないでしょう。それでは特別協定と本来の国連軍が存在しない現在、第42条の軍事的強制措置はいっさい不可能なのか？　必ずしもそうではありません。安保理は特別協定上の義務として加盟国に軍事的協力を求めることはできませんが、加盟国が自発的な協力を行うなら、こうして提供された軍隊を用いて安保理が軍事的強制措置を実施することは可能だと思われるのです。

　しかしこのことは、1990〜91年の湾岸戦争の事例のように多国籍軍に武力行使を「授権」する、つまり丸投げすることによって軍事的強制措置が可能だという意味ではありません。集団安全保障の強制措置として行われるものである以上は、安保理を通じた国連による軍事行動の統括は不可欠のものだ

＊**軍事参謀委員会**：国連軍の使用と指揮を含めて、軍事問題に関して安保理に助言と援助を与えるために、常任理事国の参謀総長またはその代表によって構成する(憲章第47条)。

と思われるからです。国連が関与する武力の使用に積極的だった元事務総長ブトロス・ガリも、多国籍軍への強制権限の付与は国連の道義性と信頼性を損ない、安保理が考えなかったような強制行動に国際的なお墨付きを与える危険があると認めていた(『平和への課題の補遺』)のです。

(2) 国際連合の集団安全保障の働き

それでは、国連の集団安全保障は実際にはどのように働いてきたのか？ **表10・1**を見て下さい。2011年の7月までに安保理事会は、合計41の国や地域に関して強制措置を発動しました。同じ国の異なった紛争に別個の措置が発動された例があり、また、後述のように憲章上の根拠が怪しいものもあることに注意してください。これらのうちで36件が1990年代以降、つまり冷戦終結後のことなのですが、ここでは冷戦中と冷戦後の事例を一つずつ簡単に取り上げましょう。なお、平和維持活動に強制権限が付与された事例については、**5. (2)** で検討します。

最初の事例である朝鮮戦争(1950～53年)では、理事会は50年6月27日の決議83によって武力攻撃を撃退し地域の平和と安全を回復するために必要な援助を韓国に与えるように加盟国に勧告しました。この決議には以下のような問題点がありました。まず何よりも勧告で強制措置を発動できるかという問題がありますが、この点については湾岸戦争との関連で後述します。第2に、当時ソ連は中国代表権問題*の処理を不満として理事会を欠席していた(だからこそ決議採択が可能だった)のですが、常任理事国欠席下に採択された決議は憲章第27条3との関係で有効かどうかは、この時点では疑問でした**。第3に、理事会の審議には朝鮮民主主義人民共和国は招請されず、事実認定が一方的でした。そして第4に、朝鮮国連軍に対しては理事会の統括はいっ

***中国代表権問題**：中国は国連の原加盟国で安保理の常任理事国でもあるが、1949年に中華人民共和国が成立すると、同政府かそれともそれまで中国を代表してきた国民党政府のどちらに国連において中国代表資格を認めるのかという問題が生じた。国連の慣行では全土に実効的支配を確立した政府の代表権が認められるが、冷戦下にあって米国は様々な議事テクニックを用いて代表権交代を阻止し、この不正常な状態は1971年まで続いた。

もっとも、その後の国連の慣行では常任理事国の棄権は決議成立を妨げないとされ、ICJもナミビア勧告的意見〔⇒第9回注3**〕〕でこのことを認めた。

さい及ばず、司令官は米大統領が任命、安保理には米国を通じて軍事行動の報告が行われただけです。実際、朝鮮国連軍の実体は米韓連合軍に他ならず、この事例は集団安全保障の先例と見なされることはほとんどありません。

さて、冷戦後については湾岸戦争を取り上げましょう。1990年8月2日のイラクによるクウェート侵攻に伴い、安保理事会は直ちに平和の破壊を認定（決議660）、全面的な経済制裁を発動（決議661）するとともに、イラクのクウェート併合の無効を宣言しました（決議662）。ここまでの理事会の対応は憲章規定に沿った迅速なものだったのですが、これ以後の動きには問題が生じます。とくに問題なのは11月29日の決議678で、それ以前の諸決議の実施と地域における国際の平和および安全の回復のために、多国籍軍に対して「必要なすべての手段を行使」することを授権したものです。この決議——だけでなく、冷戦後に採択された関連決議の大部分——は、「憲章第Ⅶ章のもとで行動し」と述べるだけで具体的な根拠規定を挙げないのですが、その憲章上の根拠は何だったのでしょうか？

まず第39条の勧告が挙げられますが、この勧告はもともと第Ⅵ章の紛争の平和的解決に関する勧告を意味しました。また勧告は軍隊提供国に関してはこれに自発的に応じるならよいとして、強制措置の対象国に対しても法的拘束力がないわけで、イラクはこの措置を受忍する義務はなかったことになります。次いで第42条が考えられますが、決議678の審議過程では第42条の援用はいっさいなく、理事会による統括を規定しないこの決議を第42条のものとすることは困難です。また、本件では第51条の集団的自衛権を援用することが可能だったと思われますが、決議678の審議過程では第51条の援用も行われなかったし、自衛権の発動が可能なのは安保理が「必要な措置をとるまでの間」のことですが、安保理はすでに決議661でこのような措置をとっていました。さらに、ICJの若干の勧告的意見が認めた理事会の「黙示的権限」*を援用する向きもありますが、理事会が一般国際法上の武力行使禁止につき

---

* 「黙示的権限」：ICJの国連の職務中に被った損害の賠償〔⇒**第3回注1**〕〕や国連のある種の経費（後述）に関する勧告的意見を根拠として主張されている説で、国連機関は国連の目的の範囲内であれば憲章に明文の根拠規定がなくてもそこに「黙示」されている権限を有するという考え。

違法性を阻却する権限を持つかどうかは疑問です。この他、この決議には経済制裁の効果を見極めたか、平和的解決の努力を尽くしたかなど多くの問題点があり、採択された時点での合憲性には重大な疑問があったという他ありません。

(3) 国際連合の集団安全保障の問題点

(2)で取り上げた二つの事例についてはいろいろと憲章上の疑問点を指摘しましたが、実はこれらの事例は憲章が第Ⅶ章で想定していた一国の軍隊が国境を越えて他国に侵入するというシナリオに、もっとも近い状況で適用されたものでした＊。表10・1には件数だけしか示すことができなかったのですが、上の２件を除くすべての事例では、内戦または内戦に起因する状況、あるいは内戦にさえ関わらないまったくの国内事情が、「平和に対する脅威」と認定されたのです。ユーゴ紛争とエリトリア・エチオピア紛争だけは国際的武力紛争ですが、前者はもともとは旧ユーゴの内戦として始まったものだったし、後者のエリトリアは内戦を経てエチオピアから独立した国です。

中には、常識では理解し難い「平和に対する脅威」が認定された事例もあります。リビア、スーダンおよびアフガニスタン（タリバーン）に対する措置では、それは、場合によっては何年も前に発生したテロ事件の被疑者の不引渡

表10・1 　安保理事会による「強制措置」の数的な変遷

	非軍事的強制措置	多国籍軍等への武力行使の授権	平和維持活動への第Ⅶ章権限の付与
1990年まで	3件	2件	―
1991〜2000年	11件	10件	5件
2001〜2010年	6件	7件	4件
〜2011年7月	1件	1件	1件

＊同一の国または地域に関して同種の複数の決議がある場合は最初の決議だけを数えたが、別種の決議がある場合にはそれぞれを数えた。
なお、2011年は7月10日までの数字。

＊もっとも、朝鮮は日本による植民地化以前には一つの国だったから、朝鮮戦争は内戦として始まったのだという理解も可能である。

しでした。ハイチに関する決議841（1993）に至っては「この状況の継続」とされており、決議の文面自体からは「どの」状況なのかは一向に明確になりません。決議採択の事情からすれば、それが民主的に選ばれた政権をクーデタで打倒した軍事政権の居座りを意味していたことが理解されますが、このことは政治的にはともかく法的に「平和に対する脅威」といえるかどうかは疑問です。

　ところで、(1)で見たように安保理事会への集権化は、分権化されていた国際連盟のそれと違って、国連の集団安全保障の最大の特徴とされますが、このことは二つの問題を提起しました。第1に常任理事国は拒否権を有するから、常任理事国の一致がなければ侵略者の認定も強制措置の発動も不可能で、常任理事国に対する強制措置は論外です。第2に、理事会の判断基準は「国際連合の目的及び原則」という緩やかなもの（第24条2）でその裁量権はきわめて大きいから、常任理事国の一致さえ得られれば内容的に問題のある強制措置も可能になりかねません。

　冷戦期には第1の問題点が重視され、総会はこれに対処するために1950年に「平和のための結集」決議〔⇒**第4回1．(2)**〕を採択しましたが、この決議が緊急総会招集の手続以外には援用されたことがない事実は、問題の核心が拒否権だけではないことを示しています。これに対して、冷戦後に活発となった第VII章適用の経験を通じて現れたのは、むしろ上記の第2の問題点、つまり安保理の「二重基準」、とくに上に見たような「平和に対する脅威」の恣意的な認定でした。こうして国連の集団安全保障は、リンカーンの言葉をもじれば、常任理事国の、常任理事国による、常任理事国のための危機管理の道具になりはてかねないのです。もっとも、だからといって冷戦後において第1の問題点が解消したわけではありません。近年目立つようになった大国による一方的な武力行使、とくに誰が見てもあからさまな侵略行為に他ならない2003年の米英による対イラク攻撃のような事例において、安保理事会は結果的には打つ手を持たなかったのです。このような事態にどう対処するべきかについては、**6.** で考えることにしましょう。

　さて、最近の実行を通じて明らかとなった集団安全保障のもう一つの問題点は、**2．(1)**で指摘したその抑止論としての矛盾です。つまり、抑止が利い

ている限りは平和が維持されるのですが、いったん抑止が破れたときに生じるのは実態としては戦争に他ならず、一般住民にも広範な犠牲が出ることになります。このことは軍事的強制措置の場合には容易に理解できますが、非軍事的強制措置の場合であっても、措置の相手国の国民にとってはとくに社会的弱者に犠牲がしわ寄せされるし、措置に参加する第三国にとっての経済的その他の損失も無視できません。前者に対しては、安保理は近年では措置を決定する決議において、その人道的、社会経済的な悪影響を最小限にする必要性を認めるようになっています。また後者については、憲章第50条が強制措置に参加することによって生じる経済問題について非加盟国も含めて安保理事会と協議する権利を認めています。

　安保理事会はまた、制裁を実効的にするとともにその一般住民への波及を防ぐ意味もあって、資産凍結や旅行制限といった非軍事的強制措置の対象を「平和に対する脅威」と認定された行動に責任を有する個人や団体などに絞り込む、「スマート・サンクション」とか「狙い撃ち制裁(targeted sanction)」と呼ばれる制裁を行うようになりました。対象者は、安保理が設置する制裁委員会が加盟国からの情報に基づいて決めるのですが、今度は、この「ブラック・リスト」に登載された個人にとっては、それが間違いだったとしても争う道がないという重大な人権問題が生じたのです。安保理はこうした批判に応えるために2009年の決議1904では、リストからの除去を求める請求を審査するためにオンブズパーソンを設けることを決めましたが、これは司法的な保障とはいえないでしょう。こうして、冷戦終結後活性化したように見える国連の集団安全保障には、解決を求められる問題が山積しています。安保理が決定する強制措置に対して国際社会の真の意味での支持と協力を確保するためには、こういった問題点の解消のための真摯な努力が不可欠なのです。

4. 集団安全保障と自衛権

(1) 武力行使の禁止と自衛権

　伝統的国際法の時期にも自衛権が援用されたことは少なくありませんが、この時期には戦争に訴えること自体が国際法によって規制されていなかった

ので、これを自衛権で正当化する法的必要はなかったというのが一般的理解です。実際、国際法上の自衛権を巡る本格的な議論が始まったのは、侵略戦争の禁止を規定する1928年の不戦条約を契機としてでした。そして、国連憲章が個別国家による武力行使の禁止（第2条4）の唯一の例外として認める「自衛の固有の権利」（第51条）——もう一つの例外は軍事的強制措置（第42条）ですが、これは安保理が決定する集団的措置です——が、慣習法上の権利ないしは違法性阻却事由*であることについては、疑いはなくなっています。それでも自衛権に関しては、武力攻撃以外の権利侵害に対する自衛は認められるか、武力攻撃のおそれに対する先制的自衛はどうか、テロに対する自衛は可能か、自衛権の現実の行使はどのような要件に服するのかなど、多くの問題が残されています。ICJは前世紀の終わりのころから、おそらくは自衛権行使を理由とする大国による一方的な武力行使の頻発に危機感を覚えたことを背景に、これらの点を相当程度に明確化する判決や意見を与えてきたので、以下ではこれらを手掛かりとして、上のような問題を考えてみましょう。

　まず、武力攻撃のおそれに対する先制的自衛についてICJは、当該の事件においてこの問題が争点になっていないことを理由に形の上では明言を避けてきましたが、実際にはニカラグア事件〔⇒**第9回3.(1)**〕、オイル・プラットフォーム事件[1]、コンゴ領域における武力行動事件[2]などの諸判決において、武力攻撃が発生していたかどうかを具体的に検討してきました。とくに最後の判決でICJは、武力行使を「ウガンダの正統な安全保障上の利益」で説明する同国最高司令部文書に関して、「憲章第51条は、そこに規定された厳格な範囲内においてのみ自衛のための武力行使を正当化することができる。第51条は、これらの限界を超えて国が想定された安全保障上の利益を守るために武力を行使することを許すものではない。当該の国にとっては、とりわけ安全保障理事会に訴えることを含めて、他の諸手段が利用可能である」と述

＊**違法性阻却事由**：形の上では違法な行為であっても特別の事由があれば違法とはされないことがあり、この事由を違法性阻却事由という。日本国刑法は、急迫不正の侵害に対して自己または他人の権利を防衛する行為（正当防衛、第36条）、自己または他人の生命、身体、自由または財産に対する現在の危険を避けるための行為で生じた害が避けようとした害を越えない場合（緊急避難、第37条）を違法性阻却事由に含める。国際法委員会が2001年に採択した国家責任条文でも、自衛権の行使は違法性阻却事由の一つ（第21条）。

べました。この一文が、先制的自衛だけでなく武力以外の形による権利侵害に対する自衛も否定したことは、明らかでしょう。この点とも関連してもう一つ注意しておきたいのは、憲章第２条４の違反のすべてが第51条の発動を可能とするわけではないということです。ニカラグア事件判決は、武力攻撃を構成する「武力行使のもっとも重大な諸形態」と「他のより重大でない諸形態」を区別し、前者に対しては自衛権の発動が可能だが、後者は武力による威嚇、武力行使または干渉と見なされるかも知れないが武力攻撃には含まれないとして、この場合には自衛権の発動を否定しました。

　それでは、「9・11」以来主張されるようになった、テロに対する自衛はどうか？　この点については、ICJが占領下パレスチナにおける壁建設の法的効果に関する勧告的意見において、憲章第51条は「一国による他国に対する武力攻撃」の場合に自衛権を認めるものだと述べたことが、非国家行為体であるテロリストに対する自衛を否定したものとして援用されることがあります。しかしこの言明の要点は、イスラエルが援用したテロ活動は同国が占領するパレスチナの内部に起因するもので外部から来たものではないことを強調する点にあったとも理解できます。むしろこの問題については、コンゴ領域における武力行動事件判決が、両当事国が互いに相手国の責任だと主張した反政府集団の行為が、実際に相手国に帰属するものだったかどうかを克明に検討したことが重要です。本件ではこれは否定されたのですが、この論旨を手掛かりに考えるなら、テロ集団の行為が相手国に帰属する、つまり相手国の行為とみなすことができるなら、もちろん自衛権行使のその他の要件が満たされたならですが、当該国に対する自衛権の行使が可能だという結論になるでしょう。

　以上に見てきたのが自衛権を行使するための要件だとするなら、必要性と均衡性の要件は自衛権行使のあり方の要件だといえますが、ICJはこれらの要件も慣習法上の要件だと認めてきました。そして注目しておきたいのは、ICJがこれらすべての要件が満たされたことの証明を、自衛権行使を主張する国に厳格に求めたことです。オイル・プラットフォーム事件判決は、イランのオイル・プラットフォームに対する攻撃を個別的自衛権によって正当化するためには、米国は、自国に対してイランが責任を負う武力攻撃が行われ

たこと；これらの攻撃が憲章第51条および慣習法にいう「武力攻撃」であること；自国の行動が武力攻撃に対して必要でありかつ均衡が取れたものだったこと；オイル・プラットフォームが正当な軍事目標であったこと、を証明しなければならないと述べました。自衛権行使の要件についての、このような客観的認定の必要性の確認は、次に(2)で見ることとの関連でも大変重要なことだと思われます。

(2) 集団安全保障と自衛権

　前述のように集団安全保障は、約束違反の武力行使に対してすべての加盟国が協力して集団的に対処することを本質とします。したがって、個別国家の判断によって自衛権の発動を認めることは、この集団安全保障の本質と矛盾することになるのですが、第51条はこの点に関してどのように規定しているのでしょうか。

　第1に第51条は、自衛のために加盟国がとる措置は平和維持に関する安保理の権能および責任に影響を及ぼすものではないと規定することによって、加盟国による自衛権行使の主張の当否は安保理の事後の審査に服することを認めています。自衛権も法的な権利ないしは違法性阻却事由なのですから、その行使の当否が国際社会の審査に服するのは当然のことなのですが、第2次世界大戦までは米国や日本を含む多くの国が自衛権行使の当否について判断できるのは当該の国だけだと主張していましたから、この規定は大きな進歩だったということができます。第2に、湾岸戦争の事例についてお話ししたことですが、自衛のための行動が認められるのは安保理が「必要な措置をとるまでの間」のことに限られます。そして第3に、安保理が以上のように行動できるよう、加盟国は自衛のためにとった措置を安保理に直ちに報告しなければなりません。

　法秩序が十分に確立した国内社会でも正当防衛や緊急避難は違法性阻却事由として認められるわけですから、集団安全保障の仕組みが設けられたといっても組織化の程度が国内社会に比べて格段に低い国際社会では、集団安全保障の措置が有効にとられるまでの間は個別国家の判断による自衛権の行使を認めることはやむを得ないといえます。第51条の自衛権は一見したとこ

ろ、安保理が措置をとるまでの「急場の権利」として構成され、したがって濫用の危険は少なく、集団安全保障の枠内に矛盾なくおさまるように見えるのですが、はたしてそうなのでしょうか？

　問題の核心は、国連の集団安全保障が安保理に集権化されていることの結果として、自衛権行使の当否についての判断も安保理に握られている点にあります。自衛権は「自」衛権ですから、その行使について第一次的に判断するのはことの性質上当然に当該の国であり、安保理による審査はその後のことになります。ところが、安保理では常任理事国は拒否権を持っている。つまり、常任理事国またはそれに支持された国が自衛権を根拠に武力行使を行った場合には、この「自衛権」行使は安保理による、つまり国際社会のコントロールには事実上服さないことになってしまうのです。こうして、一見したところそれを認めるのはやむを得ないことのように思われる自衛権が、集団安全保障自体を掘り崩しかねない、この危険性を十分に認識しておかなければなりません。

　なお、たとえ安保理による判断が可能だとしても、安保理は政治的機関ですからその判断が国際法に従ったものである保証はありません。そこで、この点についてのICJの権限はどうなのか？　ニカラグア事件管轄権判決は、武力行使や自衛権行使にかかわる問題は憲章上安保理の排他的権限に属するという米国の主張を退け、「自衛の固有の権利については、憲章においてそれが「権利」として言及されている事実は法的な次元を示すものであり、〔……〕関係国が安全保障理事会に対して報告を行う手続の存在は、裁判所が判断を下すことの妨げにはなりえない」、「理事会はそれにゆだねられた政治的な機能を有するのに対して、裁判所は純粋に司法的な機能を果たす。両機関したがって、同じ出来事に関して別個のしかし相補う機能を果たすのである」と述べました。安保理とICJによる並行的な権限行使が可能であることは、在テヘラン米国大使館事件判決でも認められます。さらに進んで、安保理の決定に対するICJの司法審査が可能かどうかは微妙な問題ですが、これがまったく不可能とはいえないことについては前回お話ししました〔⇒**第9回5．(2)**〕。

　なお、国連の集団安全保障との関係がいっそう微妙な集団的自衛権については、これを根拠とする日米安保体制との関係で後に説明します〔⇒**第12回3．**

(4)〕。

5. 集団安全保障と平和維持活動

(1) 平和維持活動の登場

平和維持活動（peace-keeping operation: PKO）とは、国連広報局の文書『ブルー・ヘルメット』によれば、「紛争地域における国際の平和および安全を維持し回復するために国連が行う活動であって、軍事要員を用いる活動であるが強制権限は持たない。これらの活動は任意的なものであり、同意と協力に基礎をおく。軍事要員を用いるが目的を武力によらずに達成する点で、第42条のもとにおける国連の強制行動とは区別される」と定義されます。PKOは、二重の意味で冷戦の産物でした。まず、拒否権のために安保理による侵略者の認定や強制措置の発動が不可能であるため、苦肉の策として侵略者の認定を行わず、停戦を実現してこれを維持することにより平和的解決の条件を作り出すという政策が選択されました。また、冷戦下の地域紛争が米・ソなどの介入よって世界化することを防ぐため、あらかじめ国連が介在することによって両大国の介入の口実をなくすという、当時のハマーショルド事務総長のいう「防止外交」の側面がありました。

このようにPKOは、特定の理論ないし教義を背景に持つものではなく、現実の必要性から生み出された経験上の産物でした。したがってPKOに関する憲章上の明文規定は存在せず、これに関しては諸説が提示されてきました。PKOは紛争の平和的解決に関する憲章第Ⅵ章と強制措置に関する第Ⅶ章のいわば中間にある「第Ⅵ章半」だという、ハマーショルドがいい出して『ブルー・ヘルメット』もかつては採用していた冗談のような説が結構有力なのですが、この説などは憲章上に具体的な根拠規定を見いだすことができないことの告白だという他はないでしょう。しかし現在では、一定の原則に従う限りはPKOは合憲だとの加盟国の一般的承認があることは明らかだと思われます。ICJも国連のある種の経費に関する勧告的意見[3)]で、初期の代表的なPKOである国連緊急軍（UNEF）とコンゴ国連活動（ONUC）について、国連の目的の範囲内の活動であること、強制行動ではなく関係国の同意を得た活

動であること、関係決議が反対なしで採択されたものであることなどを理由に、その合憲性を確認しています。

　さて、PKOの原則は特定の決議などによって確認されたものではなく、慣行によって確立してきたものですが、香西茂先生はこれを以下のように整理されました。まず、非強制の原則で、その中心をなすのは同意原則です。つまりPKOは、活動受け入れ国と部隊派遣国の双方の同意を要します。また、武器の使用は自己防衛の場合(任務の遂行が武力で妨げられる場合を含む)に限られ、さらに、受け入れ国の内政に干渉することがあってはなりません。第2に中立性の原則が挙げられ、この原則によって部隊派遣国から利害関係国や大国が原則として排除されてきており、また、いうまでもなく紛争当事者に対しては中立が要求されます。そして第3が国際性の原則で、この原則によって国連による活動の統括、部隊派遣国の公平な地理的代表性、国連による費用負担などが必要とされます。中でも中心的な重要性を有するのが同意原則で、初期のPKOを指導したハマーショルド事務総長は、PKOは憲章第Ⅶ章に基づくものではないから、「国際法と憲章からして、国連は当該政府の同意を得ることなしには、その領域に部隊を駐留させることによってそれを実施することはできない」、と述べました。

　それでは、こうして登場した伝統的なあるいは「第一世代」の平和維持活動(これは後の呼び方で、要するに冷戦期のPKOのこと)は、どのように評価できるのか？　上の諸原則からも明らかなようにPKOは集団安全保障とは理念の系譜を異にし、これにとって代わるものではありません。またPKOはそれ自体として紛争の平和的解決に携わるものでもなく、停戦の維持によって平和的解決の条件を作り出すに過ぎません。PKOの任務は停戦の監視、部隊撤退の確保などきわめて限定的なものでした。しかし、内戦に関与して苦杯をなめたONUCなどの失敗例はあるものの、この限定的な範囲では比較的よくその役割を果たしたと評価されており、1988年にはノーベル平和賞を受賞しています。

(2) 「第二世代」の平和維持活動

　さて、冷戦終結後の1990年代になって、PKOは量的にも質的にも目を見

張る拡大を示します。まず量的には、**表10・2**をご覧下さい。1980年代までに開始された活動が18件であるのに対して、90年代以降に開始された活動は47件に及びます。とくにアフリカとヨーロッパにおける活動が増加していますが、いうまでもなくこれは、これらの地域における地域紛争の激発が原因です。要員規模も大きくなり、「第一世代」ではごく一部の例外を除いて数百名規模だったのが、「第二世代」*では、国連カンボジア暫定統治機構（UNTAC）の20,000名弱、第2次国連ソマリア活動（UNOSOM II）では28,000名、国連保護軍（旧ユーゴ：UNPROFOR）では約44,000名といった活動が目立つようになります。

表10・2　冷戦終結後におけるPKOの拡大

1980年代までに開始された行動		
地　域	終了した活動	継続中の活動
アフリカ	3	0
米　州	2	0
アジア・太平洋	3	1
欧　州	0	1
中　東	5	3
合　計	13	5

1990年代以降に開始された活動		
地　域	終了した活動	継続中の活動
アフリカ	6／10(3)	0／8(7)
米　州	0／6	0／1(1)
アジア・太平洋	1／3(2)	0／1
欧　州	5／4(2)	0／1(1)
中　東	1／0	0／0
合　計	36	11

2011年7月10日現在（資料は国連平和維持活動局のウェブサイトによる）
＊同一国に派遣された活動でも、改組・改称されたものは複数に数えた。ただし、単なる名称変更は同一活動とみなしている。
＊「1990年代以降に開始された活動」欄の数字は、伝統的平和維持活動／第二世代の平和維持活動（うち、第Ⅶ章の権限を付与された活動）である。なお、平和維持活動と並行して展開した多国籍軍に第Ⅶ章の権限が付与されたものが若干ある。

　任務も広範となり、多機能型（multi-functional）ないし多分野型（multi-disciplinary）のPKOと呼ばれる活動が登場しました。伝統的な活動に加えて、軍隊の再集結と動員解除、武装解除された武器の破壊、戦闘員の市民生活への再統合、地雷除去計画の策定と実施、難民と避難民の帰還の促進、人道的援助の供与やその安全の確保、警察の訓練、人権尊重の検証、憲法上・司法

＊**「第二世代」のPKO**：「第一世代」が冷戦期のPKOを指すことに異論はないが、「第二世代」という言葉の使い方は一定しない。ここでは本文にいう多機能型のPKOを指すものとして用いるが、憲章第Ⅶ章の強制権限を付与されたPKOを「第二世代」と呼ぶ使い方もある。

上・選挙上の改革の支援、経済の復興および再建の支援などの活動が行われています。したがって文民要員の必要性が増大し、費用も大幅に増大しました。

冷戦終結後のPKOのこのような量的・質的な拡大は、地域紛争の激発に国連が対処しなければならなかったことの反映であり、積極的に評価できる、あるいは少なくともやむを得ないことだった側面は否定できません。しかし、PKOと強制措置が並行して実施され、あるいはPKO自体に一定の強制権限が付与されるようになると、それによって伝統的なPKOの原則が動揺を示すことになります。とりわけ、「第一世代」のPKOの憲章適合性のカギだった同意原則が緩められてきました。UNPROFORの派遣に際して、事務総長は「国連平和維持活動が当事者の協力の欠如の結果失敗する危険は、その派遣の遅れがユーゴにおける停戦の崩壊と新しい災害を招く危険よりも重大ではない」といいました。むしろ、UNPROFORやUNOSOM IIへの強制権限の付与は、同意原則を回避するためだったのです。さらに、上に見たような任務の拡大の結果として、PKOは内政問題への関わりを格段に強化することとなりましたが、このことは、もしも同意原則が尊重されなかったとすれば、当事国の主権やその人民の自決権との間に緊張関係を生じることになります。

しかも、少なくない「第二世代」のPKOは、所期の効果を上げなかっただけでなくかえって紛争に巻き込まれ要員に多大の損害を出すなど、みじめな失敗に終わったのです。UNOSOM IIに関して安保理が設けた調査委員会は、内戦状況下でのUNOSOM IIの平和強制を批判し、「国連は今後国内紛争においては平和強制行動を差し控えるべき」と勧告しました。またUNPROFORがスレブレニツァの虐殺を防げなかった原因を探求した事務総長の報告『スレブレニツァの陥落』(1999年)は、維持するべき平和が存在しない場所において平和を維持し平和維持活動の諸規則を適用しようとしたことの誤りを認めました。同じころに公表された、国連がルワンダにおけるジェノサイドを防げなかったことに関する独立調査委員会の報告書も、ジェノサイドの危険に対しては「国連は伝統的な平和維持活動の諸原則を越えて行動する義務を負っていた」といいます*。

＊もっとも、ルワンダに派遣されていたPKOである国連ルワンダ支援団（UNAMIR）は必ずしも「第二世代」のPKOではなく、当初は強制権限も付与されていなかった。

このような教訓は、事務局の平和維持活動局が2008年に公表した『国連平和維持活動：原則と指針』でも確認されます。この文書によれは、当事者の同意；公平性；および自己防衛と任務の防衛の場合を除く武力不行使は、現在でもPKOを特徴づける三つの基本原則であり、文民の保護などのために安保理の許可のもとに一定の武力の使用が認められる「強固な(robust)」PKOであっても、それは当事者の同意を得た戦術レベルにおける武力の使用であって、戦略レベルまたは国際レベルにおいて――安保理の許可がなければ憲章に違反する――武力を行使する強制措置とは、明確に区別されねばならないとされます。なお、この問題については次節の最後にもう一度立ち戻ることにしましょう。

6. 新しい安全保障を求めて

　以上、国際法における安全保障の方式の歴史的な変遷を概観してきたのですが、これらはどのように評価できるのでしょうか。集団安全保障は、武力行使の禁止を前提とする点で、また平和の維持・回復のための国際社会の協力を組織する点で、勢力均衡と同盟条約に比べればはるかに優れた安全保障の方式だと評価できます。しかし冷戦後における国連の集団安全保障の「活性化」は、集団安全保障の「戦争によって平和を」という抑止論に根ざす問題点を浮き彫りにしました。集団安全保障の強制措置としてであっても、軍事力の行使によって一般住民に多大の被害が生じる事実に、私たちは目をつぶることはできません。非軍事的な強制措置であっても、そのしわ寄せはほとんどもっぱら社会的弱者に向かうのです。しかも、強制措置が安保理事会に集権化された国連では、常任理事国の拒否権に伴う「二重基準」を除去することは不可能です。他方、侵略者の認定を行わない平和維持活動は、武力行使禁止原則の観点からは退歩に他ならず、しかも安保理によって実施される場合にはやはり「二重基準」と無縁ではあり得ません。

　だからといって、集団安全保障に代わるより優れた安全保障の方式も、現実的な課題ではないでしょう。時として提案される世界政府論が、現実的な可能性を別としても、そのようなものではあり得ないことは明らかです〔⇒

第4回1.(2)〕。したがって現状では、国連の集団安全保障をどのように改善するのかを考えるほかには道がなさそうです。この点について私にもまとまった考えがあるわけではないのですが、さしあたりいくつかの問題を提起して今回のお話を締めくくりたいと思います。

　一つは、安保理事会の構成を民主化するとともに、その活動をより透明にすることによって安保理に対する国際社会の監視をより行き届いたものにすることです。拒否権の除去は憲章108条＊からして事実上不可能ですが、その行使を抑制する紳士協定を常任理事国に求めることは可能かも知れません。このこととも関連して、国連諸機関の間のチェック・アンド・バランスを確立すること、言い換えれば安保理の活動に対する総会の政治的コントロールやICJの司法的コントロールを強化することも、必要でもあれば不可能でもないでしょう。現行の憲章を前提としても、安保理事会の恣意的な決定をチェックする道がないわけではありません。たとえば技術的な問題ですが、決議1441(2002)は安保理によるイラクの大量破壊兵器廃棄義務違反の判断を、現地において査察を行う国連監視検証査察委員会および国際原子力機関の判断に基礎づけるように定めました。この決議は米英によって踏みにじられたのですが、このように安保理の判断が客観的な事実に立脚するように規定したことは、重要な教訓を与えてくれるものと思われます。

　視野をもっと広げるなら、国際連盟の時期に議論されたことがある集団安全保障、紛争の平和的解決および軍縮の「三位一体」による平和の実現という考え方を、もう一度取り上げてその可能性を検討する必要があると思われます。連盟期には、これらの三点がお互いに支え合って平和が実現すると考えられたのですが、実際にはそれらがもたれ合って、つまりそのどれかが実現しないことが他の点をさぼる理由とされて、この考え方は挫折しました。軍縮については残念ながらこの講義では取り上げることができないのですが、軍縮、とくに核軍縮を実現することは、たとえ拒否権がないとしてもなお集団安全保障に内在する「二重基準」――核兵器国に対する強制措置は事実上考えられない――を除去するために不可欠だと思われます。

＊**憲章第108条**：憲章の改正は、総会の構成国の三分の二で採択され、安保理常任理事国を含む加盟国の三分の二によって批准されたときに全加盟国に対して発効すると規定する。

さらに視野を広げるなら、国際紛争の発生自体を防止し、いったん紛争が発生しても「平和に対する脅威」に至るまでの段階でそれを沈静化させることが必要です。アナン国連前事務総長は1999年の年次報告で、表面に表れることが少ない「防止外交」のこの意味での重要さを、改めて強調しました。防止外交のアプローチは非強制的で控えめで内密のものであり、その成功は大部分の場合賞賛されることがなく、「いやしくも成功した場合には、何事も起こらない」という皮肉があると彼はいいます。最後にもっとも広い視野に立てば、紛争原因自体を除去することが平和維持にとっての最善かつ最終的な処方箋であることはいうまでもないでしょう。

　以上のような課題の実現はどれをとっても至難のことであり、課題によっては現在の国際社会の構造を前提とするなら実現不可能といわねばならないものもあるでしょう。しかし、これらの課題を実現するためにカギとなることを、少なくとも一つ挙げることができます。それは、これらの課題を実現する上での主権国家の決定的な役割です。旧ユーゴとルワンダにおける国連の失敗の原因を追究した上記の二つの報告書は、安保理事会や事務局、そして出先のPKOといった多くの国連機関の多様な失敗を指摘しましたが、これらの失敗の究極的な原因は、加盟国が安保理事会を通じてPKOに適切な権限とそれを実現するために必要な人的・物的な資源とを与えなかったこと、あるいは強制措置を取るべきだったところにこれに代えてPKOを派遣したことだと認めています。つまり、国連の意思とはその意思決定に参加するすべての加盟国によって形成されるわけだから、国連を変えるためには加盟国を変えなければならない、こういった単純明快な結論になるわけです。この点については、平和憲法を有する日本がとくに有利な立場にあることについて、**第12回**で考えることになります。

[注]

1）　**オイル・プラットフォーム事件**（ICJ判決、2003年11月6日）：1980年代のイラン・イラク戦争においてイラクに同情的だった米国がイランのオイル・プラットフォームを攻撃したことについて、イランが両国間の友好経済関係条約に違反するとして同条約の裁判条項に従って米国を訴えた事件。米国が安全保障上必要な措置を取ることを認める同条約の規定を援用したのに対して、ICJはそのような措置は自衛権の要件に合致するもの

でなければならないとして、措置が自衛権の要件を満たすかどうかを審理した。もっとも裁判所は、この点では米国の主張を退けたが、米国の条約義務違反は認めなかった。

2) **コンゴ領域における武力行動事件**(コンゴ民主共和国対ウガンダ：ICJ判決、2005年12月19日)：コンゴが、ウガンダは自国に対する武力攻撃や自国の反政府団体への支援により武力不行使原則、不干渉原則等に違反したとしてウガンダを訴えた事件。ICJはコンゴの請求の多くを認め、自衛権や国際人道法についていくつかの重要な判示を行った。

3) **国連のある種の経費に関する勧告的意見**(ICJ勧告的意見、1962年7月20日)：UNEFとONUCは憲章違反と考える一部の加盟国が経費支払いを拒んだため、この経費が総会の割り当てに従って加盟国が負担の義務を負う「この機構の経費」(憲章第17条2)に当たるかどうかについて総会がICJの意見を求めた。裁判所は、総会に関しても平和の維持について広い権限を認める(UNEFは総会が設置した)とともに、本文に述べたような理由で両活動の合憲性を認め、したがってそれらの経費は「この機構の経費」だとした。

【参考文献】

香西茂「国連軍」田岡良一先生還暦記念論文集『国際連合の研究』第1巻、有斐閣、1962年、所収。
同『国連の平和維持活動』有斐閣、1991年。
田畑茂二郎『国際法(第2版)』岩波書店、1966年、第1章。
松井芳郎『現代日本の国際関係――安保体制の法的批判』勁草書房、1978年。
同『湾岸戦争と国際連合』日本評論社、1993年。
同「国際連合と人道的援助および人道的干渉」『法律時報』1996年4月号、6月号。
同『テロ・戦争・自衛――米国等のアフガニスタン攻撃を考える――』東信堂、2002年。
同「国際テロリズムに対する一方的武力行使の違法性」小林正弥編『戦争批判の公共哲学――「反テロ」世界戦争における法と政治――』勁草書房、2003年、所収。
国際連合編・国際連合広報センター監訳『ブルーヘルメット――国連軍・平和維持への闘い』講談社、1986年(本書は原書の初版の訳で、現在では原書第3版が出ている)。
福田菊『国連とPKO――「戦わざる軍隊」のすべて』第2版、東信堂、1994年。
高野雄一『集団安保と自衛権』東信堂、1999年。
ヘドリー・ブル、臼杵英一訳『国際社会論――アナーキカル・ソサイエティ』岩波書店、2000年。
柳原正治「イラク問題と国際法――武力行使に対する国際法の有効性」『法学教室』第281号、2004年2月。
村瀬信也編『自衛権の現代的展開』東信堂、2007年。
森肇志『自衛権の基層―国連憲章に至る歴史的展開』東京大学出版会、2009年。
佐藤哲夫「見果てぬ夢、国連常設軍――国際公共目的に向けた軍事的強制の現代的諸相――」『世界法年報』第30号、2011年。

第11回

戦闘中でもルールはあるの？

―― 国際人道法の発展 ――

　今回は戦争法を取り上げる順番ですが、戦争法といってもかつては平時法と並んで国際法を二分していた位で、その範囲はきわめて広い。戦争法は、交戦国相互間の関係を規律する交戦法規と交戦国と中立国との関係を規律する中立法規に区分されますが、ここでは時間の関係で交戦法規だけを取り上げます。交戦法規はさらに、作戦行動における交戦者の権利・義務を定め、害敵の手段と方法を制限するハーグ法と、戦争犠牲者を保護し、戦闘能力を失った軍隊および敵対行為に参加しない者を保護するジュネーヴ法とに区別されることがあります（**表11・1**を参照）。後でお話しするように、この両者が絡み合いながら発展してきて国際人道法が成立したのですが、今日のお話はやはり時間の関係でハーグ法を中心とすることとし、本来のジュネーヴ法に属する文民や捕虜の保護については原則として省略させていただきます。

1. 戦争法から国際人道法へ

(1) 戦争法の発展

　ヨーロッパを荒廃させた30年戦争を目の当たりにしながら主著『戦争と平和の法』（1625年）を書きつづったグロティウス〔⇒**第1回注3**）〕は、この著書を執筆する理由を次のように述べています。

　　「諸国民の間に、戦争を行うについても戦争中においても、等しく妥当する共通の法が存在することを確信するので、私にとっては、この問題について論じなければならない多くの重要な理由がある。キリスト教世界全体を通じて、野蛮人でさえ恥としなければならないような戦争に関する抑制の欠如が見られること、そして些細な理由から、あるいはまっ

表11・1 武力紛争法の発展

年	ハーグ法	ジュネーヴ法	中立法・その他
1853〜56年：クリミア戦争			
1856			海上法に関するパリ宣言
1864		第1回赤十字条約	
1868	爆裂弾禁止に関するセントピータースブルク宣言		
1870〜71年：普仏戦争			
1899	ハーグ陸戦条約・規則 毒ガス禁止宣言 ダムダム弾禁止宣言	ジュネーヴ条約の原則を海戦に応用する条約	
1906		第2回赤十字条約	
1907	ハーグ陸戦条約・規則(改正) 自動触発機雷敷設条約 海軍砲撃条約	ジュネーヴ条約の原則を海戦に応用する条約(改正)	海戦に関する条約 陸戦中立条約 捕獲権制限条約
1909			ロンドン海戦宣言(未発効)
1914〜19年：第1次世界大戦			
1923	空戦規則案(未採択)		
1925	ジュネーヴ・ガス議定書		
1929		第3回赤十字条約	
1936	ロンドン潜水艦制限議定書		
1939〜45年：第2次世界大戦			
1945			ニュルンベルグ国際軍事判所条例
1946			東京国際軍事判所条例
1949		ジュネーヴ諸条約	
1954			文化財保護条約；同第1議定書
1960〜75年：ベトナム戦争			
1972	細菌兵器禁止条約		
1976	環境改変技術使用禁止条約		
1977	ジュネーヴ諸条約第Ⅰ追加議定書・第Ⅱ追加議定書		
1980	特定通常兵器禁止制限条約；同議定書Ⅰ〜Ⅲ		
1990年〜：地域紛争の頻発			
1992	化学兵器禁止条約		
1993			ICTY規程
1994			ICTR規程
	武力紛争時の環境保護のための指針		

1995	特定通常兵器禁止制限条約・議定書IV	
1996	同・議定書II改正	
1997	対人地雷禁止条約	
1998		国際刑事裁判所(ICC)規程
1999	国連部隊による人道法遵守に関する事務総長告示	文化財保護条約第2議定書
	児童の権利条約・児童の武力紛争関与議定書	
2003	特定通常兵器禁止制限条約・議定書V	
2008	クラスター弾条約	

たく理由がないのに、人々は武器に訴えるのに急であり、ひとたび武器が取られたなら、神の法も人の法もまったく無視されることを、私は見た。」

　この有名な一文の中で、グロティウスは二つの目的を明らかにしました。つまり、「戦争を行うについて」と「戦争中において」諸国民を拘束する法を明らかにし、そうすることによって戦争を抑止し戦闘行為を緩和することです。前者が「戦争に訴えることに関する法（*jus ad bellum*）」を、そして後者が「戦争法（*jus in bello*）」を意味します。

　前者に関しては、グロティウスは当時の多くの法学者と同様にキリスト教神学の伝統を受け継いで、一定の正当原因を有する戦争だけを正しいものと認める正戦論を採りました。戦争の正当原因は現実に生じている権利侵害に対する防衛、侵害された権利の回復および権利の侵害者に対する処罰とされ、こうしてグロティウスは正当原因を有さない戦争を抑止しようとするのですが、それは彼の第二の目的である戦闘行為の緩和と矛盾しかねません。正しい目的を実現するためには、あらゆることが許されると考えられるからです。

　そこでグロティウスは、「戦争に訴えることに関する法」は自然法の問題であるのに対して、「戦争法」は諸国民の法の問題だとして議論のレベルを転換します。諸国民の法では最高権力者が公式に宣言した戦争は「正式戦争」で、正式戦争は原因の如何を問わず外的効果に関しては双方にとって正しいとさ

れ、そこには戦争法が等しく適用されます。ところが彼にとっては諸国民の法は諸国ないしは諸国民の合意によって成立する意思法の一種ですから、そこでは当時の戦争で広く行われていた敵の人民の無差別の殺傷、財産の破壊や略奪、捕虜の奴隷化などは許されることになりかねず、これでは戦争法による戦闘の残虐さの緩和は実現できません。そこでグロティウスは再び内面的正義＝自然法に立ち返って広範な「緩和」を説き、無辜の人民、捕虜、人質などを殺さないよう、不必要な破壊を行わないよう、また捕虜の奴隷化を制限するように訴えるのです。

　このような立論に、ヨーロッパの知的伝統に根を下ろしつつ当時の社会のあり方にも周到な目配りをして、戦争の法的規制について為政者たちを説得しようとしたグロティウスの苦心の思索の跡を窺うことができますが、しかし前にもお話ししたように、伝統的国際法では正戦論はついに実定法に場所を占めることはできませんでした〔⇒第1回5.(2)〕。これに対して戦争法は、この時期にも相当の発展を遂げるのですが、それは戦争の手段・方法を規制することが、伝統的国際法にとってもいわば当時の社会の内在的な必要性に応じるものだったことの結果だといえます。

　この点については、ブルジョア革命、とくにフランス革命の影響がしばしば指摘されます。たとえばイデオロギーのレベルでは、ルソーが『社会契約論』[1]の中で、「戦争は人と人との関係ではなくて、国家と国家の関係なのであり、そこにおいて個人は、人間としてでなく、市民としてでさえなく、ただ兵士として偶然にも敵となるのだ」と述べたことがよく引用されます。つまり、国と国との戦争の間においても個人はできるだけ尊重されねばならないという考えが、ここから導かれるのですね。また、ブルジョア革命を経て成立する国民国家は、それまでの職業的な軍隊に代えて徴兵制を採用しますから、成人男子はすべて兵役の義務を負わされ、ここに戦闘の人道化が国民的な要求となる根拠があります。さらに、資本主義経済の発展の影響、つまり田畑茂二郎先生の言葉を借りれば、「戦争という政治権力の激突に基づく暴力から、なるべく、私的領域、ことに経済活動の自由を守ろうという市民階級の欲求」が戦争法の発展を促したのです。

　しかし戦争法は人道的理由だけによって成立するのではなく、当然のこと

ながらそこでは軍事的要請と人道的動機がせめぎあいますから、ここでも戦闘の人道化を求める諸国民の運動の要素が不可欠だと見なければなりません。実際、戦争法に関する主要な条約の多くは、具体的な戦争の悲惨な経験に基づく人道意識の高揚を前提として成立したのでした。戦争法の発展に関する**表11・1**に主要な戦争を挟んだのは、このことを示すためです。

　普仏戦争*における一般市民の戦闘参加の経験によって、1899年（1907年改正）のハーグ陸戦規則は、一定の条件を満たす民兵や義勇兵にも捕らえられれば捕虜資格を認められる交戦者資格を与えました。また、第1次世界大戦における毒ガス使用の経験は、1925年のジュネーヴ・ガス議定書を生み出しました。1949年ジュネーヴ諸条約がたとえば文民に初めて条約上の保護を与え（文民条約）、組織的抵抗運動団体構成員に捕虜資格を認めたこと（捕虜条約）などは、第2次世界大戦における文民の広範な犠牲やレジスタンスの経験を踏まえたものでした。さらに、ベトナム戦争の経験は1977年第Ⅰ追加議定書の多くの規定、とくに民族解放戦争の国際的武力紛争化に反映されており、1980年の特定通常兵器使用禁止制限条約についても同じことがいえます。また、後者の条約が積み残した対人地雷の完全禁止は、地域紛争で多用されたこの兵器の悲惨な効果によって盛り上がった国際世論を背景に、1997年の対人地雷禁止条約によって実現しました〔⇒**第13回3．(1)**〕。

(2) 武力行使の違法化と武力紛争法

　ところで、戦争法は伝統的国際法における無差別戦争観を前提として成立していました。戦争は国際法的紳士である国の間の決闘と見なされ、決闘のルールとしての戦争法が2人の紳士の間に平等に適用されたのです。したがって第2次世界大戦後、武力行使の違法化に伴って無差別戦争観が否定されると、戦争法の存続の根拠は失われたという説が唱えられました。戦争はもはや紳士の決闘ではなく、片や違法な侵略者がおり片やその犠牲者がいる、

***普仏戦争**（1870〜71年）：プロイセン（普）を中心とするドイツ諸邦とフランスの間の戦争。ドイツの勝利に終わったが、侵入するドイツ軍に対してフランスの一般市民が武器を取って戦った。この戦争の結果、ドイツ統一が実現し、フランスでは第2帝政が倒れて第3共和制が成立した。

この両者の間に平等に適用される戦争法なんてあり得ない、というわけです。

戦争法(武力紛争法)の平等適用の問題は後で検討するとして、実際、1949年のジュネーヴ諸条約を最後に、ユネスコのイニシアチブによる1954年の文化財保護条約を唯一の例外として、戦争法に関する法典化は長年にわたって停滞し、また、大学の法学部では戦争法の研究や講義がほとんど行われなくなりました。国連の国際法委員会は、成立当時その法典化作業の対象から戦争法を除外して、この理由を「もし委員会がその作業の最初からこの研究を行わねばならないとすれば、世論はこのことを国連が平和維持のために執る措置の効果を信頼していない証拠と解釈しうるであろう」と述べていたのです。

しかし、いうまでもなく現実の武力紛争は後を絶たず、とりわけかつては戦争法の適用のない内戦と見なされた民族解放戦争は、軍事技術の発展もあいまってきわめて残虐な様相を呈し、戦争法の適用・発展の必要性が痛感されました。

それでは、このことと武力行使違法化との関係をどう説明するか？　これについては、伝統的戦争法に二つの保護法益があったことを想起する必要があります。一つは交戦国の平等の確保であり、もう一つが戦闘の残虐さの緩和、つまり個人の保護でした。武力行使違法化のもとでは第1の保護法益は疑問になるとしても、第2の保護法益は残ります。それどころか、第2次世界大戦後の人権の国際的保護の動きはこれをいっそう重要なものとしました。1968年のテヘラン国際人権会議の決議XXIII「武力紛争における人権」は、「武力紛争の期間内においても人道的諸原則が優越しなければならない」と述べました。これを受けた同年の国連総会決議2444(XXIII)は、事務総長に対して赤十字国際委員会*等と協議して、(a)現存の人道的諸条約のすべての武力紛争へのよりよい適用を確保する方法；(b)追加的な人道的諸条約の必要性について研究するように要請し、ここに国際人道法形成への道が切り開かれたのです。

＊赤十字国際委員会：1863年に設立され、武力紛争の犠牲者の保護を任務とする民間団体（スイスの国内法上の法人）。戦地での諸活動の他、国際人道法の諸条約の適用および発展にも貢献してきた。

(3) 国際人道法とは何か

これまではおもに伝統的な「戦争法（戦時国際法）」という用語を使ってきましたが、これと今回のテーマにも掲げた「国際人道法」とはどういう関係にあるのか。ここで、用語の整理をしておきましょう。これは単なる言葉の問題ではなく、当該の法規の適用範囲にも関わる重要な問題なのです。まず戦争法（Laws of War）は、当時国際法主体として認められていた文明国間の国際法上の戦争、つまり宣言された戦争にだけ適用されました。言い換えれば、われわれが「戦争」と呼ぶ社会現象の多くはその適用の範囲外におかれており、戦争法はたとえば非文明国との戦争、植民地戦争および内戦には適用されなかったし、国家間の戦争でも戦意の表明のないいわゆる「事実上の戦争」には不適用だったのです。

ところが、戦争が違法化されると国際法上の戦争と事実上の戦争の区別は意味を持たなくなります。戦争の違法化は、事実上の戦争をも対象にするのでなければ意味を持たない。そこで、戦争違法化に伴い事実上の戦争への適用が必要となった戦争法は、「武力紛争法（Law of Armed Conflict）」と呼ばれるようになります。ジュネーヴ諸条約共通第2条1は、「この条約は、二以上の締約国の間に生ずるすべての宣言された戦争又はその他の武力紛争の場合について、当該締約国の一が戦争状態を承認するとしないとを問わず、適用する」と規定します。

さて、「国際人道法（International Humanitarian Law）」は、前述のように「武力紛争における人権の尊重」という発想に基づく新しい言葉で、おおよそ以下の四つの意味に用いられます。

第1にもっとも狭い意味では、先に見たジュネーヴ法を指して用いられることがあります。第2に、おそらくはこれがもっとも一般的な用語法ですが、武力紛争法の中でその性質上明らかに人道的な規則、すなわち人および人に不可欠なものを保護する規則を国際人道法と呼び、1949年ジュネーヴ諸条約および1977年の二つの追加議定書がほぼこれに当たります。第3にもっと広く、武力紛争法全体と同義に用いる場合もあります。国際司法裁判所（ICJ）の核兵器使用の合法性勧告的意見が、「（ジュネーヴ法とハーグ法）は大変密接に関連するようになったので、今日では国際人道法として知られる単一の複合

体系をなすものと徐々に考えられるようになった」と述べているのが、この意味に当たります。そして第4に最広義では、旧ユーゴ国際刑事裁判所規程は「国際人道法に対する重大な違反」に集団殺害犯罪や人道に対する犯罪も含めています。

このように、国際人道法という言葉は決して厳密に定義されているわけではないのですが、今回の講義ではこれをもっとも一般的な用法である第2の意味におもに用いることにします。もっとも、文脈によっては第3の意味、つまり武力紛争法と同義に用いる場合もありますので、この講義の用語法も厳密なものではないということをお断りしておきます。

2. 国際人道法の適用

(1) 武力紛争法の適用拡大：とくに民族解放戦争と内戦について

戦争法から武力紛争法、そして国際人道法への発展は、その適用範囲の拡大を重要な要素とするものでした。伝統的国際法では国際法主体として認められるのが「文明国」だけだった〔⇒第1回5.(1)〕ことの結果、戦争法は文明国間の戦争にだけ適用されましたが、現代国際法ではすべての国が平等に国際法主体性を認められ、したがって武力紛争法はすべての国際的武力紛争——いわゆる「事実上の戦争」も含めて——に適用されます。

国際的武力紛争における武力紛争法の適用拡大については、もう一点、「総加入条項」の排除を挙げましょう。ハーグ陸戦条約第2条が、同条約とその附属書であるハーグ陸戦規則は「交戦国カ悉ク本条約ノ当事者ナルトキニ限、締約国間ニノミ」適用されると規定しているのが総加入条項の例です。一般の多数国間条約は締約国間には適用があるが非締約国には適用されない、これは当たり前のことなのですが、戦争法に関する条約に限ってかつては総加入条項が一般的で、交戦国の一国でも非締約国であれば、当該の戦争についてその条約は締約国間においても適用がないという結果になりました。これは、交戦者相互の平等を確保するためには、不可欠のことだと考えられていたわけです。

たとえば第1次世界大戦においては、イタリア、トルコ等が非締約国であっ

たために、第2回ハーグ平和会議の諸条約は適用されませんでした。このように戦争法の適用範囲を著しく制約する総加入条項への批判は次第に強くなり、1949年ジュネーヴ諸条約共通第2条3は明文で、紛争当事国の一が締約国でない場合でも締約国相互の関係には条約が適用される、と規定します。それだけでなく、締約国は、非締約国である紛争当事国が条約を受諾し適用するときはその国との関係でも条約に拘束される、とされました。

こうして武力紛争法は国際的武力紛争に広く適用されるようになってきたのですが、この点について特筆するべきは、かつて交戦団体承認＊が行われた例外的な場合を除いて戦争法の適用がなかった内戦（非国際的武力紛争：armed conflict not of an international character）にも、それが適用されるようになったことです。

1949年ジュネーヴ諸条約の共通第3条は、内戦において敵対行為に参加しない者の人道的待遇を規定しました。共通第3条は内戦に適用される初めての条約規定として意義があることはもちろんですが、紛争当事者の法的地位に影響を与えず、したがって反乱側の兵士は捕らえられても捕虜待遇を与えられない、文民に影響を与えるような戦闘方法の規制がまったく不十分、保護の範囲が限定的などの制約があり、とくに民族解放戦争では限界を露呈しました。多くの民族解放戦争では解放団体の側が諸条約の全面的適用を主張したのに対して、施政国は共通第3条の適用さえ否定し、戦闘は残虐を極めたのです。

そこで、一方ではこのような民族解放戦争の悲惨な経験を、他方では自決権の成立を背景に作成された1977年追加議定書は、それまでの内戦を二つに区別しました。つまり、第Ⅰ議定書は民族解放戦争を国際的武力紛争に含めてジュネーヴ諸条約と議定書の全体をこれに適用する（第1条4）こととし、このために以下のような工夫を行ったのです。第1に、解放団体は「国」ではないためジュネーヴ諸条約と議定書の締約国となれないので、その一方的宣言により諸条約と議定書の適用を可能としました（第96条3）。

＊交戦団体承認：伝統的国際法で認められていた制度で、内戦に際して正統政府が反乱側を交戦団体として承認すれば当該内戦には戦争法の適用があり、第三国は中立義務を負うとされた。

第2に、ジュネーヴ捕虜条約では捕らえられれば捕虜資格を有する戦闘員の要件は、(a)部下について責任を負う1人の者が指揮している；(b)遠方から認識できる固着の特殊標章を有する；(c)公然と武器を携行する；(d)戦争の法規・慣例に従って行動する、というもの(第4条A(2))で、これでは解放戦争が依拠するゲリラ戦の実状には合いません。しかし他方では、戦闘員と文民とを区別することは文民の保護のためには不可欠です。そこで第Ⅰ追加議定書は、戦闘員は「攻撃に従事している間又は攻撃に先立つ軍事行動に従事している間は、自己を文民たる住民から区別すべき義務を負う」が、敵対行為の性格のためにそのように区別し得ない状況があることを認めて、(a)交戦に従事している間、および、(b)攻撃に先立つ軍事展開に従事しているとき敵に見られている時間の間に、公然と武器を携行しているなら戦闘員の資格を保持するものとしました(第44条3)。

　このように、第Ⅰ追加議定書は民族解放戦争を国際的武力紛争に含めてこれに対する国際人道法の全面的な適用を規定し、1980年の特定通常兵器使用禁止制限条約も同様です。他方、1977年第Ⅱ追加議定書は民族解放戦争以外の通常の内戦に適用される初めての条約であり、ここでは内戦において必要とされる保護規則が拡大強化されています。適用範囲は共通第3条より狭くなっています(第1条)が、この議定書の適用がない場合はジュネーヴ諸条約共通第3条が適用され、さらにその適用もない場合でも一定の基本的人権の保障が要求される(自由権規約第4条)ことに注意しておきましょう(**図11・1**参照)。

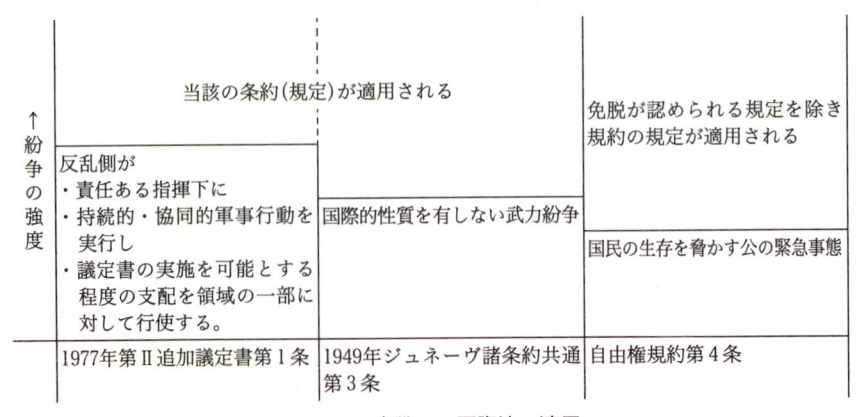

↑紛争の強度	当該の条約(規定)が適用される		免脱が認められる規定を除き規約の規定が適用される
	反乱側が ・責任ある指揮下に ・持続的・協同的軍事行動を実行し ・議定書の実施を可能とする程度の支配を領域の一部に対して行使する。	国際的性質を有しない武力紛争	
			国民の生存を脅かす公の緊急事態
	1977年第Ⅱ追加議定書第1条	1949年ジュネーヴ諸条約共通第3条	自由権規約第4条

図11・1　内戦への国際法の適用

(2) 国際人道法の平等適用

　武力紛争法の適用の問題の最後に、無差別戦争観に基づき平等適用を当然の前提としてきた戦争法は、武力行使違法化のもとではどうなるのかという問題を考えましょう。武力行使が違法化されたからには、侵略者とその犠牲者との間に武力紛争法の平等適用はあり得ないという主張があったのは確かです。しかし結論を先にいえば、今日では次のような理由によって平等適用が一般に認められているといってよいでしょう。

　理論的にいえば、ある武力紛争において一方の当事者が侵略者であり他方がその犠牲者であるという判断は「戦争に訴えることに関する法」のレベルの問題であり、このことは武力紛争法のレベルで、その保護法益である個人の保護を否定する理由とはなりません。この観点からいえば、侵略者への対処はむしろ国家責任の加重、戦犯の処罰、侵略の結果の不承認など、戦後処理の問題として考えるべきものです。現実の問題としても、武力紛争において侵略者の客観的な認定が行われることはまれですから、双方の側で侵略の犠牲者だと自称して差別適用を主張すれば、かえって戦闘が残虐化します。

　侵略者が明白であった第2次世界大戦においても、戦争法の差別適用の考え方はとられませんでした。東京裁判では、違法に戦争を開始した日本には交戦者資格は認められないという理由で、殺人罪が訴因に加えられていましたが、判決ではこの訴因については裁判所の管轄権が否定されるか、あるいは平和に対する罪または通例の戦争犯罪に含まれるとして、有罪の根拠とはされませんでした。また第Ⅰ追加議定書前文は、「武力紛争の性質若しくは起源又は紛争当事国が擁護し若しくは紛争当事国に帰せられる理由に基づくいかなる不利な差別もしないで」議定書はすべての場合に完全に適用されると述べます。

　それでは、国際人道法の国連軍への適用はどうなのでしょうか。強盗とそれを取り押さえようとする警官に同じように法が適用されるというのは奇妙に思えるかも知れませんが、警官の場合でも警察官職務執行法＊などに拘束

＊**警察官職務執行法**：職務質問、保護、犯罪の予防および制止、武器の使用など、警察官の職権職務の遂行に必要な手段について定める法律。これらの手段は必要最小限に用いられるべきで、濫用にわたってはならないとされている。

されます。これと同様に、国連軍もまた国際人道法の基本原則に拘束されるということは、これまでの国連の実行においても学説においても一般に認められてきており、残る問題はどのような原則にどこまで拘束されるのかという問題だけだったということができます。

　1999年8月6日に公布され同月12日に発効した事務総長告示「国連部隊による国際人道法の遵守」は、この点を明らかにしました。この告示は、武力紛争において戦闘員として戦闘に従事している国連軍に適用され、したがって強制行動および自己防衛のために武器の使用が認められた平和維持活動に適用されます(第1項)。そしてこの布告は、文民たる住民の保護(第5項)、戦闘の手段および方法(第6項)、文民および戦闘外にある者の待遇(第7項)、被抑留者の待遇(第8項)、傷者、病者および医療・救済要員の保護(第9項)に関して、1977年第Ⅰ追加議定書や1949年ジュネーヴ諸条約などの国際人道法の諸条約の適用ないしは準用について、詳細な規定をおいています。

　こうして、この布告は画期的な意義を有すると思われるのですが、国連軍要員による人道法違反は国内裁判所において訴追される(第4項)と規定されていることには、国際刑事裁判所(ICC)規程採択の後に作成された文書としては違和感が残るかもしれません。しかし、国連は同規程の当事者となることはできず、この告示は国連の「行政職員の長」としての資格(憲章第97条)において事務総長が制定したもので、事務総長は国連軍要員をICCに引き渡す権限を持ってはいないでしょう。また、加盟国が自国出身の国連要員等のICCによる裁判に積極的だとは考えられません。2009年の総会決議63/119「国連職員および任務遂行中の専門家の刑事責任」は、国連職員等の重大な犯罪が不処罰のまま放置されてはならないことを強調しますが、そのための方策として規定したのは、国が自国民である国連職員等の重大な犯罪について裁判権を設定することや、捜査や情報交換などの形で相互におよび国連との間で協力することなどにとどまるのです。

3. 国際人道法の基本原則

　ここで国際人道法の内容に進むことになりますが、人道法の内容をすべて

紹介する時間はありませんので、その二つの基本原則に的を絞ってお話しします。そしてこの点については、ICJの1996年7月8日の勧告的意見「核兵器の威嚇または使用の合法性」(以下、核兵器意見と略称)が提供してくれる格好の素材を利用しましょう。

(1) 国際人道法の基本原則の位置づけ

　武力紛争法ないし国際人道法は、戦闘の手段・方法を二つの形で規律します。一つは、とくに条約によって特定の兵器を具体的に禁止する方法で、化学兵器、生物兵器、特定通常兵器などがこの形で禁止されています。この方法は、条約が禁止される兵器の定義や禁止の態様を明確に規定するために、確実性と適用の容易さを特徴とします。もう一つは、「不必要な苦痛を与える兵器の使用を禁止する」、「攻撃は軍事目標に限る」といった一般原則による禁止で、この方法は柔軟性と発展可能性を特徴とします。とくに新兵器については具体的禁止は一般にはあり得ないために、その禁止の根拠は一般原則に求めなければなりません。核兵器の使用については、核兵器意見はこれを特定的に禁止する慣習法や条約の存在を否定しましたが、人道法の確立された原則と規則は核兵器にも適用されるものであることを認めました。この点は、新兵器である核兵器には既存の人道法の適用はないとする根強い議論を明確に否定したものとして、注目に値します。

　この点で重要なのは、戦争法における類推適用を広く認めた「マルテンス条項」です。この条項はハーグ陸戦条約の前文が、「一層完備シタル戦争法規ニ関スル法典ノ制定セラルルニ至ル迄ハ、締約国ハ、其ノ採用シタル条規ニ含マレサル場合ニ於テモ、人民及交戦者カ依然文明国ノ間ニ存立スル慣習、人道ノ法則及公共良心ノ要求ヨリ生スル国際法ノ原則ノ保護及支配ノ下ニ立ツコトヲ確認スル」と規定したことに由来します。この考え方はその後も、たとえばジュネーヴ諸条約の廃棄条項や77年第Ⅰ追加議定書第1条2などに広く規定され、核兵器意見もこれを「軍事技術の急速な発展に対処する上で効果的であることが証明されてきた」と評価し、「既存の慣習法の表現に過ぎないもの」と位置づけました。

　さて、武力紛争法ないし人道法の基本原則としては、核兵器意見は次の二

つを挙げました。第1は、文民たる住民および民用物の保護を目的とし、戦闘員と非戦闘員の区別を確立する原則です。文民を攻撃目標としてはならず、したがって民間目標と軍事目標を区別することができない兵器を使用してはなりません。これは戦闘の方法の規制に関する原則で、区別原則ないしは軍事目標主義と呼ばれます。もう一つは戦闘の手段の規制に関わる原則で、この原則によって戦闘員に対して不必要な苦痛を与えまたは彼らの苦痛を不必要に増大させる兵器は禁止されます。この原則の適用として、害敵手段の選択について国は無制限の自由を有するものではない、と核兵器意見は述べています。

　それではこのような人道法の基本原則は、どのような性格のものなのでしょうか。ニカラグア事件判決は、「ジュネーヴ諸条約は一定の側面ではそれらの原則の発展であり、また別の側面ではそれらの表現に過ぎない」と判断し、諸条約共通第3条は非国際的武力紛争に適用される若干の規則を明確化しただけでなく、「国際的武力紛争においても〔……〕最低限の基準を構成している」と述べました。核兵器意見もまた、「これらの基本的規則は国際慣習法の犯すことのできない原則(intransgressible principles)を構成するから、すべての国はそれらを含む諸条約を批准したかどうかを問わず、これらを遵守しなければならない」と判示しました。つまり、人道法の基本原則は慣習法の原則であるだけでなく、強行規範だとはいわないまでも、基本的な重要性を有する原則だということになります。したがって、すべての国はこれらの原則に拘束されるものであり、核兵器使用の合法性についても、これらの原則に照らして判断されなければならないということになります。実際、1963年12月7日の東京地裁のいわゆる原爆判決〔⇒第13回2.(2)〕は、言葉遣いは違うもののこれらの戦争法の基本原則に照らして広島・長崎への原爆投下を違法と判断しましたし、核兵器意見もこのような筋立てに従って議論を展開したのです。

(2) 区別原則

　伝統的戦争法では陸海軍による砲撃に関して、防守都市、つまり敵の占領の企図に対して抵抗している都市については無差別砲撃が可能だが、そうで

はない無防守都市については軍事目標の砲撃のみが許されるという区別が認められていました（たとえば1907年海軍砲撃条約第1、2条；ハーグ陸戦規則第25条）。この規則は当時すでに慣習法上のものとなっていると理解され、それ自体は条約として成立しませんでしたが、1922年のハーグ空戦規則案第24条はこれを空爆にも適用するものとしました。東京地裁の原爆判決はこの原則を適用して、広島・長崎への原爆投下は無防守都市に対する無差別爆撃として、違法な戦闘行為であったと判断しています。

ところが、1977年第Ⅰ追加議定書は防守都市と無防守都市の区別を放棄し、区別原則を全面的に適用することとしました。同議定書は、区別原則の基本原則を再確認する（第48条）とともに、文民をジュネーヴ諸条約および議定書に規定する戦闘員に属しない者をいうと定義し（第50条1）、文民たる住民全体および個々の文民を攻撃対象としてはならないと規定しました（第51条2）。無差別攻撃は「(a)特定の軍事目標を対象としない攻撃、(b)特定の軍事目標のみを対象とすることのできない戦闘の方法若しくは手段を使用する攻撃、又は、(c)その影響がこの議定書により要求される限度を越える戦闘の方法若しくは手段を使用する攻撃」と定義され、明文で禁止されました（同条4）。文民たる住民または文民に対する攻撃は、復仇としても禁止されます（同条6）。議定書はさらに、軍事目標を積極的に定義して、それ以外のすべての物を民用物とし、民用物への攻撃・復仇を禁止した（第52条1、2）ほか、とくに保護されるものとして、文化財・礼拝所（第53条）、文民たる住民の生存に不可欠なもの（第54条）、自然環境（第55条）および危険な威力を内蔵する工作物・施設（第56条）を挙げ、文民や民用物を攻撃から免れさせるために予防措置をとる義務を詳細に規定しました（第57条）。

追加議定書の審議過程では核兵器の問題は議論されませんでしたし、米・英は議定書によって確立された新規則は核兵器の使用を禁止するものではないとの「了解」を付しています。しかし核兵器意見もいうように、その採択当時において既存の慣習法を表現していた議定書の規則には、すべての国が拘束されることはいうまでもありません。前述のように、区別原則の基本原則が慣習法の一部であることは疑いありませんが、上に紹介した議定書の区別原則に関する規定の少なくとも核心部分は、このような基本原則を再確認し、

具体化し、明確化するものであると位置づけることができるでしょう。したがって私たちは、このような諸規定に照らして核兵器使用の合法性について判断できると思うのですが、この点については核兵器意見の見解とともに**(4)**で考えることにします。

(3) 不必要な苦痛を与える兵器の禁止

(1)で見たように、不必要な苦痛を与える兵器の禁止もまた、区別原則と同様に慣習法を構成する人道法の基本原則です。ここで注意したいのは、この原則は害敵「手段」を規制する原則、つまり兵器の性質に着目してその使用自体を禁止する原則であって、この点で害敵「方法」の規制である区別原則とは異なるということです。「手段」として違法な兵器は、「方法」としては合法な軍事目標に向けられたものでも、その使用はやはり違法となるのです。したがって、ここにいう「不必要な苦痛」とは戦闘員に与えられる苦痛をいうのであって、文民たる住民や個々の文民に与えられる「不必要な」副次的被害をいうのではありません。

それでは、この「不必要な苦痛」は具体的にはどう定義されるのか。これを規定したのが、1868年のセント・ピータースブルグ宣言前文です。この宣言は400グラム以下の爆裂弾を禁止するという内容としては時代遅れになったものですが、この前文は「不必要な苦痛」の権威ある定義として今でも必ず引用されるもので、次のように述べます。「戦争中に国が達成するために努めるべき唯一の正当な目的は敵の軍事力を弱めることであること、そのためにはできるだけ多数の者を戦闘外におけば足りること、すでに戦闘外におかれた者の苦痛を無益に増大しまたはその死を不可避とする兵器の使用は、この目的の範囲を越えること、したがってそのような兵器の使用は人道の法則に反すること」。1. (1)で引用したルソーの思想をこだまするこの立論は、まことに首尾一貫していて一部の隙もなく、百数十年後の現在でも強い説得力を持っているといわねばなりません。

不必要な苦痛を与える兵器の禁止の原則は、これを具体化して特定の兵器を制限・禁止する多くの条約を生み出してきました。古くは上記のセント・ピータースブルグ宣言や1899年のダムダム弾禁止宣言、化学兵器については

同じく1899年の毒ガス禁止宣言、ハーグ陸戦規則第23条イ、1925年のジュネーヴ・ガス議定書、そしてその使用だけでなく生産や所有をも含めて完全に禁止する1992年の化学兵器禁止条約があり、生物兵器についてはジュネーヴ議定書が使用を禁止する他、1972年の細菌兵器禁止条約が完全禁止を実現しています。1980年の特定通常兵器使用禁止制限条約とその議定書(何度か改正・追加が行われている)は、検出不可能な破片を使用する兵器、地雷やブービートラップ、焼夷兵器、目つぶしレーザー兵器の使用を禁止・制限し、ここで積み残された対人地雷の完全禁止は1997年の対人地雷禁止条約によって実現しました。

(4) 人道法の基本原則と核兵器の使用

(1)で見たように、核兵器意見はこのような人道法の基本原則が核兵器の使用にも適用されるものであることを明確に承認しました。それでは、この適用の結果はどうなるのか。これに関する核兵器意見の判断を検討する前に、それが核兵器の特徴をどのようなものとして捉えているのかを見ておくことが必要です。同意見は、次のようにいいます。

> 「その性質自体からして、現存する核兵器における〔核分裂または核融合〕の過程は、巨大な量の熱とエネルギーだけでなく強力かつ長期にわたる放射線を発生させる。裁判所が手にしている資料によれば、最初の二つの損害原因はほかの兵器による損害に比べて格段に大きい。他方、放射線の現象は核兵器に独自のものといわれる。これらの特徴は、核兵器を潜在的に破滅的なものとする。核兵器の破壊力は、空間または時間のいずれにおいても限定することはできない。核兵器は、地球上のすべての文明とすべての生態系を破壊する潜在力を有するのである。核兵器が放出する放射線は、きわめて広範な地域にわたって健康、農業、天然資源および人口に影響を与えるであろう。さらに、核兵器の使用は将来の世代に対して重大な危険を及ぼすであろう。電離放射線は、将来の環境、食糧および海洋生態系に損害を与え、また、将来の世代において遺伝的障害や疾病の原因となる潜在力を有する。したがって、武力行使に関する憲章の法と武力紛争に適用される法、とくに人道法を本件に正し

く適用するためには、裁判所が核兵器の独自の性質、とりわけその破壊力、語り尽くせない人間の苦難をもたらすその能力、および来るべき世代を損なうその可能性を考慮に入れることは、不可欠である。」

裁判所自身がこのような性質を有するものと認定した核兵器の使用に対して、先のような人道法の基本原則を適用した結果の意見主文(2)E前段が、「核兵器の威嚇または使用は武力紛争に適用される国際法の規則、およびとりわけ人道法の原則ならびに規則に、一般的には違反するであろう」となることは、にわかには理解できません。しかも、裁判所はこの点での理由づけ——核兵器のどのような性質が、人道法のどの原則にどのように「一般的には違反する」のか——をいっさい与えていないのです。もしもこの点の理由づけを具体的に与えようとすれば、核兵器の使用は人道法の基本原則とは「絶対的に」あい容れないという結論以外の結論を導くことはできなかったでしょう。

その破壊力が「空間または時間のいずれにおいても限定することはできない」核兵器の使用は、第Ⅰ追加議定書第51条4にいう「(b)特定の軍事目標のみを対象とすることのできない戦闘の方法若しくは手段を使用する攻撃、又は、(c)その影響がこの議定書により要求される限度を越える戦闘の方法若しくは手段を使用する攻撃」に該当し、区別原則が禁止する無差別攻撃となることは明らかです。また、その使用が「将来の世代に対して重大な危険を及ぼ〔し……〕遺伝的障害や疾病の原因となる潜在力を有する」核兵器は、不必要な苦痛を与える兵器以外の何ものでもない。裁判所が主文のこの箇所に理由づけを与えなかったのは、このような不可避的な結論を避けて「例外」の抜け道を開き、そうすることによって紙一重の多数——主文(2)Eは可否同数となり、所長の決定投票によって決まったものです——を確保するための苦肉の策だったのでしょう。

それでは、どのような「例外」がありうるのか。人道法の基本原則について意見に引用されている唯一の可能性は、公海上の軍艦や人口希薄な地域の部隊に対する爆発力が低い核兵器の使用は文民への副次的被害が少ないという点でした(英・米の見解)。しかし、これでは区別原則への例外とはなり得ても、不必要な苦痛を与える兵器の使用禁止の例外とはならない。裁判所も、「一定

の状況の下では核兵器使用は合法的だと主張するいずれの国も〔……〕そのような使用を正当化する正確な状況が何であるかも、このような限定的使用が高爆発力の核兵器の全面的な使用へとエスカレートすることがないかどうかも、示さなかった」と述べます。そうだとすれば、裁判所はその論理をいっさい変更することなく「核兵器の使用は人道法の原則に一般的には違反する。例外的な状況の下でそれが正当化されると主張する国は、これを正当化する状況を立証しなかった」と述べることもできたはずです。このように論じれば、例外的な合法性を主張する国に挙証責任を負わせることによって、「一般的には違反する」という立場を大きく強めることができたでしょう。

さて、意見自体が「例外」となりうる可能性として示唆したのは、「国家の存続それ自体がかかっているような自衛の極端な状況」でした（主文(2)E後段）。もちろん裁判所はこのような状況では核兵器の使用は合法だと認めたのではなく、合法・違法を「確定的に結論することができない」と述べたのですが、それにしても裁判所はここで大きな論理的矛盾を犯しています。裁判所はすでに憲章第2条4に違反し第51条の要件を満たさない核兵器の威嚇・使用は違法であると全員一致で判示し（主文(2)C）、「〔……〕すでにそれ自体として違法な兵器は、憲章上正当な目的のために使用されたからといって合法的となることはない」、「自衛の法の下で均衡性の要件を満たす武力行使は、合法的であるためには、また、とりわけ人道法の原則および規則によって構成される武力紛争に適用される法の要件を満たさなければならない」と断言していたのです。

つまり、ある武力行使が自衛の要件を満たすかどうかは「戦争に訴えることに関する法」のレベルの問題で、それはこれとはレベルを異にする武力紛争法において人道法の基本原則に違反する戦闘の手段・方法の違法性を阻却する理由とはならない。**図11・2**

		合法	違法
①*jus ad bellum*の評価		○	×
*jus in bello*の評価	②兵器の性質	○	×
	③使用の方法	○	×

図11・2　兵器使用の合法性の三段階の評価

に示したように、裁判所は①→②→③という順序でその論理を展開しながら、最後になって再び①のレベルの議論に立ち返るという矛盾を犯したのでした。

　人道法の基本原則に関連する核兵器意見のもう一つの問題点は、不必要な苦痛を与える兵器の禁止に関わります。この点について原爆判決は、一方では1899年の毒ガス禁止宣言、ハーグ陸戦規則第23条イおよび1925年のジュネーヴ・ガス議定書を、他方ではマルテンス条項を援用して、「毒、毒ガス、細菌以外にも、少なくともそれと同等或はそれ以上の苦痛を与える害敵手段は、国際法上その使用を禁止されているとみて差支え〔なく……〕原子爆弾のもたらす苦痛は、毒、毒ガス以上のものといっても過言ではなく、このような残虐な爆弾を投下した行為は、不必要な苦痛を与えてはならないという戦争法の基本原則に違反している」と判断しました。原爆判決のこのくだりには、「不必要な苦痛」を文民に対する副次的被害の文脈で理解しているという問題点があるのですが、それにしてもマルテンス条項を媒介にして生物化学兵器を禁止する諸条約の原則を原爆投下にも適用したこの立論は、正当だったと評価できます。

　ところが核兵器意見は原爆判決と同じ諸条約に言及しながら、これらの条約の文言、とくにジュネーヴ・ガス議定書にいう「類似の物質又は考案」は締約国によって「毒を与えまたは窒息させる」ものと解釈されており、従来の慣行によれば大量破壊兵器は特定の文書によって違法と宣言されてきたといった理由で、これら諸条約は核兵器の使用を特定的に禁止するものではないと判断しました。これら諸条約が核兵器にも直接適用できるという解釈も可能です（コロマ裁判官とウィーラマントリー裁判官の反対意見）が、それにもまして問題なのは、意見が自ら「既存の慣習法の表現」と評価したマルテンス条項に目をつぶって、これらの諸条約に盛られた不必要な苦痛を与える兵器禁止の基本原則の核兵器への適用可能性について、具体的な検討をいっさい行わなかったことです。前述のようにそのような検討を行っていたなら、核兵器の使用はこの原則に違反するという結論が不可避だったでしょう。ちなみに、核兵器合法論を取る国際法学者はないわけではありませんが、彼らの議論はすべて区別原則の観点からのもので、不必要な苦痛を与える兵器の禁止の観点からも核の使用は合法だと論じた学者は、私が知る限りでは存在しません。

4. 国際人道法の履行確保

　今回のお話の最後に、国際人道法の履行確保について考えましょう。これまでも色々な形でお話ししてきたように、国際社会は分権的な構造を持っており、一般に国際法ではその履行確保は組織化されていません。したがって、国内法に比べて国際法の遵守を確保することは一般により困難なのですが、とりわけ相手国を屈服させるために国際法が禁止していないあらゆる手段を用いることが認められる武力紛争時においては、国民の間における敵愾心の高揚とあいまって、国際人道法の履行確保はいっそう困難です。

　伝統的戦争法においては、交戦者の平等確保が主要な保護法益でしたから、履行確保のおもな手段は相互主義でした。相互主義は国際法一般でも適用されるもの〔⇒**第3回2.(1)**〕ですが、戦争法との関連ではとくに次のような形で現れました。第1は総加入条項ですが、これについては**2.(1)**で説明しました。第2に戦争法には限りませんが、相手国の違反を理由とする条約の終了・運用停止があります（条約法条約第60条）。そして第3に、もっとも中心的な位置を占めていたのが戦時復仇でした。戦時復仇では、同種復仇と性質が異なる手段による復仇とが区別され、その要件は平時復仇と同じく、相手国による違法行為の存在、違法行為の中止・救済の請求の不成功、必要性と均衡性、第三国への復仇の禁止、でした。戦時復仇では平時復仇に比べて濫用の危険が、したがってエスカレーションの危険がいっそう大きかったことはいうまでもありません。

　復仇以外に紛争当事国が一方的に執る措置としては、自国軍隊の教育・訓令、法律顧問の軍隊への随行、相手国の違法行為に関する賠償請求、違法行為を行った相手国軍隊構成員に対する処罰などがありました。この処罰は交戦国の「権利」としての処罰で、もっぱら履行確保、つまり交戦者の平等の確保が目的でしたから、戦争終結後はもはや処罰できないとされていました。このほか第三者が関与する措置としては、伝統的に中立国による仲介等が行われていた他、1929年捕虜条約は初めて利益保護国＊および赤十字国際委員

＊**利益保護国**：一般には、外交関係がない国の間で一方の国とその国民の利益を相手国において保護する任務を託された国をいう。武力紛争法では、その履行の監視のために重要な

会の役割を認めました(第86、88条)。

　これに対して国際人道法では、その保護法益が個別国家の利益(交戦者の平等の確保)よりも、むしろ国際社会の一般的利益(個人の人権と人道的な待遇の確保)へと重点を移した結果、履行確保についても相当の発展が見られます。第1に、相互主義が大きく後退しました。たとえば、「すべての場合」における条約の尊重と尊重確保が規定されるようになりました(ジュネーヴ諸条約共通第1条；第Ⅰ追加議定書第1条1、など)。また、条約違反を理由とする条約の終了または運用停止は「人道的性格を有する条約に定める身体の保護に関する規定、とくにこのような条約により保護される者に対する報復(形式の如何を問わない。)を禁止する規定については、適用しない」ものとされました(条約法条約第60条5)。さらに、人質を取ることは禁止されました(文民条約第34条；第Ⅰ追加議定書第75条2(c)(e))。

　この点でのもっとも特筆すべき発展は、復仇の大幅な制限でしょう。ジュネーヴ諸条約はすでに、各条約によって保護される者への復仇を禁止しました。第Ⅰ追加議定書の審議過程では、議定書と諸条約によって保護される人と物に対する復仇の全面的な禁止が提案されました。この提案こそ容れられなかったものの、同議定書では第2編によって保護される人および物(第20条)、文民たる住民または文民(第51条6)、民用物(第52条1)、文化財と礼拝所(第53条(c))、文民たる住民の生存に不可欠な物(第54条4)、自然環境(第55条2)、および危険な威力を内蔵する工作物・施設またはそれに近接する軍事目標(第56条4)への復仇が禁止されました。

　核兵器との関連でいえば、核兵器違法説にとっての最後の難問は、たとえその使用が違法であるとしても、違法な第1撃使用に対する同種復仇としての核の第2撃使用は合法と認めざるを得ないのではないかという問題です。核兵器意見は、「このような復仇に訴えるいかなる権利も、自衛と同じく、とりわけ均衡性の原則によって規律されるであろう」としかいいませんでした。しかし、ますます厳格化する制約にかんがみれば、同種復仇として合法的に核兵器を使用する可能性は、ほとんどないといっていいでしょう。この可能

　役割を果たすが、任命のために利益保護国となる国の他相手方交戦国の同意も必要であるため、これまで十分には活用されてこなかった。

性を完全に排除する道は、全面核軍縮をおいてないと考えられます。この意味でも、核兵器意見が最後に強調した全面核軍縮に向けて誠実に交渉を行いかつこれを完結させる義務（主文(2)F）の重要性を、確認することができると思われるのです。

　人道法の履行確保の特徴に話を戻すと、第2に第三者機関の関与がより広く認められるようになりました。たとえば利益保護国制度が整備された（文民条約第9条；第Ⅰ追加議定書第5条、など）ほか、赤十字国際委員会の役割が増大し（文民条約第10条；第Ⅰ追加議定書第81条、など）また、第Ⅰ追加議定書は初めて事実調査委員会の制度を設けました（第90条）。諸条約および議定書の重大な違反行為とその他の著しい違反の申立てを調査し、あっせんによって諸条約と議定書の尊重の回復を容易にすることをおもな任務とするこの事実調査委員会は、規定の数の締約国がその権限を受諾することにより1991年に発足しました。このほか、これは人道法のレベルの問題ではありませんが、賠償について国連が関与する事例が見られるようになりました（湾岸戦争後の国連賠償委員会（UNCC）〔⇒**第3回2.(1)**〕）。

　そして第3に、これは**第7回**に触れたことですが、戦犯処罰の性格が変化してきました。つまり、伝統的な戦争法における交戦国の平等確保を目的とする「権利」としての処罰から、ジュネーヴ諸条約の「重大な違反行為（grave breaches）」に関する締約国の「義務」（捕虜条約第129条以下等；第Ⅰ追加議定書第85条）としての処罰へ、さらにはICCによる処罰——ICC規程第8条は、とくに計画もしくは政策の一部としてまたは戦争犯罪の大規模な実行の一部として行われた戦争犯罪についての、ICCの管轄権を認めます——へ、という変化です。繰り返しになりますが、このような変化が、保護法益が戦争法における国の個別的利益から、人道法では個人の保護に関わる国際社会の一般的利益となったという発展を背景としていることはいうまでもありません。

＊　＊　＊

　時間の関係で、国際人道法の課題についてはほんの一言の余裕しかありません。適用範囲については、なお内戦への適用などについて問題を残すものの、戦争法から人道法への発展は目を見張るものがありました。人道法の二つの基本原則も、武力紛争の惨害を最低限にするための条件を満たしている

といえます。しかし核兵器の例が典型的に示すように、一般原則による禁止には解釈の余地や抜け穴が残されます。したがって、一般原則による禁止を条約による特定兵器の具体的な禁止によって補完し、さらには生物化学兵器や対人地雷のようにその製造や所有をも含めた完全な禁止、つまり軍縮にまで持っていくことが不可欠です。2000年5月に核不拡散条約(NPT)再検討会議が採択した「最終文書」も、「核兵器の完全な廃絶が、核兵器の使用または使用の威嚇に対する唯一の絶対的な保障である」ことを認めました。しかし残念ながら、核廃絶に向けての動きはその後も具体化していないようです。

　話を履行確保に戻せば、事実調査委員会やICCによる実施のような第三者機関の役割の強化については、なすべきことは少なくありません。そして最後に、このような努力は「いかなる侵略行為又は国際連合憲章と相容れない他のいかなる武力の行使をも正当化し又は許容するものと解することができない」(第Ⅰ追加議定書前文)ことを再確認しておきましょう。

【注】
1) **ルソー**(Jean-Jacques Rousseau, 1712～78年)：フランスの作家・啓蒙思想家。主著『社会契約論』(1762年)では、自然状態にある人間が、そこで有する自由と平等を最大限に確保するために結合契約＝社会契約によって社会を構成すること、このような社会、つまり国家においては人民の一般意志が絶対かつ最高のものであることを説いた。人民主権論者・革命的民主主義者として、フランス革命に思想的基礎を与えたとされる。

【参考文献】
ルソー、桑原武夫・前川貞次郎訳『社会契約論』岩波文庫、1954年。
田畑茂二郎『国際法(第2版)』岩波書店、1966年、第1章。
松井芳郎「核兵器と国際法――使用禁止を中心として――」『科学と思想』第59号、1986年。
同「国際司法裁判所の核兵器使用に関する勧告的意見を読んで」『法律時報』1996年11月号。
藤田久一『新版 国際人道法』(再増補)有信堂高文社、2003年。
大沼保昭編『戦争と平和の法――フーゴー・グロティウスにおける戦争、平和、正義――』〔補正版〕東信堂、1995年。
竹本正幸『国際人道法の再確認と発展』東信堂、1996年。
石本泰雄「交戦権と戦時国際法」『国際法の構造転換』有信堂高文社、1998年、所収。
柳原正治『グロティウス』清水書院、2000年。

第12回
世界の中で日本はどうする？
―― 国際法と日本の立場 ――

　本講義も終わりに近づき、今回と次回でまとめのお話をする順番になりました。その内今回は、国際法に関する日本の立場について考えます。もっとも、これまでのお話で取り上げてきた広範なテーマの各々について日本の立場を検討する余裕はありませんので、国際法のもっとも重要な課題の一つだと指摘してきた、平和を維持し戦争をなくすための国際法の発展に関して、日本がどのような態度をとりどのように行動してきたのかを中心にして、今回のお話を組み立てたいと思います。**表12・1**を参照して下さい。

1. 伝統的国際法と日本

(1) 日本の国際社会への参加

　第1回でお話ししたように、「鎖国」状態にあったといわれる江戸時代にも、日本は「四つの口」を通じて対外的な交流を行っていたのですが、これは当時の東アジア「国際」秩序の枠内のことで、日本のヨーロッパ国際秩序への参加の過程は、周知のように1854（嘉永7）年の日米和親条約に始まります。その後日本は、1858（安政5）年の日米修好通商条約を皮切りに合計15の欧米諸国と通商条約を結ぶのですが、このことによって日本のヨーロッパ国際秩序への参加が完了したわけではありません。

　第1に、伝統的国際法が一人前の国際法主体と認めるのは、資本主義的な経済関係の円滑な展開を保障できる法制度を備えた「文明国」だけで、この条件を満たさなかった当時の日本や中国などは、国内法に代わって経済活動の自由を保障する不平等条約のもとで、いわば半人前の国際法主体性しか認められませんでした。第2に、これらの諸条約は相手国国民の日本における居

表12・1　伝統的国際法期の日本と武力の行使

年　月	欧米諸国との関係	アジア諸国との関係
【幕末期】		
1853.07	ペリー提督が率いる「黒船」、浦賀に到着	
1863.07	米仏艦隊、下関を砲撃	
08	英艦隊、鹿児島を砲撃	
1864.09	四国連合艦隊、下関を砲撃	
【明治期】		
1868.01	(王政復古宣言)	
02	明治政府と幕府との内戦に関し、六か国中立を宣言	
1869.02	六か国、中立廃止を宣言	
1870.08	普仏戦争に関し中立を宣言	
1874.04		台湾出兵
1875.09		江華島事件
1879.04		琉球処分
1882.07		朝鮮で反日暴動、日本公使館を襲撃(壬午事変)
08		朝鮮と公使館保護のための駐兵を定める済物浦条約
1884.12		朝鮮で日本が支持するクーデタ失敗(甲申事変)
1894.06		朝鮮で東学党の乱、日中が出兵
07	(新日英通商航海条約、条約改正に成功)	
		日本軍、朝鮮王宮を占領
		日清戦争開始
11		日本軍、旅順で一般市民を殺害
1895.04		日清講和条約
	三国干渉	
10		朝鮮で日本人が画策したクーデタ失敗
1900.05		西欧諸国と中国に共同出兵(義和団の乱)
1904.02	日露戦争	
1905.09	日露ポーツマス講和条約	
11		日韓保護条約、朝鮮各地で反日暴動
1910.08		韓国併合条約
【大正期】		
1914.08	第1次世界大戦勃発。日本、中立を宣言するが後に参戦	
1915.05		中国と「二一か条要求」諸条約締結。中国各地に反日暴動
1918.01	シベリア出兵	
1919.03		朝鮮で独立運動(万歳事件)
05		中国で反日運動(五・四運動)
06	ヴェルサイユ講和条約署名	
1920.10		在留邦人保護を名目に間島に出兵
1922.02		中国に関する九か国条約署名

1923.03		中国、「二一か条要求」諸条約の廃棄を通告。日本の拒否により中国各地に反日運動
1925.05		青島の日本紡績工場のストに際して駆逐艦を派遣
12		「満州」へ出兵
【昭和期】		
1927.04		漢口に反日暴動、日本陸戦隊上陸
06		山東出兵
1928.04		第2次山東出兵
05		済南にて日中軍衝突、第3次山東出兵
07		中国各地で対日ボイコット運動
1928.08	不戦条約署名、日本、自衛権を留保	
12		(国民政府による中国統一実現)
1931.09		柳条湖事件により「満州事変」開始。中国、連盟に提訴
1932.01	米国、日中にスチムソン・ドクトリンを通告	
		日本軍、上海で中国軍を攻撃(上海事件)
03		「満州国」建国宣言。日本、09に承認
10	リットン委員会報告を連盟国に配布	
1933.02	連盟総会、リットン報告に基づく決議を採択。日本、03に連盟脱退を通告	
04		日本軍、中国北部に侵入。05に休戦協定。
1936.01		日本、中国駐屯軍司令官に北部における「自治」促進を指示
11	日独防共協定	
1937.07		蘆溝橋事件勃発、日本軍総攻撃へ
09	連盟総会、日本軍の中国都市爆撃を非難する決議	
10	連盟総会、日本の行動は九か国条約・不戦条約に違反と決議	
12		日本軍、南京を占領。南京虐殺事件発生
1938.07	日ソ間に張鼓峯事件	
12		近衛首相、日「満」支による「東亜新秩序」を声明
1939.05	日ソ間にノモンハン事件	
09	第2次世界大戦開始	
1940.09	日独伊三国同盟	
1941.04	日ソ中立条約	
12	対英米戦争開始	
1945.08	広島・長崎への原爆投下	
	ソ連、対日参戦	
	ポツダム宣言受諾。09に降伏文書署名	

資料:外務省編『日本外交年表竝主要文書・1840〜1945』原書房、1966年。

住と活動を開港場とその周辺および開市場に限定し、内地開放を実現しませんでした。この点は中国の不平等条約との最大の違いで、日本の経済的従属を防ぐのに役立つと同時に、内地開放は後の条約改正交渉において明治政府にとっての強力な切り札となったのです。

　「尊皇攘夷」を掲げて政権を獲得した明治新政府も、旧幕府勢力との内戦の中で条約相手国による政府承認を受けるためには、これらの諸条約を承継し国際法を遵守する態度を示さねばならず、また、当初は自らも同様の不平等条約を締結することを余儀なくされました。こうして条約改正は明治政府の最大の外交的課題となり、その下準備をおもな目的に1871(明治4)年から2年近くにわたって欧米諸国を歴訪した岩倉使節団は、弱肉強食の国際社会にあって列国と並立する、つまり条約を改正するためには、富国強兵と殖産興業が不可欠であるという教訓を学んで帰国しました。

　具体的には、このための政策の核心は「泰西の法理」に従った法典編纂でした。「文明国」のおもな要件は経済活動の自由を保障する法制度の整備でしたから、このことはその限りでは理にかなっていたといえます。ともあれ、1890年頃までには明治憲法を初め主要な国内法があらかた施行ないしは公布されます。このような背景のもとに、1894(明治27)年に新しい日英通商航海条約が署名され、これを皮切りに欧米諸国との条約改正が実現しました。このような過程は「脱亜入欧」と呼ばれますが、それはつまり、日本が東アジア「国際」秩序を脱してヨーロッパ国際秩序に参入したことを意味します。

　以上のような日本のヨーロッパ国際秩序への参入の過程は、武力ないしは戦争に訴えることを規制しない伝統的国際法の性格と、様々な形で絡み合っていました。日米和親条約がペリー提督が率いる黒船の武力による威嚇のもとに締結されたことはよく知られていますが、このような武力を背景に持たない米国の初代総領事ハリスも、通商条約の交渉に当たってはアヘン戦争＊を例に引いて「他人のふんどしで相撲を取る」ことを忘れなかったのです。また、「尊皇攘夷」の急先鋒だった薩摩や長州が「和平開国」に転じたのは、外国船への砲撃に対して手厳しい報復を受けたことをきっかけとしてでした。

　＊**アヘン戦争**(1840〜42年)：中国がアヘン禁輸政策をめぐって英国と戦った戦争。英国が勝利、その結果締結された南京条約によって列強の中国進出が本格化した。

逆に明治初期の日本も、何度か武力による威嚇や武力行使を行いますが、これらはすべて東アジア「国際」秩序の打破に向けられたものでした。明治日本の最初の武力行使は1874(明治7)年の台湾出兵でしたが、これは琉球の漁民が台湾で殺害されたことを理由とするもので、琉球と中国の朝貢関係を絶って「琉球処分」を進めることを目的としていました。そして「琉球処分」、つまり琉球の日本への併合自体が、琉球住民の抵抗を排して軍事力・警察力を背景に行われたものでした。

　日本はまた、ペリーの黒船外交をまねて朝鮮開国を実現します。1875年に日本の軍艦「雲揚」は朝鮮の首都ソウルに近い江華島付近で同島砲台の砲撃を挑発し、これを口実に日本は軍艦の護衛のもとに朝鮮に使節団を送って開国を要求、使節団は武力行使をちらつかせる強硬な交渉によって翌1876年に日鮮修好条規の締結にこぎ着けます。この条規は、**第1回**にも触れたように朝鮮の独立を規定しますが、日本の目的は朝鮮の中国との朝貢関係を打破して自らの朝鮮進出の道を掃き清めることで、この条規自体は日本に一方的な権利を認める典型的な不平等条約でした。

　欧米諸国に対する従順な国際法遵守の態度と比べてしばしば「二重基準」と評される、近隣のアジア諸国に対する日本のこのような強硬な外交政策は、東アジア「国際」秩序を脱してヨーロッパ国際秩序に参入するという、対欧米外交と同一の目的に規定されていました。さらにこの目的は、「文明国」だけを国際法主体とする伝統的国際法の差別と支配の構造に規定されていたのです。つまり日本は、後に旧社会主義国やアジア・アフリカ諸国が行ったように、伝統的国際法の差別と支配の構造を批判し克服する道を模索するのではなく、この構造を前提として被支配者から支配者へとはい上がる道を選んだのでした。

　もっとも、自由民権運動＊の思想家の間には、現在の目から見ても優れた伝統的国際法への批判が提起されていました。とくに注目されるのが、植木枝盛[1]の『無上政法論』(1883年)です。植木は、「無法無政の乱世」である当時の国際社会に対して、「萬国共議政府を設け宇内無上憲法を立つる」という対案

＊**自由民権運動**：明治前半期に政府の藩閥政治を批判して、人民の自由と人権の確立を主張した政治運動。国会開設、憲法制定、条約改正などに一定の影響を与えた。

を提示します。「萬国共議政府」は一種の国際機構ですが、その内容がきわめて興味深い。第1に、「萬国共議政府」は加盟国の主権と独立を擁護することを目的とし、それへの加盟と脱退は自由で、加盟に際しては国の政体・政治の如何は問われません。各国が同数の議員を出すことによって主権平等が保障され、国内の政治や法律への干渉は禁止されます。第2に、しかし、国の主権が自己目的とされることはなく、「国権」を護るのは「民権」を護るためだとされ、「萬国共議政府」の設立によって侵略の危険が少なくなれば、国を小分して弊害のある「代議政体」に代えて「直与政体」(直接民主主義)を採用することが可能となるとされます。そして第3に、少数民族や植民地人民の独立を認めてこれを保障し、発展の遅れた国の独立を保障することも「萬国共議政府」の役割とされます。

　このような構想は、国際連盟をはるかに越え、いくつかの点では国連をも超える、時代を先取りするものだったと評価できます。それだけにいっそう、この構想は当時の状況のもとでは空想的で、植木自身もそのことを知っていました。「萬国共議政府」は実行不可能だと批判する人は、「天地間の万物は皆悉く常に変遷する」ということを知らない、「然るに現時の状は是れ復た変遷する事なきものにはあらざるなり、必ずや将に大に変遷する事あらんとするものなり」、と彼はいいます。そうだとすればこの構想は、当時の国際社会を所与のものとして、ひたすらに自国をそれに適合させようとした明治政府の外交政策に対しては、もっとも根元的なアンチ・テーゼだったということができるでしょう。

(2) 近代日本、戦争、そして国際法

　前述の1894年の日英新条約の署名にきびすを接して、日清戦争が勃発します。この戦争における日本の戦争目的は、領土や戦費賠償金の獲得を別にするなら、朝鮮の独立の中国による承認つまり朝貢関係の否定と、中国における欧米諸国並みの特権の獲得でした。日清戦争は東アジア「国際」秩序の打破をめざしたこれまでの日本の武力行使の延長線上にあったのです。日本はこの戦争目的を、1895(明治28)年の日清講和条約とこれに基づく1896年の日清通商航海条約によって基本的に達成します。日中間にはすでに1871(明治4)

年の日清修好条規が存在したのですが、この条規は領事裁判権や協定税率を相互に認め合う奇妙な平等条約で、日本の強い希望にもかかわらず最恵国待遇や内地開放は認められず、この条規では両国はいわば東アジア「国際」秩序になお片足を残していたのです。このような状況が日清戦争とその結果である二つの条約によって打破され、日本のアジア諸国への本格的な進出がこれによって始まることになります。

　日本のこうしたアジア進出は、その後も武力に彩られていました。朝鮮を排他的な勢力圏のもとにおこうとする日本の政策が、ロシアの南下政策と衝突した結果が1904～05年の日露戦争でした。この戦争に勝利した日本は、1905(明治38)年のポーツマス講和条約によって朝鮮における「卓絶ナル地位」をロシアに認めさせ、やはり武力を背景に同年の日韓保護条約、さらには1910年の日韓併合へと進みます。また、第1次世界大戦のさなかの1915(大正4)年に日本は、中国に対して最後通牒の威嚇のもとに「二一箇条の要求」を基本的に承認させます。この経過について、二点コメントをしましょう。第1に、こうしたアジア諸国への進出の過程で、日本は欧米諸国の了解を取り付けることに腐心しました。日本はとくに米、英、そして一定の段階まではロシアとの関係で、相手国の勢力範囲の承認と引き替えに朝鮮や「満州」における日本の優越的な利益を承認させた上で行動したのです。第2に日本の行動は現在の目から見れば、政治的・道義的に大きな非難に値するのですが、議論の余地がある日韓併合条約を別にして、当時の国際法は基本的にはこれらを違法とはしませんでした。武力やその威嚇に訴えた日本の上記のような行動が、諸外国から国際法違反の非難を受けることはなかったのです。

　日本はまた、当時は戦時国際法を比較的よく遵守したというのが定説です。日清戦争から第1次世界大戦までの日本の宣戦布告は、「国際法ニ悖ラサル限リ」あるいは「国際条規ノ範囲ニ於テ」全力を尽くすように将兵に命じました。もっとも歴史学者の中塚明先生は、日清戦争の出発点だった日本軍による朝鮮王宮占領に関する公刊の『日清戦史』や『日本外交文書』の記事には著しい事実の歪曲があること、日露戦争の戦史編纂に当たっては「国際法違反又は外交に影響すべき恐ある記事は記述すべからず」という方針がとられていたことなどを明らかにして、日本が国際法を遵守したという定説には批判的検討

が必要だと指摘しておられます。たしかに、このような定説の成立過程の解明も含めて、「公式発表」の裏に隠されたこの点に関する真実を明らかにする課題が、歴史学や国際法学に課されているといわねばなりません。もっとも、日本の国際法違反が諸外国との重大な紛議をもたらした事例が知られていないことは事実です。それに日本は、条約改正に至るまでは「文明国」であることの証として、それ以後は伝統的国際法を守ることが基本的には日本自身の利益にかなったから、国際法を遵守するそれなりの理由を持っていたのです。

(3) 戦争違法化と日本

戦争に訴えることを規制しない伝統的国際法が日本の利益にかなったということは、裏返せば国際連盟規約に始まる戦争違法化が日本にとっては歓迎されないものだったことを意味します。実際、日本は戦争違法化に無関心ないしは冷淡な態度をとりました。連盟規約を起草したヴェルサイユ会議での日本の最大の目的は、中国山東省におけるドイツの旧権益の獲得であり、日本代表団は山東省が規約第22条が規定する委任統治のもとにおかれるなら規約には署名しないよう訓令されていました。同会議の全権の１人牧野伸顕は、連盟が成立して日本の主権が束縛されるのが一番いやな思いだったと語ったといわれます。

1928年の不戦条約に関しても、日本でもっぱら論じられたのはそれ自体法的に意味がない第１条の「人民ノ名ニ於テ」が、条約締結に関する天皇の明治憲法上の大権を犯すかどうかという問題であり、この条約による侵略戦争の禁止が有する歴史的意義についてではありませんでした。田中義一外相は、不戦条約への署名は「帝国ノ平和ニ誠実ナル態度ヲ中外ニ宣揚スル」ものであり、「条約本来ノ性質カ精神的効果ヲ主トスルモノ」と語りました。つまり日本は、不戦条約への参加に宣伝の効果しか期待していなかったのです。

田中外相はまた、「戦争ヲ抛棄スルト云フモ国家ノ存立ハ犠牲ニスルコトハ出来ヌ」として、不戦条約は自衛権を否認するものではないという考えを示しました。不戦条約の締結に際して、英、米など自衛権を留保する態度を表明した国は少なくありませんでした。しかし、当時の日本の自衛権理解は、きわめて広範なものだったことに注意しなければなりません。たとえば1927

(昭和2)年に外務省が開催した東方会議の「対支政策綱領」は、中国において「不逞分子」による日本の権利利益や日本人の生命財産への不法な侵害の「虞」があるときには「自衛ノ措置」をとり、「満蒙」において日本の「特殊ノ地位権益」に対する侵害の「虞」があれば、「機ヲ逸セス適当ノ措置」をとると述べました。こうした日本の自衛権理解は、保護法益を在外自国民の生命財産だけでなく自国の権利利益から「特殊ノ地位権益」にまで拡大したことや、権利侵害の「虞」への先制的自衛を主張し、さらには国だけではなく「不逞分子」による権利侵害までを対象とした点などにおいて、19世紀的な自己保存権に類するもので、連盟規約や不戦条約による戦争違法化をほとんど無意味とする性格のものでした。

実際、第1次世界大戦以後の日本による中国への武力行使は、しばしば在外自国民の生命財産を保護するための自衛権の行使として説明されました。何よりも1931(昭和6)年に始まる「満州事変」における日本の正当化事由が、上記のように広範に理解された自衛権だったことはよく知られています。松田竹男さんによれば、不戦条約への自衛権の留保は、まさにこのような中国における行動を自衛権で説明するためだったといわれます。

注意するべきことは、このような日本の自衛権主張は欧米列強にとって一定の限度までは容認できるものだったということです。第1次世界大戦のどさくさに紛れて日本が「二一箇条の要求」によって中国で獲得した特権的な地位の多くは、1922年のワシントン会議の諸条約によって放棄を余儀なくされ、「中国に関する九か国条約」は中国の主権・独立と領土的・行政的保全の尊重、中国における機会均等と優越権の設定禁止などを規定しました。こうして「ワシントン体制」は、中国市場をめぐって各国の商品と資本が経済の論理をもって競争する枠組を設定したのですが、日本の中国への進出がこの枠内で行われる限りは、つまり自国民の生命財産の保護という形で武力が経済の論理を支えるために用いられる限りは、それは欧米列強によって容認できるものだったのです。

「満州事変」をめぐる国際連盟の初期の討論でも、日本の自衛権主張は、日本と同様に中国における民族主義の高揚に根深い反感を抱いていたヨーロッパ列強に、基本的には容認されていました。しかし、日本の武力行使がこの

限界を超えて「満州国」の樹立という形で中国における排他的な特権の獲得に向かうと、列強ももはやこれを容認できません。連盟が設置したリットン調査委員会は日本の自衛権の主張を否定し、「満州国」の樹立は日本の策動によるものと認めました。連盟総会が1933年2月に同委員会の報告に基づく決議を42－1（日本）－1（シャム）で採択すると、日本は連盟を脱退、国際社会における日本の孤立は決定的となるのです。

これ以後、1937年に始まる「日華事変」でも、日本はなお自衛権を援用しようとします。また、これまでの中国への武力侵略に際して日本が戦意を表明せずこれを「事変」と呼んだのは、それによって連盟規約や不戦条約の「戦争」禁止を免れようとしてでした。つまり日本は、戦争違法化という歴史の流れに抗して、伝統的国際法の枠内で保守的ないしは反動的に行動しようとしたのでした。「日華事変」以降、日本の立場が伝統的国際法をもってしても絶対に正当化し難くなるに及んで初めて、ナチ・ドイツの「広域国際法」と同様に伝統的国際法に対して破壊的な、「大東亜国際法」の議論が登場したのです。

2. 国際社会における日本国憲法

国連憲章は国際関係による武力行使と武力による威嚇を原則として禁止するとともに紛争の平和的解決を義務づけることによって、国際法における武力行使禁止原則を確立しました。他方日本国憲法は、前文において平和主義・国際協調主義をうたい、第9条では国権の発動たる戦争と国際紛争を解決する手段としての武力行使および武力による威嚇を放棄し、陸海空軍その他の戦力を保持せず国の交戦権を認めないことを規定しました。

これら二つの文書は、国際関係における武力の行使と武力による威嚇を除去しようとしてきた人類の長年にわたる努力と、第2次世界大戦の経験とを共通の背景としています。そしてこれらは、武力がものをいうことがない世界を創るという目的をも共有するのですが、しかし、この目的を実現するための方法では異なっていました。すなわち国連憲章は、侵略者に対して最後の手段としてではあれ軍事的強制措置を想定する集団安全保障を規定しました。これに対して日本国憲法は、すべての戦力の不保持を定めたのです。

この方法論の違いには、二つの原因があったように思われます。第1に、国連憲章と日本国憲法とでは、その採択をめぐる歴史的な立場が異なっていました。国連憲章が第2次世界大戦における侵略者に対する連合国の共同の戦争努力にその源を有していたのに対して、日本国憲法は侵略者だった国の国民としての日本人の真摯な自己批判に動機づけられていたのです。第2に、国連憲章が広島・長崎に対する原爆投下に先立つこと六週間の1945年6月26日に採択された、いわば核時代以前の産物だったのに対して、日本国憲法は悲惨な被爆体験を踏まえて起草されたものだったという事実も重要でしょう。日本国憲法の背後にあるこのような被爆体験は、憲法を審議した帝国議会衆議院における芦田均憲法改正案委員会委員長の次のような説明に、よく表れていたといえます。

　　「我が新憲法の如く、全面的に軍備を撤去し、総ての戦争を否認することを規定した憲法は、恐らく世界に於て之を嚆矢とするでありません。近代科学が原子爆弾を生んだ結果、将来万一にも大国の間に戦争が開かれる場合には、人類の受ける惨禍は測り知るべからざるものがあることは、何人も一致する所でありません。我らが進んで戦争の否認を提唱するのは、単り過去の戦渦に依つて戦争の忌むべきことを痛感したと云ふ理由ばかりではなく、世界を文明の壊滅から救はんとする理想に発足することは云ふまでもありませぬ。」

　さて、日本国憲法の国際的な位置を考えるためにはもう一つ、前文が平和的生存権を認めたことを忘れてはなりません。前文は「われらは、平和を維持し、専制と隷従、圧迫と偏狭を地上から永遠に除去しようと努めてゐる国際社会において、名誉ある地位を占めたいと思ふ。われらは、全世界の国民が、ひとしく恐怖と欠乏から免かれ、平和のうちに生存する権利を有することを確認する」と述べました。つまり日本国憲法が追求しようとした平和は、単に戦争がないという意味での消極的平和ではなく、すべての人が圧制や人権侵害、貧困などから解放される積極的平和だったのです。

　国連憲章もまた、平和の維持だけでなく、人民の同権と自決の原則の尊重に基礎をおく諸国間の友好関係を発展させることや、経済的・社会的な国際問題を解決し人権と基本的自由を尊重するよう助長・奨励することについて

国際協力を達成することを目的に掲げました（第1条2、3）。したがって、この点でも日本国憲法と国連憲章は同じ思想的基盤に立っていたといえます。しかし、消極的平和に対比される積極的平和が国際政治学や平和学において議論されるようになるのは1960年代後半から70年代になってからであり、国連がいわゆる第三世代の人権〔⇒**第6回2．(3)**〕の一つとして平和的生存権を取り上げるようになったのは70年代の半ば以降のことでした。したがって、早くも1946年に平和的生存権をうたった日本国憲法は、時代を20〜30年も先取りしていたといえるでしょう。

3．安保体制の展開

2．で、国連憲章と日本国憲法とは同じ歴史的背景を共有し、同じ目的を追求するものだといいましたが、実はこれら二つの文書にはもう一つ共通点があります。それは、二つともその成立以来、決して規定通りには適用されてこなかったという残念な歴史です。ここでは、この歴史のいわば結節点である、日米安保体制の展開を簡単に振り返りましょう。

(1) 52年安保体制

日米安保体制の起源は、1951年に講和条約とともに署名され52年に発効した「日本国とアメリカ合衆国との間の安全保障条約」（52年安保条約）にあります。講和条約第5条(c)は、日本が国連憲章第51条に掲げる個別的・集団的自衛権を有し「集団的安全保障取極」を締結できることを認め、また、同第6条(a)は占領軍の撤退を規定しながら、協定に基づく外国軍隊の駐留をその例外としました。52年安保条約はこれらの規定を受けて、アメリカ占領軍が看板だけを掛け替えて日本駐留を継続することを認めるものだったのです。

52年安保条約は、国連憲章第51条の集団的自衛権に基づく軍事同盟ではなかったことに注意しなければなりません。米国は、上院のヴァンデンバーグ決議によって「自助と相互援助」を軍事同盟を結ぶ条件としたのですが、軍備を放棄した当時の日本にはこの条件が欠けていました。そこで52年安保条約は、米軍の日本防衛義務を明記しない替わりに日本も基地貸与とそれに伴う

もの以外には軍事的義務を負わないという形をとりました。つまり同条約は、一種の基地貸与条約だったのです。もっとも同条約は、前文で日本の防衛力漸増を期待し、また第4条では条約を暫定的なものとしていましたから、将来日本の軍事力増強を待って軍事同盟条約へ転化することが予定されていたことが理解されます。

日本の軍事力は1952年には警察予備隊から保安隊へ、1954年には自衛隊へと、増強の道をたどります。日本はまた、1954年の相互防衛援助(MSA)協定によって、初めて軍事力増強の法的義務を引き受けました。このような背景のもとに日本の支配層は、52年安保条約の「片務性」の解消、つまり米軍の日本防衛義務を明記する安保改訂を追求するようになります。他方、国民は安保条約第1条の内乱条項＊や行政協定における米軍の様々な特権に象徴されるような、安保条約の「不平等性」への批判を強め、1950年代には内灘、砂川など基地反対闘争が広範に戦われました。こうして日本の政府・支配層は、国民の安保批判を逆手にとって安保改訂を進めることになったのです。

(2) 60年安保体制とその展開

普通は「安保改訂」と呼ばれますが、1960年の「日本国とアメリカ合衆国との間の相互協力及び安全保障条約」(60年安保条約)は、52年条約の改訂ではなく軍事同盟を規定する新条約です。安保の軍事同盟化は、憲法の立場に立って安保批判を強めてきた国民の願望とは正反対のもので、このような安保改訂は歴史的な国民の反対運動＝安保闘争に迎えられます。そして、日本国憲法とそれを根拠とする広範な国民の運動は、60年安保条約に通常の軍事同盟にはないいくつかの特徴を与えることになりました。

軍事同盟の核心である共同防衛を定める第5条は、「日本国の施政の下にある領域における」武力攻撃への共同防衛を規定し、これは「締約国の一又は二以上に対する」武力攻撃への共同防衛を約束するNATO条約第5条とは異なっています。この違いは、日本国憲法第9条が認める自衛権は個別的自衛

＊内乱条項：在日米軍を、外国の教唆・干渉による日本における大規模な内乱・騒じょうの鎮圧のために、日本政府の明示の要請に応じて用いることができるという規定。独立国にあっては、内乱の鎮圧に外国軍隊の援助を受けることを規定する条約はまれである。

権だけで集団的自衛権は含まないから、と説明されました。つまり政府によれば、第5条の共同防衛は日本にとっては個別的自衛権、米国にとっては個別的・集団的自衛権の行使だというのです。しかしこのような説明は、国際法の立場からは成り立ちません。「日本国の施政の下にある領域における」米軍への攻撃は、日本にとっては武力攻撃ではなくて領域侵犯に過ぎない場合もあり、このような場合の共同防衛は日本にとって国際法上は集団的自衛権でしか正当化できないからです。

　また、「極東における国際の平和及び安全の維持に寄与するため」に米軍に在日基地使用を認める第6条の「極東条項」は、米国にとっては世界戦略の中に位置づけられる同盟条約の中心的な規定ですが、日本を無関係な戦争に巻き込むことになるという広範な批判を受けました。その結果、第6条の実施に関する交換公文は、①米軍の配置における重要な変更；②米軍の装備における重要な変更(核の持ち込み)；③戦闘作戦行動の基地としての在日基地の使用、の三点は事前協議の主題とすると規定しました。政府は③について、日本の平和と安全に関係ない事態ではNoというと説明しましたから、当時の安保条約は日本にとっては自国の平和を守るためのものと位置づけられていたことになります。しかし、②や③は軍事同盟の円滑な作動にとっては障害以外の何ものでもなく、言い換えれば国民の運動によって安保体制に対して外から押しつけられたものでしたから、実際には次々に骨抜きにされていき、今日まで一度も適用されたことがありません。

　このような60年安保条約は、1972年の沖縄返還に伴って実質的に改訂されます。ここでは米軍は抑止力として位置づけられ、局地防衛の任務は自衛隊が果たすという役割分担が明確にされただけでなく、韓国・台湾に関する事前協議では日本は事実上Yesと答えることを約束し、こうして安保体制は「極東」安保へと変質したのです。さらに1980年代になると、安保条約はしばしばNATOとともにアメリカの世界戦略の二本の柱と形容されるようになり、その「世界」安保化が指向されます。しかし他方では、たとえば1978年の旧ガイドラインでは、共同作戦計画の中心は「日本有事」にあり、「極東有事」は将来の課題として残されていました。

　なお、以上のような過程で何度か、日米間の「密約」の存在が取りざたされ

てきました。たとえば、上記の第6条交換公文における②の核の持ち込みについては、核兵器を搭載した艦船の一時寄港は含まないとの密約が、また、沖縄返還に際しては緊急事態において核兵器の再持ち込みを認める密約が、それぞれ存在すると指摘されてきました。従来は政府はこうした密約の存在を否定してきたのですが、外務大臣の委嘱によってこの問題を調査した有識者委員会の『いわゆる「密約」問題に関する報告書』(2010年3月)は、前者については「広義の密約」があったことを認め、後者については委員会が定義する「密約」には該当しないものの、密約と指摘されてきた日米共同声明に付属する合意議事録の存在を確認したのです。つまり、安保体制の運営は根幹部分において国民の目から隠されて進められてきたのであり、こうした安保の暗部から私たちは目をそらしてはならないでしょう。

(3) 安保体制の現段階

1990年代に入って、ソ連・東欧圏の社会主義国が崩壊しワルシャワ条約が解体すると、西側陣営の軍事同盟であるNATOや日米安保は、仮想敵国を失って正当化根拠に苦しむようになります。それではこれらは、この困難にどう対処しようとしたのか？　NATOの場合は、場合によっては国連と協力しつつ、また、時によっては国連を出し抜いてでも、武力をもって地域紛争に対処し地域の「安定」を図ることに活路を見いだそうとしてきました。旧ユーゴ紛争ではNATOは安保理事会の授権決議を受けて、経済制裁の監視と実施、ボスニア・ヘルツェゴビナにおける飛行禁止区域の実施、UNPROFORに対する空軍力による支援などの役割を果たし、コソボ危機では国連をバイ・パスして「人道的干渉」に走りました〔⇒第2回2.(2)〕。また、2011年のリビア危機では安保理決議を受けて禁輸や飛行禁止区域の実施のために海空軍力を用いています。

2010年11月に採択されたNATOの「戦略概念」は、このような自らの新しい役割を次のように説明します。すなわち、今日では欧州・大西洋地域は平和であり在来型の攻撃の脅威は低いが、ミサイルと核兵器の拡散、テロリズム、同盟の境界外の不安定や紛争、サイバー攻撃など、欧州・大西洋地域の安全保障に対する脅威は予測困難であり、同盟は引き続き危機の防止、紛争の

管理および紛争後の状況の安定化のために貢献する、と。こうしてNATOは、引き続き危機管理と安定化要因としての役割に活路を見出そうとしているのですが、そうだとすればNATOは憲章第51条の集団的自衛権を根拠とする軍事同盟としての性格を背景に退けることになります。実際、「戦略概念」は「同盟はいかなる国もその敵であるとは考えない」というのです。

他方、日米安保の場合も「安定要因」としての役割が強調されるようになります。1997年9月に合意された「日米防衛協力のための指針（新ガイドライン）」では、「安定要因」としての日本の任務は平和維持活動等における協力、安保理決議に基づく船舶臨検などを含み、「周辺事態」における協力としては米軍への補給・輸送などへの協力、機雷除去などが謳われます。これらの場合には、日本は武力攻撃の対象ではないことに注意しなければなりません。つまり安保条約もNATOの場合と同様に、武力攻撃によらざる危機を管理する役割を果たそうとしており、この意味でNATOとともに引き続き米国の世界戦略の二本の柱なのです。そして、こうした日本の役割を現実化するために、PKO協力法（1992年）に始まって関連国内法が次々に制定されてきました。また、1991年のペルシャ湾における掃海活動のための派遣に始まる自衛隊の海外派兵は、米軍の後方支援、災害救助、PKOへの参加、海賊対処などの目的でほとんど日常化し、2011年にはジブチに初の常設海外基地が設けられました。

(4) 安保体制と国連憲章

それでは、以上のように展開してきた安保体制は、国連憲章とどのような関係に立つのか？　安保条約のような軍事同盟は婉曲語法では集団防衛条約と呼びますが、保守政治家や体制側の学者が、集団防衛条約は国連憲章が規定する集団安全保障と同じもの、あるいはそれを補完するものだと論じることがあります。しかし、これは明白な誤りです。第10回でお話ししたように、軍事同盟は外側に仮想敵国を持つ「対外的指向性」が特徴であるのに対して、集団安全保障は内部において潜在的な侵略者に対処するという「対内的指向性」を特徴とし、両者は思想的系譜をまったく異にするからです。逆に、安保条約は国連憲章に違反するという意見がありますが、これも誤りだといわ

ねばなりません。安保条約は国連憲章第51条の集団的自衛権を根拠にしており、この事実は日本国憲法上重大な問題を生じますが、国連憲章ないしは国際法の上では違法だとはいえないのです。

　それでは、集団的自衛権とはどのような権利なのでしょうか。明文でこれを規定したのは憲章第51条が初めてで、これについては以下の三つの理解があります：①同じ国から同時に攻撃を受けた複数の国が個別的自衛権を共同で行使する権利；②攻撃を受けた国を援助する第三国の権利；③ある国が攻撃を受けることによって自国の死活の利益が侵害されたと判断する国がこの死活の利益を守るために武力を用いる権利。これらの理解のうち、①は個別的自衛権と並んで集団的自衛権を規定した憲章第51条の文言と両立せず、また、②は「自」衛権といえないばかりか第三国による干渉戦争の危険もあるので、一般には③の理解が支持されているということができます。

　確かに③の理解によると、守られるのは自国の死活の利益ですから、「自」衛の論理によって説明が可能のように見えます。しかしこの場合には、集団的自衛権を発動する国自身は武力攻撃を受けているわけではなく、死活の利益の侵害という定義上主観的な判断に基づいて武力が行使されるわけですから、濫用の危険は明らかです。このような濫用を危惧したICJはニカラグア事件判決で、集団的自衛権を基本的には②の線に沿って理解し、被攻撃国が自ら攻撃を受けたと自認していること、および、被攻撃国からの援助要請があることを、集団的自衛権行使の要件としました。もっとも、ICJの苦心はよく理解できるのですが、このような議論が実定法の解釈として妥当するものかどうかについては、残念ながら疑問があるといわざるを得ません。

　このように、集団的自衛権は個別的自衛権に輪をかけて濫用の危険が大きい——しかも、濫用するのは世界中に「死活の利益」の網の目を拡げた大国に限られる——概念なのですが、それだけではなく、集団的自衛権を根拠に軍事同盟が結ばれると、集団安全保障では不定・未必の敵だったものが特定・常時の敵となります。また、日米安保やNATOのように常任理事国が加盟する軍事同盟が自衛の名のもとに武力を行使すれば、安保理事会がこれを止めさせる手だてはありません。つまり集団的自衛権を基礎とする軍事同盟は、憲章の明文に違反するものではないとしても、その理念とは決定的に矛盾し

現実にもその基礎を掘り崩すものとして機能してきたことは明らかなのです。
　ところで、先に見たように冷戦後になると日米安保もNATOも、地域における安定と危機管理を指向するようになります。この場合は加盟国に対する武力攻撃は想定されていないから、こういった活動を自衛権で正当化することはできません。国連憲章は、平和維持に関して地域的行動に適する事項を処理するために「地域的取極又は地域的機関」を設けることを認めています(第52条1)が、これらによる強制措置の発動には安保理の許可がいるものとしています(第53条1)。日米安保もNATOも「地域的取極又は地域的機関」ではありませんが、だからといって憲章の制約を免れるわけではなく、自衛権行使以外の安保理の許可を得ない武力行使は、明白に憲章に違反します。国連の統制を離れたこのような地域的危機管理は、いわば警察をさしおいて町の治安の維持を何々組が引き受けるようなもので、国連体制ととうてい両立するものではありません。

4. 現代国際社会における日本の役割

(1) 基準としての日本国憲法

　以上で戦争と平和の問題を素材に、国際社会における日本の立場の150年の歴史を駆け足で見てきました。そこで今日のお話の締めくくりとして、現代国際社会における日本の役割をやはり同じ素材を中心にして考えたいと思います。私は、実は政策提言というやつは大変苦手なのですが、「世界の中で日本はどうする」というテーマを掲げた以上はそうもいっておれませんので、以下で若干の問題提起を試みます。
　たとえば日本のODA政策は、しばしば「顔がない」と批判されてきました。また、日本の外交官は「何を考えているのか分からない」という印象を、交渉の相手方に与えるといわれます。このような批判の原因は、日本の外交政策が時々の個別的な利益とくに経済的な利益に流されたり、安保体制の維持を至上命令として同盟国の言いなりになってきたことにあると思われます。どのような国でも、自らの明確な政策基準——もちろん、国際社会に共通の価値に依拠するもの——を持たずに行き当たりばったりの外交政策を展開す

国は、たとえその時々において強力な軍事力や経済力によって目的を達することができたとしても、長い目で見れば国際社会の尊敬を勝ち得ることはできないでしょう。

　それでは、日本にとってこの基準とは何か？　とりわけ戦争と平和に関わる問題について日本の政策のこのような基準とならねばならないのは、日本国憲法をおいては他にありません。2. で見たように、日本国憲法と国連憲章とは歴史的背景を共有し、また共通の目的を追求するものですから、憲法に依拠した日本の対外政策は同時に国連憲章の目的を追求するものともなり、したがって国際社会の幅広い支持を集めることができます。他方、国の対外政策は国民のコンセンサスに支えられるのでなければ長期的には成功しませんが、日本国憲法の精神については改憲論者でも今ではあえて異を唱えようとはしませんから、憲法に基づいた対外政策が国民のコンセンサスを得ることができることも確実です。

　このような観点から、以下では国連がこれまでに平和の維持・回復や平和構築のために展開してきた活動に、日本がどのように関与するべきかについて考えることにします。

(2) 集団安全保障と日本

　2. で述べたように国連憲章と日本国憲法とでは、平和を実現するための方法論が異なっていましたが、憲章の軍事的強制措置は「国権の発動たる戦争」でも「国際紛争を解決するための手段」としての武力行使でもありませんから、憲法第9条1とは矛盾しないと論じることが可能です。しかし、第9条2はすべての戦力の不保持を規定しますから、日本は軍事的強制措置に参加する手段は持たないことになります。このことは、歴代の政府の憲法解釈でも認められてきました。

　たとえば貴族院帝国憲法改正案特別委員会において、第9条の発案者といわれる国務大臣幣原喜重郎は、「国際連合の趣旨目的と云ふものは実は我々の共鳴する所が少くない〔……〕から、我々は協力するけれども、併し我々の憲法の第九条がある以上は、此の適用に付ては我々は留保しなければならない。即ち我々の中立を破って、さうして何処かの国に制裁を加へると云ふのに、

協力をしなければならぬと云ふような命令〔……〕それは到底出来ぬ、留保に依つてそれは出来ないと云ふ方針を執つて行くのが一番宜からう〔……〕」と述べていました。実際、1952年6月16日付の日本の国連加盟申請書は、「日本政府はここに国際連合憲章に規定する義務を受諾し、利用可能なすべての手段によってこれらを尊重することを約束する」という、岡崎勝男外相の「宣言」を伴っていました。正式の留保といえるかどうかは別にして、この宣言が、「利用可能」でない手段つまり軍事力による国連協力はできないという、当時の日本政府の意図を示していたことは明らかです。

　このような憲法解釈は、近年、「国際貢献」論者によって批判されています。彼らは、日本は国連に加盟した以上軍事的強制措置に参加する義務があるから、これを可能とするように憲法を改正し、あるいはその解釈を改めるべきだというのです。しかしこのような憲章解釈が誤りであることはすでに述べました〔⇒第10回3. (1)〕。しかも、こういった人々はやはりすでに指摘した「二重基準」、一般市民の犠牲など、国連の集団安全保障の限界を無視しています。このような限界を考えるなら、日本が憲法を改めて国連の軍事的強制措置に参加する理由はまったくありません。むしろ日本は、以下のような形で現行憲法のもとで集団安全保障に協力することができるのです。

　第1に、強制措置、とくに軍事的強制措置の発動が最後の手段であるとすれば、それ以前の段階で日本は紛争の平和的解決のために努力するべきです。このことはもちろん、自国が抱える国際紛争を平和的に解決するだけでなく、他国間の紛争解決を助けることも含みます。この点に関しては、日本がカンボジアの和平プロセスに積極的に参加したことは、積極的に評価することができます。第2に日本は、憲章第41条に従ってとられる非軍事的強制措置には参加する義務を負っています。この義務の履行のためには、外為法が特別の規定をおいています。これとの関連では、日本はまた経済制裁の実施によって特別の困難に直面した国に対する援助（憲章第50条参照）を積極的に行うべきです。

　第3に、もう少し視野を広げると、日本は国連の集団安全保障の欠陥を正すためにも多くのなすべきことを持っています。たとえば、安保理事会の構成と活動を民主化してその「二重基準」を減少させることは、集団安全保障の

正統性を向上させこれに対する普遍的な支持を獲得するためには不可欠です。日本の常任理事国入りがこの目的を追求するものなら、私はその限りではこれを支持したいと思います。

　この点との関連でとくに強調したいのは、軍縮、とくに全面核軍縮を実現する——それは、国連の集団安全保障における「二重基準」を減少させるために不可欠なだけでなく、それ自体が平和の実現のために緊急の課題です——ために、唯一の被爆国であり平和憲法を有する日本がとくに重要な役割を果たすべきだということです。日本はこれまで軍縮の分野で一定のイニシアチブをとってきましたが、これらの努力は今のところもっぱら発展途上国の軍備に向けられたもので、大国の軍縮、とくに核兵器の廃絶には、日本は一貫してきわめて消極的でした。これは安保体制のもとで日本が核抑止の考えに固執してきたからですが、冷戦終結によって核抑止論がその外見上のもっともらしささえ失った現在、思い切った発想の転換が緊急に求められているといわねばなりません。

　そして、何よりも「まず隗より始めよ」。すでに量的にも質的にも有数の軍事大国となっている日本が、自ら真剣な軍縮努力に取り組むことなしには、この分野での日本のイニシアチブは世界の信頼を得ることはできないでしょう。この点で気になるのは、非核三原則をめぐる動きです。非核三原則とは「核兵器をもたず、つくらず、もち込ませず」を内容とし、沖縄返還を契機に政府首脳の発言や国会決議などで「国是」として認められてきたものです。ところが前述のように、日米間には核兵器を搭載した艦船の一時寄港は核の持ち込みには含まないとの密約があったことが明らかになりました〔⇒ 3. (2)〕。そしてこれを契機に、米国の核の傘に依存する日本としては核兵器搭載の艦船の一時寄港は非核三原則から除外して、これを「非核二・五原則」とするべきだという主張が浮上したのです。除去されるのは「〇・五原則」にすぎないと考えてはいけません。「核兵器をもたず、つくらず」は日本にとっては、核の利用を平和目的に限る1956年の原子力基本法が求めるところであり、日本が1976年に核拡散防止条約を批准することによりその国際法上の義務ともなりました。つまり、「もち込ませず」を上のような形で刈り込むとすれば、それは非核三原則の全面的な否定に近く、それが曲がりなりにも核廃絶に向け

ておぼつかない歩みを始めた冷戦後の国際社会の動向に、真正面から矛盾することはいうまでもありません。

　この点の最後に、湾岸戦争以後一般化しつつある、安保理決議が加盟国に武力行使を「授権」する方式に触れましょう。授権された武力行使に対して安保理事会が統括を行わない限りは、これは集団安全保障の措置ではありません。つまりそのような武力行使は国連活動ではなくそれへの協力は国連協力ではなくて、武力を行使する個々の加盟国への協力だということになります。こうした武力行使に憲章上の根拠があるとすれば、それは集団的自衛権をおいて他にありません。つまり、安保理事会が当該の武力行使は確かに集団的自衛権の行使だという「お墨付き」を与えるのです。憲章上の根拠が怪しいとすれば、授権された武力行使に参加することは憲章の権威を損なうことになり、日本だけでなくいかなる加盟国もこれを行うべきではありません。他方、このような武力行使の憲章上の根拠が集団的自衛権にあるなら、日本は政府解釈によってもこれを持ちません。つまり授権された武力行使への協力は、どのような意味でも日本にとってはまったくの論外なのです。

(3) 平和維持活動と日本

　第10回でお話ししたように、平和維持活動(PKO)は現実の必要性が生んだ経験上の産物で、憲章上の明文の根拠規定を持ちませんが、関係国の同意、武器使用の自己防衛への限定、中立と受け入れ国の内政への不干渉、国連による統括など、経験が生み出した一定の原則を遵守する限りは憲章に適合するものとして、加盟国の一般的な承認を得てきたといえます。したがって、「第二世代」のPKOの一部のようにこうした原則、とくに同意原則が維持されないようになると、その憲章適合性には重大な疑問が生じることになり、このようなPKOへの参加はかえって憲章の権威を傷つけることになります。

　この点で日本のPKO協力法は「国際連合平和維持活動」の定義として国連の統括、停戦合意、紛争当事者の同意などを挙げており(第3条1)、一応PKOの憲章適合性を確保するものとなっています。しかし、日本国憲法との関係はどうか？　憲法学者の間では自衛隊のPKO参加は違憲だというのが通説で、たとえば奥平康弘先生は次のように述べられます。PKOによる

武力の使用は憲法第9条1が放棄した「国権の発動たる戦争」ではないかも知れないが、自衛隊をPKOに派遣する国の行為は「国権の発動」以外の何ものでもなく、したがって憲法によって禁止されている。憲法が禁止するのが自衛のために必要な範囲を越える「戦力」だとしても、純軍事的な性格の活動に従事するPKOに派遣される部隊は「戦力」そのものであり、したがって憲法第9条2によって禁止される、と。

このような議論は、国際法の立場から見れば必ずしも説得的ではありません。PKOの行動は部隊派遣国にではなく国連に帰属するものであり、また軍事的強制措置と同様に「国権の発動たる戦争」でも「国際紛争を解決するための手段」としての武力行使でもないからです。しかし、問題はここにではなく、派遣される自衛隊そのものの合憲性にあるというべきでしょう。かつて田畑茂二郎先生は、「〔PKO〕のような性格をもつ国連軍に参加することそのことだけを切り離して論ずるならば、憲法の平和主義と矛盾しないということも可能であろう。しかし、国連軍に参加する軍隊は、この場合においても、やはりそれぞれの国家の軍隊としての性格を保持しつつ参加するのであって、憲法九条の下において軍隊をもつことが許されるかどうかという問題を予め解決することなしに、これだけを切離して捨象的に論ずることはできないからである」といわれました。

自衛隊自体の合憲性については、学者の間にも国民の間にも深刻な対立が続いています。この論争の中にあって、「国際貢献」の名のもとに自衛隊のPKO派遣を進めてきた人たちの少なくない部分が、自衛隊の存在を国連の名のもとに正統化し、そうすることによって将来日本自身の目的のために自衛隊を海外派兵することに道を開こうと目論んでいたことは否定できません。そうだとすれば、既成事実の積み重ねによって弱められてきたとはいえ、なお多くの国民が自衛隊のPKO派遣に反対しあるいは重大な疑義を呈し続けていることには、十分な理由があるというべきでしょう。そして、このような世論の分裂を背景とした対外政策が、決して有効なものではないことには前にも触れたところです。

だからといって、私は日本のPKOへの参加・協力にすべて反対するのではありません。冷戦後の国際社会では、激発する地域紛争と人間の悲劇を目

の当たりにして、PKOへの期待がかつてなかったほど高まっており、PKOの活動が憲章に適合する限りにおいて、日本は憲法の国際協調主義の立場からこれに積極的に参加・協力するべきです。しかしこのために、憲法上の重大な疑問があり国民の反対も根強い自衛隊の派遣を行うことは、必要ではありません。「第二世代」のPKOが著しくその任務の範囲を拡大した結果、行政官、選挙監視員、人権モニター、難民・人道問題の専門家、文民警察官など、文民要員の需要がにわかに高まっています。資金や物資の供与と並んで、このような文民要員の積極的な派遣こそ、日本が行うべきことだと思われます。現地の危険を理由にこのことにまで尻込みするとすれば、「一国平和主義」という非難を免れることはできないでしょう。

5. 平和構築と日本——結びに代えて——

　以上に見てきた集団安全保障の強制措置や平和維持活動は、平和が破壊されあるいはこれに対する重大な脅威が存在するときに、平和の維持または回復を目的に発動されるもので、医学でいえば対症療法に当たります。医学において病気の治療よりもその予防や健康の増進がより重要な課題であるのと同様に、国際関係においても平和の破壊に対処するよりも、平和を破壊するような紛争を未然に予防し、さらには紛争の原因自体を除去するような「平和構築」がいっそう重要であることはいうまでもありません。

　そして2.でも触れたように、国連憲章は平和の維持・回復と並んでこのような目的をも掲げており、決して十分ではなく、また所期の成果を必ずしも挙げたわけでもないけれども、国連はこのような目的を実現するために、多彩な活動を展開してきました。国連にはるかに先んじて憲法において平和的生存権をうたい、また国民の営々たる努力の結果世界有数の経済力を身につけてきた日本が、この「平和構築」の分野で多くのなすべきことを持っているのはいうまでもありません。

　今回のお話では、このような分野におけるこれまでの日本の行動を分析することができませんでしたし、ここでこの点についての今後の課題を示す時間も残されていません。そこで、この問題について二点だけコメントをして

今回のお話を締めくくりたいと思います。

第1に、今回の前半にお話をした19世紀の後半以来100年近い日本の対外的な行動の歴史を振り返ってみると、アジア諸国やその国民が現在抱えている諸困難の責任の少なくとも一端が、日本の過去における武力侵略や植民地支配にあることは容易に理解できるでしょう。したがって日本は、法的といえるかどうかは別にしても、少なくとも政治的・道義的には、アジア諸国における「平和構築」に真摯に協力する責務を負っているのです。

第2に、日本国憲法の平和的・民主的な諸条項を擁護し実現するために展開されてきた国民の運動の側において、憲法が規定する平和的生存権を世界的規模で実現するために、「平和構築」に関する自らのプログラムを練り上げ、その実現を政府に迫っていくという運動は決して十分だったとはいえません。憲法運動や憲法学界の一部にそのような動きがあることは確かですが、それらは人権や環境の分野におけるNGOsの政策提言のように、社会を現実に動かす力とはなっていないのではないかというのが、率直な印象なのです。これとの関連では、前世紀の末に提唱され日本政府もこれを積極的に推進している「人間の安全保障」の考えは、グローバリゼーションのもとで進行している多面的な人間の危機に対して、非軍事的な手段をもって対処することを謳うもので、日本国憲法の立場に立った「平和構築」を具体化するための重要な手掛かりを提供するもののように思われます。

[注]

1) 植木枝盛(1857〜92年)：土佐出身の自由民権運動の思想家。自由党の板垣退助のブレインだったといわれるが、単なる理論家ではなく実践活動にも積極的に参加、高知県会議員や衆議院議員も務めた。その思想は欧米の民主主義思想にならって徹底した人民主権、人権の擁護を主張するもの。また、男女平等や地方自治にも説き及んだ。『無上政法論』を含む主要著作は、家永三郎編『植木枝盛選集』岩波文庫、1974年、に収められている。

【参考文献】

田畑茂二郎「集団的安全保障制度と第九条」清宮四郎・佐藤功編『憲法講座』第1巻、有斐閣、1963年、所収。

松井芳郎「近代日本と国際法」『科学と思想』第13・14号、1974年。

同『現代日本の国際関係——安保体制の法的批判——』勁草書房、1978年。

同「日本軍国主義の国際法論」東京大学社会科学研究所編『戦時日本の法体制(ファシズム期

の国家と社会4)』東京大学出版会、1979年、所収。
同「条約改正」福島正夫編『日本近代法体制の形成(下)』日本評論社、1982年、所収。
同「グローバル化する世界における「普遍」と「地域」――「大東亜共栄圏」論における普遍主義批判の批判的検討――」『国際法外交雑誌』第102巻4号、2004年。
同編『人間の安全保障と国際組織犯罪4．人間の安全保障と国際社会のガバナンス』日本評論社、2007年。
祖川武夫論文集『国際法と戦争違法化：その論理構造と歴史性』信山社、2004年。
松田竹男「戦争違法化と日本――第二次大戦期の日本と国際法――」『国際法外交雑誌』第79巻5号、1980年。
奥平康弘『いかそう日本国憲法』岩波ジュニア新書、1994年。
中塚明『歴史の偽造をただす――戦史から消された日本軍の「朝鮮王宮占領」――』高文社、1997年。
高野雄一『集団安保と自衛権』東信堂、1999年。
安保体制に関する参考文献は多数にのぼりここで列挙することはできませんので、節目ごとに組まれてきた『法律時報』誌の特集号だけを以下に挙げておきます：「日米安保条約問題」1959年1月；「現代と国際法」1960年3月；「安保条約――その批判的検討」1969年5月臨時増刊；「沖縄協定――その批判的検討」1971年10月臨時増刊；連続特集「新ガイドライン実施法の法的検討」1998年9～11月、1999年1月；「安保改定50年：軍事同盟のない世界へ」2010年6月臨時増刊。

第13回

私たちに何ができるの？

―― 国際法と市民の役割 ――

　現代国際法における日本の立場について検討した前回とともに、国際法における市民の役割を考える今回は、この講義を締めくくるものです。「はしがき」で、この講義のねらいは市民の目線から国際法を学ぶこと、つまり、私たちのより平和でよりよい暮らしを実現するために、国際法を活用し国際法に働きかけるという観点から国際法を学ぶことだと申しましたから、「国際法と市民の役割」を最終回のテーマとするのは、当然のことです。

1. 市民の暮らしと国際法

　伝統的国際法の時期には国際法、とくに戦争と平和の問題に関わるような国際法は「高等政策」の問題、つまり市民生活とは直接の関係がない政府や外務省の問題でした。ところが、総力戦として戦われた第2次世界大戦は、広島・長崎に象徴されるように膨大な一般市民を犠牲にしただけでなく、直接の記憶を持つ人は少なくなりましたが市民の日常生活の隅々にまで暗い影を落とすものでした。また現代国際法では経済、人権、環境など市民生活と不可分の諸問題が国際法の規律を受けるようになります。

　このように、かつては市民の日々の暮らしとは隔絶されていた国際法が、市民との距離を縮めるようになるのは、第2次世界大戦後のことだったといえます。とりわけ「国際化時代」といわれた1980年代から、さらには「グローバリゼーションの時代」といわれる1990年代以降になると、国際社会の出来事や国際法は、市民の日常生活と切っても切れない関係にあることが、誰の目にも明らかとなりました。国際法と市民生活の接近は、二つの形で実現してきたといえます。第1は、国際法が市民の日常生活に関わる諸問題につい

てますます多く定めるようになったこと、つまり国際法の方から市民に接近することによってであり、第2は、市民が日々の生活を守るために国際法を利用しあるいはそれに働きかける、つまり市民が国際法を我がものとすることによってでした。

　これら二つの道はもちろん相互に不可分の関係にありますが、ここでは第1の例を取り上げ、第2の側面については2．と3．で検討します。国際法が市民の日常生活に関わる問題について直接に規定するもっとも顕著な場面の一つは、経済の分野において見られます。とりわけ世界貿易機関(WTO)は、関税その他の貿易障害を軽減し貿易上の差別待遇を廃止することによって各国の国民経済の世界経済への統合をめざすものですが、このために執られる諸措置は良きにつけ悪しきにつけ国民生活に直接の影響を及ぼします。

　1996年10月の「日本アルコール飲料事件」に関するWTO上級委員会の報告は、EC、カナダおよび米国の訴えを受けて、日本が焼酎にウィスキー等より低く課税することは課税に関する内国民待遇を規定するGATTの第3条2に違反すると認定し、その結果日本では酒税法が改正されて焼酎の税率が上がることになりました。上級委員会の認定のように焼酎とウィスキー等が「直接に競争的または代替的な産品」かどうかについては、意見が分かれるでしょう。私にとってはこれらは「代替的な産品」、つまりどちらでも飲めればいいので、焼酎が値上がりしてもウィスキーが値下がりすれば結果は変わらないのですが、名古屋大学時代に私の同僚だったS教授は、かつて大分大学に在勤していた経験もあって焼酎を熱愛しており、彼にとってはことは穏やかではありません。こうしてWTOはSさんの不倶戴天の敵となったのです。もっとも、この点でWTOを若干弁護しますと、英国に出張した折にマン島に立ち寄ったことがあるのですが、この島には無色透明なウィスキーがあります。こうなると焼酎とウィスキーは「直接に競争的または代替的な産品」どころか「同種の産品」といわれても致し方なく、WTOの認定は認めざるを得ないようです。

　経済に比べればなお「高等政策」の分野に属すると思われがちな平和や安全保障の問題も、ますます国民の身近に忍び寄りつつあります。たとえば、国連安保理事会が平和の破壊や平和に対する脅威を理由に、ある国に対して憲

章第41条が規定する経済制裁を決定したなら、日本では外国為替及び外国貿易法によって政令を通じて、同国との資本取引は財務大臣の、輸出は経済産業大臣の、それぞれ許可制となります(第21条1項、第48条1項)。たとえば湾岸戦争に関してイラクに対する経済制裁を決定した1990年8月6日の安保理決議661(1990)は8月10日に外務省によって告示され(外務省告示387号)、8月15日の政令246号は外国為替管理令および輸出貿易管理令を改正して、このような許可制を敷きました。こうして、私たちがイラクと取り引きする銀行や商社の社員だったとすると、直ちにこうした事態への対処を迫られるのです。

また、1997年9月に合意されたいわゆる新ガイドラインを受けて1999年に制定された周辺事態法では、自衛隊や防衛大臣の他「その他の関係行政機関の長」が周辺事態への対応措置を実施するものとされた(第8条)のに加えて、「地方公共団体の長に対し、その有する権限の行使について必要な協力を求めること」や、「国以外の者に対し、必要な協力を依頼すること」ができるものと規定されました(第9条1、2)。こうして広範な国家公務員の他、それが法的義務であるかどうかはともかく地方自治体や民間人に至るまでが、周辺事態において補給、輸送、修理、医療などの分野において米軍への協力を求められることとなり、つまり広く国民一般が日米安保条約の「効果的な運用に寄与」するために(第1条)動員されるのです。

2. 市民が国際法を活用する

このように、国際法が市民の日常生活にまで浸透してきたということは、逆にいえば市民がより平和なよりよい生活を実現するために、国際法を活用することにも道を開きます。実際、第2次世界大戦後においては、平和運動、労働運動、人権運動など広範な市民の運動が、それらの要求を実現するために国際法に依拠してきました。市民の諸運動によるこのような国際法の活用は、いうまでもなく様々な形をとりますが、ここでは平和の維持、核兵器の廃絶および人権の擁護という三つの分野を例にとって、裁判闘争の中で国際法がどのように活用されてきたのかを簡単に検討しましょう。

(1) 国の戦争政策に抗して

　自国政府が行う侵略戦争と戦うために市民が国際法を武器として裁判闘争を戦ったもっとも顕著な例は、米国におけるベトナム反戦運動に見ることができます。ここで反戦運動の武器とされた国際法は、**第7回**で取り上げたニュルンベルグ諸原則でした。そのおりに話したように、ニュルンベルグ諸原則は平和に対する罪、戦争犯罪(戦争の法規・慣例の違反)および人道に対する罪について個人の刑事責任を認めるものです。

　それでは、ニュルンベルグ諸原則はベトナム反戦運動の中でどのように用いられたのか。徴兵拒否者、ベトナムへの出動を拒否した兵士、反戦運動に参加して国内法違反に問われた市民などの被告人は、裁判で次のように主張しました。つまり、ベトナム戦争に従軍することは違法な侵略戦争に参加し違法な戦闘方法に携わることを意味し、その結果自分たちは戦争犯罪人として処罰される可能性があるから、自分たちはそのような立場に身をおくことを拒否する権利を有する、というのです。このような主張は当時、「ニュルンベルグ抗弁」と呼ばれました。実際には裁判所は「政治問題」の法理などを適用してこの抗弁を退け、それが裁判の結果を左右したことはもちろん、ベトナム戦争は侵略戦争だとする主張が審理の対象となった事例も、私が知る限りでは存在しません。もっとも、最高裁判所における少数意見や学者の間には、「政治問題」の法理を適用して門前払いを喰わせることへの批判は根強くあり、この意味では「ニュルンベルグ抗弁」は裁判過程に目に見える影響を与えたということができます。

　もっとも、「ニュルンベルグ抗弁」には一つの限界がありました。ニュルンベルグ諸原則によって平和に対する罪で責任を問われるのは、侵略戦争において指導的な役割を果たした政府や軍の高官だけで、一般の兵士は侵略戦争に参加したという事実だけで戦争犯罪人とされることはありませんから、彼らに関係するのは戦争の法規・慣例の違反だけで、これでは平和に対する罪を初めて認めたというニュルンベルグ諸原則の歴史的意義は生かされないことになります。さらに、反戦運動に参加して国内法違反に問われた一般市民にとっては、このような狭い範囲においても「ニュルンベルグ抗弁」は適用できません。

そこで、反戦運動やこれを支持する学者の間では、「ニュルンベルグのより広い論理」が追求されることになります。たとえば著名な小児科医スポック博士らが署名した「不法な権力への抵抗の呼びかけ」は、徴兵拒否者への援助を呼びかけて署名者が共同謀議によって訴追される原因となったのですが、この文書はベトナム戦争の憲法上・国際法上の違法性を指摘して「あらゆる自由な人間はこの戦争を終わらせ、それとの共謀を避け、そして他人に同じことを行うように勧めるために、あらゆる努力を行う法的・道義的な義務を有する」と主張しました。つまり「ニュルンベルグのより広い論理」は、ニュルンベルグ諸原則が認めた個人責任の考え方を敷衍して、そこから政府が遂行する侵略戦争に抵抗する市民の義務を導き出し、そうすることによってニュルンベルグ諸原則を国内裁判所を通じて実施することに道を開こうとしたのです。

先にも触れたようにこのような主張は、もちろん反戦の世論を盛り上げるという間接的な効果は大きかったのですが、裁判では具体的な成果を生むことはありませんでした。しかし、このような運動が他ならぬ米国で盛り上がったという事実は、**第7回**で引用した戒能通孝先生の言葉を思い起こすときに、とりわけ意義深いものに思われます。つまり戒能先生は、東京裁判――東京裁判はニュルンベルグ裁判とともにニュルンベルグ諸原則の基礎を据えたものです――は「革命裁判」であって、それが「革命裁判」としてのテストに耐えられるかどうかは、裁判の主体となったもの、つまり米国が東京裁判の原則に最後まで忠実であったか否かによって決まるといわれたのですが、ニュルンベルグ諸原則が米国の政府ではなく市民に担われることによって、ニュルンベルグと東京の裁判は「革命裁判」としてのテストに見事に耐えることができたといえるのではないでしょうか。

(2) 核兵器の廃絶のために

次に核廃絶の運動が国際法に依拠して裁判闘争を戦った例として、東京地裁の原爆判決(1963年)と、国際司法裁判所(ICJ)による核兵器使用の合法性に関する勧告的意見(1996年)を取り上げましょう。もっとも、これらの判決・意見の概要については**第11回**で紹介したので、今回はおもにこれらの裁判の

背景を検討します。

　原爆訴訟の経過については、この訴訟を提起した岡本尚一弁護士とともに主要な役割を果たされた松井康浩弁護士の著書『戦争と国際法』に詳しく紹介されていますので、これに依拠しますと、訴訟の目的は三つ、すなわち被害者またはその遺族のために損害賠償を得ること、賠償責任が認められることによって原爆の使用禁止という天地の公理を世界の人類に印象づけること、そして訴訟の提起進行自体によって原爆問題に関する人類の認識を深めること、にありました。この目的を実現するために、岡本弁護士は原告となる被爆者をさがし、日米の法曹に協力を求められましたが、アメリカについては法曹関係者の冷淡な反応と高額の訴訟費用のために提訴をあきらめ、日本政府を被告として日本の裁判所に訴えを提起することになったといいます。

　判決は、国際違法行為に対して個人は賠償請求権を持たないことを理由として原告敗訴でしたが、これを判決理由とする限りは法技術的にはその必要がなかったのに、判決は広島・長崎への原爆投下の国際法的な評価に踏み込んで、これを違法と判断しました。そして、判決の歴史的意義はまさにこの点にあったというべきで、この判決はShimoda Caseの名で国際的にも広く知られ、ICJの意見が出るまでは核兵器使用に関する唯一の司法判断として、学問的にだけではなく、各国の反核運動や反戦運動などでも広く依拠されてきたのです。先に紹介した三つの目的に照らせば、この訴訟の結果は2勝1敗だったと評価するべきでしょうか。

　さて、ICJに核兵器使用の合法性について勧告的意見を求めたのは世界保健機関(WHO)と国連総会でしたが、これらの機関が勧告的意見を求める決議を採択するについては、よく知られているようにNGOsの運動が決定的な役割を果たしました。最初に「核政策に関する法律家委員会(LCNP)」が提唱したこの運動は、長い伝統を持つ平和運動団体「国際平和ビューロー(IPB)」、日本の法律家の多くもそのメンバーである法律家の反核団体「国際反核法律家協会(IALANA)」、お医者さんの反核団体である「核戦争防止国際医師会議(IPPNW)」などの参加を得て「世界法廷プロジェクト(WCP)」を結成、非同盟諸国を中心とする非核保有国に勧告的意見の要請を働きかけました。それまでの核大国主導による核軍縮交渉で「蚊帳の外」におかれ続けて挫折感を深め

ていた非核保有国はこの働きかけに積極的に応じ、WHO総会(1993年)と国連総会(1994年)による意見要請決議の採択に至ったのです。

　国連総会では意見要請を求める非同盟諸国の提案は1993年には米国を中心とする核保有国の強い圧力によって投票に付されなかったものの、翌年再提案されて可決されたものですが、この過程でWCPは広範な国際世論が背景にあることを示して非同盟諸国を励まし、また、裁判所における審理が始まってからは反核諸国による書面と口頭の意見陳述に対して援助を惜しみませんでした。こうして、裁判所の意見は反核諸国とWCPを初めとするNGOsの共同の努力の成果だったといっても過言ではないでしょう。

　こうした運動は、ICJの政治的な利用だという批判があります。また、NGOsの主唱で人権や環境等に関する一般的・抽象的な法律問題に関する意見が続々と求められるようになれば、裁判所の本来の機能である国家間紛争の解決が阻害されるのではないかとの危惧も表明されています。このような批判や危惧には、一定の根拠があることを認めなければなりません。最近の裁判所は一時と違って多くの事件を抱えており、中には明白に濫訴だと思われる事件もあるからです。しかし他方では、大国の核軍縮交渉から疎外されてきた非核保有国が、あるいは国家間の外交交渉に直接の発言権を持たない市民の運動が、ICJに期待するということは、裁判所の権威を高めるものであってもそれを損なうことにはならないでしょう。もちろんこのことは、問題を立法論つまり政治の世界の問題としてではなく、現行法の解釈・適用の問題として厳密に構成するという、NGOsの側の意思と能力を前提としていることはいうまでもありません。

(3) 人権の擁護のために

　第6回にお話ししたように、人権条約はその実施を確保するために様々な仕組みを発展させてきました。欧州やアフリカでは、個人に出訴権を認める人権裁判所が設置されています。自由権規約第1選択議定書のように、条約機関に対する個人の通報権を認めている条約も少なくありません。しかし、アジアには裁判所どころか人権条約自体がまだなく、日本は自由権規約第1選択議定書その他の個人通報を認める文書を今のところ一つも受け入れてい

ません。したがって日本では、個人が人権条約上の権利を主張する道は、基本的には国内裁判所による裁判を通じてだけだということになります。

このためには、人権条約が裁判所において直接適用できるものでなければなりませんが、このことは日本でもすでに認められています。1981年に自由権規約委員会において日本の第1回報告書が審議された際に、日本代表は「日本国が締結した条約及び確立された国際法規は、これを誠実に遵守することを必要とする」と規定する憲法第98条2に言及して、それは「行政・司法当局は条約規定を遵守し、またその遵守を確保しなければならず、条約は国内法より高い地位を有すると見なされる」という意味であり、「このことは、裁判所が国内立法と条約が矛盾すると判断した場合には、後者が優先し、関連立法は無効とされるか修正されねばならないことを意味する」と説明しました。自由権規約については、「条約の規定を直接適用し得るか否かについては、当該規定の目的、内容及び文言等を勘案して具体的場合に応じて判断すべきものとされている。B規約＊についても、〔……〕同様である」とされます(1998年提出の第4回報告書)。

実際の裁判においても、まだ決して多いとはいえないのですが、自由権規約を適用して判断を行った事例が見受けられます。ところで、国際法規の国内的適用については、個人の請求について判断する根拠を直接に国際法規に求める「直接適用」と、憲法を初めとする国内法の解釈基準として国際基準を用いる(この場合は、国際基準は条約等の拘束力ある文書である必要はない)「間接適用」が区別されることがありますが、日本では「直接適用」の事例はまれです。たとえば1993(平成5)年2月3日の東京高裁判決[1]は、「通訳の援助を受ける権利は、わが国内において自動執行力を有するものと解される国際人権B規約によって初めて成文上の根拠を持つに至ったものであって、これまでのわが国内法の知らないところである」と述べ、「国際人権B規約14条3(f)に規定する「無料で通訳の援助を受けること」の保障は無条件かつ絶対的なもので

＊B規約：日本の裁判実務に特有の用語で自由権規約を指す。これに対して、社会権規約をA規約と呼ぶ。日本でなぜこのような用語法が定着したのか、その経過は不明であるが、この用語を用いた初期の著作としては高野雄一『国際社会における人権』(岩波書店、1977年)がある。

あって〔……〕、刑訴法181条1項本文により被告人に通訳に要した費用の負担を命じることは許されない」と判示しました。

　他方、これに比べれば「間接適用」の事例はより多く見られます。たとえば、1996(平成8)年3月15日の徳島地裁判決[2]は、「憲法98条2項は〔……〕、わが国において、条約は批准・公布によりそのまま国法の一形式として受け入れられ、特段の立法措置を待つまでもなく国内法関係に適用され、かつ、条約が一般の法律に優位する効力を有することを定めているもの」と解し、「B規約は、自由権的な基本権を内容とし〔……〕、個人を主体として当該権利が保障されるという規定形式を採用しているものであり、このような自由権規定としての性質と規定形式からすれば、これが抽象的・一般的な原則の宣言にとどまるものとは解されず、したがって、国内法としての直接的効力、しかも法律に優位する効力を有するものというべきである」と述べて、受刑者と民事事件訴訟代理人たる弁護士の接見に制約を加えた徳島刑務所長の行為は、規約第14条1項などに照らして裁量権を逸脱したものだと判断しました。

　自由権規約に関しては、二風谷事件に関する1997(平成9)年3月27日の札幌地裁判決[3]も注目に値します。この判決はアイヌ民族を自由権規約第27条にいう少数者(公定訳や判決の表現では「少数民族」)であると認めただけでなく、その固有の文化について特別の配慮を要する「先住民族」であると認め、建設大臣による土地収用法に基づく本件事業認定は、このような本来もっとも重視するべき諸価値を不当に軽視ないし無視したところに裁量権の逸脱があり違法であると判断しました。もっとも判決は、ダムがすでに完成して湛水していることにかんがみて収用裁決を取り消すことをしない「事情判決」に留まり、この点については批判も行われているのですが、しかし判決が規約第27条を「少数民族に属する者に対しその民族固有の文化を享有する権利を保障するとともに、締約国に対し、少数民族の文化等に影響を及ぼすおそれのある国の政策の決定及び遂行に当たっては、これに十分な配慮を施す義務を」課したものと解し、これを憲法第13条と結びつけて「その民族に属する個人にとって、民族固有の文化を享有する権利は、自己の人格的生存に必要な権利ともいい得る」としたことは、日本における少数者の保護に一歩を進めたものであり、規約第27条の解釈としても先進的なものだっただけでなく、国

連が長年の審議を経て2007年に採択した「先住人民の権利に関する国連宣言」（総会決議61/295附属書）のいくつかの規定——たとえば、文化的伝統および慣習を実践し再活性化する権利（第11条）；伝統的儀礼を行う権利（第12条）；先住人民に影響する立法または行政措置の決定について当該人民と協議する国の義務（第19条）——を先取りするものだったともいえます。

以上のように、自由権規約——だけでなく、それと同じ性格を有する自由権的な権利を規定する人権条約——が日本の裁判所で直接適用されるものであることは、少なくとも下級審のレベルでは裁判実務上も定着しつつあると見ることができると思うのですが、それだけでなく、シベリア抑留訴訟に関する1993（平成5）年3月5日の東京高裁判決[4]は、厳しい条件を付けながらも一般論としては国際慣習法も国内的適用が可能であることを認めましたから、今後人権に関する慣習法が発展していけば、日本の裁判所でこれを援用することも可能となるでしょう。なお、外国では拷問禁止を慣習法と解してこれを適用した裁判例が存在します。

3. 市民が国際法を創る

2. で見てきたのは市民が裁判所を通じて国際法を活用してきた例、つまり既存の国際法の解釈・適用に関わる事例でしたが、法の適用は機械的な三段論法の営みに留まるものではなく、事実に法を適用するに当たっては創造的な要素が必然的に含まれますから、これら事例にも国際法の発展に貢献する要素が少なくありませんでした。これに対してここでは、市民の運動がより直接に国際法の発展に貢献した最近の例を3件取り上げましょう。

(1) オタワ・プロセス

地雷はアメリカの南北戦争以来の歴史を持つものですが、近年の技術革新、とくに遠隔散布地雷はその戦術的価値をいっそう増したといわれます。対人地雷は価格が低廉なことからとりわけ発展途上国の内戦において多用され、現在では世界70か国以上に合計1億以上が敷設されて、年間24,000人がその犠牲となっているといいます。対人地雷は無差別兵器であって文民の犠牲者

が急増し、また、有効期限が長くて除去も困難なことから紛争解決後も長期に残留して戦後の復興を著しく困難にします。

そこで、1980年の特定通常兵器使用禁止制限条約の第Ⅱ議定書は、地雷について文民に対する使用・無差別使用を禁止し、軍事目標主義（区別原則）〔⇒**第11回3. (2)**〕を確認した（第3条）ほか、軍事目標主義に沿って地雷の使用を制限しました（第4、5条）。しかし、この議定書は地雷の一般的な使用禁止からはほど遠く、また、国際的武力紛争にだけしか適用されない（条約第1条）という大きな限界を持っていました。対人地雷禁止の国際世論の盛り上がりを背景に1996年に採択されたこの議定書の改正（1998年12月に発効）では、非国際的武力紛争にも適用するものとした（第1条2）ほか、探知が不可能な対人地雷を禁止し（第3条5、6、第4条）、それ以外の地雷の使用制限も強化しました。また、自ら敷設した地雷等を紛争終了後遅滞なく除去する国の義務も規定されました（第3条2、第10条）。しかし、自己破壊装置・自己不活性化装置を備えた地雷の使用はなお認められています。

このような状況を打破する口火を切ったのは、NGOsでした。1992年に対人地雷の全面禁止をめざして六つのNGOsが旗揚げした「地雷禁止国際キャンペーン（ICBL）」は、最終的には1,000以上のNGOsを傘下におさめたといわれ、各国政府に向けての国内的なロビー活動、上記の第Ⅱ議定書の改正をめざす国際的なロビー活動、市民向けの啓蒙活動など多彩な活動を繰り広げました。そして、第Ⅱ議定書の改正が不満足なものに終わりそうなことが明らかになった段階でICBLが取り上げた新しいアイデアは、地雷全面禁止をめざす諸国とNGOsが協力するというものでした。従来の軍縮会議に付きもののコンセンサス方式〔⇒**第5回4. (1)**〕では、全面禁止に消極的な諸国を巻き込むために合意は最大公約数にならざるを得ず、それではいつまで経っても全面禁止の見通しは開かれないから、まず志を同じくする国で条約を作成し、その後合意の幅を広げていけばよいというのです。

このような趣旨のICBLの呼びかけにカナダ、オーストリア、南アフリカなどいくつかの国が積極的に応じ、カナダが1996年10月にオタワで「対人地雷全面禁止に向けた国際戦略会議」を主催しました（したがって、この条約の作成過程を「オタワ・プロセス」と呼びます）。会議には50か国とオブザーバー24

か国のほかいくつかの国際機構や多数のNGOsが参加、その後も交渉を積み重ねて、対人地雷禁止条約は1997年12月にオタワで署名されました(1999年3月発効)。条約は、対人地雷の使用、開発、生産、取得、貯蔵、移転およびこれらの奨励を「いかなる場合にも」禁止し、その破壊を義務づけました(第1条)。貯蔵地雷の破壊は遅くとも4年以内に、敷設地雷の破壊は原則として10年以内に行われます(第4、5条)。以上の交渉過程でもICBLは、資料の提供、広報活動、消極的な諸国の説得などで大きな役割を果たし、その貢献は国際赤十字・赤新月運動とともに条約前文に明記されただけでなく、ICBLは1997年度のノーベル平和賞を授与されました。対人地雷禁止条約は、2011年7月現在で156の締約国を有し、これはたとえば上記の改正第Ⅱ議定書の締約国97と比べても大成功ということができます。なお、同様のプロセスにより、2008年にはクラスター弾条約が採択されました。

(2) 京都議定書

次に、**第8回**に検討した気候変動枠組条約の京都議定書を取り上げましょう。もともと環境問題は人権問題などとともにNGOsの活動がもっとも活発な分野の一つであり、NGOsは気候変動枠組条約の交渉過程からこれが署名に付された1992年のリオ会議において、さらには同条約の締約国会議においても、活発な活動を繰り広げてきました。NGOsの国際的な活動の中心となってきたのが「気候行動ネットワーク(CAN)」で、1989年に設立され、七つの地域別フォーカル・ポイントに結集する約250のNGOsの他、「世界自然保護基金」、「グリーンピース」などの国際NGOsも参加しています。京都会議を控えた日本では1996年にNGOsのネットワークである「気候フォーラム」が結成され、同会議に集まる世界のNGOsの受け皿として活躍しました。

議長国である日本の消極的な態度や、日本ではNGOsの活動の基盤がもともと弱かったことなどのために、「気候フォーラム」の活動には困難がつきまとったようですが、同フォーラムはこのような困難を克服して、情報の提供——同フォーラムやCANが発行するニュースレターは、メディアやNGOsにとってだけでなく、十分な情報収集の便宜を持たない小国の代表団にとっても貴重な情報源だった——、小島嶼国連合やEUなど、削減に積極的な代表

団との協働を含めて代表団への働きかけ、市民に対する啓蒙活動などにおいて大きな役割を果たしたといいます。京都会議でNGOsがめざしたのは、当然のことながら温室効果ガスの高い削減目標とこれに対する「抜け穴」の阻止の他、削減義務の定期的な見直しのための仕組み、強力な遵守メカニズムの設置、途上国の新たな義務を盛り込まず、条約が約束している技術移転の実施を保障すること、などだったといいます。

第8回でも紹介したように、京都議定書は法的拘束力ある削減の数値目標には合意したものの、数値自体は満足にはほど遠く、また、NGOsの上のような努力目標の多くも今後の課題に積み残されました。しかしもちろん、NGOsの活動がまったくの無駄に終わったというわけではありません。議定書のわずかな成果でさえNGOsの活動を抜きにしては語れないでしょうし、何よりもNGOsは地球温暖化の問題に関する世界と日本の世論を高めることには、間違いなく大きな貢献をしたからです。

(3) 国際刑事裁判所ローマ規程

国際刑事裁判所(ICC)規程の起草過程と内容については**第7回**で紹介しましたが、そこでは長年停滞してきたICC設置に向けての動きが急速に具体化し、ローマ会議でおおかたの悲観的な予想に反して合意が達成された背景として、冷戦後の状況を指摘しました。しかしこれだけでは不十分で、もう一点、NGOsの活躍がローマ規程の採択に当たって大きな力を発揮した事実を付け加えなければなりません。

国連におけるICC規程の起草作業をフォローしていたNGOsは1995年に、実効的かつ公正なICCの設置を擁護することを目的に、「アムネスティー・インターナショナル」、「ヒューマン・ライツ・ウォッチ(HRW)」、「国際法律家協会(ICJ)」などの人権NGOsを中心に、「国際刑事裁判所のためのNGO連合(CICC)」を結成しました。CICCはローマ会議開会の時点で800以上の組織を傘下におさめ、準備段階から分野別の作業部会や国別・地域別のネットワークを形成して、交渉過程への市民社会の積極的な参加を促進するための活動を繰り広げたといいます。

ローマ会議におけるCICCの活動にも、めざましいものがありました。ア

ムネスティーやHRWなどのCICC傘下のNGOsはおおかたの政府代表団を上回る大代表団を送り、情報の収集や広報活動などにこの数の優位がフルに発揮されました。同時に10を越える会議が並行して開催されたローマ会議では、発展途上国を中心に小さな代表団ではすべての会議をカバーすることは不可能だったのですが、CICCは各会議をカバーするために12のチームを設けてそれらの報告に基づいた記録を毎日公表し、これはNGOsやメディアにとってだけでなく政府代表団にとっても貴重な情報源だったといいます。

とりわけ、CICCが行った「仮想投票」は、会議の帰趨に実質的な影響を与えたとされています。つまり、各国代表が個別に発言する議事方式では各提案に関する賛否の分布が分からないために、CICCが発言の克明な分析に基づいて賛否の「票数」を公表し、この数が進歩的な提案を支持する諸国の結束を固めたりこれに反対する諸国に圧力をかけたりするための有効な手段となったのです。CICCが、実効的なICCを追求する「志を同じくする諸国(like-minded States)」と密接に協力して、自らが支持する提案を採択させるために強力なロビー活動を展開したのは、もちろんです。CICCはまた、発展途上国の代表団に法的な助言を与えるといった形でも、国家代表との協力を維持しました。

CICCに結集するNGOsの活発な活動の結果は、採択されたICC規程に目に見える影響を与えたと評価されています。ローマ会議に参加した関係者の観察によると、たとえばICCの管轄権を広く認める規定、独立した検察官に関する規定やICCの適切な司法機能を保障する規定、女性と子どもの保護に関する規定、被疑者の権利保障や被害者の保護に関する規定などは、多少ともCICCの活動の結果を反映したものだといわれます。もちろん、ICC規程にはなお少なくない問題点が含まれており、「志を同じくする諸国」やNGOsにとってそれは十分に満足できるものではなかったことは、いうまでもありません。したがって、ローマ規程の採択は到達点というよりも新しい努力の出発点というべきでしょう。ICCはすでに発足しいくつかの事件の審理を始めていますが、それに伴って、規程に内在していた問題点も含めて多くの課題が浮かび上がってきました〔⇒第7回4．(4)〕。「志を同じくする諸国」やNGOsにとっては、これからが正念場だというべきかもしれません。

4. 市民と国際法をつなぐもの：NGOsの国際法上の地位

(1) NGOsの経済社会理事会における協議的地位

　以上に見てきた事例は、市民はまったくの個人として国際法と関わるのではなく、広範な市民運動やNGOsの活動を背景として国際法と関係を持つのだということを示しています。そこで、国際法の発展における市民の役割について考えるためには、NGOsの国際法上の位置づけ、とりわけ国際法の立法過程におけるNGOsの役割を検討することが必要となります。

　さて、この講義では繰り返してNGOs(Non-Governmental Organizations：国連憲章の公定訳では「民間団体」だが、非政府機構などと訳すことが多い)といってきましたが、NGOsの定義は行っていません。実はNGOsの広く認められた定義は存在せず、経済社会理事会決議1996/31「国際連合と民間団体との間の協議関係」は、「政府機関または政府間の合意によって設立されたものでないすべての団体をいう」と消極的な定義を与えているだけです。経社理は憲章第71条に従って、「その権限内にある事項に関係のある民間団体と協議するために、適当な取極を行うことができる」ものとされ、これに従ってこれまで何度か協議の原則を定める決議を採択してきましたが、この決議はその最新のものです。

　ここでは協議関係を結ぶ原則として、団体が「承認された地位を有するか代表的地位を有する」ことのほか、民主的な構成と意思決定、政府を含む外部勢力からの独立が強調されているのが特徴です。協議取極の目的は、経社理とその機関が団体から専門的な情報および助言を得られるよう確保すること、および、世論を代表する団体に見解を表明する機会を与えることだとされ、したがって協議取極は団体が特別の能力と関心を有する主題に関するものでなければなりません。協議的地位は、団体の活動範囲、貢献能力などに応じて一般協議的地位(139)と特別協議的地位(2,218)に区別され、その他の団体であって理事会活動に有益な貢献をなしうると認められるものはロスター(1,025)と呼ばれるリストに掲載されます*。認められる協議の内容は会

---

*　(　)内は各々当該の地位を有するNGOsの数で、2010年9月1日現在のもの。経社理作成のリストによる。

議への出席と発言、文書の提出などですが、地位によって多少異なります。また、上記三種類のNGOsは原則として国連主催の国際会議への参加を認められ、それ以外のNGOsでこれらの会議への参加を希望するものについては、事務局の勧告に基づき準備委員会が決定します。なお、このような経社理との関係以外に、NGOsは国連事務局、国連広報局、持続可能な発展委員会などとの恒常的な協力関係を維持しています。

以上のように、経社理におけるNGOsの協議的地位は相当限定的なものですが、実際にはNGOsはこのような限界を越えて多彩な活動を繰り広げてきました。また、経社理の場合のような憲章上の根拠規定を持たない総会や安保理事会、さらには国連主催の国際会議などにおいても、NGOsの参加は個別的な決定や会議の手続規則によって認められ、3.でも見たようにNGOsはこれらの国際会議における国際法の立法過程にも少なくない影響を与えてきたのです。

しかし他方では、国連加盟国はNGOsに国に類する地位を認めることには拒否反応を示してきただけでなく、経社理の下部機関であるNGOs委員会を通じてその活動を規制しようとしてきました。上記の経社理決議によると、協議的地位の付与、停止および撤回は経社理およびNGOs委員会を通じて行使される加盟国の特権です。実際、冷戦期には米国など西側諸国の主導によって、ソ連寄りと目されていたいくつかのNGOsが、協議的地位を剝奪されたことがありました。憲章では理事会メンバーでない国(第69条)および専門機関の代表者(第70条)の投票権なしの参加と、第71条のNGOsとの協議取極の間には明確な区別が行われているが、この区別は意識的に行われたものであり基本的なものであって、協議取極はNGOsに理事会メンバーでない国と同じ参加の権利を与えるものではないと、経社理決議はくぎを差しています。また、国際会議とその準備交渉は政府間的な性格のものであるから、NGOsの積極的な参加は歓迎されるが、それらが交渉上の役割を果たすことはないとされています。

NGOsの地位の向上は、一方ではこのような立場に固執する加盟国と、他方ではNGOs自身とそれを支持する加盟国や国連事務局との間の、綱引きを通じて徐々に実現してきたものです。冷戦終結後は、「市民社会」の重要性が

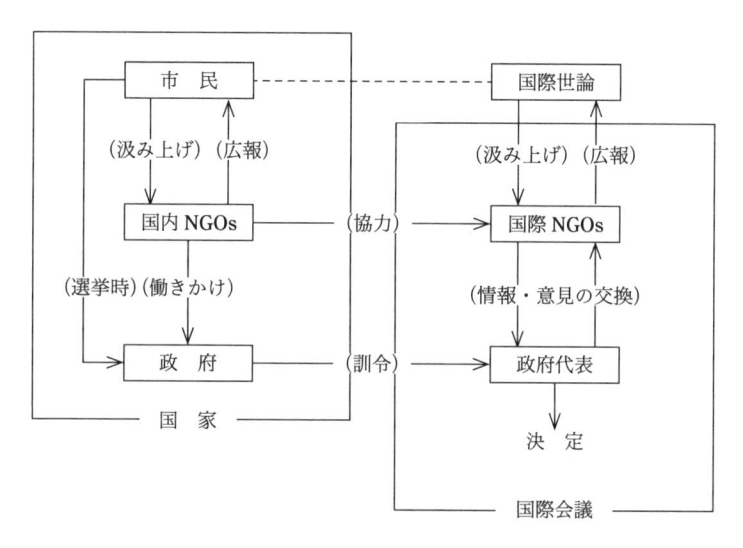

```
                            市 民  ┄┄┄┄┄┄┄┄   国際世論
                         ↓↑                    ↓↑
                    (汲み上げ)(広報)        (汲み上げ)(広報)
                         ↓↑                    ↓↑
                       国内NGOs  ──(協力)──→  国際NGOs
                         ↓↑                    ↓↑
                   (選挙時)(働きかけ)       (情報・意見の交換)
                         ↓↑                    ↓↑
                        政 府  ───(訓令)──→  政府代表
                                                ↓
                                              決 定
                         国 家                  国際会議
```

図13・1　国際立法におけるNGOsの役割

強調されるようになったことに伴って、NGOsの立場は相当強化されたように見受けられますが、それでも国際法の立法過程におけるその役割はなお制約されていることを忘れてはなりません。**3.** で挙げた例でも、オタワ・プロセスではカナダを初め対人地雷の全面的禁止を推進する諸国との、京都議定書については小島嶼国連合やEUなど温室効果ガスの削減に積極的な諸国との、そしてローマ会議では「志を同じくする諸国」との、それぞれ密接な協力があって初めてNGOsは大きな役割を果たすことができたのです。国際法の立法過程におけるNGOsの役割を**図13・1**に整理しておきますので、これを見ながらもう一度考えてみて下さい〔⇒**第3回1.(4)**〕。

(2) NGOsの国際法主体性をめぐる問題点

　このような状況はNGOsにとって決して満足なものではなく、国連レベルでも参加できる活動の範囲と認められる権利の拡大、参加の制度化の促進などは彼らの長年にわたる要求でした。NGOs関係者や学者の間には、**NGOsに国際法主体性を認めるべきだ**との主張も見受けられます。私も、国のレベルでは吸い上げることができない草の根の要求を直接に国際関係に反映させる道筋として、**NGOs**が国連活動により大きく参加し条約交渉過程において

より大きな役割を認められることに賛成です。しかし、彼らを国際法主体とし条約交渉における正規の交渉者と認めることができるためには、諸国の抵抗は別にしても、乗り越えるべき高いハードルがあることを知らなければなりません。

　この点に関しては、密接に関連する二つの問題を挙げておきましょう。第1は、NGOsに国際法主体性を認めるとして、どのような基準を設け、その基準を満たしていることを誰が判断するのかという問題です。NGOsは草の根の運動から生まれたというその出自からして当然のことながら、目的、規模、組織形態、活動のあり方などどの点をとってもまったく不定型です。このような多様なNGOsの中から、どのような基準で国際法主体としての資格を認められるNGOsを選り分けるのか。先に引用した経社理決議は理事会がNGOsの協議資格を認めるための条件を定めているのであって、それをそのまま国際法主体性の条件とすることはできません。

　たとえ何らかの基準が設定できるとしても、誰がその充足を認定するのかという問題が残ります。経社理決議は、機構が「承認された地位を有するか代表的地位を有する」ことを求めていますが、「承認」といい「代表的地位」といい、これらは当該のNGOsが長年の活動実績を通じて国際世論によって「承認」されてきたもので、誰かが何かの基準を適用して「承認」したという性格のものではありません。NGOsの活動の強みとして誰もが挙げる深い専門知識、広範な情報網、長い経験などは世論による評価の対象とはなっても、客観的な基準として特定の機関の認定に服するものではないことは確かです。

　第2により根元的な問題として、NGOsは誰を代表し何によってその正統性が担保されるのかという問題があります。つまり、国は少なくとも理論的には国民を民主的に代表するという意味で正統性を有するのですが、NGOsの正統性はこれまではもっぱらその活動が国際社会の一般的利益を推進してきたという、実績によってのみ裏打ちされてきたのです。少なくないNGOsがこうして、国際社会において現実に正統性を認められていることは事実ですが、このようなNGOsの今後の活動が、常に国際社会の一般的利益と合致し続けるという保障はありません。この点に関して注意したいのは、とくに今世紀になってから、国際会議等への参加がこれまで理解されてきたNGOs

にとどまらず、「市民社会」とか「利害関係者」の名のもとに広く多国籍企業や業界団体にも開かれるようになっていることです。人権や環境といった議題について、これらのグループが「利害関係」を有することは確かですが、これらは定義上当然に企業や業界の個別的利益を主張するもので、国際社会の一般的利益にかかわるのではありません。こういったグループと世論によって正統性を認められたNGOsとをどのように峻別するのかも、困難な課題なのです。

NGOsの関係者もしばしば自問するこの問題について、『地雷なき地球へ』の著者目加田説子さんは、「NGOは市民社会を代表している。NGOなくしては政府自体が機能しない」という南アフリカのセレビ大使（オスロ会議議長）の言葉を聞いて、「目からウロコがおちる思いがした」と言います。価値観や社会が抱える問題が多様化する時代にあって、政府だけでは有権者の利益を十分に反映できず、まして国際的な取り組みになると政府の専門知識・情報では限界があり、NGOとの二人三脚が必要になる。「そこで、民主主義のもとで政府を機能させるために、NGOの役割が高まるのであり、だからこそ、NGOが市民社会の利益を訴える正統性がある」、と目加田さんは言われます。政治的には、私もセレビ大使や目加田さんの説明に全面的に同意します。しかし、私の目のウロコはよほど頑固なのでしょう。まだ、落ちない。「正統性」という言葉の使い方に違いがあるのでしょうが、これでは上で私が問題にした法的な意味での正統性、つまりNGOsに国際法主体性を認める上での正統性の問題に答えたことにはならないのです。

以上の二点はNGOsの国際法主体性を認める上での問題点でしたが、最後にもう一つ、NGOsに国際法主体性を認める結果として生じるかも知れない問題点を指摘しておきましょう。つまり国際法主体性を認める、言い換えればそれにある種の公式の地位を認めることは、国家・政府から独立しているというNGOsの本来の地位に特有の強みを減殺することになるのではないか、という問題です。国際法主体性を認めることになると、上にも見たように一定の基準を設定し何らかの機関がその充足について認定するという手続が必要となりますが、このような手続はNGOsを当該の機関の下位におくこととなり、こうしてNGOsの独立性が損なわれることが危惧されるのです。

繰り返しになりますが、以上のようにいったからといって私は国際社会におけるNGOsの役割を低く見ようとするものでは決してありません。ただ、NGOsの国際法主体性を認める上での困難を指摘したので、このような困難を克服するための理論的・実践的な方法については、皆さんとともに考えていきたいと思っています。

5. 私たちの課題——結びに代えて——

　最後に、私たち一人ひとりの市民としての課題について問題提起をして、この講座全体を締めくくることにしましょう。**第4回の講義で、私は「主権国家の黄昏」が語られる現代国際社会においても、国はなお中心的な国際法主体だと述べました。今回も3.で、国際法の立法過程でNGOsが大きな役割を果たすことができるのは、目的を同じくする国と協働するときだと指摘しました。そうすると、市民が国際法に働きかけるもっとも主要な筋道は、自分の国を通じてだということになります。そのためには、国の対外政策が市民の意思に従って決定されること、つまりその国で民主主義が有効に機能していることが不可欠の条件だという結論になるでしょう。このことは、多くの民主的な国際法学者も認めるところです。

　しかし、それだけで十分でしょうか？　日本は、一応「民主主義が有効に機能している」国に分類することができます。もちろん私たちは政権党に有利な選挙制度、企業や労組による「ぐるみ選挙」、権力者に弱いメディアなど、日本の民主主義の弱点を承知しています。しかし、200に近い世界の主権国家の中で、日本が「民主主義が有効に機能している」点では高い順位にあることは否定できません。それにもかかわらず、私たちは米国の言いなりに自衛隊の若者を戦地に送る政府、人権条約機関への個人の通報権をいっこうに認めようとしない政府、環境条約上の環境基準を必死で値切ろうとする政府を持っているのです。「民主主義が有効に機能している」ことは、市民が対外政策を民主的にコントロールする上で、必要条件ではあっても十分条件ではないようです。

　いささか唐突ですがここで私が思い起こすのは、旧ユーゴ国際刑事裁判所

の所長を務めたことがあるイタリアの国際法学者アントニオ・カッセーゼが、第2次世界大戦中にユダヤ人迫害やレジスタンスの戦士の処刑などを行ったかどでフランスで裁判に付された、クラウス・バルビーについて次のように論じていたことです。バルビーは、ナチ指導者が計画した「行政的殺戮」を実行した勤勉な役人に過ぎず、支配的イデオロギーに抵抗するべき政治的理想も道義観も持たない人物だったが、そこではわれわれが個人として責任をとらねばならない決定が行われたのだ、とカッセーゼはいいます。他方で彼は、権威に無差別に従う人間の典型として旧約聖書『創世記』のアブラハムを、権力の命令とより高い価値との矛盾に際して結果を知りつつ後者を選択する人間の典型としてギリシャ悲劇のアンティゴネー＊を挙げ、民主社会にあっても様々な共同体の権威主義的役割が個人を責任感から解放して、権威に従うことを教えると指摘しています。

　ひるがえって日本の、というよりも先進資本主義社会の現状に眼を移すと、大衆社会状況のもとで分断された市民は日々の生活に追われ、権力に支配されたメディアが流す一方的な情報のもとで、自国の対外政策に対する批判的な目を失っていきます。多くの市民は、自分たちの「豊かな暮らし」を脅かすように見える自国の在外権益の侵害があれば、権力によって容易に対外強硬路線のもとに組織されるでしょう。つまり私たちは、カッセーゼがいうバルビーと同じ状況におかれており、私たちが明日バルビーにならない保障はないのです。逆にいえば、自国の対外政策の民主的なコントロールを通じて国際法を生かし発展させるためには、自国の対外政策を常に批判の目で眺め、これが国際法に反するように思われるときには、たとえそのことが短期的には自分の「豊かな暮らし」を犠牲にすることになるとしても、あえて権力に抗して異議申立ての声を挙げることができる、自立した市民としてのアンティゴネーが育たなければならないでしょう。国際法学者の役割も、結局はこの

＊**アブラハムとアンティゴネー**：アブラハムは神の声に従って我が子イサクをいけにえに捧げようとするが、イサクを殺そうとする瞬間に主の使いの声によって救われる。信心深い人物の代表とされる（『創世記』第22章）。アンティゴネーはソポクレース（前496〜06年）の悲劇『アンティゴネー』の主人公で、祖国に背いて戦死した兄を国王の命令に反して葬り、「殿様のお触れと申しても〔……〕確固不抜の神々の掟に優先するものではない」と語る（柳沼重剛訳『ギリシャ悲劇全集3』岩波書店、1990年、262頁）。

ことに貢献する点にあるのだということを自分に言い聞かせて、この講義を締めくくりたいと思います。

[注]
1) 東京高裁1993(平成5)年2月3日判決：被告人(ナイジェリア国籍)が大麻取締法違反・関税法違反で有罪判決を受けた事件の控訴事件。原判決は訴訟費用を被告人の負担としたが、高裁判決は国選弁護人に要した費用については控訴を認めなかったものの、通訳の費用については本文引用の理由によって原判決を破棄した。
2) 徳島地裁1996(平成8)年3月15日判決：徳島刑務所の受刑者が職員に暴行を受けたとして国家賠償法による損害賠償訴訟を行おうとしたところ、弁護士との接見を制限されたので、受刑者と弁護士が国に対して慰謝料を請求した。徳島地裁の判決は本文引用の理由によって接見時間の制限について裁量権の濫用を認めた(職員の立会いについては認めなかった)が、自由権規約の解釈について欧州人権条約の先例を指針としたことが注目される。控訴審判決(徳島高裁、1995年11月25日)はさらに職員の立会についても裁量権の濫用を認めたが、上告審判決(最高裁第1小法廷、2000年9月7日)はいずれの点についても違法を認めなかった。
3) 二風谷ダム事件(札幌地裁判決、1997(平成9)年3月27日)：二風谷地域の住民の多くはアイヌ民族に属し同地はアイヌ民族の伝統文化が保存される聖地とされてきたが、ダム建設のために土地収用が行われたので、所有者が収容裁決の取消しを求めて訴えた。札幌地裁判決は本文に引用のように自由権規約第27条に依拠して事業認定を違法としたが、収用裁決は取消さない事情判決(裁決等に違法があっても、これを取消すことによって公の利益が著しく損なわれる場合には取消請求を棄却する判決)に終わった。
4) シベリア抑留捕虜補償請求事件(東京高裁判決、1993(平成5)3月5日)：第2次世界大戦後ソ連によりシベリアに抑留されて強制労働を強いられた原告が、強制労働に基づく貸方残高の支払いその他の補償を国に求めた訴訟。判決は1949年ジュネーヴ捕虜条約の遡及的適用を否定し、また自国民捕虜への補償の原則が慣習法化したことも認めず請求を棄却した。国際慣習法について一般論としてではあるが、国民の権利について発生・存続・消滅等に関する実体的要件、権利行使等に関する手続的要件、既存の国内法との整合性などを詳細に規定しておれば、直接適用が可能であることを認めた点が注目される。

【参考文献】
松井康浩『戦争と国際法――原爆裁判からラッセル法廷へ――』三省堂、1968年。
松井芳郎「人権の国際的保護と国内裁判」『法学セミナー』第171号、1970年5月。
同「国内裁判所と国際法の発展――原爆判決を手がかりに――」松井康浩弁護士還暦記念『現代司法の課題』勁草書房、1982年、所収。
同「危機における国際法の役割――トゥンキン、カッセーゼおよびフォークの所説を中心に――」『法政論集』第130号、1990年。

同「国際法と市民の暮らし──万国公法時代から現代生活まで──」『書斎の窓』第478号、1998年10月。
NHK広島核平和プロジェクト『核兵器裁判』NHK出版、1997年。
目加田説子『地雷なき地球へ──夢を現実にした人びと──』岩波書店、1998年。
日本国際政治学会編『国際的行為主体の再検討』(『国際政治』第119号)、1998年。
山村恒年編『環境NGO──その活動・理念と課題』信山社、1998年。
馬橋憲男『国連とNGO──市民参加の歴史と課題──』有信堂高文社、1999年。
東澤靖「2000年の設立に向かう国際刑事裁判所──国際人道法の発展と法曹の役割」『自由と正義』1999年1月号。
稲角光恵「国際刑事裁判所設立に関する外交会議に参加して」INTERJURIST、第125号、1999年2月。

一般索引

[ア]
アイスランド漁業管轄権事件　223, 226
アイヒマン裁判　158, 159
アカイェス事件　164
アジア・アフリカ(AA)諸国　6, 214, 219-221
アジア・アフリカ諸国会議(バンドン会議)　37
アジェンダ21　194-196
芦田均　287
アパルトヘイト　220
アフガニスタン攻撃　31, 45
アフリカ司法人権裁判所人権部　145, 173, 175
アフリカの年　6
アフリカ連合　170
アヘン戦争　280
アマードゥ・サディオ・ディアロ事件　82, 92
アメリカ独立宣言　123
安保理事会　32, 44, 58-59, 74, 161-162, 167-168, 174, 217, 224-225, 235-240, 249-250
　──の二重基準　165, 239, 249
　──の民主化　230, 296

[イ]
イスラーム世界の秩序観　10-12
一事不再理　163, 169
一貫した反対国　53
一般国際法　32, 52-53, 61, 121, 206, 237
一般的受容方式　63
委任統治　220, 284
違法性阻却事由　241, 243
イラク攻撃　31, 45
いわゆる「密約」問題　291
インターネット　88

[ウ]
ヴァサーク, カレル　136
ヴァッテル, エメール・ドゥ　9
ウィーラマントリー, クリストファー　190-191, 272
植木枝盛　281, 301
ウェストファリア体制　8, 20
ヴェルサイユ会議　284
ウクライナ　116
宇宙法　104-106
ウルグアイ河岸パルプ工場事件　187, 202

[エ]
沿岸国　107, 119
エチオピア侵略(イタリアの)　233, 234

[オ]
オイル・プラットフォーム事件　242-243, 251
欧州安全保障協力機構→OSCE
欧州議会　90-91
欧州連合(EU)　63, 86-88
岡本尚一　308
奥平康弘　298
オスマン帝国　10, 12, 23, 31
汚染者負担の原則(polluter pays principle: ppp)　188
オタワ・プロセス　312-313, 319
オデコ・ニホン・S・A事件　55, 69
小和田恒　171

[カ]
外交交渉の前置　207
外交的保護権　40, 47, 81-82, 188
外国為替及び外国貿易法　305
海上捕獲権　24
海賊　111-112, 152
華夷秩序　12-14, 22

一般索引　327

外的自決権	35, 37-39
戒能通孝	156, 307
海洋汚染の防止	118
核実験事件判決に基づくニュージーランドの申立て	197, 202
核兵器使用の合法性勧告的事件	33, 186, 218, 265-272, 308-309
核兵器の特徴	269
加重投票制	83
カッセーゼ，アントニオ	323-324
ガット→GATT（条約・国連決議索引）	
ガブチコボ・ナジマロシュ計画事件	186, 190, 201
管轄権	5, 89, 96, 98, 111-113, 118, 148, 155, 159, 163-164, 168-169, 172, 186, 215-216, 227
――の基礎	155, 215, 227
環境影響評価	186-187, 191, 197
環境と発展に関する世界委員会（WCED）	189, 190, 196
韓国漁船拿捕事件	65
勧告的意見	212, 218-219
慣習国際法（慣習法）	50-53, 55-56, 63, 68, 129, 162, 184, 220, 266, 312, 324

[キ]

寄港国	119
旗国主義	111, 113, 118-119
キャピチュレーション	12
旧ユーゴ国際刑事裁判所（ICTY）	161-167
旧ユーゴ紛争	161, 175
旧ユーゴ和平会議仲裁委員会	100
境域都市	15-16
協議（consultation）	68, 207
強行規範（jus cogens）	42, 129, 148, 266
強制管轄権	44, 58, 212
強制権限の付与	236, 248
強制措置	58, 161-163, 234-241, 249-251, 295-296
共通に有しているが差異のある責任	190-191, 193-195
協定税率	18, 283
京都メカニズム	193, 200
漁業水域	64-66, 223, 226
拒否権	74, 239, 244-245, 249-250
緊急総会	239

[ク]

区別原則	266, 270
グローバリゼーション	62, 68, 71, 76-78, 80-83, 88, 90-93, 303
グロティウス，フーゴー	9, 25, 72, 253, 255-256
軍国主義反対決議（第2インターナショナルの）	24
軍事参謀委員会	235
軍事的強制措置	31, 234-235, 240-241, 295-296
軍事目標主義→区別原則	
軍縮	250, 275-276, 297

[ケ]

経済開発協力機構（→OECD）	
経済制裁→非軍事的強制措置	
警察官職務執行法	263
結果の義務	63-64
欠席裁判	216
決定投票	214, 216, 219, 270
――権（ICJ所長の）	214
下土国	102
ケベック分離問題に関する諮問意見	38, 40, 46
ケルゼン，ハンス	72-73
権原の歴史的凝固	100
現代国際法	27-28, 33, 35, 40, 42, 62, 100-101, 206, 260, 303
原爆訴訟	308
――判決	308

[コ]

行為体	4-5, 84, 91
公海	110

——漁業の規則	113		156-158, 160, 162, 165, 171-173
——自由の原則	54, 111-113	国の——	43-44
香西茂	246	個人の——	151, 165
交渉(negotiation)	206-208, 212, 219, 275, 318-320	国際復興開発銀行→世界銀行	
		国際法委員会(ILC)	34-35, 42-44, 107-108, 147
交渉命令判決	207	国際法主体	5-6, 17, 27, 35, 49-51, 260, 277, 319-322
交戦団体承認	261		
構造調整プログラム	85	国際法典編纂会議	107, 110
高度回遊性魚種	114	国際法と国内法の関係	62, 72
衡平及び善	210	国際法の成立形式	50-51, 55
国際運河	95	国際民間航空機関	103
国際海事機関(IMO)	112, 178, 187	国内管轄事項	126-128, 148
国際海底機構	118	国内的救済	84-85, 128
国際河川委員会	178	国内問題→国内管轄事項	
国際環境法	177-181, 184, 186, 189, 195, 197	国民国家	9, 256
——における二重基準	191, 194	国連海洋法会議	
国際関心事項	127-128	第1次	54, 107, 110
国際機構	27, 49-51, 55-56, 81-83, 86-88, 90-91, 128, 208, 224, 282	第2次	107
		第3次	64, 107, 112-113
国際刑事裁判所	151, 153, 158, 161, 163	国連環境計画(UNEP)	180, 195
国際公域	95-96, 178, 187	国連環境発展会議(リオ会議)	114, 180
国際再生可能エネルギー機関(IRENA)	196	国連監視検証査察委員会(UNMOVIC)	
国際司法裁判所(ICJ)	44, 50-51, 57-58, 116, 212-216, 218, 220-225, 244, 308-309		45, 250
		国連カンボジア暫定統治機構(UNTAC)	247
——裁判部(小法廷)	214-215	国連緊急軍(UNEF)	245, 252
——の構成	213-214, 220, 222	国連軍	234-237, 263-264, 299
国際社会の一般的利益	40-46, 152-153, 171-172, 201, 231, 274-275, 320-321	国連事務総長	118, 208
		国連総会	56-57, 74-75, 104, 108, 118, 184
国際審査委員会	208	国連総会決議の法的拘束力	56
国際人道法	161-163, 165, 258-260, 262-264, 274-276	国連のある種の経費勧告的意見	245, 252
		国連の職務中に被った損害の賠償勧告的意見	49, 69
——の基本原則	256-272		
——の国連軍への適用	263	国連賠償委員会(UNCC)	59, 275
——の履行確保	273	国連保護軍(旧ユーゴ：UNPROFOR)	
国際調停委員会	208		247-248
国際通貨基金(IMF)	82-83, 195	個人通報	135, 139, 143-145, 309
国際的武力紛争	238, 257, 260-262, 266, 313	——制度	144
		コソボ独立の国際法適合性勧告的意見	40
国際犯罪	41, 151-153	コソボ問題(コソボ危機)	31, 39, 45, 291

黒海海洋境界画定事件　　　　　97, 116
国家構造崩壊型の紛争　　　　　79, 85
国家承認　　　　　　　　　　　　19
国家責任（法）　　　　　34-35, 43-44,
　　　　　　　60, 106, 178, 187-188
国家通報制度　　　　　　　　　144
国家平等　　　　　　　　　　16, 53
国家報告制度　　　　　135, 144-146
国家領域　　　　　　　　　5, 89, 95
個別的・集団的自衛権→自衛権
個別的利益　　　　27-28, 40, 231, 321
コルフ海峡事件　　　　　33, 46, 110
コンゴ国連活動（ONUC）　245-246, 252
コンゴ領域における武力行動事件（コンゴ
　　対ウガンダ）　　　　　　241, 252
コンゴ領域における武力行動事件（コンゴ
　　対ルワンダ）　　　　　　129, 148
コンセンサス（方式）　61, 108, 185, 313
コンディショナリティ（IMFの）　　82
［サ］
最恵国待遇　　　　　　　　12, 18, 61
罪刑法定主義　　　　　　　151, 155, 162
在テヘラン米大使館事件　　　223, 227
鎖国　　　　　　　　　　　　15, 277
差別防止・少数者保護小委員会　139, 141
［シ］
自衛権　　　　　　31, 33-34, 240-244,
　　　　251-252, 284-286, 288-290, 292-294
ジェノサイド（集団殺害）　126, 129, 157-159,
　　　　165, 171, 175, 176, 221, 225, 248
ジェノサイド条約留保勧告的意見
　　　　　　　　　　　　42, 157, 175
自決権　　　　　　　28, 35-40, 99-102,
　　　　　　　133-134, 136-137, 261
自決単位　　　　　　　　　　　98
事後法　　　　　　　　　155, 160, 171
時際法　　　　　　　　　　　3, 19
事実上の戦争　　　　　　　　259-260
事実調査（fact-finding）　　208, 275-276

事実調査委員会　　　　　　　275-276
シー・ジャック　　　　　　　　112
シシリー電子工業会社事件　　92, 222
自然法　　　　　　　9-10, 20, 255-256
持続可能な発展（sustainable development）
　　　　　　　　　79, 180, 189-196
実効性の原則→実効的支配
実効的支配　　　　　14, 19, 99-100, 201
実定法　　　　　　　　10, 21, 62, 226
幣原喜重郎　　　　　　　　　　295
「自動執行」条約　　　　　　　　63
自動的管轄権　　　　　　　168, 171
自動留保　　　　　　　　　216, 227
シベリア抑留捕虜補償請求事件（東京高裁
　　判決）　　　　　　　　312, 324
司法審査　　　　　　　　　　　224
司法的解決（judicial settlement）
　　　　　　　　　　　209-210, 223
司法立法　　　　　　　　　225-226
市民社会　　　　　78, 124, 318, 321
社会権　　85, 125, 128, 130, 135-136, 145-146
社会権規約委員会　　　　　　　146
自由権　　　84-85, 89, 124, 128, 130, 135-136,
　　　　142, 144-146, 160, 262, 310-312, 324
自由権規約委員会　　　　　135, 146-147
　　──の一般的意見24（52）　　147
周旋（good offices）　　　　206-207
集団安全保障（collective security）　29,
　　　　　　　32-33, 41, 231-240,
　　　　　　243-246, 249-250, 292-293, 295
集団殺害→ジェノサイド
集団的自衛権　　　　　33, 237, 244,
　　　　　　　288, 290, 292-293, 298
集団の権利　　　　　　　　　37, 134
周辺事態法　　　　　　　　　　305
自由民権運動　　　　　　　281, 301
主権国家の黄昏　　　71, 75-76, 80, 90
手段選択の自由　　　　　　　210-211
手段・方法の義務　　　　　　　63-64

ジュネーヴ法	253, 259	正戦論	20-22, 46, 255-256
受理許容性	168, 215	正統性の原則	100
遵守手続(京都議定書の)	200	勢力均衡(balance of power)	229-232, 249
純粋法学	72-73	世界銀行(国際復興開発銀行)	78, 83, 195
消極的属人主義	159	世界政府	73, 74, 249
少数者	37-38, 126, 137, 311	世界貿易機関(WTO)	18, 61, 78, 81-82, 304
常設国際司法裁判所(PCIJ)	212-213, 221	——の紛争解決手続	61
常設仲裁裁判所(PCA)	209-210	世界保健機関(WHO)	218
小島嶼国連合	201	赤十字国際委員会(ICRC)	258, 273, 275, 329
条約		積極的属人主義	159, 171
——改正(明治期日本の)	19, 51, 280-281, 284	絶対主権論	72
——不履行の抗弁	59-60	尖閣紛争	4, 14-15, 19, 24, 96
深海底制度	116	戦時国際法→戦争法	
新ガイドライン		戦時復仇	273
→日米防衛協力のための指針		先住民族	311
人権委員会	56, 127, 133, 139, 141-143	先制的自衛(権)	241-242, 285
人権高等弁務官	142	先占	4, 14, 19, 24, 99
人権裁判所	145, 147, 309	戦争	
人権理事会	143	——違法化	153, 205, 228, 259, 284-286
新国際経済秩序	136-137	——に訴えることに関する法(jus ad bellum)	255, 263, 271
審査(inquiry)	24, 206, 208	戦争の法規・慣例	155, 262
人道的干渉	31, 33, 45	——の違反	152, 155, 306
人道に対する罪	155, 157, 159-160, 165, 306	戦争のモラトリアム	30, 231, 232
「人民(peoples)」自決権	36	戦争犯罪	71, 153, 155, 157, 168, 171, 275, 306
侵略戦争	30-31, 41, 153, 156, 206, 306-307	戦争法(jus in bello; Laws of War)	158, 253, 255-261, 265-266, 272-273, 275
——の禁止	30-31, 241	選択条項	58, 211-212, 215-216, 227
侵略犯罪	168, 173-174	——受諾宣言	216
人類の共同の財産	116, 118	——相互主義	215-216, 227
[ス]		専門機関	218-219
ストックホルム人間環境会議	179	占領下パレスチナにおける壁建設の法的効果勧告的意見	101, 121
ストラドリング魚種	114	先例拘束性	217
ストレンジ，スーザン	90	[ソ]	
[セ]		総加入条項	260-261
制裁	58, 68, 234, 240	相互主義	53, 59-60, 68,
正式戦争	255		
誠実に交渉する義務	207		
政治的(非法律的)紛争	210		

一般索引　331

	147, 198, 227, 273-274
相当な(の)注意	178, 186-187
属人主義(属人的管轄権)	12, 159, 171-172
属地主義(属地的管轄権)	12, 171-172
租税条約(二重課税防止協定)	81
ソフト・ロー	184

[タ]

対抗措置	34-35, 43-44, 59-60, 68, 198-199
「第三世代」の人権	136
太壽堂鼎	122, 151, 176, 228
対人地雷	257, 269, 312-314, 319
対世的義務(obligations erga omnes)	
	42-43, 47, 60, 129
第2次国連ソマリア活動(UNOSOM II)	
	247-248
「第二世代」の平和維持活動(PKO)	85, 246
大陸棚	
——境界画定	114-115
——「自然の延長」論	114
——制度	53-55, 69, 112, 114
——定義	107, 114
ダウ・ジョーンズ対ガットニク事件	89, 93
多国籍企業	80-81, 86, 193, 321
多国籍軍	235-238
タジッチ事件	162-164
多数国間条約留保	216
脱亜入欧	280
田中義一	284
田畑茂二郎	156, 256, 299, 301

[チ]

チェルノブイリ原発事故	188
仲介(mediation)	206-208, 227
中国代表権問題	236
仲裁(arbitration)	206, 209-210, 215
中立	21, 231, 246, 253, 295
——法規	21, 253
チュニジア・リビア大陸棚事件	221, 223
チュニス・モロッコ国籍法勧告的意見	
	330

朝貢関係	12, 14, 25, 281-282
朝鮮国連軍	236-237
朝鮮戦争	74, 236, 238
調停(conciliation)	207-209, 224
直線基線(方式)	65-66, 109, 121, 225

[ツ]

通過通航	110
通商航海条約	18, 81
通報・協議の義務	84, 186

[テ]

低潮線	109
伝統的国際法	17, 20-23, 27-28, 31,
	35, 40, 60, 62, 77, 99, 152, 205,
	229, 256-257, 277, 280-281, 284, 303
天然資源に対する永久的主権	75

[ト]

ドイツ・ワイマール憲法	125, 133
同意原則	185, 246, 248, 298
東京高裁判決(外国人の通訳費用負担に関する)	
	310, 324
東京裁判	155-156, 263, 307
東部カレリア勧告的意見	58, 69
トゥンキン，グリゴリ	52
徳島地裁判決(弁護士との接見制限に関する)	
	311, 324
特別協定	235
ドラゴー(主義)	23
トリー・キャニオン号(事件)	119
トルーマン宣言	54-55
トレイル製錬所事件	178, 182, 201

[ナ]

内政不干渉→不干渉原則	
内戦(非国際的武力紛争)	164, 238,
	260-262, 266, 313
内的自決権	38-39
内乱条項	289
中塚明	283
ナミビア勧告的意見	224, 227
南極	95, 105

南西アフリカ事件　　　　　　　　220
[ニ]
ニカラグア事件　　　　29, 33, 42, 129,
　　　　　　　215, 242, 244, 266, 293
西サハラ勧告的意見　　　　　99, 121
二一箇条の要求　　　　　　　283, 285
日米防衛協力のための指針(新ガイドライン)
　　　　　　　　　　　　　　292, 305
日露戦争　　　　　　　　　　　　283
日華事変　　　　　　　　　　　　286
日清戦争　　　　　　　　　22, 282-283
二風谷ダム事件(札幌地裁判決)　311, 324
日本アルコール飲料事件(WTOの)　304
日本国憲法　　　63, 286-289, 294-295, 298
　――第9条　　　　　　289, 295, 299
　――第98条2　　　　　　　　63, 310
「日本のフィルム」事件　　　　　　82
ニュルンベルク抗弁　　　　　　　306
ニュルンベルク国際軍事裁判所　153-154
ニュルンベルク諸原則　156-157, 162, 306-307
ニュルンベルク判決　　　　　41, 156
[ノ]
ノルウェー漁業事件　　　109, 121, 225
ノルウェー公債事件　　　　　216, 227
[ハ]
ハーグ平和会議　　　　5-6, 23-24, 261
ハーグ法　　　　　　　　　　253, 259
排出量取引　　　　　　　　　　　193
排他的経済水域(EEZ)　　　97, 112, 223
パッケージ・ディール　　　　　　108
「発展」　　　　　　　　　　　　137
発展的解釈(evoltive interpretation)　147
発展途上国　　　56, 73, 75, 83, 118, 134-137,
　　　　143, 179, 190, 192, 194-195, 219, 221
発展の権利　　　　133, 136-137, 143, 190
ハマーショルド, ダグ　　　　245-246
バルセロナ・トラクション事件
　　　　　　　　　　　42, 47, 82, 129
パルマス島事件　　　　　178, 182, 201

版図　　　　　　　　　　　　　　14
バンドン会議→アジア・アフリカ諸国会議
[ヒ]
被害国　　　　　43-44, 59-60, 186, 199
非核三原則　　　　　　　　　109, 297
東アジア「国際」秩序　12-14, 277, 280-283
引渡すか訴追するかの義務(aut dedere aut
　　judicare)　　　　　　　　　112, 160
非軍事的強制措置　　162, 240, 296, 305
非国際的武力紛争→内戦
人および市民の権利宣言　　　123-124
ピノシェ仮拘禁事件　　　　　129, 148
[フ]
フィラルティーガ事件　　　　129, 148
不干渉原則　　　　　　　　　31, 128
不遵守手続(モントリオール議定書の)
　　　　　　　　　　　　　183, 199-200
付託合意(compromis)　　　　209, 221
復仇　　　　　　59-60, 205, 267, 273-274
ブトロス・ガリ, ブトロス　84, 92, 236
不必要な苦痛を与える兵器(の使用)
　　　　　　　　　　　265, 268, 270, 272
不平等条約　　　　　　　　17-19, 22, 25,
　　　　　　　　　34, 220, 277, 280-281
普仏戦争　　　　　　　　　　　　257
普遍主義(普遍的管轄権)　　　159-161, 172
普遍的定期審査(UPR)　　　　　　143
フランス革命　　　　　　9, 35, 124, 256
武力行使違法化　　　　　　46, 258, 263
武力行使禁止(原則)　　　　23, 29-35,
　　　　　　　　　　100-101, 249, 286
武力紛争法　　　　　257-261, 263, 265, 271
　――の平等適用　　　　　　　　263
ブルキナファソ・マリ国境紛争事件
　　　　　　　　　　　　　　101, 121
ブルジョア革命　　　　9, 98, 123-125, 256
紛争の平和的解決　　　　　24, 205-206,
　　　　　　　223, 245-246, 250, 296
　――義務　　　　　　　　30, 205-206

文民　　257, 261-262, 266-268, 270, 274-275
文明国　　17, 19, 27, 35, 51, 259-260, 277, 280-281
　　——が認めた法の一般原則　　51

[ヘ]
平時国際法　　21
平和維持活動（peace-keeping operation: PKO）
　　85, 245-249, 264, 298, 300
　　——の原則　　246, 249
平和構築　　85, 300-301
平和条約の解釈勧告的意見　　227
平和的生存権　　287-288, 300-301
平和に対する脅威　　130, 238-240, 251, 304
平和に対する罪　　152, 155, 157, 171, 263, 306
ベトナム反戦運動　　306
ベルンハルト，ルドルフ　　147
便宜置籍船　　111
変形方式　　63

[ホ]
法源→国際法の成立形式
防止外交　　245, 251
防止の義務（越境環境損害の）　　186
法的信念　　51-53, 55-56, 184
報復　　60, 274
法律的紛争　　210, 215, 221-223
補完性の原則　　168-169, 172
保護主義　　159
保護する責任　　79
補足性の原則　　87
北海大陸棚事件　　54-55, 69, 114-115, 207, 226
ホロコースト　　126, 157-158

[マ]
マルテンス条項　　265, 272
「満州事変」　　233-234, 285

[ミ]
みなみまぐろ事件　　183, 198, 202
民事賠償責任条約　　189

民主主義の赤字　　90-91
民族解放闘争（戦争）　　36, 133, 261-262
「民族（nations）」自決権　　36
民族浄化　　161

[ム]
無害通航権　　102, 109-110
　　強化された——　　110
無過失責任　　106
無差別攻撃　　267, 270
無差別戦争観　　21, 229, 257, 263
無主地　　14, 19, 121

[メ]
目加田説子　　321

[モ]
黙示的権限　　237
黙示的合意説　　52

[ヤ]
Yahoo! オークション事件　　89, 92
やむを得ない理由　　218
ヤン・マイエン大陸棚事件　　224

[ユ]
ユーゴ空爆　　31, 39, 45, 165

[ヨ]
ヨーロッパ国際秩序　　14, 277, 280-281
抑止論　　232, 239, 249
横田喜三郎　　72-73
予防原則（precautionary principle）　　197-198
予防的な取組方法　　114, 197-198

[ラ]
ラヌー湖事件　　84, 92, 186-187

[リ]
利益保護国　　273-275
「陸が海を支配する」　　96-97
リットン調査団　　233
リビア・マルタ大陸棚事件　　113
リーブス，エメリー　　73
琉球王国　　14-15
琉球処分　　281
留保　　61, 147, 216

領域	14, 23, 89, 95-102, 114, 120-121, 186, 246
——権原	33, 99-102, 201
——主権	18, 96, 98-99, 158, 178
——取得	19, 33, 101
——使用の管理責任	178, 186
領海	65-66, 95-97, 106-110, 118-119
領空主権	102
領事裁判制度	12, 18, 283
両立性の基準	175, 226

[ル]

ルソー，ジャン・ジャック	256, 268, 276
ルーマニア	116
ルワンダ国際刑事裁判所(ICTR)	163-166, 254

[レ]

レジーム	60-61, 68, 146-147
連合市民権	87

[ロ]

ローマ法	7-9, 20
ロシア革命	125
ロチュース号事件	226, 228
ロッカービー事件	225, 227

[ワ]

枠組条約	120, 184-185, 196
湾岸戦争	235, 237

[欧字および数字]

AA諸国→アジア・アフリカ諸国	
AU→アフリカ連合	
contract out	332
EC→欧州共同体	
EU→欧州連合	
ICC	151, 167-175, 264
ICJ→国際司法裁判所	
ICTR→ルワンダ国際刑事裁判所	
ICTY→旧ユーゴ国際刑事裁判所	
IMCO→政府間海事協議機関	
IMF→国際通貨基金	
IMO→国際海事機関	
NATO(北大西洋条約機構)	31, 39, 45, 112, 165, 174-175, 289-294
——の「戦略概念」	291
NGOs(NonGovernmentalOrganizations)	55, 57, 79, 141, 145, 181, 308-309, 313-322
——の協議的地位	317-318
——の国際法主体性	319, 321-322
ODA(政府開発援助)	195
OECD(経済協力開発機構)	81, 83, 86, 188-189
ONUC→コンゴ国連活動	
OSCE(ヨーロッパ安全保障協力機構)	39
PCA→常設仲裁裁判所	
PCIJ→常設国際司法裁判所	
PKO→平和維持活動	
PKO協力法(国際連合平和維持活動等に対する協力に関する法律)	292, 298
UNCC→国連賠償委員会	
UNEF→国連緊急軍	
UNEP→国連環境計画	
UNOSOM II→第2次国連ソマリア活動	
UNPROFOR→国連保護軍	
UNTAK→国連カンボジア暫定統治機構	
*uti possidetis*の原則	100, 102
WCED→環境と開発に関する世界委員会	
WHO→世界保健機関	
WTO→世界貿易機関	
30年戦争	8, 253
9・11テロ事件	31

条約・国連決議等索引

[ア行]

アパルトヘイト条約 160
油汚染事故介入権条約 119
アフリカ人権憲章(バンジュール憲章；人及び人民の権利に関するアフリカ憲章) 136, 141, 145, 175, 183
アルプス条約 196
安全保障理事会決議
　83(1950)：朝鮮戦争 74, 236
　138(1960)：アイヒマン誘拐 159
　660(1990)：湾岸戦争 237
　661(1990)：湾岸戦争 237, 305
　662(1990)：湾岸戦争 237
　678(1990)：湾岸戦争 237
　827(1993)：ICTY設置 161
　841(1993)：ハイチ問題 239
　955(1994)：ICTR設置 163
　1441(2002)：イラクの大量破壊兵器 250
　1487(2003)：ICCの捜査・訴追に関して 174
　1996(2010)：IRMCT設置 166
ウィーン宣言 137-139, 142
ウェストファリア講和条約 8
ヴェルサイユ講和条約 71, 153
宇宙条約(月その他の天体を含む宇宙空間の探査及び利用における国家活動を律する原則に関する条約) 104, 106
宇宙損害賠償条約 106
越境環境影響評価条約 183, 186-187
欧州基本権憲章 91
欧州社会憲章追加議定書 140
欧州人権条約(人権及び基本的自由の保護のための条約) 84-85, 89-91, 140, 144-145, 147
　同第11議定書 144, 145
　同第14議定書 145
オゾン層の保護のためのウィーン条約 185
オゾン層を破壊する物質に関するモントリオール議定書(モントリオール議定書) 185, 199

[カ行]

外交関係条約(外交関係に関するウィーン条約) 67, 227
海洋航行不法行為防止条約 112
気候変動枠組条約(気候変動に関する国際連合枠組条約) 192-193, 201, 314
旧ユーゴ国際刑事裁判所規程(1991年以後旧ユーゴスラビアの領域内で行われた国際人道法に対する重要な違反について責任を有する者の訴追のための国際裁判所規程；ICTY規程) 161-164, 254, 260
京都議定書(気候変動枠組条約の) 192-193, 195, 201, 314-315, 319
漁業及び公海の生物資源の保存に関する条約 177
極東国際軍事裁判所条例 153
経済社会理事会決議
　1235(XLII) 139
　1503(XLVIII) 129, 141
　1996/31 317
契約上ノ債務回収ノ為ニスル兵力使用ノ制限ニ関スル条約(ポーター条約) 23
公海条約(公海に関する条約) 107, 110-111, 177, 226
拷問等禁止条約(拷問及びその他の残虐な、非人道的な若しくは品位を傷つける取扱い又は刑罰を禁止する条約) 56
国際刑事裁判所規程(ICC規程) 166-167, 169, 171, 173-174, 275, 315-316
国際司法裁判所規程(ICJ規程) 50-51, 58, 212, 222

第9条	214	第51条	31, 33, 237, 241-243, 271, 288, 292-293
第34条1	213	第52条1	294
第36条1	215	第53条1	294
第36条2	58, 215, 222	第55条	36, 127
第36条5	215	第55条c	127
第36条6	216	第56条	127-128
第38条1	50, 51, 220	第62条2	127
第53条	216	第68条	127
第55条2	214	第69条	318
第59条	217	第70条	318
第65条1	218	第71条	315, 318
第66条2	218	第76条c	127
第68条	219	第92条	213
国際人権規約	37, 85, 133-135	第93条1	213
国際水路の非航行的利用の法に関する条約	183	第94条1	217
国際紛争平和的処理条約	6, 24, 206, 209	第94条2	217
国際連合憲章	34, 37, 186, 276, 296	第96条	218
第1条1	59	第97条	264
第1条2	36, 288	第108条	250
第1条3	127, 288	国際連盟規約	29, 46, 72, 205, 231-232, 284
第2条3	206	国連海洋法条約(海洋法に関する国際連合条約)	56, 64-66, 95, 108, 180, 210, 226
第2条4	31-33, 241-242, 271		
第2条5	235	国連公海漁業実施協定(ストラドリング魚類資源及び高度回遊性魚類資源の保存及び管理に関する1982年12月10日の海洋法に関する国際連合条約の規程の実施のための協定)	114, 198
第2条7	127, 163		
第13条b	127		
第24条	235		
第24条2	58		
第25条	235	国連事務総長告示「国連部隊による国際人道法の遵守」	264
第27条	32		
第27条3	236	国連総会決議	101, 114, 136
第33条	206	95(I)：ニュルンベルグ裁判所条例が承認した国際法の諸原則の確認	154, 156
第33条1	206		
第39条	58, 235	217A(III)：世界人権宣言	130
第41条	234, 296	377(V)：平和のための結集	74, 239
第42条	234	824(IX)：低開発国の経済発展のための私的資本の国際的供給	74
第43条	235		
第43条以下	234		
第50条	240, 296	1514(XV)：植民地独立付与宣言	36

1803(XVII)：天然資源に対する永久的主権　75
1962(XVIII)：宇宙空間の探査および利用における国家活動を律する法原則宣言　104
2444(XXIII)：武力紛争における人権の尊重　258
2625(XXV)：友好関係原則宣言(国際連合憲章に従った諸国間の友好関係と協力に関する国際法の諸原則についての宣言)　29, 32, 37-38, 99-100, 131, 206, 212, 219, 221
2749(XXV)：深海底を律する原則宣言　116
3314(XXIX)：侵略の定義　29, 32, 101
32/130：人権および基本的自由の効果的な享受を改善するための国連体制内の新しいアプローチおよび手段　129, 136
37/10：紛争の平和的解決に関するマニラ宣言　212
41/31：ICJニカラグア事件判決：早急な遵守の必要性　217
41/128：発展の権利に関する宣言　136
48/141：人権高等弁務官　142
S-19/2：アジェンダ21の実施の進展のためのプログラム　195
55/2：ミレニアム宣言　76
60/251：人権理事会　143
61/295：先住人民の権利に関する国連宣言　312
63/119：国連職員および任務遂行中の専門家の刑事責任　264
コソボ独立の国際法適合性に関する勧告的意見　40
国家責任に関する条文草案　35, 43

[サ行]

サイバー犯罪条約　83, 89
サンフランシスコ講和条約(日本国との平和条約)　288
ジェノサイド条約(集団殺害犯罪の防止及び処罰に関する条約)　157, 159, 165, 171, 175
シカゴ国際民間航空条約　102
社会権規約(経済的、社会的及び文化的権利に関する国際規約)　85, 121, 130-135, 145-146, 310, 329
　第2条1　135
　第2条2　135
社会権規約選択議定書　146
自由権規約(市民的及び政治的権利に関する国際規約)　89, 131-135, 144, 160, 262, 310-312, 324
　第2条　135
　第4条　262
　第14条1　311
　第14条3　310
　第15条　160
ジュネーヴ議定書(国際紛争平和的処理一般議定書)(1924年)　41, 269
ジュネーヴ(毒ガス)議定書(1925年)　254
ジュネーヴ諸条約(1949年)　162, 164, 171, 257-259, 261, 264-267, 274, 275
　共通第2条1　259
　共通第2条3　261
　共通第3条　164, 261-262, 266
　――の重大な違反行為　154, 162, 164, 171
ジュネーヴ諸条約第Ⅰ追加議定書(国際的武力紛争の犠牲者の保護に関し、1949年8月12日のジュネーヴ諸条約に追加される議定書)　257, 262-265, 267, 270, 274-276
ジュネーヴ諸条約第Ⅱ追加議定書(非国際武力紛争の犠牲者の保護に関し、1949年8月12日のジュネーヴ諸条約に追加される議定書)　154, 164, 262
条約法条約(条約法に関するウィーン条約)　34, 42, 59-60, 62, 147, 175, 273-274
　第19～21条　147

第27条	62
第46条1	62
第52条	34
第53条	42
第60条	59, 273
第60条5	60, 274

女子差別撤廃条約（女子に対するあらゆる形態の差別の撤廃に関する条約） 145
　同選択議定書 132
深海底制度実施協定（1982年12月10日の海洋法に関する国際連合条約第11部の規程の実施に関する協定） 64, 118
人種差別撤廃条約（あらゆる形態の人種差別の撤廃に関する条約） 64, 139
ストックホルム宣言（人間環境宣言） 131, 179, 182, 186, 189, 194
戦争犯罪時効不適用条約 160
セント・ピータースブルグ宣言 268

[タ行]

対人地雷禁止条約（対人地雷の使用、貯蔵、生産及び移譲の禁止並びに廃棄に関する条約） 257, 269, 314
大陸棚条約（大陸棚に関する条約） 54-55, 69, 107, 114, 177
　同定義 107
中国に関する九か国条約 285
投資紛争解決条約（国家と他の国家の国民との間の投資紛争の解決に関する条約） 78
特定通常兵器使用禁止制限条約（過度に傷害を与え又は無差別に効果を及ぼすことがあると認められる通常兵器の使用禁止又は制限に関する条約） 257, 262, 269, 313
　同第Ⅱ議定書 313
　同第Ⅱ議定書改正 313-314

[ナ行]

南極条約 95
日韓漁業協定（1965年）（日本国と大韓民国との間の漁業に関する協定） 65
日韓漁業協定（1998年）（漁業に関する日本国と大韓民国との間の協定） 66
日清講和条約 22
日鮮修好条規 22, 25, 281

[ハ行]

ハーグ陸戦規則（陸戦ノ法規慣例ニ関スル規則） 121, 257, 260, 267, 269, 272
ハーグ陸戦条約（陸戦ノ法規慣例ニ関スル条約） 6, 260, 265
バンジュール憲章→アフリカ人権憲章
不戦条約（戦争ノ放棄ニ関スル条約） 30, 153, 156, 206, 284, 286
部分的核実験禁止条約 105
ブライアン諸条約 24, 29
武力紛争における人権（テヘラン国際人権会議の決議XXIII） 258-259
米州人権条約（人権に関する米州条約） 145
ポーター条約→契約上ノ債権回収ノ為ニスル兵力使用ノ制限ニ関スル条約 23
ポーツマス講和条約 283
ポツダム宣言 24, 155
捕虜条約（捕虜の待遇に関する1949年8月12日のジュネーヴ条約） 257, 262, 273, 275, 324

[マ行]

マーストリヒト条約→EU条約
モントリオール議定書→オゾン層を破壊する物質に関するモントリオール議定書

[ヤ行]

有害廃棄物の越境移動に関するバーゼル条約（有害廃棄物の国境を越える移動及びその処分の規則に関するバーゼル条約） 180, 183, 196

[ラ行]

リオ宣言（環境と開発に関するリオ宣言） 180, 183, 186, 190-194, 197
リスボン条約（欧州連合条約 および欧州共

同体設立条約を修正するリスボン条約)
　　　　　　　　　　　　　　87, 90
領海条約(領海及び接続水域に関する条約)
　　　　　　　　　　107, 109-110, 177
ロンドン協定・国際軍事裁判所条例
　　　　　　　　　　　　　　153-154
ロンドン海洋投棄防止条約(廃棄物その他
　の物の投棄による海洋汚染の防止に関
　する条約)・1996年議定書　　　197

[英字および数字]

EC条約(ヨーロッパ共同体を設立する条約)
　　　　　　　　　　　　　　　　87
EU条約(欧州連合に関する条約)　87, 90-91
　同第14議定書　　　　　　　　　91
EU運営条約(欧州連合の運営に関する条約)
　　　　　　　　　　　　　　63, 87
GATT(1947年の関税及び貿易に関する一
　般協定)　　　　18, 61, 78, 81-82, 304
ICC(ローマ)規程→国際刑事裁判所規程
ICJ規程→国際司法裁判所規程
IMF協定(国際通貨基金協定)　　　83
NATO条約(北大西洋条約)　　　289
WTO協定(世界貿易機関を設立するマラケ
　シュ協定)　　　　　　　　　　78
WTOの紛争解決了解(紛争解決に係る規則
　及び手続に関する了解)　　　　82
52年安保条約(日本国とアメリカ合衆国と
　の間の安全保障条約)　　　288-289
60年安保条約(日本国とアメリカ合衆国と
　の間の相互協力及び安全保障条約)
　　　　　　　　　　　　　289-290

【著者紹介】
松井 芳郎(まつい よしろう)
　名古屋大学名誉教授
　1941年　京都府生まれ
　1963年　京都大学法学部卒業
　1967年　京都大学大学院法学研究科博士課程退学、名古屋大学法学部助手
　1968年　名古屋大学法学部助教授
　1976年　名古屋大学法学部教授
　2004年　立命館大学大学院法務研究科教授
　2011年　立命館大学定年退職

【主要著書】
『現代日本の国際関係』(1978年、勁草書房)、『現代の国際関係と自決権』(1981年、新日本出版社)、『国際法』(共著、1988年、有斐閣)、『国際法Ⅰ・Ⅱ』(共編、1990年、東信堂)、『湾岸戦争と国際連合』(1993年、日本評論社)、『国際人権条約・宣言集』(共編、初版1994年、第3版2005年、東信堂)、『判例国際法』(編集代表、初版2000年、第2版2006年、東信堂)、『国際法から世界を見る』(初版2001年、第2版2004年、第3版2011年、東信堂)、『テロ、戦争、自衛』(2002年、東信堂)、『国際環境法の基本原則』(2010年、東信堂)、『ベーシック条約集』2004・2011年版(編集代表、東信堂)、『国際環境条約・資料集』(共編、2014年、東信堂)、『国際法学者が読む尖閣問題』(2014年、日本評論社)、『武力行使禁止原則の歴史と現状』(2018年、日本評論社)

国際法から世界を見る　　　　　　　　　　　　　　〔検印省略〕
2011年 9月20日　第3版　第1刷発行　　　※定価はカバーに表示してあります。
2021年10月20日　第3版　第4刷発行

著者©松井芳郎　　発行者　下田勝司　　　　　印刷・製本／中央精版印刷

東京都文京区向丘1-20-6　　郵便振替00110-6-37828
〒113-0023　TEL(03)3818-5521　FAX(03)3818-5514　　株式会社　発行所　東信堂

Published by TOSHINDO PUBLISHING CO., LTD
1-20-6, Mukougaoka, Bunkyo-ku, Tokyo, 113-0023, Japan
E-mail：tk203444@fsinet.or.jp

ISBN978-4-7989-0080-3　C3032　　©MATSUI, Yoshiro

東信堂

国際法新講〔上〕〔下〕	田畑茂二郎	〔上〕二九〇〇円 〔下〕二六〇〇円
ベーシック条約集 二〇一六年版	編集代表 松井芳郎	三八〇〇円
ハンディ条約集〔第2版〕	編集代表 松井芳郎	二六〇〇円
国際環境条約・資料集	編集代表 薬師寺・坂元・浅田	一五〇〇円
国際人権条約・宣言集〔第3版〕	編集 松井・富岡・田中・薬師寺・坂元・高村・西村	三八〇〇円
国際機構条約・資料集〔第2版〕	編集代表 香西・安藤 編集 薬師寺・坂元・小畑・徳川	八六〇〇円
判例国際法〔第2版〕	編集代表 松井芳郎	三八〇〇円
国際環境法の基本原則	松井芳郎	三八〇〇円
国際民事訴訟法・国際私法論集	高桑昭	六五〇〇円
国際機構法の研究	中村道	八六〇〇円
国際海洋法の現代的形成	田中則夫	六八〇〇円
国際海峡	坂元茂樹編著	四六〇〇円
条約法の理論と実際	坂元茂樹編著	四二〇〇円
国際立法——国際法の法源論	村瀬信也	六八〇〇円
日中戦後賠償と国際法	浅田正彦	五二〇〇円
国際法〔第2版〕	浅田正彦編著	二九〇〇円
小田滋・回想の海洋法	小田滋	七六〇〇円
小田滋・回想の法学研究	小田滋	四八〇〇円
国際法と共に歩んだ六〇年——学者として裁判官として	小田滋	六八〇〇円
21世紀の国際法秩序——ポスト・ウェストファリアの展望	R・フォーク 川崎孝子訳	三八〇〇円
国際法から世界を見る——市民のための国際法入門	松井芳郎	二八〇〇円
国際法/はじめて学ぶ人のための〔第3版〕	大沼保昭	三六〇〇円
国際法学の地平——歴史、理論、実証	中川淳司 寺谷広司 編著	一二〇〇〇円
核兵器のない世界へ——理想への現実的アプローチ	黒澤満編著	二三〇〇円
軍縮問題入門〔第4版〕	黒澤満	二五〇〇円
ワークアウト国際人権法——人権を理解するために	W・ベネデック編 W坂・徳川編訳	三〇〇〇円
難民問題と『連帯』——EUのダブリン・システムと地域保護プログラム	中坂恵美子	二八〇〇円
難民問題のグローバル・ガバナンス	中山裕美	三二〇〇円

〒113-0023 東京都文京区向丘1-20-6
TEL 03-3818-5521 FAX 03-3818-5514 振替 00110-6-37828
Email tk203444@fsinet.or.jp URL·http://www.toshindo-pub.com/

※定価：表示価格（本体）＋税

東信堂

宰相の羅針盤 総理がなすべき政策（改訂版）日本よ、浮上せよ！	村上誠一郎＋21世紀戦略国民研究室	一六〇〇円
福島原発の真実 このままでは永遠に収束しない——原子炉を「冷温密封」する！	村上誠一郎＋原発対策国民会議	二〇〇〇円
3・11本当は何が起こったか：巨大津波と福島原発——科学の最前線を教材にした暁星国際学園〈ヨハネ研究の森コース〉の教育実践	丸山茂徳監修	一七一四円
21世紀地球寒冷化と国際変動予測	丸山茂徳著／村上誠勝俊訳	一六〇〇円
2008年アメリカ大統領選挙——オバマの勝利は何を意味するのか	前嶋和弘編著	二〇〇〇円
オバマ政権はアメリカをどのように変えたのか——支持連合・政策成果・中間選挙	前嶋和弘編著	二六〇〇円
オバマ政権と過渡期のアメリカ社会——選挙、政党、制度メディア、対外援助	前嶋和弘編著	二四〇〇円
オバマ後のアメリカ政治——二〇一二年大統領選挙と分断された政治の行方	吉野孝・前嶋和弘編著	二五〇〇円
ホワイトハウスの広報戦略——大統領のメッセージを国民に伝えるために	M・J・クマー／吉牟田剛訳	二八〇〇円
「帝国」の国際政治学——冷戦後の国際システムとアメリカ	山本吉宣	四七〇〇円
アメリカの介入政策と米州秩序——複雑システムとしての国際政治	草野大希	五四〇〇円
国際開発協力の政治過程——国際規範の制度化とアメリカ対外援助政策の変容	小川裕子	四〇〇〇円
北極海のガバナンス	奥脇直也・城山英明編著	三六〇〇円
政治学入門——日本政治の新しい夜明けはいつ来るか	内田満	一八〇〇円
政治の品位	内田満	二〇〇〇円
新版 日本型移民国家への道	坂中英徳	二四〇〇円
戦争と国際人道法——その歴史とあゆみと赤十字	井上忠男	二四〇〇円
新版 世界と日本の赤十字——世界最大の人道支援機関の活動	森桝居正孝	二四〇〇円
解説 赤十字の基本原則——人道機関の理念（第2版）と行動規範	J・ピクテ／井上忠男訳	一〇〇〇円
赤十字標章の歴史——人道のシンボルをめぐる国家の攻防	F・ブニョン／井上忠男訳	一六〇〇円
赤十字標章ハンドブック	井上忠男編訳	六五〇〇円

〒113-0023 東京都文京区向丘1-20-6　TEL 03-3818-5521　FAX 03-3818-5514　振替 00110-6-37828
Email tk203444@fsinet.or.jp　URL:http://www.toshindo-pub.com/

※定価：表示価格（本体）＋税

東信堂

国際刑事裁判所〔第二版〕	村瀬信也編	四二〇〇円
武力紛争の国際法	真山全編	六八〇〇円
国連安保理の機能変化	村瀬信也編	二七〇〇円
海洋境界確定の国際法	村瀬信也編	二八〇〇円
自衛権の現代的展開	村瀬信也編	二八〇〇円
国連安全保障理事会——その限界と可能性	松浦博司	三二〇〇円
集団安全保障の本質	江藤淳一編	三二〇〇円
貨幣ゲームの政治経済学	柘山堯司編	四六〇〇円
相対覇権国家システム安定化論——東アジア統合の行方	柳田辰雄編	二六〇〇円
国際政治経済システム学——共生への俯瞰	柳田辰雄	二四〇〇円
〈現代国際法叢書〉		
国際法における承認——その法的機能及び効果の再検討	王志安	五二〇〇円
国際社会と法	高野雄一	四三〇〇円
集団安保と自衛権	高野雄一	四八〇〇円
国際「合意」論序説——法的拘束力を有しない国際「合意」について	中村耕一郎	三〇〇〇円
法と力——国際平和の模索	寺沢一	五二〇〇円
国際ジョイントベンチャー契約	井原宏	五八〇〇円
グローバル企業法	井原宏	三八〇〇円
判例ウィーン売買条約	井原宏・河村寛治編著	四二〇〇円
根拠文から根抵当へ	幡新大実	二八〇〇円
イギリス債権法	幡新大実	三八〇〇円
イギリス憲法Ⅰ 憲政	幡新大実	四二〇〇円
シリーズ《制度のメカニズム》		
アメリカ連邦最高裁判所	大越康夫	一八〇〇円
衆議院——そのシステムとメカニズム	向大野新治	一八〇〇円
フランスの政治制度〔改訂版〕	大山礼子	二〇〇〇円
イギリスの司法制度	幡新大実	二〇〇〇円

〒113-0023　東京都文京区向丘1-20-6
TEL 03-3818-5521　FAX 03-3818-5514　振替 00110-6-37828
Email tk203444@fsinet.or.jp　URL:http://www.toshindo-pub.com/

※定価：表示価格（本体）＋税